초보자를 위한 재무관리

Financial Management for Beginners

저자 조용생

KB107334

(주)비티타임즈

초보자를 위한 재무관리

(Financial Management for beginners)

조용생 저

서 문

　일반적으로 재무관리는 학생들이나 수강생들에게 어려운 과목으로 인식되고 있다. 그것은 우선 활용되는 용어부터 낯설고 난해해 보이기 때문일 것이다. 경제학, 경영학, 회계학 용어들이 한데 어울려 재무관리라는 과목을 구성하게 되는데, 경제학 전공자에겐 경영학이나 회계학 용어가 낯설고, 경영학 전공자에겐 경제학이나 회계학 용어가, 그리고 회계학 전공자에겐 경제학이나 경영학 용어가 낯설게 다가올 수 있다. 잔차, 베타, 포트폴리오, ＊＊＊＊모형, 최적자본구조, 자본비용, 팩토링, 피셔효과 등이 낯선 용어일 수 있으나, 이는 어느 학문에나 있는 전공용어 수준이고, 그 수량도 많지 않아 학습 과정에서 저절로 입에 담길 수 있으며, 각 의미에 대한 설명 또한 본서에서는 자세히 제공하였다. 따라서 낯선 용어 때문에 미리 겁먹을 이유는 전혀 없다.

　또 재무관리는 상당한 수준의 수학이나 통계학 지식이 수반되어야 이해되는 과목으로 오해받기도 하는데, 재무관리 세부 이론을 깊이 공부하는 각론 단계가 아닌 총론 수준의 재무관리에서는 그렇게 높은 수준의 수학이나 통계학 지식이 없어도 학습내용을 충분히 소화해 낼 수 있다. 대부분 사칙연산이나 방정식 정도이고, 연금의 현재가치를 구할 때 응용되는 등비급수나 포트폴리오이론에서 자산의 위험을 측정할 때 사용되는 공분산 정도가 그나마 어려운 편이라고 할 수 있다. 그마저도 그 양이 그렇게 많지 않고 몇 차례 반복해서 숙독하면 이해되는 수준이다. 뿐만 아니라 수평축 변수와 수직축 변수의 관계를 나타내는 그래프들도 생각보다 복잡하지 않고 등장 빈도도 손으로 꼽을 정도에 불과하다.

　마지막으로 재무관리는 암기를 많이 해야 하는 과목으로 잘못 알려져 있기도 하다. 사실은 암기보다는 이해가 더 중요한 과목이고, 이해의 수준도 일반적인 경제활동에서 실제로 발생하는 것들이어서 평이하고, 인간의 삶이 다 그렇듯 상식선에서 접근해도 충분할 정도인데, 굉장히 심오한 듯 이론을 펼쳤고, 또 그렇게 가르쳐오지 않았나 생각된다. 심지어 많은 가정들을 전제로 이론을 펼쳤기 때문에 오히려 현실보다도 훨씬 덜 복잡한데, 그 반대로 더 어렵게 인식되는 것은 아이러니라고 할 수 있다. 한편, 재무관리는 발생주의를 따르는 회계학과는 달리 현금주의를 따르므로 어찌 보면 초보자들이 더 접근하기 쉬울 수도 있다.

물론, 어떤 과목이든 어렵게 가르치면 쉬운 내용도 어렵고, 쉽게 가르치면 어려운 내용도 쉽게 인식되는 법 아닌가. 그러므로 본서의 집필 목적은 재무관리를 쉽게 가르칠 수 있고 또 쉽게 배울 수 있게 하자는 데 있다. 그래서 초보자들이 최대한 이해하기 쉬운 용어를 사용하려고 했고, 또 용어에 대한 설명도 자세히 곁들였으며, 전체 분량도 대학에서 한 학기 동안 다룰 수 있는 수준으로 제한하였다. 본서의 특징을 좀 더 구체적으로 설명하면 다음과 같다.

1. 꼭 필요한 재무관리 기초지식 위주로 구성

기존 재무관리 교재들을 보면 대개는 지나치게 두껍고, 다루는 내용도 너무 많아 한 학기에 다 다룰 수 없는 수준이었다. 학생들도 그 엄청난 분량과 도표와 그래프와 수많은 수식으로 가득찬 내용을 확인하게 되면 지레 겁먹고 수강을 포기하는 경우도 적지 않았다. 그래서 본서는 나중에 투자론이나 화폐금융론이나 기업재무론 등과 같은 각론을 공부할 때 어차피 다시 다루게 되는 부분들은 가능한 한 가볍게 터치하고, 오직 기초 단계에서 꼭 공부해 둬야 하는 부분 위주로 구성함으로써 책의 분량을 최소화하였다. 대학에서 한 학기 동안 다루기에 적합한 수준으로 집필하였음을 밝힌다. 이는 본 필자가 대학에서 재무관리를 강의하면서 이런 종류의 교재가 필요함을 느꼈기 때문이다.

2. 이해도를 높이기 위해 그림, 그래프, 표 등을 최대한 활용

단순히 문장으로만 설명되는 내용은 이해가 잘 안 되는 경우도 있다. 하지만, 그림이나 그래프 또는 표와 같은 도구를 활용하면, 일목요연할 뿐만 아니라 직관적으로 이해되는 경우도 적지 않다. 따라서 본서에서는 독자들의 이해를 돕기 위하여 가능한 한 그림이나 그래프 또는 표 같은 도구를 많이 삽입하려고 노력하였다. 어렵게 생각되는 이론도 한 눈에 정리되는 효과가 있을 것이라 필자는 기대한다.

3. 다지기 학습용으로 핵심문제 최대한 제공

필자는 유독 문제를 통한 학습을 강조하는데, 이는 소크라테스의 문답식 교육이나 이스라엘의 묻고 답하는 교육방식을 소환할 것도 없이 필자 스스로의 경험에서 체득한 결과라고 할 수 있다. 필자는 주경야독의 삶을 오래도록 지속하면서 짧은 시간에 학습효과를 높이는 방법을 "문제은행"에서 찾게 되었다. "문제를 푸는 방식"이 아니라 "정답까지 달린 문제를 반복해서 읽기"를 권하고 싶다. 그런 과정을 통해 본문을 복습할 수 있고, 또 다지기 학습효과도 거둘 수 있기 때문이다. 그래서 필자는 당초 각 장 말미에 본문 내용의 범주를 벗어나지 않는 ○.X선택형 문제와 4지택1형 객관식 연습문제를 지나칠 정도로 충분히 삽입하려고 했었다. 하지만 지면의 한계로 일단 핵심적인 객관식 문제만 싣게 되어 아쉽다. 하지만 꼭 필요한 문제는 부족하지 않을 정도로 실었고, 본문에 삽입된 예제까지 활용하면 복습과 다지기 학습용으로는 충분하리라 판단된다. 향후 기회가 되면 처음 출제했던 206쪽 분량의 문제은행을 좀 더 보완하여 별책으로 출간하고 싶다. 아무쪼록 본서가 재무관리를 처음 접하는 독자들에게 유익하게 활용되기를 바란다.

끝으로, 이 책의 출간을 위해 옆에서 여러모로 조력해 준 아내에게 고마움을 전한다. 또 본서의 출간에 적극적으로 협조해 준 비티타임즈 송승룡 사장, 꼼꼼한 편집으로 필자의 출판 의도를 충족시켜 준 편집진, 그리고 본서의 집필을 아낌없이 응원해 준 이용규 교수님, 이정이 교수님, 손재성 교수님, 장승주 박사님, 유해석 박사님께 감사의 인사를 드린다. 그 외 일일이 기록할 수는 없지만 지칠 때마다 다양한 방법으로 힘을 북돋아준 많은 분들께 감사의 뜻을 전한다.

2023년 9월 15일

나날이 뜨거워지는 지구를 걱정하며 저자 조용생

< 목 차 >

제 1 장

재무관리의 기초

<제 1 절> 재무관리의 개념

1. 재무관리의 의의

(그림 1-1) 돈의 흐름

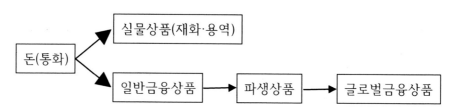

<재무>를 한자로 표현해 보면, 재물 재(財)와 일 무(務)의 조합이다. 쉽게 말해, 재물에 관한 일을 어떻게 관리하는가에 관한 학문이 <재무관리>임을 알 수 있다. 그러면, 재물은 무엇일까? 화폐적 가치, 즉 돈으로 환산할 수 있는 모든 것이 재물이다. 한마디로 재무관리는 <돈 관리>라고 할 수 있다.

관리의 주체가 가정이면 가계재무관리, 기업이면 기업재무관리, 정부이면 국가재무관리를 의미하게 되는데, 특별히 국가재무관리는 정치행위(政治行爲)의 일부이므로 <국가재정관리>(國家財政管理)라고 부른다. 영어로는 재무관리든 재정관리든 모두 <Financial Management>로 표기된다. 또 대학의 커리큘럼(curriculum)에서는 대개 국가재정관리를 <재정학>이라는 과목으로 행정학과, 경제학과, 회계학과 등에서 가르치고, 가정학과나 아동가족학과 등에서 <가계재무관리>를 개설하기도 하지만, 기업재무관리는 <재무관리>라는 과목으로 경영학과, 경제학과 등에서 가르친다. 따라서 일반적으로 <재무관리>라고 하면, 기업재무관리를 의미하게 된다.

위 (그림 1-1)은 경영학의 한 분야인 재무관리 관점에서 돈의 흐름을 개략적으로 그려본 것인데, 기업을 넘나드는 돈의 흐름이 단순했던 과거와는 달리 오늘날에는 실물상품이나 간단한 금융거래에 한정되지 않고, 각종 금융상품, 파생상품, 그리고 다양한 국제금융상품으로까지 흘러 거대한 글로벌금융시장이 세상을 지배하는 형국에 이르게 되었다.

그래서 이제 재무관리는 거시경제학, 그중에서도 금융경제학의 여러 이론을 기초로 하여 체계적인 재무지식을 논리적으로 전개하는 학문이 되었다. 이와 같이 경제학적 이론이 학문의 기초가 되기 때문에 재무관리가 가장 발달한 미국이나 유럽에서는 재무관리를 재무경제학(financial economics) 또는 재무학(finance)이라고 부르기도 한다. 사실, 재무관리 이론으로 노벨경제학상을 받은 학자들도 대부분 경제학자들이다.[1]

2. 재무관리의 학문체계

(그림 1-2) 재무관리의 학문체계

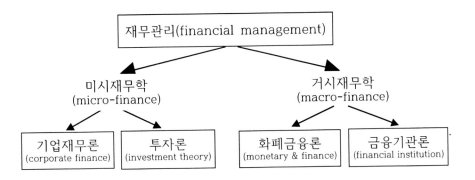

<재무학>으로서 재무관리의 학문체계는 위 (그림 1-2)와 같이 구분할 수 있는데, 과거에는 미시재무학 영역만 재무관리의 각론으로 보았고, 거시재무학 영역은 거시경제학의 일부로 보았으며, 금융경제학이 중요시되는 오늘날엔 거시금융경제학으로 재분류하기도 한다. 또 학자에 따라서는 기업재무론과 투자론을 넓은 의미의 재무관리로 구분하면서, 좁은 의미의 재무

---

1) 투자위험을 가장 효율적으로 줄이는 분산투자 방법인 포트폴리오 이론의 창시자 Harry M. Markowitz, 기업의 자본구조와 기업가치의 관계를 연구하여 MM 이론을 발표한 Franco Modigliani와 Merton H. Miller, 자본자산가격결정모형(CAPM) 이론을 전개한 W. Sharpe, 옵션(Option) 균형가격결정모형의 하나인 블랙-숄즈모형(Black-Scholes model)을 고안한 Myron S. Scholes와 Robert Merton, 그리고 '효율적 시장가설' 개념을 제시한 Eugune Fama 등이 있다.

관리에는 기업재무론만 해당된다고 말하기도 한다.

　본서는 초입자를 위한 교재 목적이므로 미시재무학, 그중에서도 좁은 의미의 재무관리인 기업재무론 중심으로 전개된다.

　기업재무론은 기업의 경영목표를 성취하기 위해 필요한 다양한 재무적 의사결정, 즉 투자의사결정, 자금조달의사결정, 배당의사결정, 지배구조와 인수·합병(Merger & Acquisition)의사결정 등을 다룬다. 특히 기업가치를 극대화하는 최적자본구조와 자본조달 방법에 따른 자본비용의 결정문제, 기업의 경영현황을 점검하고 경영성과를 측정하는 근거가 되는 재무분석, 외부조달자금과 내부유보자금의 효율적인 관리, 즉 운전자본관리(working capital management) 문제 등도 기업재무론의 주요한 내용이다.

　투자론은 주로 자본시장, 그중에서도 증권시장을 분석하고, 주식, 채권, 파생상품의 가격이 어떻게 결정되는지를 연구한다. 자본자산의 투자전략, 투자성과평가, 효율적인 자산 배분을 위한 효율적 시장(efficient market) 문제 등도 다룬다. 증권시장은 기업, 정부, 지방자치단체 등이 증권을 발행하여 필요한 자금을 조달하고, 자금의 수요자와 공급자가 만나 증권을 자유로이 유통하는 자본시장이다.

<제 2 절> 기업과 금융시장

1. 기업과 시장

　기업의 존재 목적은 돈을 버는 것이다. 이를 이익 극대화 또는 기업가치 극대화라고 표현하기도 한다. 돈(이익)은 기업의 다양하고 복잡한 활동을 통해 창출된다. 원재료 구매, 제조, 저장, 광고, 판매, 신규사업 투자, 자금 조달, 이자 지급, 배당 등과 같은 활동들인데, 크게 영업활동, 투자활동, 재무활동으로 분류할 수 있고, 이 세 가지 활동이 맞물려 돌아가는 매커니즘이 곧 기업이다. 또한, 이 세 가지 활동은 아래 (그림 1-3)과 같이 모두 외부의 시장과 연결되어 진행된다. 과거에 비해 최근에는 금융시장의 기업

영향력이 더욱 확대되는 추세이다.

(그림 1-3) 기업과 시장

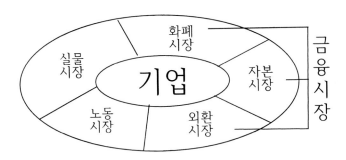

　실물시장은 원재료나 소모품이나 부동신 등과 같은 재화뿐만 아니라 각
종 용역(서비스)도 거래되는 시장으로 재래시장, 백화점, 인터넷 쇼핑몰,
각종 자영업 등이 포함된다. 노동시장은 단순히 노동력이라는 상품이 거래
되는 수준을 넘어 인적자원으로서의 노동가치가 거래되는 곳으로 진화되고
있다. 하지만, 자본시장, 화폐시장, 외환시장을 아우르는 금융시장만큼 역
동적으로 변화하고 성장하면서 기업뿐 아니라 전 세계 경제 전반에 영향을
미치는 시장도 없다.
　특별히 기업은 자본조달 측면에서 금융시장을 잘 활용할 필요가 있다.
금융시장 중 화폐시장은 만기 1년 이내의 금융자산이 주로 거래되기 때문
에 단기금융시장이라고도 하고, 자본시장은 주로 만기 1년 이상의 금융자
산이 거래되는 곳이기 때문에 장기금융시장이라고도 하는데, 장기대출시장
과 증권시장으로 구분할 수 있다. 둘 중에서도 주식, 채권 등이 유통되는
증권시장이 훨씬 더 중요하다고 할 수 있다. 외환시장은 화폐시장에 포함
시키기도 하지만, 국제간 거래, 해외투자, 환위험, 글로벌 금융시장으로부
터의 자금조달 등 국제재무관리 측면에서 발생하는 문제를 다루기 때문에
최근에는 별도로 구분하는 경향이 강하다.
　금융시장은 금융상품이 거래되는 곳인데, 자금의 수요자인 기업이 발행
한 주식이나 채권을 자금의 공급자인 투자자가 직접 매수하는 직접금융시
장과 중간에 중개기관이라고 할 수 있는 은행과 같은 금융회사가 거래의

매개가 되는 간접금융시장으로 구분할 수 있다. 이를 그림으로 나타내보면 다음과 같다.

(그림 1-4) 금융시장과 이해관계자들

위 그림에서 기업, 투자자, 중개기관을 금융거래의 3대 이해관계자(利害關係者, stakeholder)라고 할 수 있다. 기업은 가능한 한 저렴한 비용으로 자금을 조달하려고 할 것이고, 투자자는 자금공급의 대가, 즉 투자수익률을 가능한 한 더 많이 추구하려고 할 것이며, 중개기관인 금융회사 역시 예·대마진2)이나 중개수수료와 같은 수익을 가능한 한 많이 그리고 지속적으로 얻고 싶을 것이기 때문이다. 특별히, 투자자는 개인, 기관, 외국인 등으로 대별할 수 있는데, 외국인의 경우 국제경영환경의 변화에 따라 움직이는 경향이 크고, 집단소송이 가능한 개인 소액주주들의 목소리도 오늘날 점차 커지고 있어 그들의 이해관계가 기업경영에 미치는 영향도 그만큼 커지고 있다.

2. 금융시장의 기능

기업이 자금을 조달하거나 투자하고, 투자자들이 여유자금을 직접 또는 중개기관을 통해 간접적으로 기업에 제공하는 금융시장은 다음과 같은 주요한 기능을 한다.

―――――――――――――
2) 대출이자에서 예금이자를 뺀 나머지 부분으로 금융회사의 수입이 된다.

(1) 시장규율 : 사업자의 건전성을 제고(提高)하기 위해 시장의 이해관계자들이 사업자가 발행한 주식이나 채권의 매매를 통해 감시기능을 자연스럽게 수행하게 되는 것을 말한다. 예를 들어, 어떤 기업이 무리한 사업확장 계획을 발표하면 그 기업의 주가가 즉각 하락하고, 그로 인해 그 기업의 자본조달비용은 높아지게 된다. 결과적으로 자금확충의 어려움 때문에 그 기업은 사업확장 계획을 재고(再考)할 수도 있게 된다. 결국, 시장이 보내는 신호가 기업에 대한 감시기능을 하게 되는 것이다.

(2) 위험 분산 : 금융시장은 투자자들에게 다양한 금융상품과 기업정보를 제공함으로써 분산투자를 통한 위험회피가 가능하게 한다. 투자자는 변화하는 기업의 위험 정도를 체크하면서 자신의 위험성향에 따라 분산투자의 구성 내용을 재구성할 수 있다. 또 금융시장은 위험헤지상품도 제공하는데, 이를 통해 투자자들은 투자위험을 관리하면서 원하는 수익률을 추구할 수 있으므로 시장 참여도도 높아지고, 그 결과 금융시장의 규모도 확대되는 효과가 생긴다.

(3) 유동성 제공 : 금융시장은 기업, 투자자 등 각종 이해관계자들이 참가하는 시장이므로 규모가 커질수록 높은 유동성이 제공된다. 유동성은 금융자산의 환금성을 의미하는데, 유동성이 낮으면 그만큼 유동성 프리미엄이 높아지고, 유동성이 높으면 그만큼 유동성 프리미엄이 낮아지게 된다. 금융시장이 발달되어 유동성이 높아지면 유동성 프리미엄이 낮아져 결과적으로 자금수요처인 기업의 자본비용은 낮아지게 되고 그에 따라 기업부담도 그만큼 줄어들게 된다.

(4) 정보 제공 : 시장의 투자자들은 해당 기업의 채무상환능력, 이익창출능력, 성장가능성 등의 정보에 근거하여 투자의사결정을 하게 되는데, 그러한 정보를 얻으려면 시간과 비용이 많이 든다. 하지만 금융시장의 정보생산기능을 통해 그러한 문제를 해결하고 정보를 공유할 수 있으므로 투자자는 큰 비용이나 시간 소요 없이 원하는 기업정보를 획득할 수 있고, 또 기업은 정보제공을 통해 정당하게 평가받고, 그 결과에 따라 소요자금

을 원활하게 조달할 수 있다.

(5) 자금 수요와 공급의 연결 : 자금의 수요처인 기업은 원활하게 자금을 조달받을 수 있고, 자금 공급자인 개인이나 다른 기업은 다양한 금융상품에 투자하여 이자, 배당소득 등을 추구할 수 있다. 금융시장이 없다면 자금 수요자는 마땅한 제공자를 찾기가 쉽지 않고, 자금 공급자 역시 마땅한 수요자 찾기가 어려울 것이며, 결국, 일정한 탐색비용(探索費用, search cost)이 발생할 수밖에 없을 것이다. 하지만, 잘 정비된 금융시장이 존재함으로써 시장참가자들은 탐색비용을 크게 줄일 수 있게 되었다.

(6) 효율적인 자원 배분 : 금융시장은 제한된 자원이 가장 필요한 곳으로 흘러갈 수 있게 한다. 기업정보에 따라 투자자들의 선택이 이루어지고, 그에 따라 금융상품의 가격이 오르내리므로 시장에서 거래되는 금융상품의 가격은 공정하다고 말할 수 있다. 그리고 공정하게 결정된 금융상품 가격은 기업의 실물투자의사결정에 영향을 미치게 된다. 시장가격에 따라 실물투자를 하지 않거나 보류하고, 대신 금융투자를 선택할 수도 있기 때문이다. 다시 말해, 실물투자를 통해 얻을 수 있는 수익률보다 금융투자를 통해 얻을 수 있는 수익률이 더 높다면 기업은 금융투자를 선택할 가능성이 많다. 이와 같은 금융시장의 효율적인 자원 배분 기능은 현대 자본주의 시장경제에서 매우 중요한 역할에 해당된다고 말할 수 있다.

(7) 소유와 경영의 분리(separation of ownership and management) : 금융시장, 특별히 주식의 거래가 이루어지는 증권시장은 소유와 경영의 분리를 가능하게 한다. 소유과 경영의 분리가 오늘날 중요한 이유는 우수한 경영능력을 가진 전문경영인을 통해 기업활동을 더 효율적으로 수행할 수 있고, 그런 과정을 통해 기업가치를 제고할 수 있기 때문이다. 하지만, 전문경영자와 주주 사이에는 이해충돌, 즉 대리문제(agency problem)가 발생한다. 주주의 대리인으로서 경영자는 주주 부의 극대화를 위해 노력해야 하지만, 자신의 이익을 더 중시할 가능성이 높다. 주주와 경영자의 이해가 일치할 경우에는 문제가 없지만, 이해가 불일치할 경우에 경영자는

자신의 이익을 우선시할 수 있다는 것이다. 하지만, 증권시장이 어느 정도 효율적이라면 주주와 경영자 사이의 대리문제는 어느 정도 해결될 수 있다. 주주는 경영자가 자신의 이익을 우선시하는 경영의사결정을 반복한다면 주주총회를 통해 해임 절차를 진행할 수도 있고, 필요할 경우 집단소송을 통해 임원진들에게 책임을 물을 수도 있다. 심지어 기업성과가 부진하여 기업가치가 하락한다면 주주는 언제든지 주식을 매도함으로써 그 경영자와 결별할 수도 있다.

<제 3 절> 기업의 재무의사결정

1. 경영자의 재무의사결정

기업의 경영자는 아래 그림과 같이 기업과 연관된 여러 시장을 접촉할 때 다양한 의사결정에 직면하게 된다. 그중에서도 돈의 흐름, 즉 현금흐름과 관련된 의사결정이 특히 중요한데, 크게 세 가지로 나눌 수 있다.

(그림 1-5) 경영자의 재무의사결정

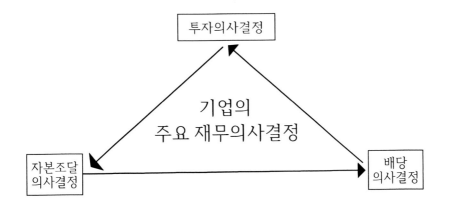

(1) 투자의사결정

기업가치 극대화를 추구하는 경영자는 어떤 사업이나 자산에 얼마를 언제 어떤 조건으로 투자할지 의사결정을 해야 한다. 대개 대규모 현금지출이 수반되고 투자기간도 1년 이상의 장기인 경우가 많은 이러한 의사결정을 투자의사결정(investment decision) 또는 자본예산(capital budgeting)이라고 한다. 투자의사결정이 어려운 것은 현금유출은 분명하게 현재 발생하지만, 현금유입은 불확실한 미래 시기에 여러 차례 나누어 발생하기 때문이다. 더군다나 오늘날과 같은 글로벌 경영환경에서는 우크라이나와 러시아의 전쟁과 같은 예상 밖의 상황도 발생하는 등 뜻밖의 돌발변수로 인하여 투자금의 안전한 회수를 장담할 수 없는 경우도 생기기 때문이다.

따라서 경영자는 경영환경의 변화가 심하고 미래의 불확실성이 큰 상황일수록 합리적 의사결정을 내리기가 쉽지 않다. 그럼에도 불구하고 경영자는 기업의 성장과 경영목표 달성을 위해 끊임없이 여러 대안 중 최적 또는 최선의 대안을 선택하는 투자의사결정을 해야만 한다. 설비 증설, 인수·합병, 주식이나 채권의 매입 등과 같은 실질적인 투자의사결정은 물론이고 그러한 의사결정에 영향을 미치는 운전자본관리 역시 경영자의 투자의사결정의 일부로 볼 수 있다. 경제학에서는 크게 실물투자와 금융투자로 구분하기도 한다.

(2) 자본조달의사결정

일단, 투자에 대한 의사결정이 되면 기업은 관련 소요자금을 가장 유리한 방법으로 조달하는 의사결정을 하여야 한다. 이를 자본조달의사결정(financing decision)이라고 한다. 기업이 자금을 조달하는 방법은 크게 두 가지가 있다.

첫째로, 자기자본으로 조달하는 방법, 즉 주식을 발행하여 주주로부터 조달하는 방법이 있다. 주식에도 보통주와 우선주가 있는데, 대개는 보통주를 발행한다. 우선주는 보통주주가 가지는 주주총회에서의 의결권을 포기하는 대신 배당, 잔여재산 분배 등에서 우선권을 인정받는 주식이다. 주주의 납입자본은 기업 내부에 축적된 유보이익과 더불어 기업의 소유주지

분(owners' equity)인 자기자본을 구성한다.

둘째로, 타인자본으로 조달하는 방법, 즉 채권자로부터 자금을 조달하는 방법이 있다. 구체적으로는 금융기관 차입, 회사채 발행 등을 예로 들 수 있는데, 일정한 대가(이자)를 지불받는 대신 의결권이 없는 것이 특징이다.

대개 주식, 회사채, 장기차입금 등은 장기자금조달에, 단기차입금, 지급어음 등은 단기자금조달에 유용하다. 기업가치 극대화를 위해 투자를 위한 자금 조달을 단기로 할지 장기로 할지, 주식으로 할지 채권으로 할지 등 관련 의사결정을 경영자는 다양한 조건들을 고려하여 최적 또는 최선의 대안이 선택되는 방향으로 하여야 한다.

(3) 배당의사결정

기업은 영업활동을 통해 획득한 이익 중 일부는 세율에 따라 세금으로 납부하고, 그 외 현금은 주주에게 배당금을 지급하거나 차기 이후의 재투자를 위해 내부 유보이익으로 자기자본에 대체한다. 이때 경영자는 어느 정도를 배당하고 어느 정도를 재투자를 위한 자본으로 기업 내부에 유보하여야 기업가치 극대화에 가장 유익할지 결정하여야 하는데, 이를 배당의사결정(dividend decision)이라고 한다.

물론, 배당의사결정에는 배당률의 결정뿐만 아니라 현금배당으로 할 것인지 주식배당으로 할 것인지 등과 같은 배당 관련 제반 사항이 포함된다. 다만, 채권자에게 지급되는 이자는 이미 결정되어있는 이자율에 따라 정해진 비용이므로 경영자가 별도로 의사결정을 할 이유가 없는 대상이다. 또 만기가 정해져 있는 차입금이나 사채의 원금상환도 계약 시 이미 정해졌기 때문에 별도의 의사결정을 요구하지 않는다.

2. 기업의 현금흐름

기업의 현금흐름 형태는 이상에서 설명한 재무의사결정이 어떠한가에 따라 결정된다. 또 기업의 활동은 크게 영업활동, 투자활동, 재무활동으로 구분할 수 있다. 기업의 현금이 활동 유형에 따라 어떻게 유입되고 유출되는지 전체적으로 조망해보면 아래 그림과 같다.

(그림 1-6) 기업자금(현금)의 흐름

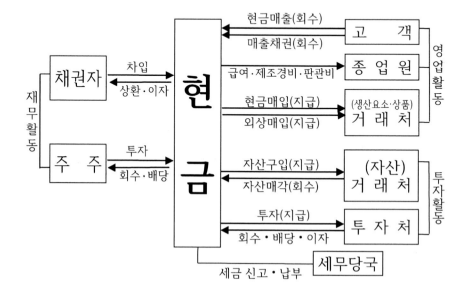

　　기업자금은 원천적으로 채권자로부터의 차입과 주주들의 투자로 인해 유입되는데, 전자는 재무상태표의 부채에, 후자는 재무상태표의 자본에 기록되며, 결국 기업의 기초 자산이 된다. 자산 중 현금은 기업의 혈액이라 할 정도로 중요한데, 그것은 기업의 단기운전자본이 되어 실질적으로 기업을 굴러가게 하는 동력이 되기 때문이다.

　　현금의 유입은 기본적으로 자본조달 과정, 즉 재무활동을 통해 이루어지지만, 영업활동(매출)과 투자활동(자산매각, 투자금 회수 등)을 통해서도 발생한다. 반면, 현금의 유출은 주로 청구권에 의해 발생하는데, 채권자, 원재료 공급자, 임직원, 기타거래처 등과 같은 고정청구권자와 주주인 잔여청구권자로 구분될 수 있다. 다만, 위 (그림 1-6)에서 투자처에 유출되는 투자자산과 세금은 청구권과 무관하게 유출되는 현금이라 할 수 있다.

　　경영자 입장에서는 현금의 유출보다는 현금의 유입이 더욱 절실한데, 그것은 현금이라는 자산의 증가가 최종적으로는 기업가치의 증대로 귀결되기 때문이다. 현금이 유입되는 경로 중에서도 제일 중요한 것은 기업의 본원적 활동이라고 할 수 있는 영업활동, 즉 매출로 인한 현금 유입이다. 재무활동과 투자활동을 통한 현금 유입의 목적도 결국은 영업활동에 필요한 자금의 확보라고 할 수 있다.

따라서 기업에서는 영업활동이 가장 광범위하고 중요하다. 재무활동에서 충분한 자금을 아무리 많이 확보하고, 투자활동을 활발히 진행하였다 할지라도, 영업활동에서 매출을 올리지 못하고 이익을 창출하지 못한다면 기업의 존립 자체가 위태로워지기 때문이다. 기업에서 현금흐름표를 작성할 때 영업활동현금흐름 중심으로 작성하는 것도 그만큼 영업활동을 통한 현금의 유출·입이 경영자뿐 아니라 외부이해관계자들에게도 주요한 관심사이기 때문이다. 경제 상황이 전반적으로 좋지 않을 때는 매출채권의 회수가 지연되고 부실채권도 증가하여 대손율이 높아지는 경향이 있는데, 그로 인해 재무상태표상으로는 흑자이지만 현금 부족으로 금융기관 차입금을 제 때에 상환하지 못해 부도에 이르는 기업이 생기기도 한다. 이처럼 영업활동을 통한 기업의 현금 확보는 중요하다. 그림을 통해 영업순환주기에 따른 영업활동현금흐름을 개략적으로 살펴보면 다음과 같다.

(그림 1-7) 영업순환주기와 영업활동현금흐름

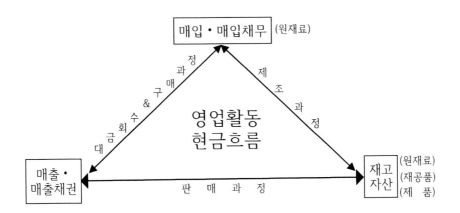

<제 4 절> 기업의 목표

흔히 목표(目標, Objective)와 목적(目的, Goal)을 혼동하여 사용하는 경우가 많다. 목표는 구체적으로 이루려고 하는 실제적인 대상이나 표적(target)으로 기업의 경우 계량화된 수치로 표현되는 경우가 많다. '연간 500억 원의 매출목표를 세우다', '하루 1시간 이상 걷기' 등과 같은 용례를 들 수 있다. 그에 반해, 목적은 어떤 일이나 활동의 이유 또는 의도(purpose)를 의미한다. '인도 여행 목적은 불교 유적 탐방이다' '일제고사 부활 목적은 학년별 학업성취도 평가이다' 등과 같은 용례를 들 수 있다. 결론적으로, 목표는 최종 결과물이라고 할 수 있고, 목적은 그 목표를 향해 나아가는 방향이라고 할 수 있다. 따라서 기업의 목표는 기업의 목적에 맞게 구체적인 범위나 숫자를 활용하여 수립하고, 그 달성을 위해 단계별 실행계획을 세워 이행하면 되는 것이므로, 이하에서는 더 포괄적인 내용을 담고 있는 <기업의 목적> 위주로 전개하려고 한다.

(그림 1-8) 목적과 목표

1. 기업의 목적

기업의 목적은 기업을 어떤 관점으로 바라보느냐에 따라 다르게 정의되고, 학자에 따라서도 조금씩 다르다.

기업을 기업가와 동일시하는 입장에서는 기업가의 이윤극대화를 기업의 목적으로 본다. 소유와 경영의 분리 원칙에 따라 기업을 기업가나 주주로부터 분리된 별도의 실체로 보는 입장에서는 기업은 자신의 생존을 위해 혁신, 생산성, 수익성, 사회성 등 여러 측면에서의 향상을 목적으로 추구한다고 본다. 한편, 기업을 경영자, 종업원, 주주, 채권자, 소비자 등 각종 이해관계자들의 집합체로 보는 입장에서는 각 이해관계자들의 이해관계가 기업의 목적에 반영된다고 본다.

시대적 변천 과정을 보면, 대체로 기업가의 이윤극대화에서 이해관계자 가치 극대화로, 그리고 다시 주주가치 극대화로 변화되어왔음을 알 수 있다. 하지만, 어떤 경우이든 결국은 <기업가치 극대화>로 수렴될 수 있으므로, 일반적으로는 기업의 목적을 <기업가치 극대화>라고 표현하는 경우가 많다. 그리고 요즈음은 비재무적 목적도 갈수록 중시되는 경향인데, 최근에 부각되는 ESG 경영도 그러한 차원이라고 볼 수 있다. ESG는 환경(Environmental), 사회(Social), 지배구조(Governance)의 첫 글자를 조합한 표현이다. 환경친화적이고 사회적 책임을 다하면서도 투명한 지배구조를 유지할 수 있는 기업이어야 지속 가능한 발전을 추구할 수 있다는 의미이다. 투자자들이 투자기업을 선택할 때 재무적 성과만을 고려하지 않고, 장기적 관점에서 기업의 지속가능성에 영향을 주는 ESG와 같은 비재무적 요소도 충분히 고려해야 한다는 것이다.

그렇지만 재무관리 측면에서는 다양한 이해관계자들의 목적을 모두 반영할 수는 없고, 기업 간 경쟁의 격화로 기업 자체의 생존이 그 무엇보다도 우선되어야 하는 상황이기 때문에 기업의 목적을 재무적 관점인 <기업가치 극대화>(firm value maximization)로 본다.

2. 기업가치 극대화

기업가치(Enterprise Value)는 재무상태표의 차변인 자산의 시장가치라고 할 수 있다. 이 가치는 다시 재무상태표의 대변인 부채와 자본의 시장가치, 다시 말해, 타인자본의 시장가치와 자기자본의 시장가치를 합한 것으로 표시할 수 있다. 부채와 자본은 고정청구권과 잔여청구권을 의미하므로 결국 대변의 시장가치는 청구권의 시장가치를 뜻하게 된다. 이를 그림으로 나타내보면 다음과 같다.

(그림 1-9) 기업의 시장가치와 청구권의 시장가치

기업의 시장가치	청구권의 시장가치	
유동자산	유동부채	〈타인자본〉
	비유동부채	
비유동자산	자 본	〈자기자본〉

자산 중 현금성 자산은 그 자체를 시장가치라고 할 수 있으나, 그 외 자산은 그 자산으로 말미암아 미래에 유입될 현금흐름의 현재가치를 시장가치라고 할 수 있다. 하지만 모든 자산의 시장가치를 제대로 산출하기는 쉽지 않다. 따라서 기업가치는 아래와 같이 재무상태표상 대변에 해당되는 타인자본의 시장가치와 자기자본의 시장가치를 활용하여 산출한다.

○ 기업가치 = 자기자본의 시장가치 + 타인자본의 시장가치
= 주식의 시가총액 + 순차입금

위에서 순차입금은 총차입금에서 현금성 자산을 차감한 금액이다. 한편, 타인자본은 채권자로부터 차입한 것이며, 매기 확정된 이자가 유출되고 만기에는 원금이 상환되어야 한다. 그에 반해, 자기자본은 주주의 투자액이고, 이사회 또는 주주총회 결의로 최종 확정되는 배당금이 지급되나 만기가 없으며, 대신 경영참가의 일종인 주주총회에서의 의결권이 있다.

청구권의 관점에서 기업의 현금흐름을 살펴본 (그림 1-6)에서도 알 수 있듯이 주주 외의 이해관계자들은 보통 확정된 금액에 대한 청구권(고정청구권)을 가진다. 특히 기업가치를 산출할 때 두 바퀴 중 하나로 작용하는 채권자는 확정된 이자와 원금에 대한 청구권을 가진다. 반면에 자기자본의 소유주인 주주에게는 다른 모든 청구권이 먼저 지급된 후 최종적으로 남는 잔여 자산에 대한 청구권(잔여청구권)이 부여된다. 만일, 기업가치가 고정청구권 총액에 못 미치게 되면, 잔여청구권자인 주주의 몫은 없게 된다. 결국, 기업가치가 고정청구권 총액을 초과할 경우에만 주주의 잔여청구권은 의미를 지니게 되고, 초과액이 크면 클수록 주주의 몫도 커지게 된다. 그렇지만 아무리 기업가치가 크더라도 고정청구권자들에게 돌아갈 몫은 일정하다. 따라서 기업가치에서 더욱 유의미한 부분은 주주가 청구할 수 있는 금액, 즉 자기자본가치인 잔여 자산이 얼마인가 하는 것이 되고, 기업가치 극대화는 자기자본가치의 극대화를 통해 가능해지게 된다. 결국, 기업의 목적은 자기자본가치의 극대화로 귀결되고, 이는 곧 주가의 극대화를 의미하게 된다. 그래서 상법에서는 보통주 주주들에게만 주주총회 의결권을 부여하고 있다. (우선주는 주식이지만 우선배당의 혜택을 제공하는 대신 의결권은 없다.) 기업의 목적은 곧 재무관리의 목적이기도 하다.

<제 5 절> 기업의 형태

일반적으로 재무관리의 연구 대상인 기업의 형태는 채권자와 주주로부터 자금을 조달하여 설립하고 경영하는 주식회사라고 할 수 있다. 그렇지만 기업의 형태는 주식회사 외에도 많다. 기업의 설립 목적, 소유 관계, 위험과 책임의 부담 정도, 기업 규모 등 여러 가지 기준에 의해 다양하게 그 형태를 구분할 수 있다. 하지만 영리기업을 연구 대상으로 삼는 경영학에서는 소유 관계를 1차적으로 보고, 그 다음에 위험과 책임의 부담 정도로 구분하는 방법을 취하고 있다. 소유의 주체는 개인, 집단, 정부로 나눌 수 있는데, 중앙정부나 지방정부(지방자치단체)가 직접 또는 간접으로 소유하고 경영하는 기업을 공기업이라 하고, 그 외 기업을 사기업이라고 한다. 또 사기업은 개인이 소유한 개인사업자(개인기업)와 집단이 소유한 법인사업자(회사기업)와 조합으로 구분해 볼 수 있다. 개인기업은 기업의 위험과 책임을 고스란히 설립자 개인이 떠맡는다. 그에 반해, 회사기업이나 조합은 기업의 위험과 책임을 그 기업에 참여한 집단이 여러 방법으로 부담한다. 그 부담 방법에 따라 상법에서는 회사기업을 합명회사, 합자회사, 유한책임회사, 주식회사, 유한회사와 같이 5가지로 구분한다. 한편, 조합은 2인 이상이 공동 출자하여 사업을 경영하는 특수한 경우로서 그 목적에 따라 형태도 조금씩 다른데, 경영학의 연구대상이 아니므로 본서에서도 더이상 언급하지 않기로 한다. 아래 (표 1-1)은 사기업을 경제적 형태와 법률적 형태로 분류해 본 것이다.

(표 1-1) 사기업의 분류

경제적 형태			법률적 형태
개인기업			개인상인
공동기업	회사기업	소수공동기업	합명회사, 합자회사, 유한회사, 유한책임회사
		다수공동기업	주식회사
	조합	소수공동기업	익명조합, 합자조합 등

1. 개인기업

개인기업은 어떤 자연인이 사업개시 전 또는 사업을 시작한 날로부터 20일 이내에 사업장 관할세무서에 자신을 기업의 대표로 등록한 후 사업자등록증을 교부받음으로써 설립된다. 기업 대표가 필요한 인력을 고용할 수 있고, 가족이 참여하여 함께 운영하는 경우도 있는데, 대체로는 소매점, 서비스업 등과 같이 소규모이다. 운영자금은 대표 개인이 스스로 조달하여야 한다. 하지만 상법상 회사의 형태에 속하지 않기 때문에 복잡한 법인설립절차를 따를 필요도 없고, 세법상 등록절차만 간단하게 이행하면 되므로 손쉽게 기업을 설립할 수 있고 또 그만큼 폐업도 쉽다. 사업영역도 한정되어 있고 규모도 작기 때문에 고도의 경영능력 없이도 운영이 가능하며 의사결정 속도도 빠르다. 물론, 경영의 결과는 대표 자신이 져야 한다. 소유와 경영이 분리되지 않은 상태이므로 사업자 개인의 역량에 따라 기업의 흥망이 좌우되고, 후대로 이어져 계속 존속하기가 어려운 면도 있다.

개인기업의 소득은 대표 개인에게 귀속되므로 소득세법에 의하여 세금을 납부하여야 한다. 일반적으로 법인세보다는 소득세의 누진율이 높으므로 절세 측면에서는 개인기업보다는 법인기업이 더 유리하다. 또 주식회사의 경우 채권자에 대해 주주가 유한책임을 지지만, 개인기업의 경우 채권자에 대해 대표가 무한책임을 진다. 더 나아가 주식회사의 경우에는 세법이나 상법상 여러 가지 혜택도 제공된다. 이상과 같은 이유들로 말미암아 개인기업보다는 법인 형태의 기업을 선호하는 경향이 강하다. 요즘은 1인 법인기업도 많이 설립되는 편이다. 또 채권자에 대한 무한책임을 회피하기 위한 의도로 개인기업에서 법인기업으로 전환하는 경우도 있는데, 이런 방법은 바람직하지 못하다.

정부 차원에서는 산업합리화(産業合理化) 정책목적을 위해 세제 혜택도 제공하는 등 개인기업의 법인기업으로의 전환을 유도해오고 있다. 기업 규모를 확대하거나 규모의 경제를 통해 생산성 향상 등 국제경쟁력을 제고할 수 있기 때문이다.

2. 주식회사

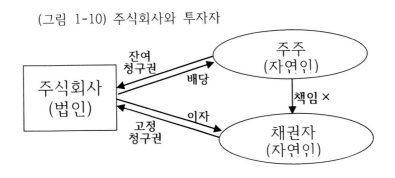

(그림 1-10) 주식회사와 투자자

개인기업은 설립자인 자연인(自然人)의 소유로서 그 기업과 관련된 위험과 책임 역시 그 설립자에게 모두 귀속된다. 반면, 주식회사는 법인(法人)으로서 그 자체가 별도의 법인격(法人格)을 가지며, 법에 의해 권리와 의무의 주체로서의 자격을 부여받는다. 주식회사의 자본은 주식을 발행하여 조달하는데, 주식을 매입한 투자자들은 그가 소유한 주식의 지분을 한도로 주주총회 의결권과 잔여청구권을 가질 뿐 채권자에 대한 책임은 부담하지 않는데, 이를 주주의 유한책임이라고 한다. 또한, 주식회사는 법인이기 때문에 자본적 결합체인 주주들로부터 완전히 독립된 존재이며, 주주는 이사회(대표이사)가 집행하는 회사 경영에 직접 참여할 수는 없고 단지 주주총회에서 보유지분만큼의 의결권만 행사할 수 있는데, 이를 소유와 경영의 분리라고 한다. 인적 신뢰관계를 기초로 사원에게 무한책임을 지우는 '인적 회사'와는 달리 주식회사는 지분 참여자의 결합관계가 자본적 결합에 한정되므로 '물적 회사'이다. 또한, 주식회사는 다수의 사람이 참여하는 집단으로 구성되므로 사단법인이며, 회사의 일종이므로 영리를 추구한다.

주주는 주식의 자유로운 양도를 통해 소유권을 쉽게 이전할 수 있으며, 주식의 발행도 대규모로 가능하므로 일반적으로 주식회사는 특정 개인이 할 수 없는 대규모 자본금이 소요되는 큰 기업에 적합하다. 주식회사를 설립할 때는 정관에 발행하는 주식의 총수와 1주의 금액을 기재하여야 한다. 회사 설립 시에 최초로 필요한 자본조달을 위해 주식을 발행하게 되는데, 발기인들이 주식 총수를 인수하는 발기설립(發起設立)과 주식 총수의 일부만을 발기인들이 인수하고 나머지는 모집 주주들이 인수하는 모집설립(募集設立)의 방법이 있다. 또 회사 설립 이후에도 이사회 결의를 거쳐 신주 발행을 통한 자본조달을 추가로 할 수 있다. 기업공개(企業公開), 즉 상장(上場)을 통해 증권시장에 등록하면, 자본시장을 통해 많은 투자자로부터의 자본조달도 가능하다.

한편, 주식회사는 회사채 발행을 통해서도 기업에 필요한 자금을 조달할 수 있다. 투자자는 회사채를 인수함으로 해당 기업의 채권자가 되지만 주주와는 달리 주주총회 의결권이 없고, 대신 확정된 이자를 청구할 수 있고 주주보다 우선하여 채권을 행사할 수 있다. 회사채 금리는 채무자(발행회사)의 신용도에 따라 달리 결정된다. 신용도가 높은 기업의 회사채는 상환불이행위험(default risk)이 낮으므로 금리가 낮고 대신 채권의 가격은 높다. 그와 반대로 신용도가 낮은 기업의 회사채는 상환불이행위험이 높은 만큼 금리도 높고 대신 채권은 낮은 가격에 거래된다. 주식회사의 신용도가 중요한 것은 그에 따라 회사가 부담하는 자금조달비용, 즉 자본비용이 달라지기 때문이다. 신용도가 높은 기업은 저렴한 비용으로 자금 조달이 가능하나, 신용도가 낮은 기업은 그만큼 더 위험프리미엄이 추가되기 때문에 상대적으로 더 큰 비용을 지불해야 필요한 자금을 조달할 수 있다.

이상에서 주식회사의 자금조달방식을 살펴보았다. 법률상 규정된 주식회사의 특징은 더 많고 복잡하지만, 주식회사가 자금 조달을 더 쉽게 할 목적으로 고안된 기업형태이므로 자금조달방식 위주로 살펴보는 것이 더욱 본질적인 접근이라 할 수 있다. 특별히 재무관리에서 연구대상으로 삼는 기업은 주식회사 중에서도 증권시장에 상장되어 기발행 주식이 자유로이 거래되는 기업이다. 기업들이 자본시장에 주식을 상장하려는 목적은 공시를 통해 기업의 존재를 계속 알리고 또 좋은 사회적 평가를 추구함으로써 필요한 자금을 다수의 투자자로부터 더 저렴하게 조달할 수 있기 때문이다. 하지만, 상장이 쉽게 되는 것은 아니다. 기업공개를 감독하는 기관으로부터 예비심사와 본심사를 까다롭게 받아야 하고, 재무적으로 우량해야 승인을 받을 수 있다. 소유와 경영의 분리로 인한 대리문제(agency problem)가 투자자들의 피해를 초래하는 경우도 있으므로 감독기관 입장에서는 피해예방 차원에서 엄격한 심사를 통해 옥석을 가리려고 하는 것이다.

한편, 상장요건을 충족시키지는 못하지만, 미래의 성장성이 높고 재무적으로도 건실한 비상장기업에게 좀 더 수월한 자본조달 기회를 제공하려는 취지에서 도입된 제도로 '우회상장'(backdoor listing)이라는 것이 있다. 비상장사가 상장 절차를 거치지 않고 우회적인 방법을 통해 증권시장에 진입하는 것을 뜻하는데, 가장 대표적인 방법이 이미 상장된 기업과의 합병을 통해 경영권을 인수받아 상장하는 방법이다. 우량한 비상장사가 대주주 지분율이 상대적으로 낮고 경영난으로 곤궁에 빠진 부실상장기업을 인수·합병하는 방식이다. 물론, 우회상장도 감독기관의 심사를 거쳐야 한다. 만일, 우회상장 심사가 허술하게 되면, 자격 미달 부실기업이 증권시장에 들어와 투자자들을 현혹하며 부적절한 거래를 부추기고 투자자들에게 피해를 주면서 시장을 교란하는 일이 발생할 수 있다.

3. 주식회사 외의 회사기업들

우리나라 상법상 회사기업으로는 주식회사 외에도 합명회사, 합자회사, 유한회사. 유한책임회사가 있다.

합명회사는 2인 이상의 무한책임사원이 외부의 채권자에 대하여 직접 연대하여 변제할 무한책임을 지며, 정관에 다른 규정이 없는 한 회사의 업무를 직접 집행하고 회사를 대표하는 기업이다. 또 각 사원의 대외적 인적 신용과 사원 상호 간의 신뢰관계도 중시되는 '인적 회사'이며, 사원의 경영 참가도 개인기업의 공동경영 수준으로 강화된 형태여서 사단법인이면서도 실질적으로는 조합적 성격을 띠는 기업이다.

합명회사는 정관을 작성하여 설립등기만 하면 회사가 성립하기 때문에 설립이 쉽고, 재산출자뿐 아니라 노무출자나 신용출자도 가능하다. 퇴사의 자유가 인정되나, 입사나 지분 양도는 다른 사원의 승낙을 요하고, 출자 의무를 불이행하는 사원에 대해서는 다른 사원 과반수의 결의로 법원에 제명(除名)을 청구할 수 있다.

합자회사는 위 합명회사에서 이미 설명한 무한책임사원이 경영하는 사업에 유한책임사원이 자본적 참가를 하는 형식으로 성립하는데, 유한책임사원은 회사의 업무집행이나 대표 역할을 하지 않는 대신 재산출자만 하고 제한적인 감시권만 가진다. 반면, 무한책임사원은 재산, 노무, 신용 중 어느 것이든지 출자할 수 있고, 업무집행권도 가진다. 또한, 합자회사는 합명회사처럼 사단법인이면서도 실질적으로는 조합적 성격을 띠며 사원 간의 개인적 신뢰가 중요하기 때문에 '인적 회사'에 속한다. 유한책임사원 관련 내용을 제외한 부분에 대해 우리 상법이 대부분 합명회사 규정을 준용하고 있으므로 합자회사는 합명회사와 유사한 기업형태라고 할 수 있다.

유한회사는 소규모 주식회사라고 할 수 있는데, 상법상으로는 1인 이상 50인 이하의 유한책임사원이 출자액을 한도로 유한책임을 지되 주식회사와는 달리 지분을 자유로이 양도할 수 없다. 합명회사와 주식회사의 장점을 살린 형태로서 설립이 쉽고 소액으로도 가능하며 조직도 복잡하지 않은

'물적 회사'이다. 주식회사처럼 이사와 감사가 있고, 주주총회와 유사한 사원총회도 있다. 사원총회에서 사원들은 소유지분만큼의 결의권을 행사할 수 있다.

설립방법은 발기설립만 가능하고, 사원총회도 간단한 절차로 소집되고 서면결의도 가능하며, 인적 구성은 합명회사처럼 폐쇄적인데, 감사의 경우 상설 필요기관인 주식회사와는 달리 유한회사에서는 임의기관이다. 하지만 주식회사와 닮은 점이 많아 우리 상법에서는 주식회사에 관한 규정을 많이 준용한다.

마지막으로, 유한책임회사는 사원이 경영에 직접 참여할 수는 있으나, 각 사원의 법적인 책임은 그 사원이 출자한 투자액의 범위로 제한된다는 것이 특징이다. 조합처럼 정관자치가 가능하나 주식회사처럼 사원은 투자지분 내에서 유한책임만 부담한다. 유한책임회사는 고도의 기술을 보유한 벤처 기업, 법무법인, 세무회계법인 등에 유용한 기업형태로서, 주식회사나 유한회사보다 더욱 간단한 절차로 회사를 설립하고 운영할 수 있다.

유한책임회사를 아래와 같이 다른 회사기업들과 표로 비교해 보면 그 차이점과 같은 점을 더 분명하게 알 수 있다.

(표 1-2) 회사기업들 비교표

구분	주식회사	합명회사	합자회사	유한회사	유한책임회사
사원 구성	주주	무한 책임사원	무한책임사원 유한책임사원	유한 책임사원	유한책임사원
사원수	1인 이상	2인 이상	각각 1인 이상	1인 이상	1인 이상
사원의 책임범위	간접, 유한책임	직접, 연대, 무한책임	(무)직접, 연대, 무한책임 (유)직접, 연대, 유한책임	간접, 유한책임	간접, 유한책임
출자 목적물	재산	재산, 노무, 신용	(무)재산, 노무, 신용 (유)재산	재산	재산
업무 집행기관	이사회, 대표이사	무한 책임사원	무한책임사원	이사	사원 또는 사원 아닌 자
상장 여부	상장 가능	상장 불가	상장 불가	상장 불가	상장 불가

<제 6 절> 재무관리의 발전사

재무관리는 경영학이 학문체계를 갖추기 시작한 20세기 이후부터 경영학 커리큘럼의 일부로서 발전하기 시작하였다. 그 이전까지는 경영학조차도 경제학에서 분화되지 않고 그 일부로 연구되던 시기였으므로 재무관리라는 별도의 학문 영역은 상상할 수도 없었다. 다만, 경제학에서 이미 존재하는 금융산업을 연구대상으로 삼을 때 화폐와 금융을 키워드로 다루는 정도였다. 따라서 미시론으로부터 출발하여 점차 연구범위를 확대하여 거시론으로 진화하는 보통의 학문 영역과는 달리 재무관리는 화폐금융론이라는 거시경제학의 한 분야에서 출발하여 대기업의 자금조달과 같은 미시재무관리로 그 연구대상을 넓혀가는 형태를 보였다.

한편, 재무관리는 회계정보와 긴밀하게 연결되어 연구되는 분야이다. 경영학의 일부로서 회계학의 중요성이 부각되기 시작한 것은 20세기 초반이다. 따라서 재무관리는 회계정보의 활용이 가능한 시점부터 회계학과 더불어 경영학의 일부로서 본격적으로 연구될 수 있었다.

회계학은 미국공인회계사회(AICPA, American Institute of Certified Public Accountants)[3]의 노력으로 1917년에 『통일회계』가 간행됨으로써 오늘날과 같은 회계학의 모습이 갖춰지기 시작하고 여러 가지 회계제도도 도입된다. 이때부터 회계학은 경영학에서 중요한 분야로 점차 인식된다.

1920년대는 기술혁신과 산업발달의 속도가 빨라 주식회사가 증가하고, 그에 따라 기업의 자금 조달 필요성도 커졌으며, 연동하여 주식과 회사채 발행도 급증하였다. 한마디로 자본시장이 본격적으로 발전한 시기라고 할 수 있다. 이때 기업의 자금 조달, 배당정책, 투자정책 등을 다룬 아서 듀잉(Arther S. Dewing)의 저서 『기업재무정책』(*The Financial Policy of Corporation*)은 재무관리의 실무에 큰 도움을 주었다.

1920년대 미국 경제의 호황은 높은 배당 기대감으로 주식투자를 선호하

---

3) 당시 명칭은 미국회계사회(AIA, American Institute of Accountants)였으며, 1957년에 미국공인회계사회(AICPA, American Institute of Certified Public Accountants)로 변경된다.

게 만들었고, 그에 따라 주식시장 참여자들이 증가하면서 주식가격 상승이 견인되었다. 하지만 금융기관(은행이나 증권회사)으로부터 자금을 대여받아 주식에 투자하는 경우도 많았는데, 이는 주식으로 손쉽게 돈을 벌 수 있다는 허황된 심리와 결합하여 브레이크 없는 자동차의 질주 같은 현상을 불러왔고, 결국은 1929년 대공황으로 수많은 금융기관이 도산하는 파국을 초래하였다. 살아남은 금융기관도 투자자들에게 대여했던 자금을 회수하지 못해 엄청난 손실을 입었고, 그에 따라 기업들도 금융기관으로부터 추가적인 자금을 구하지 못해 도산하는 경우가 많았다. 그렇지만 이 시기를 거치면서 자본시장의 체제는 이전보다 더 확고하게 자리잡히게 되었다.

대공황 시기에 미국의 기업 82,000여 개가 도산하였고, 살아남은 기업들의 생산력도 그 이전의 절반 정도로 떨어졌으며, 그에 따라 근로자들의 임금도 생계가 힘들 정도로 하락하였다. 결국, 대공황은 미국의 각 분야에 큰 변화를 초래하는 계기를 제공하였다. 기업을 사회적 존재로 인식하기 시작하였고, 무분별한 회계실무를 정비하고, 재무보고의 목적도 투자자 보호를 중시하는 방향으로 전환되었으며, 주식시장도 증권법(Securities Act of 1933)과 증권거래법(Securities Exchange Act of 1934) 제정을 통해 개선하였는데, 이와 같은 적극적인 정부의 개입으로 현대적 의미의 재무보고와 회계원칙의 역사가 시작되었다고 볼 수 있다. 증권법의 가장 큰 특징은 정보 공개주의, 곧 공시제도의 채택이고, 증권거래법은 불법 거래, 주가 조작 등으로부터 투자자를 보호하기 위해 증권거래위원회(Securities and Exchange Commission)라는 기관을 개설하여 증권시장을 감독하고 규제하게 하였다. 대공황을 겪으면서 기업들도 기업자금의 유동성 확보와 관리의 필요성을 절감하였으며, 투자자들도 투자기업의 재무분석과 공시정보가 중요함을 깨달았다.

정부의 시장개입은 경제학자 존 케인즈(John M. Keynes)의 이론에 따른 것인데, 케인즈는 소비의 중요성을 강조하였다. 즉 모든 고용의 원천은 소비에 기인한다는 것이다. 그중에서도 가계의 소비보다 기업의 소비(투자)가 더 중요하다고 보았는데, 불황일 때는 기업의 소비가 급격히 감소하므로 정부가 소비의 주체가 되어 그 충격을 막아야 한다는 것이다. 정부가 도로건설이나 댐 건설과 같은 사업을 수행하거나, 실업자들에게 실업수당을 정부가 지급함으로써 가계의 소비를 증가시킬 수 있다는 것이다. 결국, 프랭클린 루스벨트(Franklin D. Roosevelt) 대통령은 케인즈의 이론을 수용하여 과감하게 뉴딜(New Deal)정책을 추진하였고, 결국 10년 만에 불황을 극복할 수 있었다.

대공황으로 엄청난 역경을 겪은 미국 정부는 재발 방지를 위해 온갖 대책을 세우는데, 그중 하나가 미국 시중은행이 기업채권을 살 때 신용평가사로부터 투자적격 등급을 받은 기업인가 꼭 확인하게 한 것이다. 이로 인해 1940년대부터 기업들은 무디스(Moody's Investors Service), 피치(Fitch Ratings), S&P(Standard & Poor's) 등과 같은 신용평가사로부터 좋은 평가를 받기 위해 기업의 현금흐름 개선에 더욱 신경을 쓰게 되었고, 학계에서도 현금흐름에 대한 분석과 통계적 기법에 많은 관심을 기울이게 되었다.

1951년에 출간된 미국의 경제학자 조엘 딘(Joel Dean)의 『자본예산론』과 독일과 영국의 경제학자 커플인 룻츠 부부(Friederich & Vera Lutz)의 『기업투자론』 등에서 화폐의 시간가치와 기업의 자본예산기법들이 제시되면서 기업가치평가가 새로운 연구대상으로 등장하였다.

1952년에는 해리 마코위츠(Harry M. Markowitz)가 위험자산을 고려한 포트폴리오 이론을 제시하였는데, 이는 새로운 투자의사결정 기법으로 학계의 주목을 받았다. 기업가치를 극대화하는 자본구조이론에 대한 관심도 커졌는데, 1958년에 모딜리아니와 밀러(Modigliani & Miller)는 법인세가 없는 완전자본시장을 가정할 때 기업가치는 자본구조와 무관하다는 MM이론(Modigliani-Miller theorem)을 발표하는데, 이는 비록 비현실적인 면이 있지만 후속 연구가 이어지도록 하는 계기가 되었다. 1963년에는 법인세(corporate tax)가 있는 경우를 가정한 연구 결과로서 수정된 MM이론을 발표하는데, 타인자본의존도가 클수록 기업가치가 증가한다는 주장이었다.

1964년 이후부터는 미국의 윌리엄 샤프(William F. Sharpe), 존 린트너(John Lintner), 잭 트레이너(Jack Treynor), 그리고 노르웨이의 잰 모신(Jan Mossin) 등이 시장의 기대수익률과 개별 위험자산의 기대수익률을 무위험자산의 수익률과 시장위험프리미엄에 대한 민감도를 활용하여 산출하는 자본자산가격결정모형(CAPM, Capital Asset Pricing Model)을 발표하였는데, 이러한 연구는 포트폴리오 이론과 더불어 실무에 큰 영향을 끼쳤으며, 현대 투자론의 토대가 되었다.

더 나아가 유진 파마(Eugune Fama)가 1970년에 발표한 논문에서는 '효율적 시장'이라는 개념이 소개되었는데, 그는 왜 시장예측이 불가능한지를 설명하였다. 연이어 피셔 블랙과 마이런 숄즈(Fischer Black & Myron Scholes)의 옵션가격결정모형(OPM, Option Pricing Model)이 1973년에, 스테펀 로스(Stephen A. Ross)의 차익거래가격결정모형(APM, Arbitrage Pricing Model)과 미카엘 젠센(Michael C. Jensen)과 윌리엄 맥클링(William H. Meckling)의 대리인이론(agency theory)이 1976년에 각각 발표되면서 보다 폭넓은 재무이론이 전개되기 시작하였다. 그 외에도 파산비용이론, CAPM에 대한 추가 연구 등이 이 시기에 진행되었다.

1980년에 샌포드 그로스만(Sanford J. Grossman)과 조셉 스티글리츠(Joseph E. Stiglitz)는 *The American Economic Review*에 정보취득비용이 너무 저렴하면 자본시장이 정보효과를 추구할 수 없다는 주장을 담은 논문을 발표하였다. 이외에도 게임이론(game theory), 자본조달순위이론(pecking order theory of capital structure), 파생상품을 이용한 재무공학(financial engineering) 등이 이 시기에 등장하였다.

1990년대 역시 새로운 접근이 재무관리에서 시도되었는데, 가장 주목할 만한 분야가 주로 인간의 심리적 요인이 투자의사결정에 크게 영향을 미친다고 보는 행태재무학(behavioral finance)이었다. 이스라엘 출신 심리학자인 대니얼 카너먼(Daniel Kahneman)과 아모스 트버스키(Amos N. Tversky)는 다양한 경제문제에 행태재무학적 방법으로 접근하였다. 또한, 이 시기에는 투자자들이 자신들의 이익을 지키기 위한 경영자 통제 기제로서 기업지배구조를 중시하기 시작하였고 학문적 연구도 활발하였다.

21세기에 들어서면서 세계 경제는 신자유주의 기조에 따라 급격하게 세계화되고, 국경을 쉽게 넘나들며 자금조달을 하고 투자도 할 수 있는 환경이 되었다. 그에 따라 국제경제 정세의 변화에 따른 위험도 재무관리의 중요한 고려사항 중 하나가 되었다. 한마디로 자본시장의 세계화라고 할 수 있으며, 수많은 파생상품이 새로 개발되는 등 시장에서 유통되는 금융상품도 더 많고 복잡해졌다. 따라서 금융상품의 위험을 분석하고 그 위험을 효과적으로 분산시키는 방법이 더 요구되었고, 이런 개발을 위해서는 상당한 수준의 수리적 지식이 요구되었다. 결국, 정보기술에 기반한 통계 프로그램과 수리적 지식을 아우르는 공학적 방법론, 즉 금융공학의 필요성이 1990년대부터 제기되기 시작하였고 2000년대 이후부터는 이 분야에 대한 관심이 본격적으로 고조되기 시작하였다.

　　이상에서 기술한 재무관리의 발전사를 간략하게 표로 요약해 보면 아래와 같다.

　　　(표 1-3) 재무관리의 발전사

연 대	내　　용
1900년대 이전	화폐금융론 중심 (거시경제학 분야)
1910년대	회계학 확립 (통일회계 시작)
1920년대	자본시장 확립 (자본조달 중심)
1930년대	증권법 제정 (공시제도 도입, 투자자 보호 중시) 증권거래법 제정 (증권거래위원회 개설) 정부의 역할 강화 (유동성관리 중심)
1940년대	기업신용평가 강화(현금흐름개념 중시)
1950년대	화폐의 시간가치 및 자본예산기법 등장 포트폴리오 이론 MM이론
1960년대	MM수정이론 CAPM(자본자산가격결정모형)
1970년대	효율적 시장가설 OPM(옵션가격결정모형) APM(차익거래가격결정모형) 대리인이론·파산비용이론
1980년대	정보효과와 자본구조 게임이론·자본조달순위이론·재무공학
1990년대	행태재무학 기업지배구조
2000년대 이후	금융의 세계화와 금융공학

<연습문제>

(1) 재무관리의 목표는 무엇인가? (   )
 1. 비용 절감   2. 이익 극대화   3. 시장점유율 확대   4. 기업가치 극대화

(2) 기업 청산 시 가장 후순위의 청구권인 잔여청구권을 가지는 사람은? (   )
 1. 채권자   2. 주주   3. 세무당국   4. 종업원

(3) (   )란 기업의 자금, 즉 돈의 흐름과 관련된 제반 활동으로 자금의
   합리적 조달과 운용, 관리 활동을 의미한다. (   ) 안에 들어갈 말로
   가장 적합한 것은? (   )
   1. 노무관리   2. 재무관리   3. 품질관리   4. 생산관리

(4) 미시재무학으로 분류되는 학문 분야로만 묶은 것은? (   )
 1. 계량경제학, 화폐금융론   2. 금융기관론, 기업재무론
 3. 기업재무론, 투자론   4. 투자론, 화폐금융론

(5) 금융시장을 둘러싼 이해관계자라고 볼 수 없는 것은? (   )
 1. 투자자   2. 기업   3. 증권회사   4. 종교기관

(6) 소유와 경영의 분리로 인해 주식회사에서 주로 주주와 경영자 사이에서
   발생하는 문제는? (   )
 1. 대리비용   2. 노사갈등   3. 탐색비용   4. 고정청구권

(7) 다음 표현이 의미하는 것은? (   )
   "금융시장은 제한된 자원이 가장 필요한 곳으로 흘러갈 수 있게 한다."
 1. 효율적인 자원 배분   2. 정보제공   3. 유동성 제공   4. 위험 분산

(8) 기업의 주요한 재무의사결정이라고 할 수 없는 것은? (   )
 1. 투자의사결정   2. 고용의사결정

3. 배당의사결정   4. 자금조달의사결정

(9) 금융시장에 속하지 않는 것은? (   )
 1. 화폐시장   2. 실물시장   3. 외환시장   4. 자본시장

(10) 금융시장의 기능이라고 할 수 없는 것은? (   )
 1. 대리비용 극대화   2. 시장규율
 3. 정보제공   4. 소유와 경영의 분리

(11) 투자의사결정이라고 볼 수 없는 것은? (   )
 1. 설비 증성   2. 인수·합병   3. 주식 매입   4. 채권 발행

(12) 장기자금을 조달하는 방법이 아닌 것은? (   )
 1. 주식   2. 회사채   3. 장기차입금   4. 기업어음

(13) 기업의 주된 3대 활동에 포함되지 않는 것은? (   )
 1. 투자활동   2. 재무활동   3. 사회공헌활동   4. 영업활동

(14) 현금이 기업 밖으로 유출되는 경우가 아닌 것은? (   )
 1. 보통주 발행   2. 법인세 납부   3. 원재료 매입   4. 건물 구입

(15) 기업가치를 표현하는 것으로 적합하지 않은 것은? (   )
 1. 자산의 시장가치   2. 자기자본가치+타인자본가치
 3. 청구권의 시장가치   4. 주식의 시가총액+총차입금

(16) 주주에 대한 설명으로 부적합한 것은? (   )
 1. 주주가 보유한 보통주의 만기는 없다.
 2. 주주가 받는 배당금은 이사회 결의로 확정된다.
 3. 주주는 주주총회 의결권을 가진다.
 4. 주주는 기업 청산 시 잔여청구권을 가진다.

(17) 회사기업이라고 할 수 없는 것은? (   )
 1. 합명회사   2. 주식회사   3. 유한책임회사   4. 익명조합

(18) 다음 설명은 어떤 기업 형태에 해당되는가? (   )
 "가족이 참여하여 함께 운영하는 경우가 많고, 대체로 소매점, 서비스업
 등과 같이 소규모이며, 운영자금은 대표 개인이 스스로 조달한다."
 1. 개인기업   2. 주식회사   3. 유한회사   4. 합명회사

(19) 다음 중 설명이 올바르지 않은 것은? (   )
 1. 개인기업은 소득세법의 적용을 받는다.
 2. 합명회사는 2인 이상의 무한책임사원이 회사의 업무를 직접
    집행하고 회사를 대표하는 기업이다.
 3. 합자회사는 무한책임사원이 경영하는 사업에 유한책임사원이 자본적
    참가를 하는 형식으로 성립한다.
 4. 유한회사의 유한책임사원의 총수는 제한이 없다.

(20) 주식회사에 대한 설명으로 부적합한 것은? (   )
 1. 주식의 자유로운 양도가 불가능하다.
 2. 대규모 주식발행을 통해 큰 자본금을 마련할 수 있다.
 3. 정관에 발행하는 주식의 총수와 1주의 금액을 기재하여야 한다.
 4. 회사채 발행을 통해서도 기업에 필요한 자금을 조달할 수 있다.

(21) 주주와 채권자 등의 이해관계자들로부터 자본을 조달하여 설립되며,
    재무관리에서 주로 다루게 되는 기업의 형태는? (   )
 1. 합명회사   2. 주식회사   3. 합자회사   4. 유한회사

(22) 다음 중 재무관리 목표로 부적절한 것은? (   )
 1. 기업가치 극대화   2. 채권자 부의 극대화
 3. 자기자본가치의 극대화   4. 주가의 극대화

(23) 주식회사에서 잔여청구권을 갖는 주체는? (　　)

 1. 대출금융기관　　　 2. 채권자　　　 3. 거래처　　　 4. 주주

(24) 개인기업에 대한 설명으로 맞지 않는 것은? (　　)

 1. 개인기업의 사업주는 채권자에게 유한책임만 진다.

 2. 회사의 법률적 형태는 개인상인이다.

 3. 개인기업 운영 시 윤리적 문제가 발생할 수 있다.

 4. 기업에서 발생하는 소득은 개인에게 귀속된다.

(25) 행태재무학에 대한 설명으로 적합하지 않은 것은? (　　)

 1. 1990년대부터 시작된 재무관리의 한 영역이다.

 2. 인간의 심리적 요인이 투자의사결정에 크게 영향을 미친다고 본다.

 3. 대니얼 카너먼, 아모스 트버스키 등이 대표적인 학자이다.

 4. 인간을 합리적인 존재로 인식한다.

(26) 회사채를 인수한 채권자에 대한 설명으로 맞지 않은 것은? (　　)

 1. 채권자는 주주총회 의결권이 없다.

 2. 확정된 이자를 청구할 수 있다.

 3. 채권은 주식처럼 자유롭게 사고 팔 수 없다.

 4. 채권자는 기업 청산 시 주주보다 우선하여 청구권을 행사할 수 있다.

정답 : (1~15) 4, 2, 2, 3, 4 / 1, 1, 2, 2, 1 // 4, 4, 3, 1, 4 /
　　　 (16~26) 2, 4, 1, 4, 1 // 2, 2, 4, 1, 4 / 3

제 2 장

화폐의 시간가치

<제 1 절> 명목가치와 실질가치

투자자들이 합리적인 투자의사결정을 하기 위해서는 불확실성으로 말미암아 야기되는 위험뿐 아니라 화폐의 시간가치도 반드시 고려하여야 한다. 여러 투자안을 비교할 때 동일 시점에서 자산의 가치가 어느 쪽이 더 크냐를 판단하게 되는데, 이때 중요한 것은 현금흐름의 발생 시점이 각기 다를지라도 화폐의 시간가치를 반영하여 하나의 특정 시점에서의 가치로 환산하여야 한다는 점이다.

화폐의 시간가치를 측정하는 수단은 이자율(또는 수익률)과 할인율인데, 전자는 현재의 현금흐름을 미래로 환산할 때 사용하고, 후자는 미래의 현금흐름을 현재로 환산할 때 사용된다. 둘은 명칭과 적용되는 방향, 그리고 적용 방법(기준금액×이자율 / 기준금액÷할인율)만 다를 뿐 거의 같은 개념이라고 볼 수 있다. 왜냐하면, 할인율은 어떤 종류의 이자율을 할인율로 사용하기로 선택하면 되기 때문이다. 따라서 할인율의 종류는 별도로 언급될 수 없다. 이자율은 다음과 같이 다양한 종류가 있다.

- ○ 액면이자율 : 권면이자율이라고도 하는데, 사채에 기록된 이자율로서, 매기 사채이자를 지급받는 기준.
- ○ 시장이자율 : 금융시장에서 실제로 적용되고 있는 이자율.
- ○ 유효이자율 : 미래 현금흐름의 현재가치와 각종 부대비용까지 포함한 사채의 실제 발행가를 일치시켜 주는 이자율. 각종 부대비용이 0원이면, 유효이자율=시장이자율.
- ○ 약정이자율 : 계약 당사자들이 약속한 이자율.
- ○ 명목이자율 : 물가상승률이 반영 안 된 채권, 예금 등의 액면이자율.
- ○ 실질이자율 : 물가상승률이 반영된 이자율.
- ○ 만기수익률 : 보유기간이 다 차서 끝나는 경우의 채권 수익률.
- ○ 요구수익률 : 투자에 대한 대가로 투자자가 요구하는 최소한의 수익률
- ○ 기대수익률 : 투자자가 채권이나 주식을 구입할 때 위험을 감수하는 대가를 포함하여 기대하는 요구수익률 이상의 수익률.
- ○ 무위험이자율 : 투자위험이 전혀 포함되지 않는, 투자의 순수한 기대수익률. 부도 가능성이 거의 없는 정기예금, 국채 등의 이자율.

1. 명목가치와 실질가치의 차이

화폐단위로 환산할 수 있는 모든 대상은 정도의 차이는 있겠지만 가치가 있는 것이라고 할 수 있다. 그만큼의 화폐로 그 대상을 구매할 수 있다는 의미이기도 하므로 가치는 구매력을 의미하기도 한다. 예를 들어, 노동의 가치가 매달 100만원인 급여노동자 1명이 있다고 가정해 보자. 현재 물가로는 그 돈으로 1개월 생활이 겨우 가능하지만, 다음 달에는 물가가 10% 오르고 급여는 그대로라고 한다면, 분명히 생활비가 모자라게 될 것이다. 이 경우 이번 달과 다음 달 명목급여는 똑같이 100만원이지만, 구매력이 떨어졌으므로 실질급여는 그만큼 감소했다고 말할 수 있다.

(그림 2-1) 인플레이션과 구매력의 변화

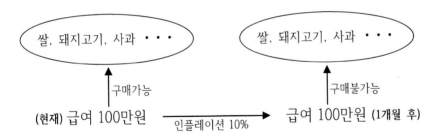

따라서 물가가 계속 오르는 상황이라면, 현재의 1억원과 3년 후의 1억원의 구매력은 분명히 오르는 물가만큼 차이가 나게 되는데, 이러한 차이는 명목가치(nominal value)와 실질가치(real value)의 차이라고 할 수 있다.

한편, 우리가 은행에 돈을 예금할 때 만기에 따라 일정한 금리를 약정하고 주기적으로 이자를 지급받게 되는데, 이때 이자에 해당되는 부분을 화폐의 시간가치라고 한다. 만일, 약정 금리가 물가상승률과 동일하다면 3년 후 은행에서 되찾은 원리금의 구매력은 3년 전 돈을 맡길 때와 동일할 것이다. 연이율이 5%이고 이자는 만기에 원금과 함께 회수하기로 했으며, 3년간의 물가상승률이 15%였다면, 3년 만기로 1억원을 맡긴 예금자는 3년 후 원리금 1억1천5백만원을 되찾게 되고, 그 돈으로 3년 전 1억에 구매가능했던 고급승용차를 1억1천5백만원에 구매하게 될 것이다. 화폐의 명목가치는 1억원과 1억1천5백만원으로 다르지만, 구매력은 동일하므로 실질가치는 똑같다고 말할 수 있다.

다만, 현재시점의 1억원을 화폐의 현재가치(PV: present value)라고 하고, 3년 뒤의 1억1천5백만원을 화폐의 미래가치(FV: future value)라고 한다. 결과적으로, 화폐의 현재가치와 미래가치 사이에는 "시간"이라는 다리가 있고, 화폐의 실질가치와 명목가치 사이에는 "인플레이션"이라는 다리가 있음을 알 수 있다. 미래가치와 현재가치는 다음과 같이 산출된다.

○ 현재 1억원의 3년 뒤 미래가치 = 1억 + 화폐의 시간가치(단리)
= 1억 + (1억×연이율 0.05×3년)
= 1억 + 1천5백만 = 1억1천5백만원

○ 3년 후 1억1천5백만원의 현재가치 = 1억1천5백만 − 화폐의 시간가치(단리)
= 1억1천5백만 − (1억×연이율 0.05×3년)
= 1억1천5백만 − 1천5백만 = 1억원

참고로, 이상에서 다룬 내용과 이하에서 다룰 내용에 대한 이해를 돕기 위해 관련 용어를 정리해 보면 다음과 같다.

○ 명목가치 : 재화와 서비스의 물가가 상승할 때 현재부터 장래까지 각 시점에서 상승분이 포함된 재화와 서비스의 가격.
(실제 화폐 표면에 표시되어 있는 숫자)
○ 실질가치 : 구매력. 동일한 금액으로 어떤 재화나 서비스를 구매할 수 있는 능력. 즉, 시장에서 어떤 재화나 서비스를 실질적으로 구매할 수 있는 가치.
○ 현재가치 : 장래의 명목가치를 화폐의 시간가치만큼 차감(할인)해 산출한 현재 시점의 명목가치.
○ 미래가치 : 현재의 명목가치를 화폐의 시간가치만큼 가산(이자)해 산출한 미래 시점의 명목가치.
○ 원금 : 금융거래에서 최초에 투자한 금액. 극히 드물게 원본이라는 표현이 사용되기도 한다.

o 이자 : 금전의 사용 대가. 원금과 사용 기간에 비례해 지급되는 금전.

o 이자율 : 원금에 대한 이자의 비율로서 금리라고도 한다. 통상적으로 연간 이자율을 의미하며, %로 표시한다.

o 할인율 : 이자율이 화폐의 시간가치를 가산하는 비율이라면, 할인율 은 화폐의 시간가치를 차감하는 비율이다. 따라서, 시간의 흐 름이 이자율은 현재에서 미래로 가는 흐름이고, (1+이자율)을 곱하여 미래가치를 산출하지만, 할인율은 미래에서 현재로 다 가오는 흐름이고, (1+할인율)로 나누어 현재가치를 산출한다.

o 단리 : 원금에 약정된 이자율과 기간을 곱해 산출한 이자 또는 그 이자를 산출하는 방법.

o 복리 : 일정 기간 이자가 발생하면, 다음 회차에는 [원금+이자]에 다시 이자가 붙는 방식으로 산출한 이자를 모두 합친 총이자 또는 그 총이자를 산출하는 방법. 이자 발생(산출) 주기에 따라 월복리, 연복리 등으로 세분화되기도 한다.

2. 미래가치와 이자율

위에서 예시한 경우는 3년 만기 시점에 이자를 원금과 함께 회수하는 방법인데, 이런 경우의 이자를 <단리>(simple interest)라고 한다. 반면, 이자를 1년 주기로 받고, 그 이자를 동일한 조건으로 바로 재투자한다고 가정하는 방법이 있는데, 이때의 이자를 <복리>(compound interest)라고 하고 계산 방법도 위 예시와는 다르다.

(그림 2-2) 단리와 복리

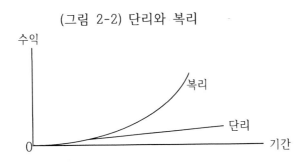

만일, 위의 1억 원을 같은 조건으로 예금하되 이자 지급 주기만 1년 복리로 바꾼다면 3년 후 원리금은 얼마나 될까? 아래와 같은 방법으로 계산할 수 있다.

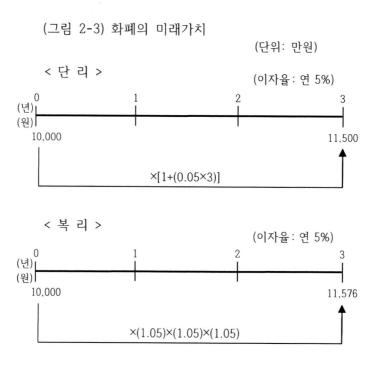

(그림 2-3) 화폐의 미래가치

(단위: 만원)

< 단 리 >

(이자율: 연 5%)

×[1+(0.05×3)]

< 복 리 >

(이자율: 연 5%)

×(1.05)×(1.05)×(1.05)

위 그림 중 <단리>를 산식으로 계산한 후, 연이율을 r로 하는 공식을 도출해 보면, 다음과 같다.

ㅇ 현재 1억원의 3년 뒤 미래가치 = 1억 + 화폐의 시간가치(단리)
   = 1억 + (1억×3년×연이율 0.05) = 1억 × (1+3×0.05)
   = 1억 × (1+0.15) = 1억1천5백만원

$$FV_3 = PV × (1+3r)$$

ㅇ 만일, n년 뒤의 미래가치라면, 공식은 다음과 같게 된다.

$$FV_n = PV \times (1+nr) \qquad \text{(2-1)}$$

위 그림 중 <복리>를 산식으로 계산해 보면, 다음과 같다.

ㅇ 현재 1억원의 3년 뒤 미래가치 = 1억 + 화폐의 시간가치(복리)
$$= 1억 \times (1+0.05) \times (1+0.05) \times (1+0.05)$$
$$= 1억 \times (1+0.05)^3 = 1억1천5백7십6만원$$

다시 말해, 현재가치(PV) 1억원을 이자율 r로 3년 동안 복리로 예금하여 3년 뒤 찾을 수 있는 원리금, 즉 미래가치를 산출하는 공식은 다음과 같게 된다는 것이다.

$$FV_3 = PV \times (1+r)^3$$

3년의 기간은 4년, 5년 등으로 변경될 수 있으므로, 일반적으로 기간을 n으로 표시하는데, 위 공식에서 3을 n으로 바꾸어주기만 하면 된다.

$$FV_n = PV \times (1+r)^n \qquad \text{(2-2)}$$

<복리>와 <단리>를 좀 더 쉽게 설명해 보면, <복리>는 복수, 즉 둘 이상의 이자를 의미하는데, 원금의 이자뿐 아니라 이자에도 반복적으로 이자가 발생하고 그것들을 합친 원리금이 미래가치가 되는 경우를 말하고, <단리>는 그냥 하나의 이자, 즉 원금에만 한번 이자가 계산되는 경우로서 원금과 하나의 이자를 합친 원리금이 미래가치가 되는 경우를 말한다.

[예제 1] 1억원의 원금을 연 4%의 이자율인 정기예금에 3년 만기로 맡겼을 때, 3년 후에 찾을 수 있는 원리금(미래가치)은?

풀이 $FV_3 = 1억 \times (1+0.04)^3 = 112,486,400원$ (은행 정기예금은 복리 적용)

결국, 연 이자율이 r일 때, 현재의 1원은 n년 후에는 $(1+r)^n$원이 된다. 이 $(1+r)^n$을 미래가치이자요소(FVIF: future-value interest factor)라고 하고, 이를 표로 정리한 것을 <미래가치이자요소표> 또는 <복리표>라고 하며, 다음과 같은 식으로 표시할 수 있다.

$$FVIF(r,\ n) = (1+r)^n = 1원의\ n년\ 후\ 미래가치$$

(2-3)

물론, 기간 단위는 이자율 계산 주기에 따라 변경될 수 있다. 예를 들어, 반기 이자율이 3%이고, 6개월마다 이자를 산출하며, 만기가 2년이라면, r은 3%가 되고, n은 4가 되어야 한다.

(표 2-1) 미래가치이자요소표(복리표)

n\r	1%	2%	3%	4%	5%	6%	7%	8%	9%	10%	‥
1	1.0100	1.0200	1.0300	1.0400	1.0500	1.0600	1.0700	1.0800	1.0900	1.1000	‥
2	1.0201	1.0404	1.0609	1.0816	1.1025	1.1236	1.1449	1.1664	1.1881	1.2100	‥
3	1.0303	1.0612	1.0927	1.1249	1.1576	1.1910	1.2250	1.2597	1.2950	1.3310	‥
4	1.0406	1.0824	1.1255	1.1699	1.2155	1.2625	1.3108	1.3605	1.4116	1.4641	‥
5	1.0510	1.1041	1.1593	1.2167	1.2763	1.3382	1.4026	1.4693	1.5386	1.6105	‥
6	1.0615	1.1262	1.1941	1.2653	1.3401	1.4185	1.5007	1.5869	1.6771	1.7716	‥
7	1.0721	1.1487	1.2299	1.3159	1.4071	1.5036	1.6058	1.7138	1.8280	1.9487	‥
8	1.0829	1.1717	1.2668	1.3686	1.4775	1.5938	1.7182	1.8509	1.9926	2.1436	‥
9	1.0937	1.1951	1.3048	1.4233	1.5513	1.6895	1.8385	1.9990	2.1719	2.3579	‥
10	1.1046	1.2190	1.3439	1.4802	1.6289	1.7908	1.9672	2.1589	2.3674	2.5937	‥
⋮	⋮	⋮	⋮	⋮	⋮	⋮	⋮	⋮	⋮	⋮	

[예제 2] 1억원의 원금을 연 8%의 복리로 은행에 10년간 예금하였을 때 10년 후에 되찾게 되는 원리금은 얼마인지 미래가치이자요소표(복리표)를 이용하여 산출하라.

풀이 위 복리표에서 이자율 8%, 기간 10년에 해당되는 *FVIF* 값은 2.1589이다. 그러므로 10년 후 되찾게 되는 원리금, 즉 현재 1억원의 미래 가치는 다음과 같이 산출된다.

$$FV_{10} = 1억원 \times 2.1589 = 215,890,000원$$

한편, <복리>를 "인간의 가장 위대한 발명 중 하나"라고 언급한 아인슈타인은 원금이 두 배로 증가하는 원리를 '72법칙'으로 정리하였는데, 연 이자율 r과 기간 n을 곱하여 72가 되면 이때의 n이 원금이 대략 두 배가 되는 기간이 된다. 예를 들어, 연 이자율이 10%라면 투자 원금은 7.2년(=72/10) 만에 대략 두 배가 되고, 연 이자율이 5%라면 14.4년(=72/5) 만에 투자 원금이 대략 두 배로 불어나게 된다는 것이다.

[예제 3] 만일 누군가가 자신의 후손을 위해 현금 3천만원을 없는 셈 치고 100년 동안 연 이자율 5%의 복리로 은행에 맡긴다면, 100년 뒤에 찾을 수 있는 원리금은 얼마나 될까?

풀이 1 72법칙에 따라 14.4년(=72/5) 주기로 원금이 두 배로 증가한다고 하면, 다음과 같이 대략 38억4천만원이 된다.

$$\boxed{3천} \xrightarrow[14.4년]{2배} \boxed{6천} \xrightarrow[14.4년]{2배} \boxed{1억2천} \xrightarrow[14.4년]{2배} \boxed{2억4천} \xrightarrow[14.4년]{2배} \boxed{4억8천}$$

$$\xrightarrow[14.4년]{2배} \boxed{9억6천} \xrightarrow[14.4년]{2배} \boxed{19억2천} \xrightarrow[14.4년]{2배} \boxed{38억4천}$$

=> 14.4년 × 7회 = 100.8년

풀이 2 위 식 (2-2)에 따라 산출하면 다음과 같이 39억원이 넘게 된다.

$$FV_{100} = 3천만원 \times (1+0.05)^{100} = 3,945,037,735원$$

결국, 어림치라고 할 수 있는 72법칙의 결과와 정확하게 산출되는 미래가치가 거의 유사함을 알 수 있다. 다만, 물가상승률에 따른 화폐가치의 하락을 고려할 수 없는 상황이고, 따라서 물가상승률이 반영되지 않은 결과이므로 실질가치는 어떠한지 판단할 수 없다.

3. 현재가치와 할인율

현재가치(PV: present value)란 미래에 얻게 되는 현금을 현재 시점의 화폐가치로 환산한 것을 말하는데, 이때 사용되는 개념이 할인율이다. 할인율은 미래가치(FV: future value)를 구할 때 사용한 이자율(복리)과 유사한 개념으로서, 차이가 있다면 이자율(복리)은 곱하는 것이지만, 할인율은 나누는 것이라는 점이다.

$$FV_n = PV \times (1+r)^n$$ (이자율 r)

$$PV = FV_n \div (1+r)^n = FV_n \times (1+r)^{-n}$$ (할인율 r)　　　(2-4)

이를 그림으로 나타내보면, 복리계산 그림과 같으나, 방향만 반대임을 알 수 있다.

(그림 2-4) 화폐의 현재가치

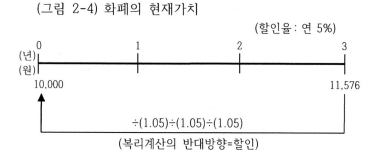

(복리계산의 반대방향=할인)

3년 뒤 얻게 되는 1억원의 현재가치가 얼마인지, 3년 만기 은행 정기예금 이자 9%를 할인율로 하여 계산해 보면, 다음과 같은 결과가 나온다.

○ $PV = 1억 \div (1+0.09)^3 = 77,218,348원$

한편, 앞쪽에서 공부한 미래가치이자요소(FVIF: future-value interest factor)와 대비되는 개념으로 현재가치할인요소(PVDF: present-value discount factor) 또는 현재가치이자요소(PVIF: present-value interest factor)가 있는데, n기간 후의 1원을 매기 할인율 r로 할인할 경우의 현재가치 $\{1/(1+r)^n\}$을 의미한다. 또한 이를 표로 정리한 것을 <현재가치할인요소표> 또는 <현재가치이자요소표> 또는 <현가표>라고 하며, 다음과 같은 식으로 표시할 수 있다. 또한 (표 2-2)는 할인율 r과 기간 n에 대한 $PVDF$ 값을 표로 정리한 것이다.

$$PVDF(r,\ n) = 1/(1+r)^n = \text{n년 후 1원의 현재가치} \qquad (2\text{-}5)$$

(표 2-2) 현재가치할인요소표(현가표)

n\r	1%	2%	3%	4%	5%	6%	7%	8%	9%	10%	··
1	.99010	.98039	.97087	.96154	.95238	.94340	.93458	.92593	.91743	.90909	··
2	.98030	.96117	.94260	.92456	.90703	.89000	.87344	.85734	.84168	.82645	··
3	.97059	.94232	.91514	.88900	.86384	.83962	.81630	.79383	.77218	.75131	··
4	.96098	.92385	.88849	.85480	.82270	.79209	.76290	.73503	.70843	.68301	··
5	.95147	.90573	.86261	.82193	.78353	.74726	.71299	.68058	.64993	.62092	··
6	.94205	.88797	.83748	.79031	.74622	.70496	.66634	.63017	.59627	.56477	··
7	.93272	.87056	.81309	.75992	.71068	.65506	.62275	.58349	.54703	.51316	··
8	.92348	.85349	.78941	.73069	.67684	.62741	.58201	.54027	.50187	.46651	··
9	.91434	.83676	.76642	.70259	.64461	.59190	.54393	.50025	.46043	.42410	··
10	.90529	.82035	.74409	.67556	.61391	.55839	.50835	.46319	.42241	.38554	··
⋮	⋮	⋮	⋮	⋮	⋮	⋮	⋮	⋮	⋮	⋮	

PVDF는 FVIF의 역수로 계산되기 때문에, 다시 말해, 이자율이 r이고 기간이 n일 때 FVIF는 1에 $(1+r)^n$을 곱하고, 할인율(=이자율과 동일)이 r이고 기간이 n일 때 PVDF는 1을 $(1+r)^n$로 나누기 때문에 현재가치(PV)는 미래가치(FV)와는 반대로 움직인다. 즉, r과 n이 커질수록 미래가치는 점점 커지지만, 현재가치는 점점 작아진다.

[예제 4] 정부시책에 따라 무이자로 대여한 1억원을 3년 뒤 회수하게 된다면, 회수되는 1억원의 현재가치는 얼마인가? 이 기간 중 연 할인율은 5%라고 가정한다.

풀이 1 $PV = FV_n \div (1+r)^n = 1억 \div (1+0.05)^3$
$$= 1억 \times (1+0.05)^{-3} = 86,383,760원$$

풀이 2 위 현가표를 활용하면, r 5%, n 3년의 PVDF가 0.86384이므로,
$$PV = 1억 \times 0.86384 = 86,384,000원$$

<제 2 절> 연금의 가치

연금(年金, annuity)이란 일정 기간 동안 주기적으로 지급되는 현금을 말한다. 정액으로 지급되기도 하고, 해마다 물가상승률이 고려되어 지급액이 조금씩 증가하기도 한다. 하지만 연금의 가치를 고려할 때는 일정한 금액이 반복적으로 지급된다고 가정한다. 또한, 일정 기간마다 계속 지급되는 경우이므로 <연금의 현재가치>만이 산출될 수 있다.

그렇지만, 그 반대의 경우, 즉 일정 기간마다 일정액을 적립하고 만기에 원리금을 되찾는 정액적금의 경우는 정확하게 정액연금의 반대 방향이므로 그 미래가치를 구할 때, 연금을 지급하는 원리를 응용하면 쉽게 이해할 수 있다. 많은 교재에서 <연금의 미래가치>라는 표현을 사용하기도 하는데, 엄격하게 말하면 <정액적금의 미래가치>라고 해야 한다. 그렇지만, 이미 <연금의 미래가치>라는 표현이 거의 보편화되다시피 하였으므로 본 교재에서도 <연금의 미래가치>라는 표현도 사용할 것임을 밝힌다.

1. 연금의 현재가치

미래에 주기적으로 일정 금액을 연금으로 수령할 경우, 그것을 현재 시점의 화폐가치로 환산한 것이 <연금의 현재가치>(PVA: present value of annuity)이다. 1년 뒤부터 매년 10,000원의 현금을 연금으로 3년 동안 수령하는 경우의 <연금의 현재가치>를 연 할인율 5%를 적용하여 그림으로

나타내보면, 다음과 같다.

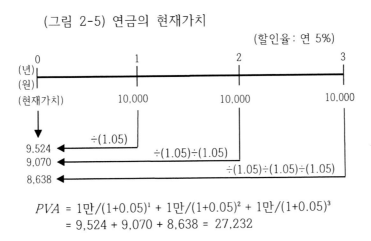

(그림 2-5) 연금의 현재가치

(할인율: 연 5%)

$$PVA = 1만/(1+0.05)^1 + 1만/(1+0.05)^2 + 1만/(1+0.05)^3$$
$$= 9,524 + 9,070 + 8,638 = 27,232$$

따라서, 앞으로 매기마다 수령하게 될 연금액이 k이고, 만기가 n이며, 단위 기간의 할인율이 r로 일정하다면, 연금의 현재가치(PVA)를 산출하는 식은 다음과 같이 등비급수의 합의 공식과 같게 된다.

$$PVA(r, n) = \frac{k}{(1+r)^1} + \frac{k}{(1+r)^2} + \frac{k}{(1+r)^3} + \cdots + \frac{k}{(1+r)^n}$$
$$= k \times \{\frac{(1+r)^n-1}{r(1+r)^n}\} = \frac{k}{r} \times \{1- \frac{1}{(1+r)^n}\} \quad (2-6)$$

위 식에서 $k \times [\{(1+r)^n-1\}/r(1+r)^n]$은 등비급수의 합의 공식을 증명하는 다음과 같은 방법으로 산출될 수 있다.

$$S_n - S_n \cdot (공비) = S_n - S_n \cdot \{1/(1+r)\}$$
$$= \{k/(1+r)\}+\{k/(1+r)^2\}+\{k/(1+r)^3\}+\cdots+\{k/(1+r)^n\}$$
$$-\{k/(1+r)^2\}-\{k/(1+r)^3\}-\cdots-\{k/(1+r)^n\}-\{k/(1+r)^{n+1}\}$$
$$S_n \cdot [1-\{1/(1+r)\}] = S_n \cdot \{r/(1+r)\} = \{k/(1+r)\}-\{k/(1+r)^{n+1}\}$$
$$S_n = \{k/(1+r)\}-\{k/(1+r)^{n+1}\} \cdot \{(1+r)/r\} = (k/r)[1-\{1/(1+r)^n\}]$$

위 식에서 {(1+r)^n-1}/r(1+r)^{n}은 k가 1원일 때의 연금의 현재가치, 즉 향후 매기 수령하게 될 연금 1원의 현재가치를 모두 합한 금액을 나타내며, 이를 연금의 현재가치할인요소(PVDFA: present-value discount factor of annuity) 또는 연금의 현재가치이자요소(PVIFA: present-value interest factor of annuity)라고 한다. 또한, 이를 표로 정리한 것을 <연금의 현재가치할인요소표> 또는 <연금의 현재가치이자요소표> 또는 <연금현가표>라고 한다.

$$PVDFA(r, n) = \{(1+r)^n-1\}/r(1+r)^n = n년\ 동안의\ 연금\ 1원의\ 현재가치$$ (2-7)

(표 2-3) 연금의 현재가치할인요소표(연금현가표)

n\r	1%	2%	3%	4%	5%	6%	7%	8%	9%	10%	··
1	.99010	.98039	.97087	.96154	.95238	.94340	.93458	.92593	.91743	.90909	··
2	1.9704	1.9416	1.9136	1.8861	1.8594	1.8334	1.8080	1.7833	1.7591	1.7355	··
3	2.9410	2.8839	2.8286	2.7751	2.7232	2.6730	2.6243	2.5771	2.5313	2.4869	··
4	3.9020	3.8077	3.7171	3.6299	3.5460	3.4651	3.3872	3.3121	3.2397	3.1699	··
5	4.8534	4.7135	4.5797	4.4518	4.3295	4.2124	4.1002	3.9927	3.8897	3.7908	··
6	5.7955	5.6014	5.4172	5.2421	5.0757	4.9173	4.7665	4.6229	4.4859	4.3553	··
7	6.7282	6.4720	6.2303	6.0021	5.7864	5.5824	5.3893	5.2064	5.0330	4.8684	··
8	7.6517	7.3255	7.0197	6.7327	6.4632	6.2098	5.9713	5.7466	5.5348	5.3349	··
9	8.5660	8.1622	7.7861	7.4353	7.1078	6.8017	6.5152	6.2469	5.9952	5.7590	··
10	9.4713	8.9826	8.5302	8.1109	7.7217	7.3601	7.0236	6.7101	6.4177	6.1446	··
:	:	:	:	:	:	:	:	:	:	:	

[예제 5] 매년 1천만원의 연금을 10년간 수령하게 되는 경우, 시장의 연이자율이 4%로서 10년 동안 변함이 없다고 가정한다면, 향후 수령하게 될 총 연금의 현재가치는 얼마인가?

풀이 연금현가표를 이용할 경우, *PVDFA(r=4%, n=10년)* = 8.1109,
따라서, **PVA = 1천만 × 8.1109 = 81,109,000원**

2. 영구연금의 현재가치

인간수명의 한계 때문에 영구연금(perpetuity)은 현실적으로 존재할 수는 없다. 하지만, 영구연금을 가정할 경우 연금의 현재가치가 어떻게 되는지 산출해 보는 것은, 나중에 이 방법이 <계속기업>을 가정하는 기업의 가치, 즉 주식과 채권의 가치 산출에 응용될 수 있기 때문이다.

만일, 어떤 연금(k)이 금액의 변동 없이 영구히 계속 지급되는 영구연금이라면, 그리고 할인율 r이 영구히 변동 없이 유지된다면, 이 경우 영구연금의 현재가치는 어떻게 산출될 수 있을까? 앞에서 배운 연금의 현재가치 공식 식 (2-6)을 통해 해법을 찾을 수 있다.

$$PVA(r,\ n) = \frac{k}{(1+r)^1} + \frac{k}{(1+r)^2} + \frac{k}{(1+r)^3} + \cdots + \frac{k}{(1+r)^n}$$

$$= k \times \left\{ \frac{(1+r)^n - 1}{r(1+r)^n} \right\} = \frac{k}{r} \times \left\{ 1 - \frac{1}{(1+r)^n} \right\}$$

연금의 현재가치를 구하는 위 공식에서 n이 영구하여 무한대라면, 결국 $1/(1+r)^n$은 0에 수렴하게 된다. 따라서 영구연금의 현재가치는 다음과 같은 식으로 표시할 수 있다.

$$PV(영구연금) = k/r \tag{2-8}$$

또한, 위 식은 다음과 같이 무한등비수열의 합을 구하는 공식으로도 구할 수 있다.

$$PV(영구연금) = \frac{초항}{1-공비} = \frac{k}{(1+r)} \div \left(1 - \frac{1}{1+r} \right)$$

$$= \frac{k}{(1+r)} \times \frac{(1+r)}{r} = \frac{k}{r} \tag{2-9}$$

3. 연금의 미래가치

연금의 미래가치란 정액적금의 미래가치를 의미한다고 이미 언급하였다. 다시 말해, 일정 기간 동안 주기적으로 정해진 금액을 적금으로 불입하고, 약정 이자율을 적용하여 최종 불입 후 바로 원리금을 회수할 경우 산출되는 금액이 연금의 미래가치가 된다. 즉, 매기 복리로 적금한 금액의 미래가치를 모두 합한 금액이 <연금의 미래가치>가 되는 것이다. 연 이자율 5%로 매년 말 1만원씩 불입하는 정액적금의 미래가치를 그림으로 나타내 보면 다음과 같다.

(그림 2-6) 연금의 미래가치

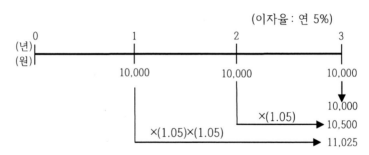

$$FVA = 10{,}000 + 10{,}500 + 11{,}025 = 31{,}525$$

따라서, 향후 매기마다 불입할 적금의 금액이 k이고, 만기가 n이며, 단위 기간의 이자율이 r로 일정하다면, 연금의 미래가치(FVA)를 산출하는 식은 다음과 같이 등비급수의 합의 공식과 같게 된다.

$$FVA(r,\ n) = k + k(1+r)^1 + k(1+r)^2 + \cdots + k/(1+r)^{n-1}$$
$$= k \times [\{(1+r)^n-1\}/r] \qquad (2\text{-}10)$$

위 식에서 $\{(1+r)^n-1\}/r$은 k가 1원일 때의 연금의 미래가치, 즉 향후 매기마다 1원의 정액적금을 불입할 경우, 각 불입금의 n기간 후의 미래가치를 모두 합한 금액을 나타내며, 이를 연금의 미래가치이자요소(FVIFA: future-value interest factor of annuity) 또는 연금의 복리이자요소(CVIFA: compound-value interest factor of annuity)라고 한다. 또한 이를 표로 정리한 것을 <연금의 미래가치이자요소표> 또는 <연금의 복리이자요소표> 또는 <연금복리표>라고 한다.

$$FVIFA(r, n) = \{(1+r)^n - 1\}/r = \text{연금 1원의 n년 후 미래가치} \qquad (2\text{-}11)$$

(표 2-4) 연금의 미래가치이자요소표(연금복리표)

n\r	1%	2%	3%	4%	5%	6%	7%	8%	9%	10%	··
1	1.0000	1.0000	1.0000	1.0000	1.0000	1.0000	1.0000	1.0000	1.0000	1.0000	··
2	2.0100	2.0200	2.0303	2.0400	2.0500	2.0600	2.0700	2.0800	2.0900	2.1000	··
3	3.0301	3.0604	3.0909	3.1216	3.1525	3.1836	3.2149	3.2464	3.2781	3.3100	··
4	4.0604	4.1216	4.1836	4.2465	4.3101	4.3746	4.4399	4.5061	4.5731	4.6410	··
5	5.1010	5.2040	5.3091	5.4163	5.5256	5.6371	5.7507	5.8666	5.9847	6.1051	··
6	6.1520	6.3081	6.4684	6.6330	6.8019	6.9753	7.1533	7.3359	7.5233	7.7156	··
7	7.2135	7.4343	7.6625	7.8983	8.1420	8.3938	8.6540	8.9228	9.2004	9.4872	··
8	8.2857	8.5830	8.8923	9.2142	9.5491	9.8975	10.260	10.637	11.028	11.436	··
9	9.3685	9.7546	10.159	10.583	11.027	11.491	11.978	12.488	13.021	13.579	··
10	10.462	10.950	11.464	12.006	12.578	13.181	13.816	14.487	15.193	15.937	··
⋮	⋮	⋮	⋮	⋮	⋮	⋮	⋮	⋮	⋮	⋮	

[예제 6] 연 6%의 약정 이자율로 해마다 1천만원씩 10년 동안 적립하는 적금이 있다면, 10년 뒤 찾을 원리금의 총액은 얼마인가?

풀이 연금복리표를 이용할 경우, *FVIFA(r=6%, n=10년)* = 13.181, 따라서, FVA = 1천만 × 13.181 = 131,810,000원

<제 3 절> 주식과 채권의 현재가치

자산의 가치는 그 자산으로부터 유발되는 현금흐름의 가치라고 할 수 있다. 금융자산 역시 그러한데, 가장 대표적인 것이 기업의 장기자본 조달 목적으로 발행되는 주식과 채권이다. 주식은 보유를 통해 배당을 받거나 처분을 할 때 현금흐름이 발생하고, 채권은 이자를 받거나 매각하면 현금흐름이 발생한다.

그렇지만 현금흐름이 발생하는 시점은 다양하다. 예를 들어, 매년 이자를 받는 채권이라면 해마다 현금흐름이 발생하게 된다. 따라서 특정 시점에서 자산의 가치를 측정하려면 화폐의 시간가치를 고려하여 모든 현금흐름을 그 시점의 가치로 환산한 후 합산하여야 한다. 어떤 자산에서 유발되는 모든 현금흐름을 현재 시점으로 할인하여 합산하면 그 자산의 현재가치가 된다.

1. 주식의 현재가치

주식의 가치는 그 주식을 보유함으로써 얻게 되는 배당과 주식을 매도할 때 얻게 되는 현금흐름의 현재가치 합계라고 할 수 있다. 미래에 발생하는 현금흐름이기 때문에 현재가치로 환산하기 위해서는 위험이 반영된 적정한 할인율, 즉 주주의 요구수익률로 각 현금흐름을 할인하여야 하고, 그 후 각각의 현재가치를 합산하여야 주식의 현재가치가 산출된다.

따라서, 1년만 보유할 목적으로 매수한 주식의 현재가치 S_0는 1년 뒤 받게 되는 배당금 D_1과 주식 매도대금 S_1의 현재가치의 합이라고 할 수 있으며, 할인율이 r이라면 다음과 같은 식으로 표시할 수 있다.

$$S_0 = \frac{D_1 + S_1}{1 + r} \tag{2-12}$$

기업은 원칙적으로 <계속기업>을 가정하므로, 주식 또한 기업이 존속하는 한 계속 존재한다고 가정할 수밖에 없다. 만일, 주식을 팔지 않고 계속 보유만 한다면 결국 주식의 현재가치는 만기 없이 해마다 받게 되는 배당금의 현재가치 합계라고 할 수 있다. 이를 식으로 표시하면 다음과 같다.

$$S_0 = \frac{D_1}{(1+r)} + \frac{D_2}{(1+r)^2} + \frac{D_3}{(1+r)^3} + \cdots \qquad (2\text{-}13)$$

만일, 매년 받는 배당금이 동일하다면, 다시 말해, 제로성장주식(zero growth stock)이라면, $D_1=D_2=D_3=$ …를 의미하게 되고, 결국 주식의 현재가치는 영구연금(=배당금)의 현재가치와 같게 된다.

$$S_0 = \frac{D_1}{(1+r)} + \frac{D_1}{(1+r)^2} + \frac{D_1}{(1+r)^3} + \cdots \frac{D_1}{(1+r)^n} = \frac{D_1}{r}\{1 - \frac{1}{(1+r)^n}\}$$

앞에서 이미 설명한 대로 영구연금의 n은 결국 무한대이다. 따라서, $1/(1+r)^n$은 0에 수렴하게 된다. 그 결과 배당금이 일정한 주식의 현재가치는 영구연금의 현재가치를 구하는 공식과 동일하게 다음과 같이 산출될 수 있다.

$$S_0 = \frac{D_1}{r} \qquad (2\text{-}14)$$

위 식 (2-14)와 같은 주식가치평가모형을 <고정배당모형> 또는 <제로성장배당모형>(zero groeth dividend model)이라고 한다.

한편, 배당이 매년 일정 비율(g)로 성장하는 경우도 가정해 볼 수 있다. 매 기말마다 배당이 지급되고 첫해의 배당금이 D_1이라면, n년 후의 배당금은 복리의 계산원리에 따라 $D_1(1+g)^{n-1}$이 된다.

(그림 2-7) 일정성장주식의 배당

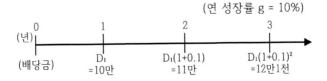

(연 성장률 g = 10%)

만일, 할인율이 r이라면 일정 비율(g)로 매년 성장하는 기말 배당의 현재가치의 합은 다음과 같이 나타낼 수 있다.

$$S_0 = \frac{D_1}{(1+r)} + \frac{D_1(1+g)}{(1+r)^2} + \frac{D_1(1+g)^2}{(1+r)^3} + \cdots \frac{D_1(1+g)^{n-1}}{(1+r)^n}$$

위 식은 초항이 $D_1/(1+r)$이고, 등비가 $(1+g)/(1+r)$인 등비수열과 같다. 만일, 기업이 영구히 존속하고 일정성장배당도 영구히 지급된다면, 배당의 현재가치의 합, 즉 주식의 현재가치는 무한등비수열의 합을 구하는 공식을 적용하여 구할 수 있다.

$$S_0 = \frac{초항}{1-공비} = \frac{D_1}{1+r} \div (1- \frac{1+g}{1+r})$$
$$= \frac{D_1}{1+r} \times \frac{1+r}{r-g} = \frac{D_1}{r-g} \quad (단, r>g)$$

(2-15)

위와 같이 매년 일정한 비율로 배당이 증가된다고 가정한 주식의 가치평가모형을 일정성장배당모형 또는 항상성장모형(constant growth model) 또는 고든모형(Gordon model)이라고 하는데, 주주의 요구수익률 또는 할인율인 r이 배당성장률 g보다 큰 경우에만 적용될 수 있는 모형이다.

다른 한편, 제로성장(0)모형과 항상성장(g)모형을 다음과 같이 식으로 비교해 볼 수도 있다.

ㅇ 제로성장모형: $S_0 = \frac{D_1}{r-0} = \frac{D_1}{r}$

ㅇ 항상성장모형: $S_0 = \frac{D_1}{r-g}$

배당금이 일정하게 성장하는 경우는 일정성장률만큼 기대수익률, 즉 할인율을 상쇄시킨다고 보는 것이고, 결국 최종 할인율은 <r-g>가 되며, 제로성장의 경우는 <r-0>이기 때문에 그냥 r로 할인한다는 의미이다.

이상에서 공부한 주식의 가치를 표로 나타내보면 다음과 같다.

(표 2-5) 주식의 현재가치

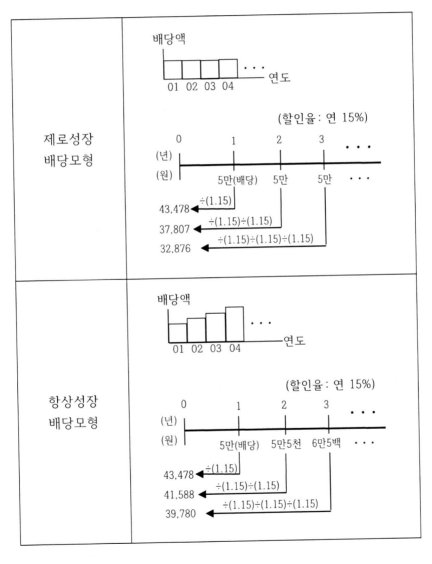

또한, 주식의 현재가치를 구하는 공식을 표로 정리해 보면 다음과 같다.

(표 2-6) 주식의 현재가치 산출 공식

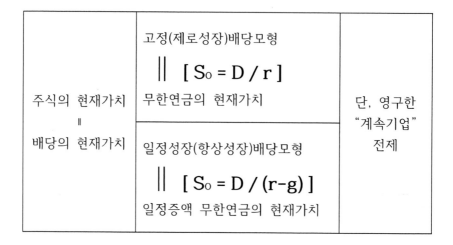

주식의 현재가치 ‖ 배당의 현재가치	고정(제로성장)배당모형 ‖ $[S_0 = D / r]$ 무한연금의 현재가치	단, 영구한 "계속기업" 전제
	일정성장(항상성장)배당모형 ‖ $[S_0 = D / (r\text{-}g)]$ 일정증액 무한연금의 현재가치	

[예제 7] 주식회사 양지는 매년 말 주당 3,000원의 배당금을 지급하고 있고, 이런 수준으로 영구히 배당금을 지급할 계획이다. 한편, 투자자들은 이 주식에 대해 20%의 수익률을 기대하고 있다. 이 경우 주식회사 양지의 1주의 현재가치는 얼마인가?

풀이 제로성장모형에 해당하므로 다음과 같이 구할 수 있다.

$$S_0 = D_1 / r = 3,000 / 0.2 = 15,000원$$

[예제 8] 주식회사 양지는 올 연말에 주당 3,000원의 배당금을 지급하고, 향후에도 배당금을 매년 10%씩 증액된 금액으로 매년 말 지급할 예정이다. 주주들의 기대수익률은 20%이고, 배당은 특별한 변수가 없는 한 영구히 지급될 전망이라면, 주식회사 양지의 1주의 현재가치는 얼마인가?

풀이 항상성장모형에 해당하므로 다음과 같이 구할 수 있다.

$$S_0 = D_1 / r\text{-}g = 3,000 / (0.2\text{-}0.1) = 30,000원$$

2. 채권의 현재가치

일반적인 채권(bond)은 만기일(maturity date)까지 계속 이자가 지급되는 이자부채권이다. 이표채라고도 부르는데 정해진 주기마다 채권 액면에 기록된 액면이자율(coupon rate)에 따라 이자가 지급되고 만기일에는 원금(principal), 즉 채권 액면에 기록된 액면금액(face value)도 지급된다.

하지만, 이자와 원금은 미래에 지급되는 것이므로 현재 시점에서 채권의 가치를 측정하기 위해서 채권투자자들이 기대하거나 요구하는 수익률, 즉 할인율로 미래 각 시점의 현금흐름을 할인할 필요가 있다. 따라서 액면이자가 I, 만기에 지급받는 액면금액이 M, 할인율이 r, 만기가 n인 채권의 현재가치는 다음과 같이 구해질 수 있다.

$$B_0 = \frac{I}{(1+r)} + \frac{I}{(1+r)^2} + \cdots + \frac{I}{(1+r)^n} + \frac{M}{(1+r)^n} \qquad (2\text{-}16)$$

위 식에서 매기 받는 이자 I(=액면금액×액면이자율)는 주기적으로 받는 연금과 같으므로 연금의 현재가치를 구하는 공식으로 대체 가능하고, 거기에 만기에 받는 원금의 현재가치만 더해주면 된다.

$$B_0 = \frac{I}{r} \left(1 - \frac{1}{(1+r)^n}\right) + \frac{M}{(1+r)^n} \qquad (2\text{-}17)$$

이자가 없는 무이표채를 순수할인채권이라고 하는데, 위 식에서 이자 부분만 제외한 부분, 즉 만기의 액면금액만 현재가치로 평가하면 곧 무이표채의 현재가치가 된다.

$$B_0 = \frac{M}{(1+r)^n} \qquad (2\text{-}18)$$

한편, 채권에도 주식처럼 만기가 없는 영구채권(perpetual bond)이 있다. 원금의 상환 없이 계속 이자만 영구적으로 받는 경우로서 마치 매해 정해진 배당만 받는 주식과 같은 성격을 지닌 신종 증권의 일종이다. 따라서 영구채권의 현재가치는 배당을 무한히 지급받는 고정배당모형과 같은데, 이는 매기 일정하게 지급받는 이자가 배당과 같다고 보기 때문이다.

$$B_0 = \frac{I}{r}$$

(2-19)

이상에서 공부한 채권의 가치를 표로 나타내보면 다음과 같다.

(표 2-7) 채권의 현재가치

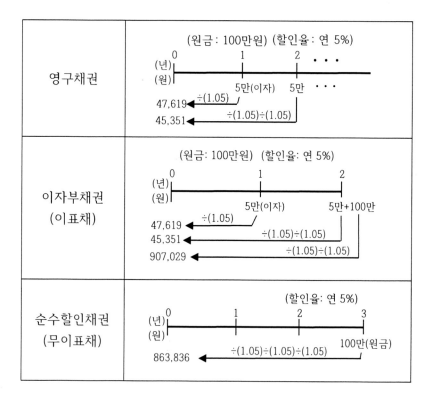

또한, 채권의 현재가치를 구하는 공식을 표로 정리해 보면 다음과 같다.

(표 2-8) 채권의 현재가치 산출 공식

채권의 현재가치 ‖ 원리금의 현재가치	영구채권(consol)의 현재가치 ‖　ㅇ $B_0 = I / r$ 주식의 고정배당모형과 동일	단, 영구한 "계속기업" 전제
	이자부채권(이표채)의 현재가치 ㅇ $B_0 = (I/r)\{1-1/(1+r)^n\}$ 　　$+ \{M/(1+r)^n\}$	만기가 있는 경우
	순수할인채권(무이표채)의 현재가치 ㅇ $B_0 = M/(1+r)^n$	

[예제 9] 주식회사 양지가 올 초에 발행한 액면금액 100만원, 액면이자율 연 8%, 만기가 4년인 채권의 발행 시점 현재의 가치는 얼마인가? 단, 이 채권의 만기수익률은 5%이며, 매년 말에 이자를 지급한다.

풀이 이자부채권이므로 이자는 연금의 현재가치를 구하는 공식으로, 원금은 화폐의 현재가치를 구하는 공식으로 구한 후 둘을 합하면 된다.

(1) 이자의 현재가치 = (이자/할인율)$\{1-1/(1+$할인율$)^4\}$
　　　　　　　　　　= $(80,000/0.05)\{1-1/(1+0.05)^4\}$
　　　　　　　　　　= $1,600,000 \ (1-0.8227) = 283,680$

(2) 원금의 현재가치 = $\{$원금$/(1+$할인율$)^4\}$
　　　　　　　　　　= $\{1,000,000/(1+0.05)^4\} = 822,702$

∴ 채권의 현재가치 $B_0 = 283,680 + 822,702 = 1,106,382$

또한, 연금현가표와 현가표를 이용하여 푸는 방법도 있다. 연금현가표에서 PVDFA(r=5%, n=4년)는 3.5460이고, 현가표에서 PVDF(r=5%, n=4년)는 0.8227이다. 따라서, 이자의 PVA와 원금의 PV는 다음과 같이 산출될 수 있고, 둘을 합하면 채권의 현재가치가 된다.

$$\circ \ PVA = 80,000 \times 3.5460 = 283,680$$
$$\circ \ PV = 1,000,000 \times 0.8227 = 822,700$$
$$\therefore \ PVA + PV = 283,680 + 822,700 = 1,106,380$$

[예제 10] 주식회사 양지는 액면금액 100만원, 만기가 4년인 순수할인채권을 발행하였다. 이 채권의 만기수익률은 5%라면, 채권의 현재가치는 얼마인가?

풀이 무이표채이므로 화폐의 현재가치를 구하는 방법을 적용하면 되고, 현가표를 사용하는 방법도 있다.

(1) 원금의 현재가치 = {원금/(1+할인율)^4}
$$= \{1,000,000/(1+0.05)^4\} = 822,702$$

(2) 현가표를 사용할 경우, PVDF(r=5%, n=4년)는 0.8227이다.
따라서, 원금의 PV는 822,700원(=1,000,000×0.8227)이 된다.

[예제 11] 예제 9번의 채권이 영구채권이라면, 채권의 현재가치는 얼마인가? 단, 채권의 만기수익률 5%는 영구히 변동이 없다고 가정한다.

풀이 이자가 영구히 나오는 영구채권은 배당과 유사하므로, 주식의 가치를 산출할 때 사용하는 제로성장배당모형을 적용하여 풀 수 있다.

$$B_0 = I \ / \ r = 80,000 \ / \ 0.05 = 1,600,000원$$

<연습문제>

(1) 화폐의 시간가치에 대한 설명으로 가장 부적합한 것은? (   )
 1. 현재의 현금흐름에 (1+이자율)^{n}을 곱하면 n년 후의 미래가치가 된다.
 2. n년 후의 현금흐름을 (1+할인율)^{n}으로 나누면 현재가치가 된다.
 3. 동일한 크기의 현금이더라도 시점에 따라 가치가 달라진다는 의미이다.
 4. 화폐의 시간가치란 '대체로 사람들은 현재의 소비보다 미래의 소비를
   더 선호한다'는 전제하에 만들어진 개념이다.

(2) 이자율에 대한 설명으로 맞지 않은 것은? (   )
 1. 시장이자율은 일반 금융시장에서 실제로 적용되고 있는 이자율이다.
 2. 액면이자율은 사채에 기록된 이자율로서 매기 사채이자를 지급받는
   기준이 된다.
 3. 유효이자율은 미래 현금흐름의 현재가치와 각종 부대비용까지 포함한
   사채의 실제 발행가를 일치시켜 주는 이자율을 말한다.
 4. 실질이자율은 물가상승률이 반영되지 않은 채권, 예금 등의 액면이자율을
   말한다.

(3) 다음 중 맞지 않은 것을 고르시오. (   )
 1. 화폐단위로 환산할 수 있는 것은 가치를 지닌 것이다.
 2. 어떤 노동자가 매달 받는 월급 100만원은 노동의 명목가치이다.
 3. 지난 달까지 100만원으로 1개월 생활이 가능했으나, 물가가 올라 이번
   달부터 100만원으로 생활할 수 없어 은행에서 신용대출을 받았다면,
   화폐의 실질가치가 하락한 것이다.
 4. 화폐의 명목가치와 실질가치는 언제나 같다.

(4) 1억원의 원금을 연 4%의 이자율인 정기예금에 3년 만기로 맡겼을 때,
   3년 후에 찾을 수 있는 원리금(미래가치)은? (   )
     1. 124,684,000원   2. 112,486,400원
     3. 211,486,000원   4. 222,486,000원

풀이 $FV_3 = 1억 \times (1+0.04)^3 = 112,486,400원$ (은행 정기예금은 복리 적용)

(5) 투자에 대한 대가로 투자자가 요구하는 최소한의 수익률은? (　)
  1. 무위험수익률　　2. 만기수익률　　3. 요구수익률　　4. 기대수익률

(6) 72법칙에 대한 설명으로 적절하지 않은 것은? (　)
  1. 연 이자율 r과 기간 n을 곱하여 72가 되면 이때의 n이 원금이 대략 두 배가 되는 기간인데, 이때 r은 복리로 적용되는 이자율이다.
  2. 원금이 두 배로 증가하는 원리를 아인슈타인이 정리한 것이다.
  3. 이자율 중 단리를 적용하여 화폐의 미래가치를 구하는 법칙이다.
  4. 복리 이자율이 연 10%라면 투자 원금은 7.2년(=72/10) 만에 대략 두 배가 되고, 연 5%라면 14.4년(=72/5) 만에 원리금이 대략 두 배가 된다.

(7) 연금에 대한 설명으로 가장 맞지 않는 것은? (　)
  1. 모든 연금은 항상 정액으로 지급된다.
  2. 연금이란 일정 기간 동안 주기적으로 지급되는 현금이다.
  3. 일정 기간마다 일정액을 적립하고 만기에 원리금을 되찾는 정액적금의 경우는 정확하게 연금의 반대 방향이므로 그 미래가치를 구할 때, 연금을 지급하는 원리를 응용할 수 있다.
  4. 시중금리 10%를 할인율로 사용할 경우, 매년 2천만원씩 수령하는 양구연금의 현재가치는 2억원(=2천만/0.1)이 된다.

(8) 연금의 개념에 대한 설명이 아닌 것은? (　)
  1. 언제든지 입출금이 가능한 보통예금에 매달 급여의 일부를 저축하는 것
  2. 일정 기간 동안 주기적으로 반복되는 일정한 현금흐름
  3. 정기적 현금 유출의 예로는 정기적금, 보험료, 국민연금 납부 등
  4. 정기적 현금 유입으로는 사학연금 수령, 공무원연금 수령 등

(9) 다음 중 설명이 적절하지 않은 것은? (　)
  1. 자산의 가치는 그 자산에서 유발되는 현금흐름의 가치라고 할 수 있다.
  2. 주식의 가치는 자본시장에서 거래되고 있는 주가이다.

3. 채권의 가치는 이자와 매각 시 발생하는 현금흐름의 가치라고 할 수 있다.

4. 특정 시점에서 자산의 가치를 측정하려면 화폐의 시간가치를 고려하여 모든 현금흐름을 그 시점의 가치로 환산한 후 합산하여야 한다.

(10) 주식회사 양지는 매년 말 주당 3,000원의 배당금을 지급하고 있고, 이런 수준으로 영구히 배당금을 지급할 계획이다. 한편, 투자자들은 이 주식에 대해 20%의 수익률을 기대하고 있다. 이 경우 주식회사 양지의 1주의 현재가치는 얼마인가? (   )

   1. 15,000원   2. 25,000원   3. 35,000원   4. 45,000원

풀이 제로성장모형에 해당하므로 다음과 같이 구할 수 있다.

$$S_0 = D_1 \ / \ r = 3,000 \ / \ 0.2 = 15,000원$$

(11) 주식회사 양지가 올 초에 발행한 액면금액 100만원, 액면이자율 연 8%, 만기가 4년인 채권의 발행 시점 현재의 가치는 얼마인가? 단, 이 채권의 만기수익률은 5%이며, 매년 말에 이자를 지급한다. (   )

   1. 4,500,800원   2. 2,601,000원
   3. 3,006,400원   4. 1,106,382원

풀이 이자부채권이므로 이자는 연금의 현재가치를 구하는 공식으로, 원금은 화폐의 현재가치를 구하는 공식으로 구한 후 둘을 합하면 된다.

  (1) 이자의 현재가치 = (이자/할인율){1-1/(1+할인율)⁴}
$$= (80,000/0.05)\{1-1/(1+0.05)^4\}$$
$$= 1,600,000 \ (1-0.8227) = 283,680$$

  (2) 원금의 현재가치 = {원금/(1+할인율)⁴}
$$= \{1,000,000/(1+0.05)^4\} = 822,702$$

  ∴ 채권의 현재가치 B_0 = 283,680 + 822,702 = 1,106,382

(12) 주식회사 양지는 올 연말에 주당 3,000원의 배당금을 지급하고, 향후에도 배당금을 매년 10%씩 증액된 금액으로 매년 말 지급할 예정이다. 주주들의 기대수익률은 20%이고, 배당은 특별한 변수가 없는 한 영구히 지급될 전망이라면, 주식회사 양지의 1주의 현재가치는 얼마인가? (   )

1. 30,000원　　2. 40,000원　　3. 50,000원　　4. 20,000원

풀이 항상성장모형에 해당하므로 다음과 같이 구할 수 있다.
$$S_0 = D_1 \,/\, r\text{-}g = 3,000 \,/\, (0.2\text{-}0.1) = 30,000원$$

(13) 주식회사 양지는 액면금액 100만원, 만기가 4년인 순수할인채권을 발행
　　하였다. 이 채권의 만기수익률이 5%라면, 채권의 현재가치는 얼마인가? (　)
　　1. 702,800원　　2. 608,200원　　3. 822,702원　　4. 922,200원

풀이 무이표채이므로 화폐의 현재가치를 구하는 방법을 적용하면 된다.
　　ㅇ 원금의 현재가치 = {원금/(1+할인율)⁴}
　　　　　　　　　　　= {1,000,000/(1+0.05)⁴} = 822,702

(14) 주식회사 양지가 올 초에 발행한 액면금액 100만원, 액면이자율 연 8%의
　　채권이 영구채권이라면, 채권의 현재가치는 얼마인가? 단, 채권의
　　만기수익률 5%는 영구히 변동이 없다고 가정한다. (　)
　　1. 120만원　　2. 240만원　　3. 160만원　　4. 310만원

풀이 이자가 영구히 나오는 영구채권은 배당과 유사하므로, 주식의 가치를
산출할 때 사용하는 제로성장배당모형을 적용하여 풀 수 있다.
$$B_0 = I \,/\, r = 80,000 \,/\, 0.05 = 1,600,000원$$

(15) 채권의 보유 기간 동안 주기적으로 지급받게 되는 이자의 산출 방법
　　으로 옳은 것은? (　)
　　1. 액면금액×시장이자율　　　　2. 액면금액×액면이자율
　　3. 취득금액×시장이자율　　　　4. 취득금액×액면이자율

(16) 주식으로부터 얻는 현금흐름은? (　)
　1. 이자　　　　2. 만기 회수 원금　　　　3. 배당금　　　　4. 임대료

정답 : (1~17) 4, 4, 4, 2, 3 / 3, 1, 1, 2, 1 // 4, 1, 3, 3, 2 / 3

제 3 장

포트폴리오이론

<제 1 절> 위험과 수익률

1. 주식의 수익률

투자자라면 당연히 관심을 가지는 주식의 수익률은 어떻게 결정될까? 매수한 주식을 언제 매도하느냐에 따라 수익률은 다르게 산출될 수 있다. 사례를 통해 구체적으로 살펴보기로 하자. 12월 결산법인이고 상장기업이며 매년 기말 기준으로 4월에 배당금을 지급하는 A 주식회사의 주식을 거래한다고 가정하자. [우리나라 주식은 매매 후 2영업일 이후에 결제되는 방식이므로 12월 말 폐장일까지 결제가 되려면 늦어도 그 이틀 전(배당기준일)까지는 매매가 성립되어야 한다.]

<사례 1> 20X1년 1월 증시개장일 ~ 12월 배당기준일 사이에 10주의 주식을 주당 30,000원에 매수하였다가 주당 40,000원에 매도한 경우.

  ㅇ 매수금액(투자액) : 30,000원 × 10주 = 300,000원
  ㅇ 매도금액(회수액) : 40,000원 × 10주 = 400,000원

  => 수익률 : (400,000-300,000)/300,000 = 0.33 (33%)

<사례 2> 20X1년 1월 증시개장일 ~ 12월 배당기준일 사이에 주당 30,000원에 매수한 10주의 주식을 20X2년 6월에 주당 40,000원에 매도한 경우. (배당금은 주당 2,000원)

  ㅇ 매수금액(투자액) : 30,000원 × 10주 = 300,000원
  ㅇ 매도금액(회수액) : 40,000원 × 10주 = 400,000원
        현금배당 : 2,000원 × 10주 = 20,000원

  => 수익률 : (400,000+20,000-300,000)/300,000 = 0.4 (40%)

<사례 3> 20X1년 1월 증시개장일 ~ 12월 배당기준일 사이에 10주의 주식을 주당 30,000원에 매수하였다가 주당 20,000원에 매도한 경우.

　o 매수금액(투자액) : 30,000원 × 10주 = 300,000원
　o 매도금액(회수액) : 20,000원 × 10주 = 200,000원

　=> 수익률 : (200,000-300,000)/300,000 = -0.33 (△33%)

<사례 4> 20X1년 1월 증시개장일 ~ 12월 배당기준일 사이에 주당 30,000원에 매수한 10주의 주식을 20X2년 6월에 주당 20,000원에 매도한 경우. (배당금은 주당 2,000원)

　o 매수금액(투자액) : 30,000원 × 10주 = 300,000원
　o 매도금액(회수액) : 20,000원 × 10주 = 200,000원
　　현금배당 : 2,000원 × 10주 = 20,000원

　=> 수익률 : (200,000+20,000-300,000)/300,000 = -0.27 (△27%)

<사례 5> 20X1년 1월 증시개장일 ~ 12월 배당기준일 사이에 주당 30,000원에 매수한 10주의 주식을 20X3년 11월에 주당 50,000원에 매도한 경우. (매년 배당금은 주당 2,000원이며, 이듬해 4월에 현금 수령)

　o 매수금액(투자액) : 30,000원 × 10주 = 300,000원
　o 매도금액(회수액) : 50,000원 × 10주 = 500,000원
　　20X1년 현금배당 : 2,000원 × 10주 = 20,000원
　　20X2년 현금배당 : 2,000원 × 10주 = 20,000원

　=> 수익률 : (500,000+40,000-300,000)/300,000 = 0.8 (80%)

　배당 여부에 따라 수익률이 달라짐을 알 수 있다. 그리고 위와 같은 방법은 총액으로 보유기간수익률을 산출하는 방식인데, 공식으로 표시해 보면 다음과 같다.

$$\text{주식수익률(\%)} = \frac{\text{총손익}}{\text{초기투자액}} \times 100 = \frac{\text{주가변동분+현금배당}}{\text{초기투자액}} \times 100 \qquad (4\text{-}1)$$

그렇지만 간단히 1주의 가격변동분과 배당금의 합계를 1주의 매수가격으로 나누는 방법도 있다. 위 사례 5를 이런 방법으로 산출해 보면 다음과 같은 수익률 산출 공식도 도출된다. (주식수익률 R, 1주의 매수가격 P_1, 1주의 매도가격 P_3, 1주의 현금배당액 D_2+D_3)

  ○ 수익률 = (50,000-30,000+2,000+2,000)/30,000 = 0.8 (80%)

$$\therefore \ R \ = \ (P_3 - P_1 + D_2 + D_3) \ / \ P_1 \qquad\qquad (4\text{-}2)$$

만일, 위 사례 5의 주가가 20X2년 말에 40,000원, 20X3년 11월 매도 시점에 50,000원인 경우, 수익률을 연도별로 구분해 계산해 보면 다음과 같은 결과가 나온다.

  ○ 20X2년 말 수익률: (40,000-30,000+2,000)/30,000 = 0.4 (40%)
  ○ 20X3년 매도 시 수익률: (50,000-40,000+2,000)/40,000 = 0.3 (30%)

연도별로 구분한 수익률을 단순 합산하면 70%로서 위에서 계산된 보유기간수익률 80%와 다르다. 그러므로 여러 기간 동안의 보유기간수익률은 다음과 같이 각 기간 수익률에 1을 더한 값들을 곱한 다음 1을 빼는 방법으로 산출하여야 한다.

  ○ (1+0.4)(1+0.3) - 1 = 0.8 (80%) => R = (1+R_1)(1+R_2) - 1 $\qquad (4\text{-}3)$

[예제 1] 개인 투자자 A는 여러 기업의 주식을 보유하기도 하고, 사고 팔기도 하며, 배당금수익을 올리기도 한다. A가 재작년과 작년과 올해에 거둔 수익률이 각각 20%, 10%, 30%였다면, A가 3년 동안 거둔 보유기간 수익률은 얼마인가?

풀이 단순히 수익률을 합산하지 않고, 각 수익률에 1을 더한 값으로 곱한 후에 1을 차감해 주면 된다.

　ㅇ 보유기간수익률 = (1+0.2)(1+0.1)(1+0.3)-1 = 0.716 (71.6%)

보유기간수익률은 복리가 적용되는 은행 금리의 경우 실효이자율에 해당된다고 할 수 있다. 예를 들어, 이자지급 주기가 분기 단위인데, 연 이자율이 10%라고 하면, 매 분기 이자율은 2.5%가 될 것이고 분기 단위 복리이므로 연간 실효이자율은 다음과 같이 계산된다.

　ㅇ 실효이자율 = (1+0.025)(1+0.025)(1+0.025)(1+0.025)-1
　　　　　　　 = $(1+0.025)^4-1$ = 0.1038 (10.38%)
　　　　===>　$(1+r)^n - 1 = R$　　　　　　　　　　　　　(4-4)

결국, 약정된 연 이자율은 10%이지만, 분기 단위의 복리 효과 때문에 실효이자율은 연 10.38%로 증가된 것이다.

[예제 2] 분기별로 이자가 지급되는 연 이자율 8%의 정기예금에 만기 6개월로 1억을 예금한 B의 만기 시점 실질적인 수익률은 얼마인가?

풀이 주의할 사항은 만기가 6개월이고, 이자율은 연 이자율이지만 분기마다 지급한다는 점, 그리고 수익률 산출이므로 투자금액은 무의미하다는 점이다. 그리고 분기 이자율은 2%(=8%/4)이다.

　ㅇ 실효이자율 = (1+0.02)(1+0.02)-1 = $(1+0.02)^2-1$ = 0.0404 (4.04%)

한편, 보유기간수익률이나 실효이자율을 연평균 수익률이나 단위기간평균 이자율로 환산하는 방법은 보유기간수익률이나 실효이자율을 단순히 보유기간으로 나누는 것이 아니라, 보유기간수익률이나 실효이자율을 구하는 공식에서 역산하여 구할 수 있다. 위에서 예시한 실효이자율 10.38%의 분기 평균 이자율은 2.5%인데, 다음과 같이 실효이자율 산출 공식의 좌변과 우변을 바꾸어 역산한 결과이다.(실효이자율을 R, 단위기간, 즉 분기 평균 이자율을 r, 보유기간을 n이라고 가정한다.)

$$R = (1+r)^n - 1$$
$$1+R = (1+r)^n$$
$$(1+R)^{1/n} = \{(1+r)^n\}^{1/n} = 1+r$$
$$1+r = (1+R)^{1/n}$$
$$\mathbf{r = (1+R)^{1/n} - 1} \tag{4-5}$$

실효이자율과 분기 평균 이자율의 관계를 나타내는 위 식은 주식의 보유기간수익률과 연평균 수익률의 관계에도 그대로 적용될 수 있다. 따라서, 연평균 수익률의 산출 공식은 다음과 같게 된다. (보유기간을 n년이라고 가정한다.)

○ **연평균 수익률 = (1+보유기간수익률)$^{1/n}$ - 1** (4-6)

상기 예시에서 2년에 걸쳐 보유기간수익률 80%를 달성한 경우의 연평균 수익률을 공식에 따라 계산해 보면 다음과 같다.

○ 연평균 수익률 = (1+0.8)$^{1/2}$ - 1 = 0.3416 (34.16%)

다른 한편, 수익률은 플러스(+) 수익률뿐 아니라 마이너스(-) 수익률도 발생하는데, 이는 위험자산 투자에는 위험도 내포되어 있기 때문이다. 따라서 투자자들은 투자위험을 최소화하기 위해 다양한 노력을 하게 되는 것이다. 그런 노력의 대표적인 것이 위험자산인 주식에 투자할 때 가능한 한 상관관계가 낮은 여러 종류의 주식에 분산 투자함으로써 수익률은 일정 수준으로 유지하면서도 위험은 줄이는 포트폴리오 기법이 있다.

2. 기대수익률과 위험

투자자는 누구나 미래의 수익률을 고려하여 투자의사결정을 한다. 하지만 미래는 불확실성(uncertainty) 때문에 예측이 쉽지 않다. 그러함에도 투자자들은 확률에 의지하여 불확실성을 극복하려고 노력하는데, 이러한 노력을 '위험관리'라고 한다. 쉽게 말해, 재무관리에서 말하는 위험은 '위험이 없다면 달성 가능한 수익률에 못 미칠 가능성'이라고 할 수 있다. 예를 들면, 외환 위험, 인플레이션 위험, 투자 위험, 신용 위험, 비즈니스 위험, 유동성 위험 등이 재무위험에 속한다고 할 수 있다. 따라서 투자의사결정을 할 때 설정하는 기대수익률(expected return)에는 반드시 예상된 위험들이 반영되어야 한다.

위험이 크면 그 위험을 감수하는 대가로 그만큼 기대수익률도 커야 한다. 위험을 잘 극복하면 큰 이익을 얻게 되지만, 그렇지 못하고 위험을 감수하게 되면 큰 손실도 감내해야 하는데, 이를 잘 표현하는 투자원칙이 『하이리스크 하이리턴』(high risk high return)이다.

한 가지 구별해야 하는 용어는 '요구수익률'인데, 이는 투자에 대한 대가로 투자자가 요구하는 최소한의 수익률을 의미한다. 기업이 어떤 투자안을 채택할 때에도 그 투자안이 창출해야 하는 최소한의 수익률이 요구수익률이다. 따라서 어떤 투자안이 채택되려면 최소한 기대수익률이 요구수익률보다는 커야 한다.

투자 결과 실제로 실현된 사후적 수익률에는 위험이 없지만, 기대수익률은 투자 시점에 예상하는 사전적 수익률이므로 위험이 내포되어 있다. 'high risk high return'의 의미는 위험이 큰 투자를 하면 높은 수익률이 보장된다는 것이 아니고, 기대수익률이 높아야만 기꺼이 위험을 감수하고 투자를 하게 된다는 것이다. 예를 들어, 무위험 수준에 가까운 예금 대신 위험이 수반되는 주식투자를 선택한 투자자는 예금 이자율보다는 높은 수익률을 기대하지만, 그렇다고 주식투자 결과가 저축보다 더 높은 수익률을 반드시 보장하지는 않는다. 주식투자를 통해 큰 이익을 얻을 수도 있지만, 경우에 따라서는 큰 손실을 입을 수도 있다. 투자 시점에서는 결과를 알 수 없다는 것이 바로 위험인 것이다.

(그림 4-1) 기대수익률과 위험

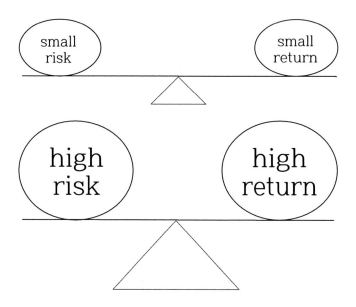

위험의 크기에 대한 보상의 성격으로 증가하는 기대수익률 부분을 위험 프리미엄(risk premium)이라고 한다. 따라서 투자자가 기대하는 수익률은 위험이 거의 없는 무위험수익률(risk-free rate of return)에 위험프리미엄을 더한 값이 된다. 무위험수익률의 예로 국·공채수익률을 들 수 있다.

○ **기대수익률 = 무위험수익률 + 위험프리미엄**   (4-7)

위험자산의 기대수익률은 결국 무위험수익률에 위험프리미엄을 추가한 것이 된다. 똑같은 연봉을 받는 두 직원이 있다고 가정해 보자. 그들 중 한 명은 위험성이 있는 직무를 수행하기 때문에 추가로 위험수당이 매달 지불된다면, 위험성이 없는 직무에 종사하는 직원보다 그는 위험수당만큼 더 급여를 받게 된다. 같은 논리로, 무위험자산에 투자한 투자자와 위험자산에 투자한 투자자의 기대수익률은 위험에 대한 보상(프리미엄)만큼 차이가 나게 된다.

기대수익률과 위험의 관계를 나타낸 위 식을 이해하기 쉽게 그림으로 나타내보면 다음과 같다.

(그림 4-2) 위험과 위험 프리미엄

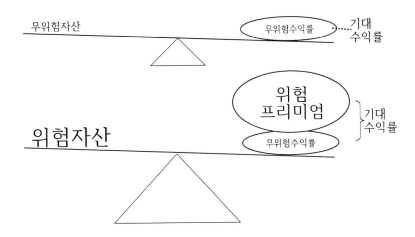

한편, 기대수익률은 투자안으로부터 평균적으로 예상되는 수익률이다. 각 상황이 발생할 때 실현 가능한 수익률에 그 상황의 발생확률을 곱한 후 각각을 더하면 기대수익률이 된다. 다음 표를 활용해 현재 100만원의 투자액이 필요한 투자안 (가)와 (나)에 대한 기대수익률을 구해 보자.

상황	발생확률	(가)	(나)
호황	0.6	160만원	150만원
불황	0.4	80만원	95만원

(표 4-1)

호황과 불황일 때 실현될 수 있는 수익률을 각각 r_1과 r_2, 각 상황의 발생확률을 각각 p_1과 p_2라고 하면 기대수익률은 다음 식과 같이 계산된다.

○ $E(r) = p_1 r_1 + p_2 r_2$ (4-8)

따라서 투자안 (가)의 기대수익률은 다음과 같게 된다.

0.6 × {(160만-100만)/100만} + 0.4 × {(80만-100만)/100만} = 0.28 (28%)

또한, 투자안 (나)의 기대수익률은 다음과 같게 된다.

0.6 × {(150만-100만)/100만} + 0.4 × {(95만-100만)/100만} = 0.28 (28%)

결과적으로, 투자안 (가)와 투자안 (나)의 기대수익률은 동일하다. 이 경우, 투자자는 어느 쪽 투자안을 선택해야 할까? 합리적인 투자자라면 결국 위험이 더 낮은 쪽을 선택하게 될 것이다.

위험은 예상되는 어떤 상황이 발생하게 될 때 수익률이 달라지는 정도(불확실성)로 측정될 수 있다. 다른 말로, 수익률의 변동, 즉 주가의 출렁거림 정도를 위험이라고 할 수 있다. 악재가 뜨면 금방 반토막 나기도 하고 호재가 뜨면 금방 2배 이상 오르는 주가보다는 악재에도 조금 내리고 호재에도 조금만 오르는 그런 주식이 안정되고 덜 위험하다고 할 수 있다. 그래서 위험은 각 경우의 수익률(변수)의 평균값(mean value)인 기대수익률로부터 멀어진 정도(편차)의 제곱 평균값, 즉 분산(variance)으로 측정한다. 때로는 분산의 제곱근인 표준편차(standard deviation)로 측정하기도 한다. 분산과 표준편차는 확률분포의 퍼짐성 정도를 보여주기 때문이다. 보통 분산은 σ^2, 표준편차는 σ로 표시한다.

$$\sigma^2 = p_1[r_1-E(r)]^2 + p_2[r_2-E(r)]^2$$

(4-9)

위 (표 4-1)의 경우 분산은 다음과 같다.

○ 투자안 (가)의 σ^2 = 0.6[0.6-0.28]² + 0.4[-0.2-0.28]² = 0.1536
○ 투자안 (나)의 σ^2 = 0.6[0.5-0.28]² + 0.4[-0.05-0.28]² = 0.0726

표준편차는 분산의 제곱근이므로 다음과 같이 계산된다.

- ○ 투자안 (가)의 σ = $\sqrt{0.1536}$ = 0.3919
- ○ 투자안 (나)의 σ = $\sqrt{0.0726}$ = 0.2694

결과적으로 분산과 표준편차가 상대적으로 작은 투자안 (나)가 (가)보다 덜 위험하다. 따라서 합리적인 투자자는 비록 두 투자안의 기대수익률은 동일하지만 상대적으로 위험이 더 낮은 투자안 (나)를 선택하게 될 것이다.

3. 투자자의 위험성향

재무관리에서는 모든 투자자가 합리적이어서 위험을 회피하려고 하는 성향을 가졌다고 가정한다. 이는 동일한 기대수익률을 가진 두 개 이상의 투자안이 있다면 위험이 적은 투자안을 선택한다는 의미이다. 그렇지만 현실적으로는 투자자마다 위험에 대한 성향, 즉 선호도가 다르다. 투자는 현재 시점에 이루어지지만, 투자 결과는 미래에 나타날 일이므로 불확실성으로 인한 위험은 어차피 투자에 수반될 수밖에 없다. 다만, 투자자의 위험성향 (risk attitudes)에 따라 기대수익률과 위험으로부터 투자자가 느끼는 주관적인 만족도인 효용(utility)이 다를 뿐이다.

위험성향은 크게 3가지로 구분되는데, 위험추구형(risk seeking)은 높은 위험과 높은 기대수익률에서 효용이 크지만, 위험회피형(risk averse)은 상대적으로 낮은 위험과 낮은 기대수익률에도 효용이 작지 않다. 위험중립형(risk neutral)은 위험은 고려하지 않고 오직 기대수익률만 보고 투자안을 평가하므로 효용도 기대수익률과 정비례한다.

따라서 각 투자자는 투자목적과 자신의 위험성향에 따라 높은 수익률을 기대하면서 큰 위험을 감수할 것인지 아니면 위험을 적게 감수하고 그 대신 낮은 수익률을 추구할 것인지 선택하면 된다. 이는 기업의 경우도 마찬가지이다. 이상의 내용을 그림으로 나타내보면 다음과 같다.

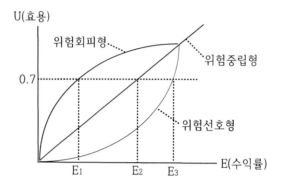

(그림 4-3) 위험성향과 효용함수

U(효용)

위험회피형

위험중립형

0.7

위험선호형

E(수익률)

E_1 E_2 E_3

0.7의 효용을 느끼기 위해서 위험회피형은 E_1만큼의 수익률만 있어도 되지만, 위험중립형은 E_2, 위험선호형은 E_3만큼 더 큰 수익률이 필요하다. 이를 산식으로 표현해 보면, 위험회피형은 $E_1-E_2 < 0$, 위험중립형은 $E_2-E_2 = 0$, 그리고 위험선호형은 $E_3-E_2 > 0$이 된다. 결국, 하이리스크, 하이리턴(high risk, high return)이라는 말처럼, 기대수익률이 커지면 감수해야 하는 위험도 그만큼 커지게 된다. 왜냐하면, 기대수익률은 위험에 대한 보상(risk premium)을 의미하기 때문이다.

현실적인 예를 들어 보면 이해가 쉬운데, 만일 A, B, C, D 네 사람에게 각각 여유자금 100억원이 있고, 그것을 어딘가에 투자하여 수익을 창출해야 한다고 가정해 보자.

만일, A는 연 이자율 5%인 튼튼은행 정기예금에 전액을 1년간 예치하기로 했고, B는 동 정기예금에 80억원을 예치하고 나머지 20억원은 ㈜사이비전자 주식에 투자하였으며, C는 50억원만 동 정기예금에 예치하고 남은 50억원으로는 모두 ㈜사이비전자 주식을 취득하였다. 그리고 D는 100억원 전액을 투자하여 ㈜사이비전자 주식을 취득하였다고 가정해 보면, A, B, C, D 네 사람의 위험에 대한 태도는 어떻게 다를까?

우선, 정기예금은 튼튼은행이 망하지 않는 한 특별한 위험 없이 1년 후에 원금과 이자를 수령할 수 있을 것이다. 거의 무위험자산에 가깝다고 할 수 있다. 반면, ㈜사이비전자 주식은 1년 뒤 어떻게 될지 알 수 없다. 불확실성, 곧 위험이 내포된 투자인데, 재무구조와 경제 상황의 변화에 따라 얼마나 오를지 아니면 반대로 얼마나 내릴지 예측하기 어렵다. 다만, 전 3년 동안 ㈜사이비전자 주식은 최고 20만원에서 최저 6만원 사이를 오르내렸으며, 현재 시가는 10만원이다.

A의 경우는 전액 무위험자산에 투자하였으므로 위험을 가장 싫어하는 유형이라고 할 수 있다. 손실 위험을 감수하기보다는 차라리 작은 수익률(연 5%)에 만족하겠다는 사람이다.

반면, D는 전액 위험자산인 주식에 투자하였으므로 가장 위험을 추구하는 사람이라고 할 수 있다. 최악의 경우는 알 수 없지만, 만일 주가가 5만원까지 하락한다면 이익은커녕 50억원이라는 엄청난 손실도 감수해야 하고, 반대로 1년 후 주가가 20만원까지 오른다면 100억원의 이익도 발생할 수 있다. 그야말로 하이-리스크, 하이-리턴(high-risk, high-return)의 경우이다.

그리고 C는 주식 투자 비중이 D보다 낮으므로 D보다 덜 위험을 추구하는 사람이고, B는 그보다 더 위험에 소극적인 유형의 사람이다. 결국, D는 위험선호형 또는 위험추구형, C는 위험중립형, B와 A는 위험회피형으로 분류할 수 있다. 특히, A와 같이 위험 자체를 꺼리는 사람은 위험혐오형으로도 부를 수 있다.

<제 2 절> 포트폴리오이론

1. 포트폴리오의 개념과 가정

주식은 위험자산으로 분류된다. 따라서 주식 투자자는 위험은 최소화하고 수익률은 최대화하기를 원하는데, 이를 위해 해리 마코위츠(Harry M. Markowitz)가 1952년에 제시한 이론이 포트폴리오(portfolio)이다. 위험을 낮추기 위해 분산투자를 하되 수익률은 낮아지지 않도록 상관관계가 낮은 여러 자산에 분산 투자해야 한다는 이론이다. 일반적으로 '계란을 한 바구

니에 담지 말라'는 투자 격언으로 표현된다. 본래 포트폴리오의 어휘적 의미는 '자료 묶음' 또는 '서류 가방'이다. 따라서 투자이론으로서의 포트폴리오는 『분산 투자한 자산의 집합』으로 정의되어야 한다.

(그림 4-4) 개별 포트폴리오

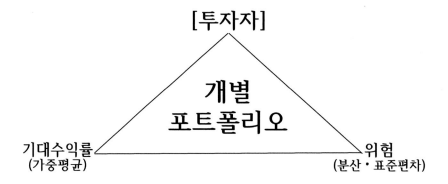

포트폴리오의 유형은 개별 투자자가 여러 자산에 분산 투자한 개별 포트폴리오와 자본시장에 존재하는 모든 투자대상에 시장가치 비례분으로 분산 투자하는 경우를 가정한 시장 포트폴리오가 있다. 개별 포트폴리오는 다시 등가중포트폴리오와 가치가중포트폴리오로 나눌 수 있다.

(1) 등가중포트폴리오(equal-weighted portfolio) : 10억원을 주식 종목 10개에 각 1억원씩 분산 투자하는 경우와 같이 포트폴리오에 포함된 자산들의 투자비중이 같은 경우.

(2) 가치가중포트폴리오(value-weighted portfolio) : 포트폴리오에 포함된 개별자산의 시장가치에 비례해서 차등적으로 분산 투자한 경우. 예를 들면, 시장가치가 200억원, 300억원, 500억원인 세 주식에 각각 2억원, 3억원, 5억원씩 분산 투자한 경우.

(3) 시장포트폴리오(market portfolio) : 시장에 존재하는 모든 투자대상 자산에 시장가치에 비례하는 가치가중 방식으로 분산 투자했다고 가정하는 경우로서 현실적으로 발생하기는 어려운 경우.

한편, 개별기업의 위험은 분산투자를 통해 감소시키거나 제거(분산) 가능한 기업고유위험과 분산(제거) 불가능한 시장위험으로 나눌 수 있다. 기업고유위험은 크게 영업위험과 재무위험으로 구분할 수 있다.

(그림 4-5) 개별기업의 위험

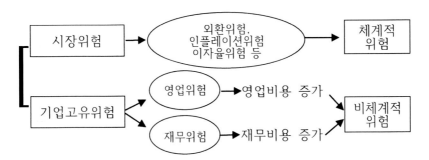

영업위험은 기술이나 유행의 변화 또는 새로운 경쟁업체의 출현 등으로 영업에 초래되는 위험을 의미하고, 재무위험은 부채의존도가 높아질 경우 고정비 성격의 자금조달비용이 늘어 이익이 그보다도 더 큰 비율로 변동하는 위험을 말한다. 시장위험은 정치, 경제, 문화 등 시장 전체에 영향을 미치는 기업 외부요인들로 말미암아 투자대상 자산의 가격이 변동하는 위험이기 때문에 분산투자를 통해서도 제거 불가한데, 구체적으로는 외환 위험, 인플레이션 위험, 이자율 변동위험 등으로 나타난다.

(그림 4-6) 시장 포트폴리오

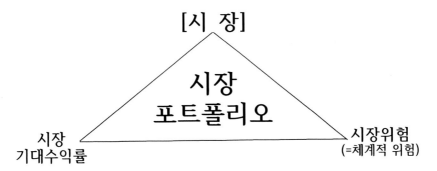

결국, 위 (그림 4-6)과 아래 (그림 4-7)과 같이 시장포트폴리오는 완전한 분산투자라고 할 수 있으므로 분산 가능한 기업고유위험, 즉 비체계적 위험은 완전히 제거되고, 분산투자로도 제거되지 않는 시장위험, 즉 체계적 위험만 남게 된다.

(그림 4-7) 포트폴리오 위험과 자산종목수

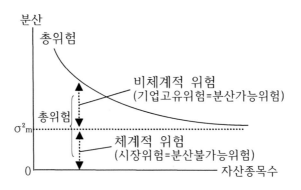

하지만 포트폴리오이론이 성립되기 위해서는 다음과 같은 몇 가지 가정이 전제되어야 한다. 이하는 마코위츠가 제시한 가정들이다.

우선, 투자자는 모두 합리적이다. 이 말의 의미는 모든 투자자는 위험회피적이고, 효용의 극대화를 기대하고 추구한다는 것이다.

두 번째로, 투자자는 동질적 기대(homogeneous expectations)를 가진다. 이는 투자자들이 비슷한 정보에 근거하여 동일한 기대수익률, 분산, 공분산을 가진다는 의미이다.

세 번째로, 투자자가 의사결정시 고려하는 기대수익률의 확률분포는 정규분포를 따르고, 효용함수는 2차함수라고 가정한다.

네 번째로, 투자자의 효용은 기대수익률과 위험에 의해 결정되고, 그들의 의사결정은 기대수익률과 표준편차(위험)에 의해 결정된다.

다섯 번째로, 투자 대상 자산은 위험자산만 있다.

여섯 번째로, 시장은 완전자본시장(perfect capital market)이다. 이는 시장거래에는 세금이나 거래비용이 없고, 물가나 이자율도 일정하다고 가정하는 것이다.

일곱 번째로, 자본시장의 수요와 공급은 균형상태(market clearing)이다. 끝으로, 투자기간은 단일기간(single period)이라고 가정한다.

2. 포트폴리오의 기대수익률과 분산

투자자 A가 두 개의 주식 (1)과 (2)에 각각 100만원과 400만원을 투자했는데, 호황과 불황이 발생할 확률과 그때의 예상 수익률이 다음과 같을 때 두 자산으로 구성된 포트폴리오의 기대수익률과 분산을 구해 보자.

상황	발생확률	(1)	(2)
호황	0.6	160만원	560만원
불황	0.4	80만원	360만원

(표 4-2)

우선, 각 자산의 기대수익률은 다음과 같이 구할 수 있다.

(1) 0.6×{(160만-100만)/100만} + 0.4×{(80만-100만)/100만} = 0.28 (28%)
(2) 0.6×{(560만-400만)/400만} + 0.4×{(360만-400만)/400만} = 0.20 (20%)

포트폴리오의 기대수익률은 포트폴리오를 구성하는 각 자산의 기대수익률에 각 자산의 투자비율을 곱한 후 합산하여 산출하면 된다. 다시 말해, 두 기대수익률의 가중평균으로 구하면 된다. 위 두 자산의 투자총액이 500만원이므로 (1)의 투자비율은 20%이고, (2)의 투자비율은 80%이다. 따라서 위 포트폴리오의 기대수익률은 다음과 같다.

ㅇ (0.2×0.28) + (0.8×0.2) = 0.216 => $w_1 r_1 + w_2 r_2 = r_p$

위 식을 공식화하기 위해 자산 (1)의 기대수익률을 $E(r_1)$, 자산 (2)의 기대수익률을 $E(r_2)$, 자산 (1)의 투자비율을 w_1, 자산 (2)의 투자비율을 w_2라고 하면, 다음과 같이 자산 (1)과 (2)로 구성된 포트폴리오의 기대수익률

$E(r_P)$를 구하는 공식을 도출할 수 있다.

$$\circ \; E(r_P) = w_1E(r_1) + w_2E(r_2) \tag{4-10}$$

만일, n개의 자산이라면 위 식은 다음과 같이 표현될 수 있다.

$$\circ \; E(r_P) = w_1E(r_1) + w_2E(r_2) + \cdots + w_nE(r_n) \tag{4-11}$$

한편, 위와는 달리 두 자산으로 구성된 포트폴리오의 각 경우의 수익률을 먼저 구한 후, 그들을 각 경우의 발생확률에 따라 가중평균하여 포트폴리오의 기대수익률을 구하는 방법도 있다. 각 경우의 수익률은 다음과 같이 개별자산의 투자비율에 개별자산의 수익률을 곱한 후 각각을 더해주면 된다.

$\circ$ 호황일 때 $r_P = (0.2 \times 0.6) + (0.8 \times 0.4) = 0.44$
$\circ$ 불황일 때 $r_P = \{0.2 \times (-0.2)\} + \{0.8 \times (-0.1)\} = \triangle 0.12$

$$\therefore \; E(r_P) = (0.6 \times 0.44) + \{0.4 \times (-0.12)\} = 0.216$$

결국, 두 자산으로 구성된 포트폴리오의 기대수익률은 어떤 방법으로 구하든 동일한 결과임을 알 수 있다. 또한, 두 자산으로 구성된 포트폴리오의 각 경우의 수익률은 다음과 같은 공식으로 산출됨도 알 수 있다.

$$\circ \; r_P = w_1r_1 + w_2r_2 \tag{4-12}$$

다음으로, 두 자산으로 구성된 포트폴리오의 분산을 구해 보자. 분산은 각 경우의 수익률(r_P)과 기대수익률[$E(r_P)$] 간의 차이를 제곱한 값을 평균하는 것이므로, 위 식 (4-10)과 (4-12)를 활용해 다음과 같은 공식을 만들 수 있고, 이 공식에 따라 분산을 산출할 수 있다.

$$\sigma^2_P = E[\{r_P - E(r_P)\}^2]$$

$$= E[\{w_1r_1+w_2r_2-E(r_p)\}^2] \qquad \text{※ } r_p\text{에 식 (4-12) 대입}$$

$$= E[\{w_1r_1+w_2r_2-w_1E(r_1)-w_2E(r_2)\}^2] \qquad \text{※ } E(r_p)\text{에 식 (4-10) 대입}$$

$$= E[\{w_1(r_1-E(r_1))+w_2(r_2-E(r_2))\}^2]$$

$$= E[w_1^2(r_1-E(r_1))^2+w_2^2(r_2-E(r_2))^2+2w_1w_2(r_1-E(r_1))(r_2-E(r_2))]$$

$$= w_1^2E[(r_1-E(r_1))^2]+w_2^2E[(r_2-E(r_2))^2]+2w_1w_2E[(r_1-E(r_1))(r_2-E(r_2))]$$

$$= w_1^2\sigma^2{}_1+w_2^2\sigma^2{}_2+2w_1w_2\underline{\sigma_{12}}$$

$$= w_1^2\sigma^2{}_1+w_2^2\sigma^2{}_2+2w_1w_2\underline{\sigma_1\sigma_2\rho_{12}} \qquad (4\text{-}13)$$

위 공식의 끝에서 두 번째 줄에 나오는 σ_{12}는 포트폴리오를 구성하는 두 자산 (1)과 (2)의 공분산(covariance)으로서 $Cov(r_1, r_2)$로 표시하기도 하는데, 두 자산의 수익률이 같은 방향으로 움직이는 정도를 나타낸다. 만일 공분산이 양이면 두 수익률이 같은 방향으로 움직이는 특성을, 음이면 서로 반대 방향으로 움직이는 특성이 있음을 나타낸다. 또한, 위 공식 마지막 줄에 나오는 ρ_{12}는 상관계수를 표시하는데, 공분산을 대신해 사용할 수 있으며, 항상 -1과 1 사이의 값을 나타내므로 쉽게 해석할 수 있다.($-1\leq\rho_{12}\leq1$) 상관계수가 1에 가까울수록 두 주식의 수익률이 동일한 방향으로 움직이는 특성이 강하고, -1에 가까울수록 반대 방향으로 움직이는 특성이 강하다. 상관계수 ρ_{12}는 다음과 같은 공식으로 정의될 수 있다.

$$\rho_{12} = Cov(r_1, r_2) / \sigma_1\sigma_2 \qquad (4\text{-}14)$$

위 식 (4-13)이 복잡해 보여도 자세히 보면, 중학교 수학 교과서에 나오는 이차방정식의 하나인 완전제곱식의 전개 방식과 유사함을 알 수 있다. 다만, 점선으로 묶은 네모 칸 부분만 약간 차이가 있을 뿐인데, 하나의 주식일 때는 분산이 표준편차의 제곱($\sigma^2{}_1 = \sigma_1\sigma_1$)으로 표시되나, 두 주식의 공분산($\sigma_{12}$)은 각 주식의 표준편차를 곱하되($\sigma_1\sigma_2$) 두 주식의 상관관계를 보여주는 상관계수($\rho_{12}$)를 추가로 곱해주는 것만 다를 뿐이다. 참고로 이차방정식인 완전제곱식의 전개 방법은 다음과 같다.

$$(A+B)^2 = A^2 + 2AB + B^2$$

[예제 3] 다음과 같이 두 자산 (1)과 (2)로 구성된 포트폴리오의 기대수익률과 분산과 표준편차는?.

주식	투자금액	기대수익률	표준편차	상관계수
(1)	4억원	15%	20%	0.7
(2)	1억원	10%	10%	

풀이 ○ 기대수익률 $E(r_P) = (0.8 \times 0.15) + (0.2 \times 0.1) = 0.12 + 0.02 = 0.14 (14\%)$

　　　 ○ 분산 $\sigma^2_P = 0.8^2 \times 0.2^2 + 0.2^2 \times 0.1^2 + 2 \times 0.8 \times 0.2 \times 0.2 \times 0.1 \times 0.7$

　　　　　　　 $= 0.0256 + 0.0004 + 0.00448 = 0.03048$

　　　 ○ 표준편차 $\sigma_P = \sqrt{0.03048} = 0.1746 (17.46\%)$

3. 포트폴리오의 위험분산효과

(1) 기대수익률과 표준편차와의 관계

여러 자산으로 구성되는 포트폴리오의 기대수익률은 각 자산의 투자비중에 따라 달라지고, 위험의 크기도 여러 자산에 분산 투자함으로써 감소시킬 수 있으나 이 경우에는 위험의 척도인 분산이나 표준편차에 자산 간의 상관관계를 나타내는 상관계수가 반영됨을 알 수 있었다. 따라서 상관계수에 따라 기대수익률과 표준편차가 어떻게 변화하는지도 살펴볼 필요가 있다. 다음 표는 두 위험자산 (1)과 (2)로 구성된 포트폴리오 P의 기대수익률과 표준편차이다.

주식	E(r)	σ
(1)	5%	10%
(2)	15%	15%

(표 4-3)

위에서 이미 살펴본 대로 포트폴리오 P의 기대수익률은 두 주식의 기대수익률을 투자비중으로 가중평균하면 구해진다. 주식 (2)의 기대수익률이 상대적으로 더 높으므로 주식 (2)의 투자비중을 높이면 높일수록 포트폴리오 P의 기대수익률은 더 높아진다. 반대로 주식 (1)의 투자비중을 높이면 높일수록 포트폴리오 P의 기대수익률은 더 낮아지게 된다. 또한, 표준편차는 위 식 (4-13)에 따라 구해진 분산을 제곱근하면 계산된다.

아래 (표 4-4)는 두 주식의 수익률 간의 상관계수 ρ_{12}가 1일 때, 0.1일 때, 그리고 -1일 때 각 자산의 투자비중 변화에 따라 포트폴리오 P의 기대수익률과 표준편차가 어떻게 변화하는지 보여준다. [w_1는 자산 (1)의 투자비중, w_2는 자산 (2)의 투자비중, $E(r_p)$는 포트폴리오의 기대수익률, σ_p는 포트폴리오의 표준편차]

(표 4-4) 포트폴리오의 기대수익률과 표준편차

w_1	w_2	$E(r_p)$(%)	σ_p(%)		
			$\rho_{12}=1$	$\rho_{12}=0.1$	$\rho_{12}=-1$
0.0	1.0	15	15.00	15.00	15.00
0.1	0.9	14	14.50	13.64	12.50
0.2	0.8	13	14.00	12.36	10.00
0.3	0.7	12	13.50	11.20	7.50
0.4	0.6	11	13.00	10.21	5.00
0.5	0.5	10	12.50	9.42	2.50
0.6	0.4	9	12.00	8.90	0.00
0.7	0.3	8	11.50	8.69	2.50
0.8	0.2	7	11.00	8.82	5.00
0.9	0.1	6	10.50	9.27	7.50
1.0	0.0	5	10.00	10.00	10.00

투자비중이 0이거나 1인 경우를 제외하면, 주식 (1)과 (2)의 상관계수 ρ_{12}가 작을수록 포트폴리오의 표준편차가 상대적으로 더 낮아짐을 알 수 있다. 상관계수 ρ_{12}가 1일 때는 포트폴리오의 표준편차가 개별주식 표준편차의 가중평균이 되지만 그 미만으로 줄어들수록 포트폴리오의 표준편차는 낮아지고 -1일 때 최소가 된다. 두 주식의 상관계수 ρ_{12}가 1이 되는 경우는 사실상 없으므로, 포트폴리오를 구성하면 개별주식 표준편차의 가중평

균보다 포트폴리오의 표준편차가 작아져 그만큼 위험이 줄어들게 되는데, 이를 포트폴리오의 위험분산효과(risk diversification effect)라고 한다. 특별히 상관계수 ρ_{12}가 -1인 포트폴리오의 σ_p는 자산 (1)의 투자비중(w_1)이 0.6, 자산 (2)의 투자비중(w_2)이 0.4일 때 0이 되는데, 이는 위험이 완전히 제거되었다는 의미이다.

위 표의 내용을 평균-표준편차 평면에 그림으로 나타낼 수 있는데, (그림 4-8)는 두 주식 (1)과 (2)를 가지고 만들 수 있는 모든 포트폴리오의 집합, 즉 투자기회집합(investment opportunity set)을 보여주고 있다. 두 주식 (1)과 (2)를 연결하는 선과 그 안의 임의의 점들이 구성 가능한 포트폴리오들이다. 상관계수가 -1이면 꺾인 선분 위 어떤 점에 포트폴리오가 존재하게 되고, 상관계수가 -1보다 크고 1보다 작으면 두 점 (1)과 (2)를 연결하는 곡선 위에 포트폴리오가 존재하게 된다.

(그림 4-8) 기대수익률과 표준편차

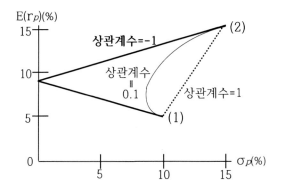

상관계수가 -1이거나 1인 경우는 실제로 존재할 수 없으므로 결국 두 주식으로 구성 가능한 포트폴리오는 점 (1)과 (2)를 연결하는 곡선상에 존재한다고 보는 것이 합리적이다. 주어진 기대수익률 하에서 위험회피형 투자자들일수록 상관계수가 -1에 가까워 그만큼 위험이 많이 감소되는 포트폴리오를 선호하게 된다.

(2) 효율적 프론티어

투자자는 무수히 많은 투자 가능조합(attainable combination)으로 구성된 포트폴리오의 투자기회집합에서 기대수익률의 평균과 분산을 이용하여 적당한 포트폴리오를 선택하게 된다. 합리적인 투자자라면, 동일 수준의 위험을 가진 포트폴리오 중에서는 가장 기대수익률이 높은 것을, 동일 수준의 기대수익률을 가진 포트폴리오 중에서는 가장 위험이 낮은 것을 선택하게 될 것인데, 이러한 선택원리를 『평균-분산 기준(mean-variance criterion)』 또는 평균-분산 지배원리(mean-variance dominance principle)라고 한다. 이는 다음 (그림 4-9)에서 두 점 (1)과 (2)를 연결하는 선 중 위로 볼록한 우상향의 곡선(굵은 선) 위에 있는 조합의 선택으로 귀결되는데, 이 선 위의 포트폴리오를 효율적 조합(Efficient Combination) 또는 효율적 포트폴리오(Efficient Portfolio) 또는 효율적 프론티어(Efficient Frontier: 효율적 투자(기회)선)라고 한다.

(그림 4-9) 투자기회집합과 효율적 프론티어

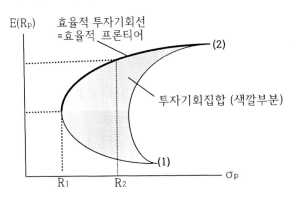

따라서 효율적 프론티어 위에 있는 어떤 포트폴리오를 선택하는 투자자는 효율적인 분산 투자를 할 수 있게 되는 것이다. 하지만, 현실적으로 효율적 프론티어 곡선 위에 있는 어떤 점, 즉 어떤 포트폴리오를 구체적으로 선택하느냐의 문제는 투자자의 위험성향에 따라 달라진다고 할 수 있다.

효율적 프론티어 위의 포트폴리오도 위험이 크면 기대수익률이 크고, 위험이 작으면 기대수익률이 작아지는 『하이리스크 하이리턴』 현상에서 벗어날 수는 없기 때문이다.

결국, 투자자는 효율적 프론티어 위에 존재하는 무수히 많은 포트폴리오 중에서 자신의 성향에 가장 적합한, 즉 자신에게 최대한의 효용을 가져다 주는 포트폴리오를 선택하게 되는데, 이와 같이 지배원리에 의해 도출되는 효율적 프론티어와는 별개로 각 투자자의 효용함수(utility function)에 의해 최종적인 포트폴리오가 투자자마다 달리 선택되는 과정을 제임스 토빈(James Tobin)은 분리정리(separation theorem)하고 하였다.

(3) 최적 포트폴리오의 선택

투자자의 효용함수는 $U=f(E(r_p),\sigma_P)$로 표시될 수 있는데, 효용 U가 기대수익률($E(r_p)$)과 위험(σ_P)에 의해 결정됨을 말해준다. 다음 (그림 4-10)에서 보여주는 바와 같이 효용함수를 나타내는 무차별곡선(indifference curve)은 투자자의 위험성향에 따라 다르다. 따라서 각 투자자의 최적 포트폴리오는 그들의 무차별 곡선이 효율적 프론티어와 만나는 지점으로 선택되게 된다.

(그림 4-10) 효율적 프론티어와 효용함수(무차별곡선)

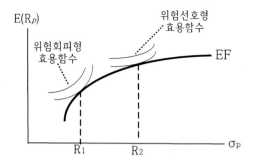

위 그림에서 동일한 기대수익률 하에서는 위험(표준편차)이 가장 적은 포트폴리오를 선택하게 되는 최소분산지배의 원리(minimum variance dominance principle)에 따라 위험회피형 투자자가 선택할 수 있는 포트폴리오는 효율적 프론티어 상의 어떤 지점이 될 것인데, 비록 낮은 기대수익률을 감수하더라도 위험이 적은 지점을 선택한다면 결국 표준편차가 R_1인 지점이 될 것이다.

무차별곡선은 원래 경제학의 소비이론에서 제기된 것인데, 투자이론에 응용해 보면, 투자자에게 동일한 만족(효용)을 주는 여러 투자자산의 다양한 배합점들을 연결한 곡선이 된다. 앞쪽 (그림 4-10)에서 위험회피형 투자자의 최적 포트폴리오는 비록 기대수익률이 위험선호형보다 낮지만 위험(R_1) 또한 위험선호형의 위험 수준인 R_2보다 낮다. 반면, 위험선호형 투자자는 큰 위험(R_2)을 감수하더라도 큰 기대수익률을 추구해야 동일한 만족(효용)을 느끼게 된다.

지금까지 마코위츠(Markowitz)가 위험자산만으로 구성된 자본시장을 가정하고 만든 포트폴리오 이론에 대해 공부하였다. 하지만, 현실적으로 자본시장은 위험자산만으로 구성되어 있지 않고, 정기예금, 국·공채 등과 같이 위험이 거의 없는 무위험자산들도 포함하고 있다. 만일, 무위험자산과 위험자산을 함께 고려한다면 투자기회집합도 달라질 수 있을 것이다. 이에 대해서는 장을 달리하여 상세히 살펴보려고 한다.

<연습문제>

(1) 투자자의 입장에서 위험에 대한 태도로 부적합한 것은? (   )
 1. 포트폴리오를 선택할 때 단순히 기대수익률만 비교하는 것이 아니라
   그 기대수익률이 투자자에게 가져다주는 효용을 비교해야 한다.
 2. 위험선호형 투자자는 투자안의 위험이 클수록 더 만족감이 크다.
 3. 위험회피형 투자자는 다른 조건이 같다면 위험이 작은 포트폴리오를
   선호한다.
 4. 위험중립형 투자자는 중간 정도의 위험을 감수하고 중간 정도의
   기대수익을 추구한다.

(2) 다음 중 분산투자와 가장 관련이 있는 용어는? (   )
 1. 주가수익률   2. 포트폴리오   3. 경영위험   4. 시장위험

(3) 외환 위험, 인플레이션 위험, 이자율 위험 등과 같은 위험은 다음 중
   어떤 위험으로 분류되는가? (   )
 1. 시장위험   2. 기업고유위험   3. 영업위험   4. 재무위험

(4) 포트폴리오의 위험분산효과에 대한 설명으로 부적합한 것은? (   )
 1. 분산투자 시 기대수익률에 비해 위험이 감소하는 효과를 의미한다.
 2. 시장위험은 분산투자를 통해서도 제거할 수 없는 체계적 위험이다.
 3. 위험분산효과를 위해 모든 주식을 다 보유할 필요는 없다.
 4. 포트폴리오에 포함되는 주식 종목이 많을수록 개별 주식이 포트폴리오
   위험에 미치는 영향력이 커진다.

(5) 주식의 수익률에 대한 설명으로 부적절한 것은? (   )
 1. 주식을 언제 매도하느냐에 따라 수익률은 다르게 산출될 수 있다.
 2. 주식의 수익은 배당수익과 매매차익으로 구분될 수 있다.
 3. 매매차익은 만기에 주식을 매도할 때 발생한다.
 4. 배당은 배당기준일 이전에 주식을 매수해야 받을 수 있다.

(6) 202*년 12월 2일 ㈜K의 주식 10주를 100만원에 구매한 후, 그 이듬해 4월에 배당금 5만원을 수령한 후 바로 120만원에 10주 모두 매도 하였다면, 주식수익률은? (   )

    1. 25%   2. 20%   3. 5%   4. 12.5%

풀이 (20만+5만)/100만=25%

(7) 개인 투자자 A가 재작년과 작년과 올해에 거둔 수익률이 각각 20%, 10%, 30%였다면, A가 3년 동안 거둔 보유기간수익률은 얼마인가? (   )

    1. 60%   2. 171.6%   3. 71.6%   4. 19.72%

풀이 단순히 수익률을 합산하지 않고, 각 수익률에 1을 더한 값으로 곱한 후에 1을 차감해 주면, 0.716[=(1+0.2)(1+0.1)(1+0.3)-1]이 된다.

(8) 개인 투자자 A가 재작년과 작년과 올해에 거둔 수익률이 각각 20%, 10%, 30%였다면, A가 3년 동안 거둔 연평균 수익률은 얼마인가? (   )

    1. 60%   2. 171.6%   3. 71.6%   4. 19.72%

풀이 연평균 수익률은 보유기간수익률을 구하는 공식을 역산하면 산출된다.
  ○ 연평균 수익률 = $(1+보유기간수익률)^{1/n} - 1 = 1.716^{1/3} - 1 = 0.1972$

(9) 기대수익률에 대한 설명으로 가장 적합한 것은? (   )
 1. 투자자가 채권이나 주식을 구입할 때 위험을 감수하는 대가를 포함 하여 기대하는 수익률
 2. 보유기간이 다 차서 끝나는 경우의 채권 수익률
 3. 투자에 대한 대가로 투자자가 요구하는 최소한의 수익률
 4. 안전자산인 정기예금, 국채 등에 투자했을 때 얻게 되는 수익률

(10) 기대수익률에 대한 설명으로 가장 부적합한 것은? (   )
 1. 일반적으로 하이 리스크 하이 리턴(high risk high return)의 원칙을 따른다.

2. 기대수익률이 높아도 투자자가 손실을 보는 경우가 생길 수 있다.

  3. 무위험수익률에 위험프리미엄을 더한 값으로 표현할 수 있다.

  4. 기대수익률은 요구수익률보다 낮아야 한다.

(11) 투자안으로부터 평균적으로 예상되는 수익률은? (   )

  1. 요구수익률   2. 기대수익률   3. 만기수익률   4. 무위험수익률

(12) 재무관리에서 위험을 측정하는 지표는? (   )

  1. 상관계수   2. 분산 또는 표준편차   3. 공분산   4. 기대수익률

(13) 투자자의 위험성향에 대한 설명으로 맞지 않은 것은? (   )

  1. 투자자의 위험성향은 크게 위험추구형, 위험중립형, 위험회피형으로
   나눌 수 있다.

  2. 재무관리에서는 위험회피형 투자자를 합리적인 투자자로 보고 있다.

  3. 위험회피형 투자자는 다른 조건이 동일하다면 분산이 작은 투자안을
   선택한다.

  4. 위험중립형 투자자는 중간 정도의 위험을 감수하고 중간 정도의
   기대수익을 추구한다.

(14) 위험성향에 대한 설명으로 부적합한 것은? (   )

  1. 위험성향에 따라 기대수익률과 위험으로부터 투자자가 느끼는
   주관적인 만족도(효용)는 달라진다.

  2. 위험회피형은 상대적으로 낮은 위험과 낮은 기대수익률에도 효용이
   작지 않다.

  3. 위험추구형은 높은 위험과 높은 기대수익률에서 효용이 크다.

  4. 위험혐오형은 위험은 아예 외면하고 오직 기대수익률만 보고 투자안을
   평가한다.

(15) 포트폴리오이론에 대한 설명으로 가장 부적합한 것은? (   )

  1. 주식은 위험자산으로 분류된다.

2. 포트폴리오이론은 해리 마코위츠가 1952년에 처음으로 제시한 것이다.

3. 포트폴리오이론은 위험을 낮추기 위해 분산투자를 하되 수익률은 낮아지지 않도록 상관관계가 낮은 여러 자산에 분산 투자해야 한다는 이론이다.

4. '계란을 한 바구니에 담지 말라'는 투자 격언과는 전혀 무관하다.

(16) 시장에 존재하는 모든 투자대상 자산에 시장가치에 비례하는 가치가중 방식으로 분산 투자했다고 가정 하는 경우로서 현실적으로 발생하기는 어려운 포트폴리오는? ( )

1. 가치가중portfolio 2. 시장portfolio 3. 등가중portfolio 4. 개별portfolio

(17) 개별기업의 위험에 대한 설명으로 부적합한 것은? ( )

1. 분산투자를 통해 감소시키거나 제거 가능한 위험이다.

2. 기업고유위험 또는 비체계적 위험이라고도 한다.

3. 시장위험과 동일한 개념이다.

4. 개별기업의 위험은 크게 영업위험과 재무위험으로 나눌 수 있다.

(18) 기업고유위험이라고 볼 수 있는 것은? ( )

1. 외환위험 2. 인플레이션 위험 3. 이자율 위험 4. 새 경쟁업체 출현

(19) 포트폴리오의 위험에 관한 설명으로 옳은 것은? ( )

1. 비체계적인 위험은 시장위험을 의미한다.

2. 타국과 타국의 전쟁은 비체계적 위험이 될 수도 있다.

3. 특정기업에 국한된 위험은 체계적 위험.

4. 포트폴리오 구성으로도 제거 불가한 위험은 체계적 위험.

(20) 포트폴리오이론의 가정이라고 보기 어려운 것은? ( )

1. 투자자는 모두 비합리적이다.

2. 모든 투자자는 위험회피적이고, 효용의 극대화를 추구한다.

3. 투자자는 비슷한 정보에 근거하여 동일한 기대수익률과 분산을 가진다.

4. 투자 대상 자산은 위험자산만 있다.

(21) 포트폴리오이론의 가정으로 맞는 것은? (   )

 1. 자본시장은 불완전해 세금과 거래비용이 있고, 물가나 이자율도 변한다.

 2. 자본시장의 수요와 공급은 항상 변하므로 늘 불균형상태이다.

 3. 투자기간은 현실에 맞게 다중기간을 가정한다.

 4. 투자자의 효용은 기대수익률과 위험에 의해 결정된다.

(22) 다음과 같이 두 자산 (1)과 (2)로 구성된 포트폴리오의 기대수익률과
    분산은?. (   )

주식	투자금액	기대수익률	표준편차	상관계수
(1)	4억원	15%	20%	0.7
(2)	1억원	10%	10%	

 1. 12.5%, 0.1746   2. 12.5%, 0.0305   3. 14%, 0.1746   4. 14%, 0.0305

풀이 ○ 기대수익률 $E(r_p) = (0.8 \times 0.15) + (0.2 \times 0.1) = 0.12 + 0.02 = 0.14$ (14%)

  ○ 분산 $\sigma^2_p = 0.8^2 \times 0.2^2 + 0.2^2 \times 0.1^2 + 2 \times 0.8 \times 0.2 \times 0.2 \times 0.1 \times 0.7$

    $= 0.0256 + 0.0004 + 0.00448 = 0.03048$

(23) 주식 (1)과 (2)의 표준편차가 각각 0.2와 0.1이며 상관계수가 0.7일
    때 두 주식의 공분산은? (   )

 1. 0.014   2. 0.00028   3. 0.0098   4. 0.118

풀이 공분산$/\sigma_1 \cdot \sigma_2$ = 상관계수 ==> 공분산 = $0.7 \times (0.2 \cdot 0.1) = 0.014$

(24) 포트폴리오를 구성하는 두 개별자산의 수익이 완전히 비례해서
    나타난다면 두 자산의 상관관계는? (   )
    1. 완전 부(-)의 상관, -1   2. 무상관, 0
    3. 완전 정(+)의 상관, +1   4. 일부 정(+)의 상관, +0.5

(25) 두 주식 A와 B에 같은 비중으로 투자하여 구성된 포트폴리오 Z가 다음
    그림의 투자기회집합 중 선분 (1)(2)상(점선)에 존재할 경우, 두 주식
    A와 B의 가격변동 방향성은? (   )

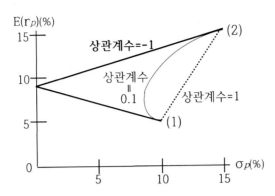

1. 완전히 반대로 움직인다.   2. 완전히 동일 방향으로 움직인다.
3. 주가의 변동을 알 수 없다.   4. 상호 관련성이 전혀 없다.

(26) 위 투자기회집합 그림에서 분산투자효과가 가장 크게 나타나려면
　　여러 주식으로 구성된 포트폴리오가 어느 위치에 있을 때인가? (　)
　　　1. 상관계수 -1인 직선상　　　2. 상관계수 1인 직선상
　　　3. 상관계수 0.1인 직선상　　4. 어느 위치에 있든지 동일

(27) 다음 무차별곡선에 대한 설명 중 가정 적합하지 않은 것은? (　)
　1. 각 투자자의 최적 포트폴리오는 그들의 무차별 곡선이 효율적 프론티어와
　　만나는 지점으로 선택되게 된다.
　2. 효용함수를 나타내는 무차별곡선은 투자자의 위험성향에 따라 다르다.
　3. 무차별곡선은 원래 재무학의 투자이론에서 제기된 것이다.
　4. 투자이론에서 무차별곡선은 투자자에게 동일한 만족(효용)을 주는 여러
　　투자자산의 다양한 배합점들을 연결한 곡선이 된다.

※ 2억원을 주식 (1)과 (2)에 각각 50%씩 투자하기로 한 K씨의 경우, 호황과
　불황의 기대수익률이 아래 표와 같을 때 다음 두 가지 질문에 답하시오.

상황	확률	(1)	(2)
호황	0.5	12%	20%
불황	0.5	-2%	-6%

(28) K씨가 보유한 포트폴리오의 기대수익률은? (   )
  1. 4%   2. 5%   3. 6%   4. 7%

풀이 먼저 개별자산의 기대수익률을 각각 구해야 한다.
  ○ 주식 (1)의 기대수익률 $E(R_1)=0.5×12\%+0.5×(-2\%)=5\%$
  ○ 주식 (2)의 기대수익률 $E(R_2)=0.5×20\%+0.5×(-6\%)=7\%$
  ○ 투자비중이 등가중인 포트폴리오의 기대수익률 : $0.5×5\%+0.5×7\%=6\%$

(29) K씨가 보유한 포트폴리오의 표준편차는? (   )
  1. 0.01   2. 0.1   3. 0.2   4. 0.3

풀이 호황일 때의 포트폴리오 수익률 => $0.5×12\%+0.5×20\%=16\%$
    불황일 때의 포트폴리오 수익률 => $0.5×(-2\%)+0.5×(-6\%)=(-4\%)$
    포트폴리오의 기대수익률 => $0.5×16\%+0.5×(-4\%)=6\%$
    포트폴리오의 분산 => $0.5×(0.16-0.06)^2+0.5×(-0.04-0.06)^2=0.01$
    포트폴리오의 표준편차 => $\sqrt{0.01}=\sqrt{(0.1)(0.1)}=0.1$

(30) 다음 중 설명이 부적합한 것은? (   )
 1. 효율적 프론티어 위에 있는 어떤 포트폴리오를 선택하는 투자자는
    효율적인 분산투자를 할 수 있게 되는 것이다.
 2. 효율적 프론티어 곡선 위에 있는 점들 중 구체적으로 어떤 점, 즉 어떤
    포트폴리오를 선택하느냐의 문제는 투자자의 위험성향에 달렸다.
 3. 최소분산지배의 원리란 동일한 기대수익률 하에서는 위험이 가장 적은
    포트폴리오를 선택하게 되는 것을 말한다.
 4. 투자자의 효용함수는 각 투자자의 위험성향에 따라 다르게 나타나므로
    기대수익률과 위험과는 상관이 없다.

정답 : (1~15) 4, 2, 1, 4, 3 / 1, 3, 4, 1, 4 // 2, 2, 4, 4, 4 /
    (16~30) 2, 3, 4, 4, 1 // 4, 4, 1, 3, 2 / 1, 3, 3, 2, 4

제 4 장

자본자산가격결정모형 (CAPM)

\<제 1 절\> CAPM의 가정과 자본시장선

마코위츠의 포트폴리오이론(Markowitz's portfolio theory)의 단점은 현실과는 달리 위험자산만 존재하는 자본시장을 가정한 것이라고 할 수 있다. 따라서 무위험자산과 위험자산이 공존하는 자본시장에서 투자자들이 분산투자를 하는 경우 시장은 어떠한 상태에서 균형을 이루고, 균형상태에서 위험자산의 가격은 어떻게 또 얼마로 결정되는지를 설명하려는 시도, 즉 새로운 최적 포트폴리오 선택이론을 전개하게 되었으며, 그 결과가 가격결정모형인데, 가장 대표적인 것이 자본자산가격결정모형(CAPM: Capital Asset Pricing Model)과 차익거래가격결정이론(APT: Arbitrage Pricing Theory)이다. 본 장에서는 CAPM을, 다음 장에서는 APT를 다루기로 한다. 우선 CAPM의 가정부터 살펴보자.

1. CAPM의 가정

CAPM은 위험자산만 존재한다고 가정한 마코위츠 이론의 단점을 보완하여 시장에는 위험자산뿐 아니라 무위험자산도 존재한다고 가정하고, 그러할 경우 위험자산의 최적 포트폴리오는 어떻게 선택되는지 연구한 경우이므로, 합리적 투자자와 최소분산지배의 원리(MVDP: minimum variance dominance principle), 투자의사결정 시 주식수익률의 확률분포와 표준편차(위험) 고려, 동질적인 미래기대(homogeneous expectation), 평균분산의 원리(mean-variance theorem), 단일기간(single period), 완전자본시장(perfect capital market), 시장의 균형상태(market clearing) 등의 가정은 마코위츠의 포트폴리오이론의 가정과 동일하고, 다음 두 가지 가정만 다르다고 할 수 있다.

(1) 자본시장에는 위험자산뿐만 아니라 무위험자산도 존재한다.
(2) 투자자는 무위험이자율로 차입 또는 대출을 할 수 있다.

2. 자본시장선

무위험자산은 표준편차가 0이므로 무위험자산과 위험자산의 공분산은 0이고, 따라서 상관계수도 0이 된다. 따라서 무위험자산과 마코위츠의 효율적 포트폴리오로 구성된 새로운 포트폴리오는 무위험자산과 마코위츠의 효율적 포트폴리오의 선형결합 형식이 된다.

다시 말해, 아래 (그림 5-1)의 곡선 BC는 위험자산만 있는 경우의 효율적 프론티어이고, R_f는 무위험자산의 기대수익률인데, 어떤 투자자가 A 포트폴리오에 w_1만큼 투자하고, 나머지$(1-w_1)$를 무위험자산에 투자했다면, R_f와 A 지점을 잇는 직선 사이의 어떤 점인 A_1 지점이 새로운 포트폴리오가 된다. 비율을 달리하여, 당초 가졌던 투자액 전액(100%)과 무위험이자율로 동일 금액만큼 더 차입하여 A 포트폴리오에 투자한 경우에는 A_2 지점이, 그리고 투자액 전액(100%)만 A 포트폴리오에 투자한 경우에는 A 지점이 포트폴리오의 위치가 된다. 이렇게 무위험자산과 위험자산의 투자금액 배분 비율과 투자자의 위험성향에 따라 위험과 기대수익률의 관계가 수많은 직선으로 만들어질 수 있는데, 이러한 직선을 자본배분선 또는 자본할당선(CAL: Capital Allocation Line)이라 하고, 그중 가장 위험프리미엄이 높은 위험자산 포트폴리오 M을 지나는 자본배분선을 자본시장선(CML: Capital Market Line)이라고 한다.

(그림 5-1) 자본시장선

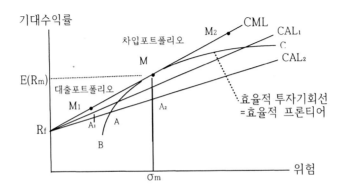

자본배분선의 기울기는 위험(표준편차) 1단위를 추가할 때 얼마만큼 더 수익률을 높일 수 있는지를 나타내는 위험보상비율, 즉 위험프리미엄을 의미한다. 따라서 투자자들은 위험프리미엄을 극대화하기 위해 결국 위 (그림 5-1)의 M과 같은 위험자산 포트폴리오와 무위험자산을 결합하는 투자를 선택하게 되는데, 이때의 M을 접점포트폴리오(tangency portfolio) 또는 시장포트폴리오(market portfolio)라 한다. 왜냐하면, M 지점이 위험자산으로 구성된 가장 효율적인 포트폴리오인 곡선 BC의 점들 중 동일 위험에 대한 위험프리미엄이 가장 극대화되는 위험자산 포트폴리오이기 때문이다. 모든 투자자가 동질적 기대를 한다고 가정하고 있으므로 결국 모든 투자자들이 선택할 포트폴리오는 무위험수익률(R_f: risk free rate of return)과 M 지점을 연결한 자본시장선이 된다. 결국, 자본시장선은 무위험자산과 시장포트폴리오로 구성되는 포트폴리오를 통하여 효율적인 포트폴리오의 균형가격결정식을 제시해 주기 때문에 이것을 2기금분리정리(two fund separation theorem)라고도 한다. 위 (그림 5-1)에서 자본시장선의 기울기와 관계식은 다음과 같이 구할 수 있다.

○ 자본시장선의 기울기 $= (E(R_m)-R_f)/\sigma_m$ (5-1)

○ 포트폴리오 p의 기대수익률 $= R_f+[(E(R_m)-R_f)/\sigma_m]\sigma_p$ (5-2)

자본시장선과 만나는 접점포트폴리오를 시장포트폴리오라고도 하는데, 이는 모든 투자자가 위험자산에 투자할 때 접점포트폴리오만을 이용하려고 할 것이므로, 거래를 목적으로 자본시장에 상장된 개별 자산(주식)은 결국 접점포트폴리오에 포함될 수밖에 없다. 따라서 접점포트폴리오에는 자본시장에서 거래되는 모든 위험자산이 포함되게 된다. 그리고 접점포트폴리오는 각 위험자산을 시장가치비율대로 포함하게 된다. 이러한 의미에서 접점포트폴리오는 곧 시장포트폴리오이며 시장 균형 포트폴리오인 것이다.

그렇지만 자본시장에서 거래되는 모든 위험자산의 수익률을 전부 측정한다는 것은 현실적으로 쉽지 않으므로 주식의 경우 거래되는 주식의 시장가치를 가중평균한 주가지수, 즉 종합주가지수를 시장포트폴리오 수익률의 대용치로 사용한다. 또 현실적으로 시장포트폴리오에 투자하는 방법은 종합주가지수의 성과를 따르는 지수펀드(index fund)에 투자하면 된다.

최고의 위험프리미엄을 추구하는 어떤 투자자가 투자자금 전액을 위험자산에 투자할 경우 그가 선택하는 포트폴리오는 위 (그림 5-1)에서 시장포트폴리오 M이 될 것이다. 하지만, 투자자마다 위험성향과 효용함수가 다르므로 어떤 투자자는 투자자금 중 일부는 무위험자산에 투자(대출)하고 나머지만 포트폴리오 M에 투자할 수 있는데, 이 경우 그의 포트폴리오는 M₁이 될 것이다. 이처럼 R_fM선 위에 위치하는 포트폴리오를 대출포트폴리오라고 하고, 이렇게 위험부담을 줄이기 위해 무위험자산에 일부를 투자하여 총위험을 줄이고 수익률도 그만큼 포기하는 투자자를 대출형(lending type, 저축형) 투자자라고 한다. 무위험자산에 투자한 부분이 정해진 이자율(무위험이자율)로 대출하여 안정적인 이자수익을 창출하는 것과 같기 때문이다. 한편, 위험을 조금 더 감수하더라도 위험자산에 더 투자하여 기대수익률을 높이고 싶은 투자자는 M₂를 그의 포트폴리오로 선택할 수 있는데, 이 경우 투자자금이 부족하므로 일정한 무위험이자율로 자금(투자자금의 50%)을 차입하여 투자자금의 150%를 모두 위험자산인 시장포트폴리오에 투자할 수 있는데, 이처럼 MM₂선 위에 위치하는 포트폴리오를 차입포트폴리오라고 하고, 이렇게 위험부담을 더 하더라도 더 높은 기대수익률을 추구하는 투자자를 차입형(borrowing type) 투자자라고 한다.

포트폴리오의 유형이 대출포트폴리오인지 차입포트폴리오인지는 투자자의 효용함수인 무차별곡선에 의해 정해진다. 무차별곡선이 자본시장선과 만나는 지점이 그 투자자의 최적 포트폴리오가 되기 때문에, 결국 자본시장선 위의 포트폴리오는 모두 효율적 포트폴리오이다.

<제 2 절> 증권시장선과 CAPM

자본시장선은 무위험자산과 시장포트폴리오로 구성된 효율적 포트폴리오로서 위험과 기대수익률이 직선의 관계를 가지고 있음을 보여주며, 효율적 포트폴리오의 위험프리미엄과 균형가격이 어떻게 결정되는지를 보여준다. 다시 말해, 자본시장선의 기울기가 시장에서 결정된 위험(표준편차) 단위당 균형 위험프리미엄이 됨을 보여준다. 위 (그림 5-1)에서 효율적 포트폴리오인 M은 역시 효율적 포트폴리오인 M_1에 비해 위험(표준편차)이 더 크므로 기대수익률도 그만큼 더 큼을 알 수 있다.

그러나 A_2와 같이 비효율적 포트폴리오 영역에 있는 포트폴리오들은 자본시장선 위에 존재하는 동일한 기대수익률을 가진 효율적 포트폴리오보다 더 위험(표준편차)이 크다. 또한 포트폴리오 A_2는 동일한 위험을 가진 M보다 기대수익률은 작다. 이와 같이 자본시장선은 비효율적 포트폴리오에 대해선 설명하지 못하는 한계를 지니고 있다. 위험이 다른 여러 포트폴리오의 기대수익률이 같은 이유, 즉 자본시장선이 설명하지 못하는 비효율적 포트폴리오와 개별자산의 위험과 기대수익률 간의 관계를 설명할 새로운 도구가 필요한데, 그것이 바로 증권시장선이다. 그리고 증권시장선을 도출하는 공식이 자본자산가격결정모형(CAPM)이다.

1. 시장위험의 척도 베타(β)

이미 앞에서 다룬 대로 투자위험은 분산투자를 통해 제거 가능한 기업고유위험, 즉 비체계적 위험과 분산투자를 통해서도 제거 불가능한 시장위험, 즉 체계적 위험으로 나눌 수 있다. 그러므로 완전한 분산투자를 가정하면, 체계적 위험만 남게 된다. 이처럼 증권시장선은 비체계적 위험이 완전히 제거된 상태를 출발점으로 삼는다.

따라서 개별자산이나 어떤 포트폴리오에 투자한 투자자는 그 개별자산이나 포트폴리오를 구성하는 자산들의 체계적 위험, 곧 시장위험에 대한 보상만 고려하면 된다. 다시 말해, 투자자는 시장에 존재하는 모든 자산에 투자하는 경우가 아니고, 그 일부에만 투자하는 경우이므로, 시장 전체의 위험에서 그 일부에 해당하는 위험에 대한 보상만 요구하게 되는데, 해당 개별자산이나 포트폴리오를 구성하는 자산들만의 시장위험은 시장포트폴리오의 수익률이 변동할 때 해당 개별자산이나 포트폴리오를 구성하는 자산들의 수익률이 어느 정도 민감하게 반응하는지를 확인하는 방법, 즉 시장위험프리미엄에 대한 민감도를 측정하는 방법으로 산출할 수 있다.

이때 사용되는 시장위험의 척도가 베타(β)인데, 다음과 같이 개별자산 i의 수익률과 시장포트폴리오 수익률 간의 공분산을 시장포트폴리오 수익률의 분산으로 나누면 산출된다. β는 시장포트폴리오 수익률의 변동에 대해 개별자산 i의 수익률이 어떻게 변동하는지 그 민감도를 나타내는 것이다.

$$\circ \quad \beta_i = \text{Cov}(r_i, r_M) / \sigma^2_M \qquad\qquad (5\text{-}3)$$

베타가 큰 자산일수록 상대적으로 시장위험이 크기 때문에 그렇지 않은 자산에 비해 기대수익률의 변동성이 크다. 개별 자산 i의 수익률과 시장포트폴리오 수익률 간의 공분산은 자산 i의 시장위험을 의미하게 되므로, 베타는 결국 자산 i의 시장위험이 시장포트폴리오 위험에서 차지하는 공헌도로 보아도 된다.

베타는 다음과 같은 특성을 가지고 있다.

첫째로, 무위험자산의 베타는 0이다. 시장포트폴리오의 수익률이 아무리 변동해도 무위험자산의 수익률은 변동하지 않기 때문이다. 다시 말해, 무위험자산의 수익률과 다른 자산이나 어떤 포트폴리오 수익률과의 공분산은 언제나 0이기 때문이다.

둘째로, 두 자산 (1)과 (2)로 구성된 포트폴리오의 베타 β_p는 포트폴리오를 구성하는 두 자산의 베타를 투자비중에 따라 가중평균한 값이다. 자산 (1)의 비중을 w_1, 자산 (2)의 비중을 w_2라고 하면, β_p는 다음과 같은 식으로 표시할 수 있다.

$$\circ \quad \beta_p = w_1\beta_1 + w_2\beta_2 \qquad\qquad (5\text{-}4)$$

따라서, 어떤 투자자가 β_p=0.6인 주식과 무위험자산에 분산 투자하려고 하나, β_p=0.3 정도의 시장위험만 부담하고 싶을 때는 무위험자산 투자비중을 다음과 같이 조절하면 된다.

○ β_p = (50%×0) + (50%×0.6) = 0.3

마지막으로, 시장포트폴리오의 베타 β_M은 언제나 1이다. 왜냐하면, 시장에 존재하는 모든 개별자산의 베타를 시가총액 비율로 가중평균한 값이기 때문이다. 또한 시장포트폴리오 수익률의 변동에 대한 그 자체의 변동의 민감도는 1일 수밖에 없기 때문이다.

2. 증권특성선과 시장모형

한편, 개별자산의 베타(β)는 시장포트폴리오의 체계적 위험 1을 기준으로 하여 상대적으로 비교한 개별자산의 체계적 위험을 의미하기 때문에, 만일 베타가 0.5라면 시장위험프리미엄으로 시장수익률이 2% 오를 때 해당 개별자산의 수익률은 1% 오른다는 의미가 된다. (그림 5-2)의 직선은 시장포트폴리오의 수익률과 개별자산 수익률의 변화를 X축과 Y축으로 하여 구한 것이고, 이 직선의 기울기가 베타(β)에 해당된다.

사실 (그림 5-2)는 개별자산의 수익률을 시장포트폴리오의 수익률에 대하여 회귀분석(regression analysis)한 결과인데, 개별자산의 특성에 따라 절편값과 기울기가 각기 달라진다. 이때 기울기가 1보다 크면 공격적 자산, 1에 가까우면 중립적 자산, 1보다 작으면 방어적 자산으로 분류된다. 이처럼 개별자산의 기울기와 절편값이 해당 자산의 특성을 잘 보여주기 때문에 (그림 5-2)의 회귀선을 증권특성선이라고 부른다.

(그림 5-2) 증권특성선

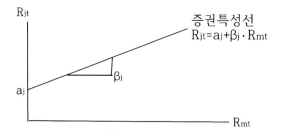

증권특성선을 산출하는 모형을 시장모형(market model)이라고 하는데, 개별자산의 수익률은 시장포트폴리오의 수익률과 체계적인 관계를 가지며, 개별자산의 수익률에 영향을 미치는 요인은 오로지 시장포트폴리오의 수익률이라는 하나의 요인만 존재한다고 전제하기 때문에 시장모형을 단일요인모형(single factor model)이라고도 한다. 또한 시장포트폴리오의 수익률은 현실적으로 구하기가 쉽지 않아 종합주가지수와 같은 주가지수를 대용치로 활용하기 때문에 단일지수모형(single index model)이라고도 한다.

시장포트폴리오의 기대수익률과 개별자산의 기대수익률은 선형관계이며, 시장모형을 식으로 표시하면 다음과 같다.

$$\circ\ E(R_i) = \alpha_j + \beta_j E(R_M) \qquad\qquad (5\text{-}5)$$

3. CAPM과 증권시장선

증권시장선을 도출하는 자본자산가격결정모형(CAPM)은 무위험자산과 위험자산이 공존하는 자본시장에서 비체계적 위험을 고려하지 않고 오로지 체계적 위험, 즉 시장위험에 대한 프리미엄만 고려하되, 시장위험프리미엄에 대한 민감도(β)로 개별자산이나 어떤 포트폴리오의 위험프리미엄을 산출한다고 이미 앞에서 언급하였다. 따라서 CAPM은 개별자산이나 어떤 포트폴리오의 기대수익률과 베타(β)가 선형관계임을 다음과 같이 보여준다.

$$\circ\ E(r_i) = r_f + [E(r_M)-r_f]\beta_i \qquad\qquad (5\text{-}6)$$

위 식에서 시장포트폴리오의 위험프리미엄은 $[E(r_M)-r_f]$이고, 개별자산이나 어떤 포트폴리오의 위험프리미엄은 $[E(r_i)-r_f]$, 즉 $[E(r_M)-r_f]\beta_i$임을 알 수 있다. r_f는 무위험자산 수익률인데, 시장포트폴리오의 전체 기대수익률에서 무위험자산수익률만큼 차감한 수익률이 시장위험프리미엄(market risk premium)이라 할 수 있고, 개별자산이나 어떤 포트폴리오의 위험프리미엄 역시 전체 기대수익률에서 무위험자산수익률만큼 차감한 것이 된다.

또 베타가 큰 자산일수록 기대수익률이 높아지는 것은 개별자산이나 어떤 포트폴리오에 속한 시장위험이 클수록 그 자산을 보유함으로써 감당해야 하는 시장위험에 대한 보상 요구가 그만큼 더 커지기 때문이다. 위험에 대한 적절한 보상이 없다면 위험회피적인 투자자들은 위험이 큰 자산에 대한 투자에 소극적일 것이다. 결국, CAPM은 자산의 베타가 증가하면 개별 자산이나 어떤 포트폴리오의 기대수익률은 시장위험프리미엄과 베타를 곱한 값만큼 추가적으로 보상되어야 함을 설명해 준다.

한편, CAPM을 기대수익률-베타 평면에 나타내면, (그림 5-3)과 같이 증권시장선(SML: Security Market Line)을 도출하게 된다.

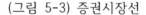

(그림 5-3) 증권시장선

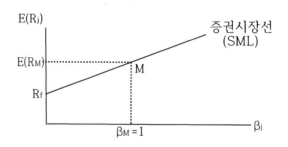

이제 위 내용을 조금 쉽게 설명해 보려고 한다. 자본시장에 존재하는 모든 자산에 투자하되, 각 자산의 시장가치에 비례하는 가치가중 방식으로 분산 투자하여 비체계적 위험, 즉 기업 고유위험을 완전히 제거했다고 가정해 보자. 그러면 결국 체계적 위험, 즉 시장위험만 남는다. 그 결과 시장 전체의 수익률은 다음과 같은 식이 된다.

o 시장전체수익률 = 무위험자산수익률 + 시장위험프리미엄
∴ 시장위험프리미엄 = 시장전체수익률 - 무위험자산수익률
시장위험프리미엄 = $E(R_M) - R_f$

그렇지만, 각 개별 자산의 위험프리미엄, 즉 체계적 위험에 대한 보상은 시장위험프리미엄과 일치되기는 어려울 것이다. 시장위험에 크게 공헌한 기업도 있고, 작게 공헌한 기업도 있을 것이기 때문이다. 각 기업의 체계

적 위험을 가중평균한 것이 결국 시장위험이 될 것이기 때문이다. 따라서 각 기업의 투자자들은 다양한 수준의 시장위험을 부담할 것이고, 그에 대응하는 수준의 위험프리미엄을 요구할 것이나, 0일 수는 없을 것이다. 왜냐하면 위험프리미엄이 0이면 결국 무위험자산처럼 무위험자산수익률만 남게 되기 때문이다. 따라서, 각 개별 위험자산의 위험프리미엄은 최소한 0보다는 크게 된다. 다음 산식과 같이 시장위험프리미엄에 대한 민감도로 각 개별 위험자산의 위험프리미엄을 산출할 수 있다. 민감도가 1일 때는 시장위험프리미엄과 같게 된다.

ㅇ 자산 i의 기대수익률=무위험자산수익률+시장위험프리미엄×민감도
  자산 i의 기대수익률-무위험자산수익률=<u>시장위험프리미엄×민감도</u>
  $R_i - R_f$ = 자산 A의 위험프리미엄
  $= [E(R_M) - R_f] \beta_A$

예를 들어, A 주식 60억과 B 주식 40억으로만 구성된 시장이라고 가정해 보자. 무위험수익률이 2%이고, 시장수익률이 12%이며, 시장위험프리미엄에 대한 민감도는 A 주식이 0.8, B 주식이 1.3이라고 할 때, 위 산식으로 A와 B 주식의 개별 기대수익률을 산출해 보면 다음과 같다.

ㅇ A 주식의 기대수익률 = 2% + (12% - 2%) × 0.8 = 10%
ㅇ B 주식의 기대수익률 = 2% + (12% - 2%) × 1.3 = 15%

(그림 5-4) 자산의 기대수익률과 위험프리미엄

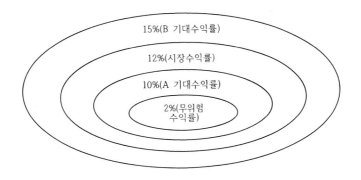

위 (그림 5-4)는 위 내용을 그림으로 나타내어 본 것이다.

4. CAPM의 의의와 문제점

마코위츠가 전개한 포트폴리오이론의 단점은 자본시장이 위험자산만으로 구성되었다는 가정이었다. 그런 단점을 보완하여 자본시장에는 무위험자산과 위험자산이 공존한다고 전제하고, 총위험을 최소화하기 위해 모든 위험자산으로 구성되는 시장포트폴리오와 무위험자산수익률을 연결한 포트폴리오를 통하여 효율적인 포트폴리오의 균형가격결정식을 제시해 준 것이 자본시장선이었다.

하지만, 여전히 해결되지 않는 문제는 비효율적인 포트폴리오와 개별자산의 균형가격에 대한 설명이 없다는 것이었다. 그렇지만, 자본자산가격결정모형, 즉 CAPM은 분산투자로 제거되지 않는 체계적 위험에 대한 보상만 고려하기 때문에, 시장포트폴리오처럼 모든 자산에 시장가치 비례로 분산 투자하기는 현실적으로 어렵고, 그래서 실제로는 비체계적 위험이 완전히 제거되지 않아 정도의 차이는 있겠지만 어떤 포트폴리오나 개별자산 투자에 비효율성이 남아 있다 할지라도 비체계적 위험에 대한 보상은 전혀 고려하지 않기 때문에, 오로지 체계적 위험인 시장위험만 동일하면 어떤 포트폴리오나 개별자산의 기대수익률이 동일하게 결정되는 모형이다.

따라서 동일한 기대수익률을 추구하는 어떤 포트폴리오나 개별자산은 비록 비체계적 위험이 서로 다르더라도 체계적 위험만 같으면 어떤 포트폴리오나 개별자산의 체계적 위험의 척도인 베타도 같을 것이므로 베타(β)-기대수익률 평면에 하나의 점으로 표시할 수 있다. 이렇게 만들어진 여러 점들을 연결하면 증권시장선이 되는데, 효율적이든 비효율적이든 상관없이 모든 포트폴리오와 개별자산의 균형가격을 결정하는 모형이 되는 것이다.

결과적으로, CAPM은 모든 포트폴리오와 개별자산의 균형수익률, 즉 어떤 포트폴리오나 개별자산이 부담하게 되는 체계적 위험에 대한 요구수익률을 구할 수 있는 모형이다.

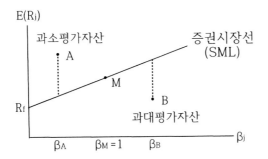

(그림 5-5) 투자자산의 가치평가

한편, 증권시장선을 통해 개별자산의 가치가 시장에서 어떻게 평가되고 있는지 알 수 있다. 위 (그림 5-5)의 자산 A와 같이 개별자산의 기대수익률이 균형수익률, 즉 요구수익률인 증권시장선보다 위쪽에 위치하고 있다면 이 자산은 현재 과소평가된 상태라고 할 수 있다. 그러므로 이 자산은 가격 상승의 여력이 있으므로 매입을 통해 향후 차익거래이익을 추구할 수 있다. 반대로 자산 B와 같이 개별자산의 기대수익률이 균형수익률, 즉 요구수익률인 증권시장선보다 아래에 위치하고 있다면 이 자산은 현재 과대평가된 상태라고 할 수 있다. 이 경우에는 가격 하락을 예상할 수 있으므로 공매(주식을 빌려서 매도하고 주가가 하락했을 때 주식을 사들여 빌린 주식을 갚고 시세차익을 얻는 주식거래 방법)를 함으로써 차익을 실현할 수 있다.

투자자산의 가치평가에서 과소평가인지 과대평가인지 다소 헷갈릴 수 있는데, 예제를 풀어보면 더욱 분명하게 이해할 수 있다.

[예제 1] 무위험이자율은 5%, 시장포트폴리오의 기대수익률은 10%, 베타(β)가 3인 K주식 1주를 소유한 경우, 1년 뒤 주가가 40,000원이고 배당금이 2,000원이라고 예상된다면 K주식의 현재 균형가격은 얼마가 되는가? 그리고 현재 K주식의 가격이 36,200원일 때와 30,000원일 때의 가치평가는 어떻게 되는가?

풀이 CAPM으로 균형기대수익률을 구하면 다음과 같다.

o $E(r_k)$ = 5% + (10%-5%)×3 = 20%

1년 뒤 현금흐름인 주가와 배당금을 합친 금액을 균형기대수익률로 할인하면 현재의 K주식 균형가격을 구할 수 있다.

o 현재의 K 균형가격 = (40,000+2,000)/(1+0.2) = 35,000원

K주식의 현재 주가가 36,200원이라면, 위에서 산출된 균형가격 35,000원보다 크기 때문에 과대평가된 상태가 된다. 이는 기대수익률을 산출하여 비교해 봐도 알 수 있다. 현재 주가 36,200원으로 매수한다면 1년 뒤 기대수익률은 다음과 같게 된다.

o $E(r_k)$ = [(40,000+2,000)/36,200] - 1 = 16%

결국, K주식의 기대수익률 16%는 균형기대수익률 20%보다 작으므로 K주식은 과대평가되어 있는 것이다.

한편, K주식의 현재 주가가 30,000원이라면, 균형가격 35,000원 보다 작기 때문에 과소평가된 상태라고 할 수 있다. 이 역시 현재 주가 30,000원으로 매수할 경우의 1년 뒤 기대수익률로 비교해 볼 수 있다.

o $E(r_k)$ = [(40,000+2,000)/30,000] - 1 = 40%

K주식의 기대수익률 40%는 균형기대수익률 20%보다 크므로 K 주식은 과소평가되어 있는 것이다.

이상에서 공부한 CAPM은 기본내용만 이해하면 의외로 단순하고, 실무에서 사용하기도 편리하다. 그래서 증권분석에서는 투자의사결정을 하는 기준으로도 사용되고, 펀드매니저의 성과를 평가할 때도 활용된다. 또 CAPM으로 측정한 균형수익률은 자본예산을 편성할 때 투자안의 경제성을 평가하는 할인율로도 사용된다.

그렇지만 CAMP은 몇 가지 문제점을 안고 있다.

우선, CAPM은 개별자산의 수익률의 분포가 정규분포라고 가정하는데, 현실적으로 주식회사의 주주는 경영성과에 대해 유한책임이므로 투자수익률이 '-∞'가 될 가능성은 없다. 이런 문제 때문에 일반적으로는 자연 대수인 로그(log)를 취해 로그정규분포(log-normal distribution)를 가정한다. log(x)는 x가 양수인 경우에만 존재하므로 관심 있는 수량이 양수인 경우

에만 로그 정규분포를 적용할 수 있기 때문이다.

두 번째로, CAPM은 시장포트폴리오의 기대수익률과 위험에 대한 정보를 알아야만 다른 포트폴리오나 개별자산의 균형수익률을 구할 수 있다. 그렇지만, 시장에 존재하는 모든 위험자산의 가치가중 비례로 구성되는 시장포트폴리오는 현실적으로 구성 불가능하다. 그래서 대개는 종합주가지수 같은 것을 시장수익률의 대용치로 사용하는 방법을 선택한다.

세 번째로, CAPM은 단일기간모형이므로 다기간인 경우에는 유용성이 떨어진다.

네 번째로, CAPM은 완전자본시장을 가정하지만, 현실적으로는 거래비용이 발생하고 세금도 납부하여야 하며, 물가나 이자율의 변동도 발생한다. 그래서, 이런 가정을 완화시킨 후속 연구가 이어졌다.

마지막으로, CAPM은 시장위험을 개별자산의 가격을 결정짓는 유일한 위험으로 보지만, 현실적으로는 시장위험에 반영되지 않는 위험들도 있고, 기업 특성과 관련된 다양한 요인들로 인한 위험들도 여전히 존재함을 부인할 수 없다. 물론, 이에 대해서는 학계에서 이미 연구를 해왔고, 현재에도 연구가 계속 진행 중이다.

5. 자본시장선(CML)과 증권시장선(SML)의 비교

무위험자산과 위험자산이 공존하는 자본시장을 대상으로 하는 자본시장선(CML)과 증권시장선(SML)을 표로 비교해 보면 다음과 같다.

(표 5-1) 자본시장선과 증권시장선

구 분	자본시장선	증권시장선
선형관계	기대수익률·위험	기대수익률·베타(β)
대상	효율적 포트폴리오	모든 포트폴리오 및 개별자산
위험	총위험(표준편차)	체계적 위험(β)
위험프리미엄	$[(E(R_m)-R_f)/\sigma_m]\sigma_p$	$[E(r_M)-r_f]\beta_i$
관계식	$R_f+[(E(R_m)-R_f)/\sigma_m]\sigma_p$	$r_f + [E(r_M)-r_f]\beta_i$

위 표에서 선형관계는 Y축의 기대수익률은 동일하나 X축만 위험의 정도를 표시하는 '표준편차'와 위험의 척도로서 시장위험프리미엄에 대한 민감도를 의미하는 베타(β)를 사용하는 점이 다르다. 이는 자본시장선은 총위험에 대한 보상을, 증권시장선은 체계적 위험에 대한 보상만 고려하는 차이가 있기 때문이다. 또 자본시장선은 효율적 포트폴리오를, 증권시장선은 모든 포트폴리오와 개별자산을 대상으로 삼는다는 점이 중요한 차이이다.

<연습문제>

(1) 포트폴리오이론과 자본자산가격결정모형에 공통되는 가정은? (   )
 1. 자본시장에는 위험자산뿐만 아니라 무위험자산도 존재한다.
 2. 투자기간은 단일기간이다.
 3. 투자자는 무위험이자율로 차입할 수 있다.
 4. 투자자는 무위험이자율로 대출할 수 있다.

(2) 다음 중 설명이 부적합한 것은? (   )
 1. 무위험자산은 표준편차가 1이다.
 2. 무위험자산과 위험자산의 공분산은 0이다.
 3. 무위험자산과 위험자산의 상관계수는 0이다.
 4. 무위험자산과 마코위츠의 효율적 포트폴리오로 구성된 새로운 포트폴리오는
   무위험자산과 마코위츠의 효율적 포트폴리오의 선형결합 형식이 된다.

(3) 다음 중 베타(β)에 대한 설명으로 부적합한 것은? (   )
 1. 시장 포트폴리오 수익률과 특정 자산 수익률의 공분산을 시장 포트폴리오
   수익률의 분산으로 나누어 산출한다.
 2. 시장위험의 척도이다.   3. 무위험자산의 베타는 0이다.
 4. 시장 포트폴리오의 베타는 -1이다.

(4) 자본시장선에 대한 설명으로 부적합한 것은? (   )
 1. 무위험자산과 위험자산의 투자금액 배분 비율과 투자자의 위험성향에
   따라 위험과 기대수익률의 관계가 수많은 직선으로 표시된 것이
   자본배분선 또는 자본할당선이다.
 2. 자본배분선의 기울기는 위험(표준편차) 1단위를 추가할 때 얼마만큼
   더 수익률을 높일 수 있는지를 나타내는 위험보상비율,
   즉 위험프리미엄을 의미한다.
 3. 자본배분선 중 가장 위험프리미엄이 낮은 위험자산 포트폴리오 지점을
   지나는 선을 자본시장선이라고 한다.

4. 무위험수익률과 연결되어 자본시장선을 만드는 가장 위험프리미엄이 높은
   위험자산 포트폴리오 지점을 접점포트폴리오 또는 시장포트폴리오라고 한다.

(5) 자본시장선과 접점포트폴리오에 대한 설명으로 부적합한 것은? (   )
 1. 자본시장선은 무위험자산과 시장포트폴리오로 구성되는 포트폴리오를
    통하여 효율적인 포트폴리오의 균형가격결정식을 제시해 주기 때문에
    2기금분리정리라고도 불린다.
 2. 모든 투자자는 자본시장선과 만나는 접점포트폴리오만을 이용하려고 할 것
    이므로 결국 접점포트폴리오에는 시장의 모든 위험자산이 포함되게 된다.
 3. 접점포트폴리오는 각 위험자산을 시장가치비율대로 포함하기 때문에
    시장포트폴리오이며 시장 균형 포트폴리오인 것이다.
 4. 모든 위험자산의 수익률을 전부 측정하는 것이 현실적으로 가능함에도
    불구하고 종합주가지수를 시장포트폴리오 수익률의 대용치로 많이
    사용하는 것은 모든 수익률을 계산하는 일이 귀찮기 때문이다.

(6) 무위험자산에 대한 설명으로 부적합한 것은? (   )
 1. 무위험자산 수익률의 표준편차는 항상 0이다.
 2. 무위험자산의 기대수익률과 실제 실현되는 수익률은 항상 다르다.
 3. 무위험자산 수익률과 다른 자산의 수익률의 공분산은 항상 0이다.
 4. 3개월 만기 양도성예금증서(CD)의 이자율을 보통 무위험자산의
    수익률로 사용한다.

(7) 자본시장선에 대한 설명으로 가장 적절하지 않은 것은? (   )
 1. 비효율적 포트폴리오 영역에 있는 포트폴리오들은 자본시장선 위에 존재
    하는 동일한 기대수익률을 가진 효율적 포트폴리오보다 더 위험이 크다.
 2. 자본시장선의 기울기는 시장에서 결정된 위험(표준편차) 단위당 균형
    위험프리미엄이다.
 3. 자본시장선은 효율적 포트폴리오뿐 아니라 비효율적 포트폴리오, 다시 말해
    위험이 다른 여러 포트폴리오의 기대수익률이 같은 이유도 설명해 준다.
 4. 비효율적 포트폴리오 영역에 있는 포트폴리오들은 자본시장선 위에 존재
    하는 동일한 위험을 가진 효율적 포트폴리오보다 더 기대수익률이 작다.

(8) 증권시장선에 대한 설명으로 가장 적절하지 않은 것은? (   )
  1. 증권시장선은 체계적 위험이 완전히 제거된 상태를 출발점으로 삼는다.
  2. 개별자산이나 어떤 포트폴리오에 투자한 투자자는 그 개별자산이나 포트
     폴리오를 구성하는 자산들의 체계적 위험, 곧 시장위험에 대한 보상만
     고려하면 된다.
  3. 특정 개별자산이나 포트폴리오를 구성하는 자산들만의 시장위험은 시장
     포트폴리오의 수익률이 변동할 때 특정 개별자산이나 포트폴리오를
     구성하는 자산들의 수익률이 어느 정도 민감하게 반응하는가에 달렸다.
  4. 특정 개별자산의 시장위험 척도는 베타(β)인데, 특정 개별자산의 수익률
     과 시장포트폴리오 수익률 간의 공분산을 시장포트폴리오 수익률의
     분산으로 나눈 값이다.

(9) 어떤 포트폴리오의 증권시장선을 추정한 결과가 다음과 같다면, 이에
    대한 설명으로 가정 부적절한 것은? (   )
       $$E(R_p) = 0.09 + 0.04(\beta_p)$$
  1. 증권시장선의 기울기는 4%이다.   2. 무위험자산의 수익률은 9%이다.
  3. 시장포트폴리오의 기대수익률은 9%이다.
  4. 시장포트폴리오의 베타보다 큰 베타를 가진 포트폴리오의 기대수익률은
     13%를 초과한다.

(10) 증권시장선을 도출하는 베타(β)에 대한 설명으로 부적합한 것은? (   )
  1. 두 자산으로 구성된 포트폴리오의 베타 β_p는 그 두 자산의 베타를
     투자 비중에 따라 가중평균한 값이다.
  2. 베타가 큰 자산일수록 상대적으로 시장위험이 크기 때문에 그렇지
     않은 자산에 비해 기대수익률의 변동성이 크다.
  3. 무위험자산의 수익률과 어떤 위험자산의 수익률과의 공분산은 언제나
     0인데, 이는 어떤 위험자산의 베타가 항상 0이기 때문이다.
  4. 시장포트폴리오의 베타 β_M은 시장에 존재하는 모든 개별자산의 베타를
     시가총액 비율로 가중평균한 값이기 때문에 언제나 1이다.

(11) 개별자산의 시장위험 척도인 베타(β)에 대한 설명으로 틀린 것은? (   )
  1. 시장포트폴리오의 수익률과 개별자산 수익률의 변화를 X축과 Y축으로
     하여 구한 직선의 기울기가 베타(β)에 해당된다.
  2. 기울기가 1보다 크면 방어적 자산, 1에 가까우면 중립적 자산, 1보다
     작으면 공격적 자산으로 분류된다.
  3. 시장포트폴리오의 수익률과 개별자산 수익률의 변화를 X축과 Y축으로
     하는 좌표평면에서 만들어지는 회귀선을, 개별자산의 기울기와 절편값이
     해당 자산의 특성을 잘 보여주기 때문에 증권특성선이라고 부른다.
  4. 베타가 0.5라면 시장위험프리미엄으로 시장수익률이 2% 오를 때 해당
     개별자산의 수익률은 1% 오른다는 의미가 된다.

(12) 시장모형에 대한 설명으로 부적합한 것은? (   )
  1. 증권시장선을 산출하는 모형을 시장모형이라고 한다.
  2. 개별자산의 수익률은 시장포트폴리오의 수익률과 체계적인 관계를 가진다.
  3. 개별자산의 수익률에 영향을 미치는 요인은 오로지 시장포트폴리오의
     수익률이라는 하나의 요인만 존재한다고 전제하기 때문에 시장모형을
     단일요인모형이라고도 한다.
  4. 현실적으로 구하기 힘든 시장포트폴리오 수익률의 대용치로 주로 종합
     주가지수와 같은 주가지수를 활용하기 때문에 단일지수모형이라고도 한다.

(13) 증권시장선에 대한 설명으로 부적합한 것은? (   )
  1. 개별 자산에 고유한 위험은 자산의 가격에 반영되지 않는다.
  2. 증권시장선보다 위에 위치하는 포트폴리오의 가격은 고평가 상태이다.
  3. 대개 투자자들은 자산의 위험이 클수록 더 큰 기대수익률을 요구한다.
  4. 개별 자산의 기대수익률과 베타는 선형관계이다.

(14) CAPM에서 가정하는 위험에 대한 설명으로 부적합한 것은? (   )
  1. 위험에 대한 적절한 보상이 없다면 위험회피적인 투자자들은 위험이
     큰 자산에 대한 투자에 소극적일 것이다.
  2. 자산의 베타가 증가하면 개별자산의 기대수익률은 시장위험프리미엄과

베타를 곱한 값만큼 추가적으로 보상되어야 한다.
3. 증권시장선은 기대수익률-베타 평면에 직선으로 그려진다.
4. 개별자산의 기대수익률에서 무위험자산 수익률을 차감하면 시장위험 프리미엄이 산출된다.

(15) 베타(β)가 2인 어떤 주식에 대한 설명으로 적합한 것은? (   )
 1. 주식과 시장 포트폴리오의 공분산은 시장 포트폴리오의 분산의 2배이다.
 2. 주식과 시장 포트폴리오의 공분산은 시장 포트폴리오의 표준편차의 2배이다.
 3. 시장 포트폴리오의 분산은 주식과 시장 포트폴리오의 공분산의 2배이다.
 4. 시장 포트폴리오의 표준편차는 주식과 시장 포트폴리오의 공분산의 2배이다.

(16) 다음 중 베타(β)와 관련 있는 위험이라고 할 수 있는 것은? (   )
 1. 경영실적이 부진한 대표이사 해고   2. 환율상승으로 원유 수입비용 증가
 3. 이미 발표되었던 신규 투자 철회   4. 노조파업 장기화

(17) 체계적 위험은 존재하지만, 비체계적 위험은 완전히 제거된 포트폴리오가 있다면, 다음 중 적합한 것은? (   )
 1. 기업고유위험만 남았다는 의미이다.   2. 베타가 0인 포트폴리오이다.
 3. 위험분산효과가 전혀 없는 경우이다.   4. 총위험은 시장위험과 동일하다.

(18) 다음 설명 중 가장 바람직하지 않은 것은? (   )
 1. 자본시장선은 시장포트폴리오와 무위험자산수익률을 연결한 포트폴리오를 통해 효율적인 포트폴리오의 균형가격결정식을 제시해 준다.
 2. 마코위츠가 전개한 포트폴리오이론의 단점은 자본시장이 위험자산만으로 구성되었다는 가정이었다.
 3. CAPM에서는 체계적 위험에 대한 보상만 고려하므로 시장위험만 동일하면 어떤 포트폴리오나 개별자산의 기대수익률이 동일해진다.
 4. 증권특성선은 효율적이든 비효율적이든 상관없이 모든 포트폴리오와 개별자산의 균형가격을 결정하는 모형이 된다.

(19) 무위험이자율은 5%, 시장포트폴리오의 기대수익률은 10%, 베타(β)가 3인 K주식 1주를 소유한 경우, 1년 뒤 주가가 40,000원이고 배당금이 2,000원이라고 예상된다면 K주식의 현재 균형가격은 얼마가 되는가? ( )

  1. 35,000원   2. 30,000원   3. 40,000원   4. 45,000원

풀이 CAPM으로 균형기대수익률을 구하면 다음과 같다.

    ㅇ $E(r_k)$ = 5% + (10%-5%)×3 = 20%

1년 뒤 현금흐름인 주가와 배당금을 합친 금액을 균형기대수익률로 할인하면 현재의 K주식 균형가격을 구할 수 있다.

    ㅇ 현재의 K 균형가격 = (40,000+2,000)/(1+0.2) = 35,000원

(20) 미래 현금흐름을 할인하여 구한 균형가격이 35,000원인 K주식의 주가가 현재 36,200원이라면 가치평가는 어떻게 되는가? ( )

 1. 과소평가 상태   2. 과대평가 상태   3. 알 수 없다.   4. 적정평가 상태

풀이 균형가격보다 크기 때문에 과대평가된 상태가 된다.

(21) CAPM의 문제점이라고 할 수 없는 것은? ( )

 1. 투자수익률이 무한대가 될 가능성이 없음에도 개별자산의 수익률 분포가 정규분포라고 가정한다.

 2. CAPM은 시장포트폴리오의 기대수익률과 위험에 대한 정보를 알아야만 다른 포트폴리오나 개별자산의 균형수익률을 구할 수 있다.

 3. CAPM은 단일기간모형이므로 다기간인 경우에는 유용성이 떨어진다.

 4. CAPM은 기업고유위험을 개별자산의 가격을 결정짓는 유일한 위험으로 본다.

정답 : (1~15) 2, 1, 4, 3, 4 / 2, 3, 1, 3, 3 // 2, 1, 2, 4, 1 /
    (16~21) 2, 4, 4, 1, 2 // 4

제 5 장

차익거래가격결정이론
(APT)

해리 마코위츠(Harry M. Markowitz)가 포트폴리오 선택 이론을 발표한 1952년 이후, 추가적인 연구가 진행되어 잭 트레이너(Jack Treynor), 윌리엄 샤프(William Sharpe) 등이 1960~1970년대에 CAPM을 제시하였고, 1976년에는 스테펀 로스(Stephen A. Ross)가 여러 공통요인들에 의해 자산의 가격이 결정된다는 차익거래가격결정이론(APT: Arbitrage Pricing Theory)을 제기하게 되는데, APT 역시 CAPM처럼 균형가격이론의 하나이다. 하지만 CAPM과는 달리 APT는 수익률이나 효용함수의 형태에 대한 특별한 가정이 없다. CAPM은 현실적으로 구성하기 어려운 시장포트폴리오를 통해 시장위험프리미엄을 산출하여 활용하지만, APT는 시장에 존재하면서 자산의 가격형성에 영향을 미치는 다양한 공통요인들로 말미암아 균형가격이 결정된다고 보고 이론을 전개한다. 따라서, 먼저 요인모형을 살펴볼 필요가 있다.

<제 1 절> 요인모형

요인모형(factor model)이란 모든 자산에 공통적으로 영향을 미치는 하나 또는 둘 이상의 공통요인(위험)의 변동이 개별자산 수익률의 변동을 결정한다는 이론으로 수익률생성모형이라고도 한다. 개별자산의 실제수익률(r_i)이 기대수익률($E(r_i)$)과 다른 것은 위험, 즉 공통요인에 의한 변동 때문이라는 것이다.

○ 실제수익률 = 기대수익률 + 위험에 의한 수익률 변동분
○ 실제수익률 - 기대수익률 = 위험에 의한 수익률 변동분

그런데 위험은 두 가지로 나눌 수 있다. 개별자산 전체에 영향을 미치는 거시적 공통요인, 즉 체계적 위험과 개별기업의 특성으로 인한 위험인 기업특성위험, 즉 비체계적 위험이 그것이다. 이 두 위험에 의한 변동을 포함하여 위 식을 다시 정리해 보면 다음과 같다.

○ $r_i = E(r_i) + \underline{b_{i1}F_1 + b_{i2}F_2 + \cdots + b_{ik}F_k} + e_i$ (6-1)

                         (공통요인에 의한 변동)   (개별기업특성에 의한 변동)

   => r_i : 개별자산 i의 실제수익률

      $E(r_i)$: 공통요인들의 예상치 못한 변동이 모두 0일 때

              개별자산 i의 기대수익률

      b_i : 개별자산 i의 각 공통요인에 대한 민감도(기울기)

      F_1, F_2 … : 각 공통요인들의 예상치 못한 변동

      e_i : 잔차값

1. 요인모형의 가정

요인모형은 크게 세 가지를 가정한다.

첫째로, 공통요인의 예측은 완전하여 오차가 발생하지 않는다고 본다. 따라서 $E(F_k)$ = 0이 성립한다.

둘째로, 시장모형과 동일하게 개별기업에 고유한 특성요인은 없는 것으로 본다. 따라서 $E(e_i)$ = 0이 성립하고, 이에 따라 공통요인과 개별기업특성요인 간 또는 개별기업특성요인들 상호 간에는 상관관계가 없게 된다. (공분산이 0이라는 의미)

마지막으로, 다요인모형일 경우, 공통요인들 상호 간에는 상관관계가 없다고 본다. 즉 $Cov(F_i, F_k)$ = 0이라고 본다.

2. 단일요인모형

단일요인모형(single factor model)은 개별자산의 수익률에 영향을 미치는 요인은 오로지 시장포트폴리오의 수익률뿐이라고 전제하는 시장모형처럼 개별자산의 가격에 공통적인 영향을 미치는 요인이 하나인 경우이다. 만일 공통요인의 변동률이 f라면, 개별자산의 실제수익률과의 선형회귀모형은 다음과 같다.

○ $r_i = a_i + b_i f + e_i$ (6-2)

=> r_i : 개별자산 i의 수익률

a_i : f가 0일 때 개별자산 i의 기대수익률

b_i : 개별자산 i의 f에 대한 민감도

f : 공통요인의 변동률

e_i : 잔차값

위 식의 기댓값인 기대수익률은 다음과 같다.

○ $E(r_i) = E(a_i + b_i f + e_i) = E(a_i) + E(b_i f) + E(e_i) = a_i + b_i E(f) + E(e_i)$

=> $E(r_i) = a_i + b_i E(f)$ (6-3)

※ a_i는 상수항, 요인모형에선 $E(e_i)=0$임을 이미 가정하였음.

위 두 식의 차이, 즉 실제수익률(r_i)에서 기대수익률($E(r_i)$)을 차감한 결과는 다음과 같다.

○ $r_i - E(r_i) = (a_i + b_i f + e_i) - (a_i + b_i E(f)) = b_i[f - E(f)] + e_i$ (6-4)

위 식에서 $f-E(f)$는 공통요인의 실제 변동이 예상치에서 벗어난 정도, 즉 예측오차를 나타낸다. 이를 F라고 하고, 이를 위 식에 대입하면 요인모형을 도출할 수 있다.

○ $r_i - E(r_i) = b_i F + e_i$ ===> $r_i = E(r_i) + b_i F + e_i$ (6-5)

위 요인모형에서 확인할 수 있는 바와 같이 개별자산의 실제수익률과 기대수익률의 차이는 공통요인의 변동이라는 위험과 개별기업의 고유위험으로 인한 것이다.

3. 다요인모형

다요인모형(multi factor model)은 개별자산의 가격결정에 영향을 미치는 공통요인이 2개 이상이라고 보는 경우이다. 이때 다수의 공통요인과 개

별자산의 실제수익률과의 선형회귀모형은 다음과 같다.

○ $r_i = a_i + b_{i1}f_1 + b_{i2}f_2 + \cdots + b_{ik}f_k + e_i$ (6-6)

위 식의 기댓값인 기대수익률은 다음과 같다.

○ $E(r_i) = E(a_i + b_{i1}f_1 + b_{i2}f_2 + \cdots + b_{ik}f_k + e_i)$
     $= E(a_i) + E(b_{i1}f_1) + E(b_{i2}f_2) + \cdots + E(b_{ik}f_k) + E(e_i)$
     $= a_i + E(b_{i1}f_1) + E(b_{i2}f_2) + \cdots + E(b_{ik}f_k) + E(e_i)$
     $= a_i + E(b_{i1}f_1) + E(b_{i2}f_2) + \cdots + E(b_{ik}f_k)$ (6-7)
     ※ a_i는 상수항, 요인모형에선 $E(e_i)=0$임을 이미 가정하였음.

위 두 식의 차이, 즉 실제수익률(r_i)에서 기대수익률($E(r_i)$)을 차감한 결과는 다음과 같다.

○ $r_i - E(r_i) = (a_i + b_{i1}f_1 + b_{i2}f_2 + \cdots + b_{ik}f_k + e_i)$
      $- (a_i + E(b_{i1}f_1) + E(b_{i2}f_2) + \cdots + E(b_{ik}f_k))$
    $= b_{i1}[f_1 - E(f_1)] + b_{i2}[f_2 - E(f_2)] + \cdots + b_{ik}[f_k - E(f_k)] + e_i$
                                    (6-8)

위 식에서 $f_1-E(f_1)$은 공통요인 f_1의 실제 변동이 예상치에서 벗어난 정도를, $f_2-E(f_2)$는 공통요인 f_2의 실제 변동이 예상치에서 벗어난 정도를, $f_k-E(f_k)$는 공통요인 f_k의 실제 변동이 예상치에서 벗어난 정도를, 즉 각 공통요인의 예측오차를 나타낸다. 이를 각각 F_1, F_2, $\cdots F_k$라고 하고, 각각 위 식에 대입하면 다요인모형을 도출할 수 있다.

○ $r_i - E(r_i) = b_{i1}F_1 + b_{i2}F_2 + \cdots + b_{ik}F_k + e_i$
○ $\boldsymbol{r_i = E(r_i) + b_{i1}F_1 + b_{i2}F_2 + \cdots + b_{ik}F_k + e_i}$ (6-9)

위 다요인모형에서 확인할 수 있는 바와 같이 개별자산의 실제수익률과 기대수익률의 차이는 여러 공통요인의 변동이라는 위험과 개별기업의 고유 위험으로 인한 것이다.

<제 2 절> 차익거래가격결정이론

1. 차익거래의 개념

차익거래(arbitrage)는 공간적으로 일물일가의 법칙이 깨질 때 생길 수 있다. 하나의 자산이 두 개 이상의 다른 시장에서 다른 가격으로 동시에 거래되되 그 가격 차이가 최소한 거래비용 이상일 때 발생할 수 있는 거래이다. 즉 가격이 높은 시장에서 자산을 공매(short selling)하고 가격이 낮은 시장에서 같은 수량의 자산을 매수하면 큰 위험 없이 차익을 거둘 수 있는 원리이다.

또한, 시간적으로도 개별자산의 가격 차이를 이용한 공매는 가능하다. 동일 시장에서 어떤 자산을 빌려서 높은 가격에 매도하고 나중에 가격이 하락하면 같은 수량의 동일 자산을 매수하여 되갚으면 그 차익을 얻을 수 있게 된다. 그렇지만 현실적으로 공매도에는 매매수수료와 이자비용이 발생하고 빌린 자산의 상환기간 제한도 있으며 가격이 상승할 경우에는 원금 초과손실도 발생할 수 있다.

더군다나 정보통신기술이 고도로 발달하여 개별자산에 대한 정보의 공유가 빠르고 거래 속도 또한 굉장히 빨라 차익거래 기회는 매우 감소했다고 할 수 있다. 그렇지만 새로운 정보가 매우 빠르게 시장에 반영되고 거래 속도도 초단위로 이루어지며 대량의 거래도 가능한 점을 잘 이용하는 투자자는 오히려 큰 차익을 순식간에 얻는 경우도 있다.

그렇지만 최종적으로 APT의 출발점은 제대로 작동하는 자본시장에서는 차익거래의 기회가 존재할 수 없다는 것이다.

2. APT의 가정

APT는 CAPM보다 완화된 가정에서 출발한다. 거래비용이나 세금이 없고 물가나 이자율의 변동도 없는 완전자본시장, 위험회피적인 투자자들이 미래의 수익률에 대해 동질적인 기대를 가진다고 보는 점, 그리고 자본시장의 균형상태에 대한 가정은 CAPM과 같으나 다음 세 가지는 APT에만 해당되는 가정이다.

(1) 개별자산의 수익률은 선형의 요인모형(linear factor model)에 의해 결정된다. 다시 말해, 개별자산의 수익률을 결정하는 하나 또는 둘 이상의 공통요인이 알려져 있다고 가정한다.

(2) 개별자산의 수는 제한이 없다. 최소한 개별자산의 수는 공통요인의 수보다는 많다고 가정한다.

(3) 무위험자산에 대한 고려를 하지 않는다.

3. 차익(재정)거래 포트폴리오

현재 어떤 포트폴리오 형태로 분산 투자하여 여러 자산을 보유하고 있는 투자자가 그 자산들 중 특정 자산을 매각하고, 그 매각대금 한도 내에서 새로운 다른 자산을 매입하여 추가적인 위험 없이 포트폴리오를 새롭게 구성하는 과정을 차익(재정)거래라고 하며, 그렇게 재구성된 포트폴리오를 차익(재정)거래 포트폴리오라고 한다. 그리고 이런 차익(재정)거래를 통해 발생한 이익이 있다면, 차익(재정)거래이익(arbitrage profits)이라고 한다.

만일 자본시장이 균형상태라면, 추가적인 비용이나 위험 없이 추가적인 이익이 발생할 수는 없다. 다만, 자본시장이 불균형상태일 경우에는 차익(재정)거래 포트폴리오를 통해 일정한 추가 이익을 얻을 수도 있다.

4. APT와 요인포트폴리오

APT는 개별자산의 수익률이 하나 이상의 공통요인에 의해 결정된다고 보기 때문에 분산투자, 즉 포트폴리오 역시 개별자산의 공통요인 민감도를 고려하여 전략적으로 구성하면 같은 수준의 위험에서도 기대수익률이 더 큰 요인포트폴리오 구성이 가능하다고 본다.

만일, 두 개의 공통요인 1과 2가 있고, 개별자산 (가), (나), (다)의 1에 대한 민감도는 각각 -0.3, 2.95, -2.95이고, 2에 대한 민감도는 각각 -1.0, 1.5, 0.5인데, 총 투자금액 10억원을 개별자산 (가)에 6억원(60%), (나)에 4억원(40%)을 분산 투자한다고 가정해 보자.

(표 6-1) 개별자산 (가), (나), (다)의 민감도

개별자산	b_{i1}	b_{i2}
(가)	-0.3	-1.0
(나)	2.95	1.5
(다)	-2.95	0.5

이런 경우에 공통요인 1과 2에 대한 포트폴리오의 민감도는 다음과 같게 된다.

○ b_{p1} = (-0.3×0.6)+(2.95×0.4)+(-2.95×0) = -0.18+1.18 = 1.0   (6-10)

○ b_{p2} = (-1.0×0.6)+(1.5×0.4)+(0.5×0) = 0.6-0.6 = 0

위와 같은 특성을 지닌 개별자산이 무수히 많다면 이들 개별자산에 대한 투자비율을 조정하여 비체계적 위험이 거의 제거된 포트폴리오, 즉 공통요인 1에만 민감한 요인포트폴리오를 구성할 수 있다.

유사한 방법으로 공통요인 2에만 민감한 요인포트폴리오도 구성 가능하다. 투자자가 개별자산 (나)에 5억원(50%), (다)에 5억원(50%)을 분산투자한다고 가정해 보면 아래와 같은 각 요인 민감도를 구할 수 있다.

○ b_{p1} = (-0.3×0)+(2.95×0.5)+(-2.95×0.5) = 1,475-1.475 = 0

$\circ\ b_{p2} = (-1.0 \times 0) + (1.5 \times 0.5) + (0.5 \times 0.5) = 0.75 + 0.25 = 1.0$ (6-11)

위와 같은 방법으로 구성된 두 요인포트폴리오의 수익률을 구하는 식은 다음과 같게 된다.

$\circ\ R_{p1} = a_{p1} + F_1$ (6-12)

$\circ\ R_{p2} = a_{p2} + F_2$ (6-13)

  => R_{p1} = 공통요인 1에만 영향을 받는 요인포트폴리오의 수익률

       R_{p2} = 공통요인 2에만 영향을 받는 요인포트폴리오의 수익률

한편, 각 요인포트폴리오의 기대수익률은 다음과 같이 표현할 수 있다.

  $\circ$ 요인1P의 기대수익률 = 무위험이자율 + 요인1 민감도 프리미엄

  $\circ$ 요인2P의 기대수익률 = 무위험이자율 + 요인2 민감도 프리미엄

다시 설명하자면, 무위험이자율과 각 공통요인 민감도 1단위에 대한 기대수익률 프리미엄을 합한 값이 각 요인포트폴리오의 기대수익률이라고 할 수 있다. 부호를 사용하여 공식화시켜 보면 다음과 같다.

$\circ\ E(R_{p1}) = R_f + \lambda_1$ (6-14)

$\circ\ E(R_{p2}) = R_f + \lambda_2$ (6-15)

그렇지만 개별자산 k의 수익률이 공통요인 1의 영향을 1.4, 공통요인 2의 영향을 0.7의 민감도로 받는다면 다음과 같이 표시할 수 있다.

$\circ\ R_k = a_k + 1.4F_1 + 0.7F_2 + e_k$ (6-16)

만일 10억원의 투자금을 보유한 어떤 투자자가 11억원을 무위험이자율로 차입해 총 21억원을 투자하되, 공통요인 1 포트폴리오에 14억원, 공통

요인 2 포트폴리오에 7억원을 투자하여 새로이 포트폴리오 P를 구성한다면, 포트폴리오 P의 예상 기대수익률은 다음과 같게 된다.

무위험자산	: $-1.1R_f$	$= -1.1R_f$
요인 1 포트폴리오	: $1.4(R_f + \lambda_1)$	$= 1.4R_f + 1.4\lambda_1$
요인 1 포트폴리오	: $0.7(R_f + \lambda_2)$	$= 0.7R_f + 0.7\lambda_2$
	$E(R_p) =$	$R_f + 1.4\lambda_1 + 0.7\lambda_2$

(6-17)

위 식 (6-16)은 개별자산 k의 수익률을 산출하는 식이고, 식 (6-17)은 포트폴리오 P의 기대수익률을 산출하는 식이다. 두 식의 차이는 e_k 뿐이다. 분산 투자(포트폴리오)를 통해 기업고유위험을 제거한 경우와 그렇지 않은 경우의 차이라고 할 수 있다. 만일, 개별자산 k의 기대수익률이 포트폴리오 P의 기대수익률보다 낮다면 포트폴리오 P는 상대적으로 위험수준은 낮고 기대수익률은 높기 때문에 개별자산 k를 공매하고, 그렇게 마련한 자금을 포트폴리오 P에 재투자함으로써 차익을 거둘 수 있다. 따라서 자본시장이 균형상태인 경우에는 포트폴리오 P와 개별자산 k의 기대수익률은 다음과 같이 동일해야 한다.

○ $E(R_k) = R_f + 1.4\lambda_1 + 0.7\lambda_2$ (6-18)

식 (6-18)을 일반화시켜 보면 다음과 같은 공식이 된다.

○ $E(R_k) = R_f + b_{K1}\lambda_1 + b_{K2}\lambda_2$ (6-19)

결국, APT의 개별자산 가격결정방정식은 위 식 (6-19)가 된다. 그리고 이 방정식이 보여주는 것은, 개별자산이나 포트폴리오의 기대수익률이 여러 공통요인에 대한 민감도와 선형관계라는 것이다.

<제 3 절> APT와 CAPM의 비교

APM과 CAPM의 공통점과 차이점을 표로 정리해 보면 다음과 같다.

(표 6-2) APM과 CAPM의 가정 비교

구분	가　　정
공통점	1. 자본시장은 수요와 공급이 일치하는 균형상태 2. 거래비용이나 세금이 없고 물가나 이자율의 변동도 없는 완전자본시장을 가정 3. 투자자는 위험회피적이고, 미래수익률에 대해 동질적인 기대를 가지며, 주식선택 시 최소분산지배의 원리를 적용
CAPM	1. 평균-분산 기준에 따라 포트폴리오를 선택 2. 2차형 투자효용함수와 자산수익률의 정규분포를 가정 3. 자본시장에는 위험자산과 무위험자산이 공존 4. 투자기간은 단일기간 5. 시장포트폴리오를 하나의 공통요인으로 보는 단일요인모형
APT	1. 투자기간은 단일기간이나 다기간 모두 가능 2. 공통요인이 하나 이상이므로 단일요인모형 또는 다요인모형 3. 무위험자산에 대한 고려를 하지 않음

결국, CAPM은 단일요인모형의 하나이므로, 모든 요인모형이 가능한 APT의 입장에서 보면 APT의 특수한 형태의 하나가 CAPM이라고 할 수 있다. 또 APT는 CAPM처럼 수익률의 정규분포라든가 2차형 효용함수라든가 등의 가정이 불필요하고, 투자기간도 제한이 없으며, 무위험자산을 별도로 고려할 필요도 없으므로 CAPM에 비해 나름의 우수성이 있다고 볼 여지도 있다.

다수의 체계적 위험을 고려하는 점도 현실적이고, 관찰이 현실적으로 불가능한 시장포트폴리오를 추정하지 않아도 되는 점도 바람직하며, 소규모

자산집합에도 적용 가능하다는 장점이 있다. 또 비록 자본시장의 균형상태를 가정하긴 하지만, 차익이 발생하는 거래가 가능한 준균형상태도 구현될 수 있음을 부인하지 않는다.

하지만, APT는 공통요인의 객관적인 의미를 알 수 없다. 다시 말해, 공통요인에 대한 경제적 해석이 연구자에 따라 주관적으로 결정되고, 공통요인의 적절한 개수가 몇 개 정도여야 하는지도 알 수 없으며, 공통요인들이 서로 독립적이라고 가정하지만 실제로는 상호 관련성이 있을 수 있다는 단점이 있다.

따라서, 현실적으로는 단일요인모형으로 단순화한 CAPM이 비록 시장포트폴리오를 정확하게 파악할 수 없어 종합주가지수와 같은 대용치를 사용한다 할지라도 더 실무적으로 유용하다고 판단된다.

<연습문제>

(1) APT에 관한 설명으로 적합하지 않은 것은? (   )
 1. CAPM과는 달리 APT는 수익률이나 효용함수의 형태에 대한 특별한
    가정이 없다.
 2. CAPM은 현실적으로 구성하기 어려운 시장포트폴리오를 통해 시장
    위험프리미엄을 산출하여 활용하지만, APT는 시장에 존재하면서
    자산의 가격형성에 영향을 미치는 다양한 공통요인들로 말미암아
    균형가격이 결정된다고 본다.
 3. 여러 공통요인들에 의해 자산가격이 결정된다는 APT(차익거래가격결정
    이론)는 스테펀 로스(Stephen A. Ross)가 1976년에 제기한 이론이다.
 4. APT의 출발점은 제대로 작동하는 자본시장에서는 차익거래의 기회가
    항상 존재한다는 것이다.

(2) 요인모형에 대한 설명으로 부적합한 것은? (   )
 1. 요인모형이란 모든 자산에 공통적으로 영향을 미치는 하나 또는 둘 이상
    의 공통요인의 변동이 개별자산 수익률의 변동을 결정한다는 이론이다.
 2. 공통요인의 변동은 자산의 가격을 움직이는 위험요소가 된다.
 3. 수익률생성모형이라고도 한다.
 4. 개별자산의 실제수익률이 기대수익률과 다른 것은 기업고유위험인
    비체계적 위험의 영향 때문이다.

(3) 요인모형의 가정이라고 볼 수 없는 것은? (   )
 1. 공통요인의 예측은 완전하여 오차가 발생하지 않는다고 본다.
 2. 다요인모형일 경우, 공통요인들 상호 간에는 상관관계가 없다고 본다.
 3. 요인 i와 요인 k의 공분산은 1, 즉 $Cov(F_i, F_k) = 1$이라고 본다.
 4. 시장모형과 동일하게 개별기업에 고유한 특성요인은 없는 것으로 본다.

(4) 요인모형에 대한 설명으로 가장 거리가 먼 것은? (   )
 1. 단일요인모형은 개별자산의 가격에 공통적인 영향을 미치는 요인이

하나인 경우이다.
2. 다요인모형은 개별자산의 가격결정에 영향을 미치는 공통요인이 2개 이상이라고 보는 경우이다.
3. CAPM은 시장위험을 개별자산의 가격에 공통적인 영향을 미치는 유일한 요인으로 보는 일종의 단일요인모형이라고 할 수 있다.
4. 요인모형에서 잔차들의 공분산은 1이라고 가정한다.

(5) 차익거래의 개념에 대한 설명으로 부적합한 것은? (　　)
1. 차익거래는 공간적으로 일물일가의 법칙이 깨질 때 생길 수 있다.
2. 하나의 자산이 두 개 이상의 다른 시장에서 다른 가격으로 동시에 거래되되, 그 가격 차이가 최소한 거래비용 이상일 때 발생할 수 있다.
3. 가격이 낮은 시장에서 자산을 공매(short selling)하고, 가격이 높은 시장에서 같은 수량의 자산을 매수하면 큰 위험 없이 차익 실현이 가능하다.
4. 시간적으로도 개별자산의 가격 차이를 이용한 공매는 가능하다.

(6) 공매도에 대한 설명으로 적절하지 않은 것은? (　　)
1. 동일 시장에서 어떤 자산을 빌려서 높은 가격에 공매도하고 나중에 가격이 하락하면 같은 수량의 동일 자산을 매수하여 되갚으면 그 차익을 얻을 수 있다.
2. 현실적으로 공매도에는 매매수수료와 이자비용이 발생한다.
3. 가격이 상승할 경우, 원금초과손실도 발생할 수 있다.
4. 공매도를 위해 빌린 자산의 상환기간에는 별도의 제한이 없다.

(7) APT의 가정에 대한 설명으로 적합하지 않은 것은? (　　)
1. APT는 CAPM보다 완화된 가정에서 출발한다.
2. 개별자산의 수익률은 선형의 요인모형에 의해 결정된다고 본다.
3. 거래비용이나 세금이 없는 완전자본시장은 현실적으로 없다고 본다.
4. 최소한 개별자산의 수는 공통요인의 수보다는 많다고 가정한다.

(8) 다음 중 차익(재정)거래에 대한 설명으로 부적합한 것은? (　　)

1. 어떤 포트폴리오 형태로 분산 투자해 여러 자산을 보유하고 있는 투자자가 그 자산들 중 특정 자산을 매각하고, 그 매각대금 한도 내에서 새로운 다른 자산을 매입해 추가적인 위험 없이 포트폴리오를 새롭게 구성하는 과정을 차익(재정)거래라고 한다.

2. 차익(재정)거래를 통해 재구성된 포트폴리오를 차익(재정)거래 포트폴리오라고 한다.

3. 차익(재정)거래를 통해 발생한 이익을 차익(재정)거래이익이라고 한다.

4. 추가적인 비용이나 위험 없이 추가적인 이익이 발생하기 위해서는 자본시장이 균형상태여야 한다.

(9) APT에 관한 설명으로 가장 적합하지 않은 것은? (   )

1. APT는 개별자산의 수익률이 하나 이상의 공통요인에 의해 결정된다고 본다.

2. 개별자산의 공통요인 민감도를 고려해 전략적으로 분산 투자하면, 동일 수준의 위험에서도 기대수익률이 더 큰 요인포트폴리오 구성이 가능하다고 본다.

3. 기업고유위험은 분산투자(포트폴리오)를 통해서도 제거할 수 없다고 본다.

4. 각 요인포트폴리오의 기대수익률은 무위험이자율과 각 공통요인 민감도 1단위에 대한 기대수익률 프리미엄을 합한 값이 된다.

(10) APT의 가정으로 맞는 것은? (   )

1. APT에서는 단일기간 투자만 가정한다.

2. 자본시장은 불완전해 세금과 거래비용이 있고, 물가나 이자율도 변한다.

3. 자본시장의 수요와 공급은 항상 변하므로 늘 불균형상태이다.

4. 투자자는 위험회피적이고, 미래수익률에 대해 동질적 기대를 가진다.

(11) APT의 가정이라고 할 수 없는 것은? (   )

1. 다수의 체계적 위험을 고려하는 점은 현실적이다.

2. APT 역시 CAPM처럼 자산수익률의 정규분포를 가정한다.

3. APT에서는 무위험자산을 별도로 고려할 필요가 없다.

4. 관찰이 현실적으로 불가능한 시장포트폴리오를 추정할 필요가 없다.

(12) APT의 단점이라고 볼 수 없는 것은? (   )
 1. 공통요인에 대한 해석이 임의적이고 주관적일 수 있다.
 2. 공통요인의 적절한 개수가 몇 개 정도여야 하는지도 알 수 없다.
 3. 공통요인들 간에 상호관련성이 있을 수 있다.
 4. CAPM보다 실증검증이 용이하지 않다.

(13) APT(차익거래가격결정이론)에 대한 설명 중 부적합한 것은? (   )
 1. ATP에서는 자산의 수익률 분포에 대한 제약이 필요 없으며, 투자자가
    위험회피적이라는 가정도 필요 없다.
 2. APT는 시장포트폴리오를 필요로 하지 않기 때문에 시장에 존재하는
    자산 일부만으로 자산가치평가를 할 수 있다.
 3. ATP에서 위험자산의 기대수익률 결정에 영향을 미치는 체계적 위험은
    하나 이상이다.
 4. ATP와 CAPM은 둘다 자산의 기대수익률과 관련 위험요인이 선형관계
    를 갖고 있다는 것을 보여준다.

정답 : (1~13) 4, 4, 3, 4, 3 / 4, 3, 4, 3, 4 // 2, 4, 1

제 6 장

효율적 자본시장

기업은 일반적으로 자본시장을 통해 필요한 자금을 조달한다. 그러므로 기업의 자금담당은 자본시장의 구조와 그 작동원리를 이해할 필요가 있다. 특별히 자본시장의 효율성과 자본조달 시 기업이 부담하게 되는 자본비용에 대한 지식은 필수적이라고 할 수 있다.

<제 1 절> 효율적 시장가설

자본시장이 효율적으로 작동하려면, 투자자들이 이용 가능한 모든 정보를 최소의 비용으로 그리고 신속하고도 공평하게 전달받아 투자의사결정에 충분히 반영할 수 있어야 하고,(정보의 효율성) 거래비용이나 세금 같은 추가 비용이 없고 가격제한폭 같은 규제도 완화되어 거래가 원활하게 이루어지며,(운영의 효율성) 시장의 제한된 자본이 가장 필요한 곳에 가장 저렴하게 배분될 수 있어야 한다.(배분의 효율성) 이 중에서도 정보의 효율성을 가장 중요하게 여긴다. 그래서 일반적으로는 정보의 효율성이 달성되면 효율적인 자본시장이라고 본다.

정보의 효율성은 증권가격에 영향을 미치는 기업경영 정보, 기업 외부의 시장 정보 등 투자자들에게 마땅히 제공되어야 하는 모든 정보가 특정한 투자자에게만 제공되지 않고 모든 투자자에게 거의 실시간으로 전달될 때 달성될 수 있다. 그렇게 되면, 투자자들은 시장에서 이용가능한 모든 정보를 충분히 분석하여 합리적으로 예측하고 행동할 수 있게 된다. 따라서 정보의 효율성이 달성된 효율적 시장에서는 이용가능한 정보는 이미 현재의 증권가격에 반영된 상태이므로 증권가격의 변동은 오직 새로운 정보의 발생에 의해서만 가능해진다.

그렇지만 현실 세계에서 새로운 정보는 언제 어떤 형태로 나올지 모르므로 증권가격의 변동은 예측 불가능하고, 그 움직임도 술 취한 사람이 걷는 모양과 같아서 무작위적이며, 이러한 불확실성(위험)을 감수하는 대가가 기대수익률에도 반영된다는 주장도 있다.(random walk theory)

(그림 7-1) 정보, 운영, 배분의 효율성

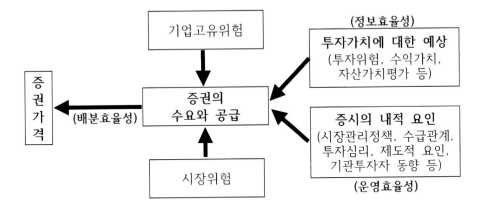

효율적 시장가설(EMH: Efficient Market Hypothesis)은 자본시장에서 기업정보가 그 기업의 증권가격에 미치는 효과를 설명하기 위해 유진 프랜시스 파마(Eugene Francis Fama) 교수가 1970년에 제시한 이론인데, 증권의 가격은 투자자들이 해당 기업에 대해 얻을 수 있는 모든 정보가 빠르게 반영된 결과로서 해당 증권의 진실한 내재가치(intrinsic value)를 의미하기 때문에 시장이 완전히 효율적이라면 그 정보들을 이용하여 장기적으로 시장수익률을 넘어서는 수익률에 도달할 수 없다는 것이다. 다시 말해, 시장가격은 관련된 모든 정보를 반영해 형성되므로 투자자는 해당 증권의 위험에 상응하는 수익(정상수익)만 얻을 수 있을 뿐 비정상수익은 얻을 수 없다는 것이다.

1. 효율적 시장가설의 구분

유진 파마는 투자자가 이용할 수 있는 정보의 범위, 즉 현재의 증권가격, 주로 주식가격에 해당 기업의 정보가 어느 정도 효율적으로 반영되었는가에 따라 효율적 시장가설을 3 종류, 즉 약형, 준강형, 강형 효율적 시장으로 구분하였다.

(그림 7-2) 효율적 시장가설 구조

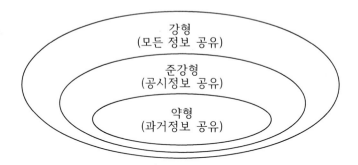

위 그림에서 알 수 있듯이, 약형, 준강형, 강형의 구분 기준은 "얻을 수 있는 정보"의 수준이다.

약형 효율적 시장(weak form of efficient market)은 과거에 실현된 사건에 대한 모든 정보가 현재의 주식가격에 충분히 반영되어 있는 시장을 말한다. 주로 과거 주식가격의 변화행태나 거래량에 관한 것으로써 약형 효율적 시장가설이 성립하는 경우 과거 주가행태를 분석하는 기술적 분석으로는 초과수익을 거둘 수 없다.

준강형 효율적 시장(semi-strong form of efficient market)은 과거에 실현된 모든 정보 외에 해당 기업의 전망과 관련된 정보, 즉 현재 공시되거나 공개된 정보까지 주식가격에 반영되어 있다고 보는 시장이다. 따라서 준강형 효율적 시장가설이 성립하는 경우 과거 정보와 현재 공시된 정보를 분석하는 기본적 분석으로는 초과수익을 얻을 수 없게 된다.

강형 효율적 시장(strong form of efficient market)은 과거 정보와 현재 공시된 정보, 그리고 아직 공개되지 않은 내부정보까지도 모두 현재의 주식가격에 반영된 시장이다. 따라서 강형 효율적 시장가설이 성립하는 경우 내부정보를 가진 소수의 내부자들(inside traders) 조차도 초과수익을 얻을 수 없게 된다. 하지만, 가장 이상적인 효율적 시장이라 할 수 있는 강형 효율적 시장은 현실적으로 존재하기 어려운 형태이다. 그래서 현존하는 자본시장이 강형 효율적 시장임을 주장하는 학자는 거의 없다.

(표 7-1) 효율적 시장가설의 구분

약형	현재의 주가에는 과거의 모든 정보가 반영되었다. => 과거 정보를 통해 시장에서 초과수익 얻는 것은 불가능
준강형	현재의 주가에는 과거의 모든 정보 + 공개적으로 이용 가능한 모든 정보가 반영되었다. => 과거 정보나 공시 정보로 추과수익 얻는 것은 불가능
강형	현재의 주가에는 과거와 현재까지 공개된 모든 정보뿐만 아니라 비공개된 회사 내부 정보까지 완전히 반영되었다. => 내부자만 아는 정보로도 초과수익을 얻는 것은 불가능

2. 효율적 시장가설의 실증분석

(1) 약형 효율적 시장가설의 실증분석

약형 효율적 시장가설에 대한 실증분석은 기본적으로 과거의 주가 움직임에 대한 자료를 이용하는 기술적 분석[4](technical analysis)을 통해 초과수익을 얻을 수 있는지를 검증하는 것이다. 만일 약형 효율적 시장가설이 성립한다면, 주식가격의 변동에 일정한 패턴이나 추세는 없어야 한다. 다시 말해, 주가의 변동이 무작위 형태(random walk)이고, 각각의 시계열 자료들이 독립적이라면 약형 효율적 시장가설이 성립한다는 의미이다.

주가의 변동이 무작위인지 검증하는 방법은 *<연의 검증>(test of runs)*

---

4) 기술적 분석이란 금융자산이 과거에 실제로 보여주었던 가격의 움직임, 수요와 공급의 현황, 기타 시장 상황과 관련된 정보를 활용하여 금융자산의 적정 미래 가치를 단기적으로 예측하는 것이다. 그래프를 이용한 추세분석, 장세분석, 유형분석, 목표치계산과 거래량지표, 가격지표, 회전일수, 공매비율 등과 같은 지표를 이용한 분석 방법이 있다. 또한, 거래성립률, 선도주 점유율, 투자심리선, 지수박스도표 등과 같은 질적 지표도 분석에 활용된다. 과거 자료 위주이므로 객관성이 높고, 단순하여 일반인들도 쉽게 사용할 수 있다는 장점이 있지만, 과거 패턴이 미래에도 반복된다는 보장이 없고, 분석하는 사람의 주관에 따라 분석결과가 달라지는 경우가 많으며, 주가의 변화 자체에만 중점을 두기 때문에 그 원인을 파악하기 어렵다는 단점도 있다.

인데, 주가상승을 (+)로, 주가하락을 (−)로 표시할 때, 현실 자본시장에서 관찰된 결과와 무작위성을 가정한 이론적 부호, 즉 시뮬레이션을 이용한 난수(random number)의 패턴을 비교하여, 둘 간에 유의한 차이가 없다면 주가의 움직임은 랜덤워크모형(random walk model)을 따른다고 할 수 있으므로 약형 효율적 시장가설이 성립한다고 판단하는 것이다.

또, 시계열자료들의 독립성이 존재하는가를 검증하는 방법은 **<시계열상관분석>(serial correlation analysis)**인데, 특정시점의 주식가격과 다른 특정시점의 주식가격 간에 상관관계가 존재하지 않는다면, 주가의 움직임이 랜덤워크모형을 따른다고 할 수 있으므로 약형 효율적 시장가설이 성립한다고 판단할 수 있다.

마지막으로, **<필터링기법>(filtering technique)**으로 검증하는 방법이 있는데, 이는 과거 주가의 변동에 따라 주식을 매매하는 방법이다. 예를 들어 주가가 저점에서 5% 오르면 매수하고, 고점에서 5% 내리면 매도하는 방식으로 주식거래를 실행해 보고, 그 결과를 단순 보유전략과 비교해 보고 판단하는 것이다. 만일 필터기법의 결과가 단순 보유 시의 수익률보다 낮으면, 결국 과거의 주가행태를 이용해 초과수익을 낼 수 없음을 실증하는 것이므로 약형 효율적 시장가설의 성립을 지지하는 결과로 볼 수 있다.

(2) 준강형 효율적 시장가설의 실증분석

준강형 효율적 시장가설에 대한 실증분석은 특정 사건이 특정 기업의 주가에 미치는 영향을 측정하는 **<사건연구>(event study)**를 통해 이루어지는데, 이를 **잔차분석(residual analysis)**이라고도 한다.

준강형 효율적 시장은 공시 정보가 즉각적으로 주가에 반영되므로, 주가변동이나 거래량과 같은 자본시장 관련 자료, 재무제표와 같은 기업 관련 자료, 거시경제정책이나 관련법 개정과 같은 정부 관련 자료 등이 공표되었을 때, 그 전후의 초과수익률(abnormal return) 또는 누적초과수익률(CAR: cumulative abnormal return)을 비교해 보면, 자본시장이 새로운 정보에 효율적으로 반응하는지 아닌지 파악할 수 있다. 만일, 새로운 정보가 공시된 이후에도 초과수익률이 0에 가깝다면 준강형 효율적 시장가설이 성립한다고 볼 수 있다. 다시 말해, 준강형 효율적 시장은 재무제표나, 회계자료, 경영진의 태도 등과 같이 현재 공개된 정보나 데이터를 활용한 기본적 분석[5](fundamental analysis)으로도 초과수익을 얻을 수 없는 시장을 말한다.

(3) 강형 효율적 시장가설의 실증분석

공개되지 않은 내부정보를 이용하는 내부자가 초과수익을 얻고 있는지를 파악하는 것을 쉽지 않다. 내부정보가 비공개이듯 내부자 역시 비공개이고 짐작하기도 어렵기 때문이다. 아마도 뮤추얼펀드 등과 같은 전문투자기관은 내부정보를 미리 접하지 않을까 짐작하여 그들의 투자 성과와 그 외의 투자자들의 성과를 비교하는 실증분석도 시도되고 있으나 자의적이고 불확실한 표본선택이라 큰 의미가 없고, 연구 결과도 다양하여 일반화시키기가 곤란하다.

3. 효율적 시장가설의 특성과 역설

(1) 효율적 시장가설의 특성

약형 효율적 시장가설이 성립하려면 과거의 주가 또는 거래량 변동을 도표로 작성하고 관찰하여 매도 또는 매수 타이밍을 찾는 기술적 분석으로도 초과수익을 거둘 수 없어야 하고, 또 준강형 효율적 시장가설이 성립하려면 공시정보를 활용해 주식의 내재가치를 분석하는 기본적 분석으로도 초

---

5) 기본적 분석이란 금융자산의 가격은 그 자산의 본질적인 내재가치에 의해 정해진다는 관점에서 접근하며, 공시된 정보를 바탕으로 장기적으로 금융자산의 가치를 평가하는 방법이다. 현금흐름분석, 재무자료분석과 같은 양적 분석과 경영자의 능력, 미래의 사업성, 시장에서의 경쟁력 등과 같은 질적 분석으로 나눌 수 있다. 기본적 분석은 해당 기업의 본질적 가치에 따라 투자하는 시장 분위기 형성에 기여하고, 기업의 장기적인 현금흐름을 고려한다는 장점이 있으나, 많은 자료가 필요하고 분석시간도 많이 소요되며 그 절차도 비교적 복잡할 뿐만 아니라 자료의 신뢰성이 낮을 경우에는 분석이 무의미해지는 단점이 있다.

과수익을 거둘 수 없어야 하며, 심지어 내부정보를 포함한 모든 정보가 완전히 주가에 반영되는 강형 효율적 시장가설이 성립하려면 내부자거래를 통해서도 초과수익 달성이 불가능해야 하므로 결국 투자자들은 초과수익을 추구하는 적극적 투자전략보다는 시장의 평균수익률 정도만 추구하면서 평균 수준의 위험만 부담하는 시장포트폴리오를 구성하는 것이 바람직함을 함의하고 있다.

(2) 효율적 시장가설의 역설

아이러니컬하게도, 효율적 시장가설이 지속적으로 성립하기 위해서는 수많은 투자자들이 시장의 효율성을 믿지 않고 적극적으로 그리고 경쟁적으로 기술적 분석이나 기본적 분석을 통해 주가를 평가하고, 적극적인 투자전략을 구사해야 한다는 것이다. 그렇지 않고 모든 투자자가 시장포트폴리오에 근접하는 방식으로 소극적인 투자전략만 구사한다면 시장의 효율성은 사라질 것이며 시장의 증권가격은 해당 기업의 내재가치를 반영할 수 없게 될 것이다. 따라서 결과적으로 효율적 시장가설은 『긍정을 위한 부정』이라는 역설(paradox)을 내포한 가설이라고 할 수 있다.

<제 2 절> 자본시장의 이례적 현상

효율적 시장가설로도 설명할 수 없는 현상들이 자본시장에서 현실적으로 발생하기도 하는데, 이런 현상들을 자본시장의 이례적 현상(anomalies)이라고 한다. 유진 파마에 따르면 자본시장은 효율적이기 때문에 초과이익의 실현이 불가능함에도 불구하고, 현실적으로는 초과이익이 발생하는 몇 가지 경우가 있다는 것이다. 이는 시장이 비효율적이어서 특정 사건이나 정보가 증권가격에 제대로 반영되지 않았음을 말해 준다.

예를 들면, 기업규모효과(firm size effect), 1월 효과(January effect), 주가수익비율 효과(price-earnings ratio effect), 월중효과(momthly effect), 요일효과(weekend effect or the day of the week effect), 소외기업효과(neglected firm effect), 과잉반응(overreaction)과 지연반응(delayed reaction) 등이 그러한 경우에 해당한다.

1. 기업규모효과

<기업규모효과>는 소규모 기업의 주식수익률이 대규모 기업의 주식수익률보다 높게 나타나는 현상을 말한다. 일반적으로 소규모 기업이 대규모 기업보다 위험이 더 크다고 볼 수도 있기 때문에 위험에 대한 보상 차원에서 수익률도 더 높을 수 있다. 하지만 기업규모효과는 소규모 기업의 주식을 보유할 경우 부담하게 되는 체계적 위험에 대한 보상 수준, 즉 위험프리미엄보다 더 높은 수익을 얻는 경우를 의미한다.

2. 1월 효과

<1월 효과>는 1월의 주가수익률이 다른 달에 비해 평균적으로 높게 나타나는 현상을 말한다. 연구 결과에 따르면, 1월의 주요국 주가가 전체 월 평균보다 2% 정도 높게 나타나는데, 특히 선진국보다 개발도상국에서 더 심하다고 한다. 또 기업규모효과가 1월에 더욱 강하게 나타나기 때문에 '1월규모효과'라고도 한다.

이에 대한 원인으로 전문가들은 각종 정부 정책의 1월 발표, 연초의 낙관적인 경제 전망, 주식시장에 대한 투자자들의 새해 기대감 등을 들지만 구체적으로 실증된 바는 없다. 다만, 주식시장의 비효율성에 기인한 결과라고 보는 데는 이의가 없다.

한편, 주로 9월에 결산을 하고 12월에 주주총회를 하는 미국과는 달리 한국에서는 12월에 결산을 하고 이듬해 2~3월에 주주총회를 하는 기업들이 많으므로 3월효과도 존재한다는 실증연구 결과도 있다.

3. 주가수익비율 효과

주가수익비율(PER: price-earnings ratio)이 상대적으로 낮은 주식의 수익률이 주가수익비율이 높은 주식의 수익률보다 위험을 조정한 후에도 평균적으로 높은 현상으로 <PER 효과>라고도 한다.

<주가수익비율 효과>는 산조이 바수(Sanjoy Basu)에 의해 제기되었는데, 그의 실증에 따르면 주가수익비율이 가장 낮은 주식 포트폴리오를 매수하고 주가수익비율이 가장 높은 주식 포트폴리오를 공매할 때 초과수익 실현이 가능했다.

4. 유동성프리미엄 효과

자산의 유동성은 '가격변동을 유발하지 않으면서 얼마나 빨리 거래를 성립시킬 수 있는가의 정도'로 정의된다. 시장에서 거래되는 증권의 유동성이 클수록 쉽게 거래를 할 수 있으므로 투자자들은 유동성이 큰 증권을 선호한다. 유동성이 작은 소형주의 주식은 유동성이 풍부한 대형주에 비해 높은 거래비용이 들게 되므로 추가적인 유동성프리미엄을 요구하게 된다.

5. 월중효과

<월중효과>는 1개월을 반으로 나누었을 때 전반 보름 동안의 수익률이 후반 보름 동안의 수익률보다 높은 현상을 말한다. 하지만, 이 현상을 설명할 수 있는 이론적인 근거를 현재까지는 찾지 못하고 있다.

6. 요일효과

<요일효과>는 금요일에는 평균적으로 양(+)의 수익률이, 월요일에는 평균적으로 음(-)의 수익률이 나타나는 현상을 말한다. 기업들이 주가하락을

막기 위해 부정적인 정보는 주중에 발표하지 않고 미루다가 주말에 발표함으로써 투자자들이 즉각적으로 주식을 매도하지 못해 나타나는 현상으로 보고 있다.

7. 소외기업효과

<소외기업효과>란 펀드매니저나 증권분석가들의 관심이 낮은 기업인 소외기업들의 수익률이 그렇지 않은 기업들의 수익률보다 위험조정 후에도 평균적으로 높게 나타나는 현상을 말한다. 이런 현상이 발생하는 것은 소외기업일수록 정보가 부족하고 이에 대해 투자자들이 추가 프리미엄을 요구하기 때문에 연평균 수익률이 높아진다는 주장(정보부족효과가설)과 소외기업은 관련 주식 정보가 잘 알려지지 않았기 때문에 주가가 과소평가 상태이고 그 결과 수익률이 높게 나타난다는 주장(비효율적 가격결정가설)이 있다.

8. 과잉반응과 지연반응

<과잉반응>(over-reaction)은 자본시장에서 긍정적인 정보(good news)가 공개되면 주가가 단기적으로 급등했다가 다시 정상적인 기대주가 수준으로 수렴되거나, 부정적인 정보(bad news)가 공개되면 주가가 단기적으로 급락했다가 다시 정상적인 기대주가 수준으로 수렴하는 현상을 말한다.
한편, 긍정적인 정보나 부정적인 정보에 즉각적으로 반응하기보다는 서서히 반응하면서 주가가 정상적인 기대주가에 근접해가는 경우를 <지연반응>(delayed reaction)이라고 하는데, 이 또한 이례적 현상의 하나라고 할 수 있다.
다른 한편으론, 투자자들의 과잉반응의 원인은 예상 밖의 정보 공개로 보는 경우도 있다. 예상했던 정보가 공개되면 자본시장은 효율적으로 움직이지만 그렇지 못할 때 과잉반응이 나타난다는 것이다.
결국, 과잉반응이나 지연반응이 발생하게 되면, 그 과정에서 일시적으로 초과이익을 거두는 투자자가 나타나기 때문에 시장의 비효율성을 보여주는 사례라는 것이다.

<제 3 절> 행동재무학

가끔씩 '주가에 거품이 너무 많다' 또는 '부동산가격에 너무 거품이 끼였다'라며 매스콤이 호들갑을 떠는 경우가 발생한다. 주식가격이 언제나 기업의 내재가치를 반영하는 것이 아니라 가끔 내재가치를 넘어 관성적으로 상승하고, 어느 시점에 이르러 투자자들은 주가가 너무 높다고 인식하게 되며, 그 이후에는 급격하게 진정한 가치로 주가가 환원하게 된다는 것이 거품이론(bubble theory)이다. 이 이론을 객관적으로 증명하기는 어렵지만, 경기변동이나 개별기업의 재무상황 변화 등과 같은 다른 요인들이 없는데도 주식이나 부동산 가격이 단기간에 급격하게 변화하는 현상을 설명하기에는 적합한 이론이라고 할 수 있다.

한편, 행동재무학(Behavioral Finance)에서는 위와 같은 현상을 투자자들의 군중심리와 실행비용과 불확실성이 수반되는 차익거래의 어려움, 즉 무위험차익거래가 불가능한 현실에 그 원인이 있다고 본다. 행동재무학은 투자자들이 항상 합리적이라고 보지는 않고 비합리성(irrationality)에 근거해 의사결정을 할 때도 적지 않다고 본다. 다시 말해, 투자자들이 불확실한 상황과 시장의 제약도 존재하는 가운데 이성적 판단을 하기보다는 오히려 비이성적이고 근거 없는 과도한 믿음으로 미래를 지나치게 낙관하는 성향을 갖고 있다는 것이다. 그 결과 주가는 기업의 내재가치를 제대로 반영하지 못하게 되고, 자본시장은 비효율적인 방향으로 흐르게 된다는 것이다. 이에 대한 원인을 행동재무학에서는 다음과 같이 정보처리의 오류와 행동학적 편의 두 가지로 본다.

1. 정보처리의 오류

(1) 예측오류

예측오류(forecasting error)란 사람들이 의사결정을 할 때 사전적인 믿음에 비해 최근의 경험에 지나치게 높은 비중을 두며, 정보가 내포하고 있는 불확실성에 비해 지나치게 극단적인 예측을 하는 경향이 있다는 것이다. 특정 기업에 대한 기대치가 높은 경우 투자자들은 객관적 전망보다 높은 기대치를 갖게 되어 PER가 초기에는 높게 형성된다는 것이다. 그러다가 투자자들이 자신들의 오류를 인지하게 되면 주가도 하락한다는 것이다.

(2) 자기과신

자기 과신(over confidence)이란 사람들이 스스로 하는 예측의 부정확성을 과소평가하며, 자신의 확신이나 능력을 과대평가하는 경향이 있다는 것이다. 그 결과 수동적 투자보다는 능동적 투자가 훨씬 더 많으며, 활발한 거래 활동의 투자성과가 그렇지 않은 경우보다 더 낮은 것으로 확인된다는 것이다. 그리고 여성보다 남성의 거래가 훨씬 더 활발한 것은 심리적으로 남성이 여성보다 훨씬 더 과신에 빠져있기 때문이라고 한다.

(3) 보수주의 경향

보수주의 경향이란 투자자들이 자신의 신념과 다른 새로운 정보가 전달되더라도 쉽게 자신의 신념을 바꾸려고 하지 않는 것인데, 변화가 느린 만큼 주가에도 천천히 반영되는 경향이 있고, 이는 주가가 지속적으로 오르거나 내리는 현상, 즉 수익률에 관성을 만들어내는 원인이 되기도 한다.

(4) 대표성 편향

대표성 편향(representative bias)이란 사람들이 소규모의 표본도 대규모의 표본과 동일하게 모집단에 대한 대표성을 가진다고 보고 쉽게 일반화시키는 경향성이 있다는 것이다. 그 결과 사소한 변화를 전체의 변화로 보거나 작은 근거로 성급히 어떤 패턴을 추론하여 지나치게 먼 미래까지 적용하는 오류를 범한다는 것이다. 일종의 과잉반응인 것이다. 예를 들면, 단기간의 높은 이익 공시를 보고, 먼 미래에까지 계속 그런 추세가 이어질 것처럼 판단하여 매수에 적극적으로 뛰어들게 되어 주가가 오른다는 것이다. 그러다가 투자자들이 초기 오류를 수정하게 되면 가격은 다시 급락한다는 것이다.

2. 행동학적 편의

행동학적 편의(behavioral bias)란 투자자들이 정상적인 정보를 가지게 되더라도 자신이 가진 편의(bias) 때문에 그 정보를 잘 활용하여 합리적인 의사결정을 하지 못하는 경우가 적지 않다는 것이다.

(1) 액자편향

액자편향(framing bias)은 투자안이 설명된 방법에 따라, 즉 어떤 틀(액자)에 담아 투자안을 설명하느냐에 따라 투자자의 선택이 달라지는 것을 말한다. 예를 들어, 같은 투자안이더라도, 투자안에서 이익을 볼 경우를 강조하는 경우의 투자의사결정과 반대로 손해를 볼 때도 있음을 강조하는 경우의 투자의사결정이 달리지는 경향이 있다는 것이다.

(2) 고정관념

고정관념(anchoring effect)이란 불확실한 결과를 예측할 때, 최초 기준점(anchor)을 설정하고, 이를 수정할 때 최초 기준점이 배를 움직이지 못하게 하는 닻(anchor)처럼 최종수치 결정에 영향을 끼친다는 것으로, 처음에 기준점을 설정할 때 가졌던 생각에 사로잡혀 정보를 왜곡하여 받아들이게 된다는 것이다.

(3) 심리회계

심리회계(mental accounting)란 신용카드로 구매할 때 당장 현금이 나가는 것이 아니므로 지출에 대해 상대적으로 덜 부담스럽게 생각하는 것과 같이 이득과 손실을 서로 다른 계정에 두고 각각 따로 다루는 것을 말한다. 동일한 수익률이라고 하더라도 배당소득은 찾아서 사용하는데 거부감이 덜하나, 주식의 일부를 매도하여 사용하는 것은 꺼리는 경우라든가, 하나의 계좌는 고위험 상품에 투자하고, 자녀교육비 등으로 조만간 사용해야하는 돈은 보수적이고 안정적으로 투자하는 경우도 심리회계의 결과라고 할 수 있다.

(4) 후회기피

후회기피(regret avoidance)란 투자자들이 원하지 않았던 부정적인 결과가 나타날 때, 그것이 관행을 벗어난 결정의 결과일수록 더 많이 후회하는 경향이 있기 때문에, 후회하지 않으려고 관행을 벗어나지 않으려는 경향이 있다는 것이다. 예를 들면, 우량주를 매수해 손실이 난 경우 후회보다는 운이 없었다고 생각하고, 잘 모르는 종목을 매수해 손실이 난 경우에는 자신의 결정을 후회하게 된다는 것이다. 따라서 투자자들은 우량주를 선호하거나 잘 모르는 주식을 매수할 때는 그만큼 더 위험프리미엄을 요구하게 되어 기대수익률이 높아진다는 것이다.

(5) 군중심리

군중심리(herd behavior)란 다수의 의견이 소수의 의견보다 더 신뢰할만할 것이라고 생각하여 개별적인 정보보다 대중적인 정보를 따르는 것을 말한다. 다수의 사람이 특정 기업의 주식을 계속 그리고 대량으로 매수하면 아마도 그 투자자들이 그 기업에 대해 잘 알고 있을 것이라고 믿고 덩달아 매수함으로서 그 주가가 특별한 이유 없이 폭등하는 경우가 있다.

(6) 전망이론

전망이론(PT: prospect theory)이란 어떤 결과를 가져다주는 투자안에 대해서도 투자자의 인식에 따라 투자전망이 달라지고, 이러한 전망의 차이에 따라 결과도 달라진다는 것이다.

그래서 전망이론에서는 부의 수준보다는 부의 변화에 더 관심을 갖는다. 다시 말해, 현재 수준에서 부가 더 증가하는가(+), 감소하는가(-)에 따라 위험에 대한 태도도 달라지는데, 대체로 이득(+)의 경우에는 위험회피적 성향을, 손실(-)의 경우에는 위험추구적 성향을 갖게 된다. 이러한 현상을 손실회피(loss aversion)현상이라고 한다. 일례로, 국채 선물 계약의 거래자들은 오전장에서 손실이 발생했을 때 오후장에서 더 큰 위험을 무릅쓰는 것으로 확인된다고 한다. 손실회피현상, 즉 손실일 때 더 위험추구형이 되는 현상은, 이득으로 인한 효용의 증가(즐거움)보다는 동일한 손실에서 오는 효용의 감소(고통)가 더 크기 때문이고, 그 고통을 빨리 만회하고 싶은 욕망이 앞서기 때문이다.

<연습문제>

(1) 다음 중 효율적 자본시장에 대한 설명으로 부적합한 것은? (   )
 1. 자본시장이 효율적으로 작동하려면, 투자자들이 이용 가능한 모든
    정보를 최소의 비용으로 그리고 신속하고도 공평하게 전달받아 투자의사
    결정에 충분히 반영할 수 있어야 한다.
 2. 자본시장이 효율적으로 작동하려면, 거래비용이나 세금 같은 추가 비용
    이 없고 가격제한폭 같은 규제도 완화되어 거래가 원활해져야 한다.
 3. 자본시장이 효율적으로 작동하려면, 시장의 제한된 자본이 가장 필요
    한 곳에 가장 저렴하게 배분될 수 있어야 한다.
 4. 배분의 효율성, 정보의 효율성, 운영의 효율성 중 배분의 효율성이
    자본시장의 효율성에 가장 중요하다.

(2) 자본시장의 효율성에서 말하는 효율성의 종류가 아닌 것은? (   )
 1. 정보의 효율성   2. 노동의 효율성   3. 배분의 효율성   4. 운영의 효율성

(3) 투자자들에게 마땅히 제공되어야 하는 모든 정보가 특정인에게만
    제공되지 않고 모든 투자자에게 거의 실시간으로 전달될 때 달성될
    수 있는 효율성은? (   )
 1. 정보의 효율성   2. 노동의 효율성   3. 배분의 효율성   4. 운영의 효율성

(4) 효율적 시장가설에서 가장 중요하게 여기는 효율성은? (   )
 1. 정보의 효율성   2. 노동의 효율성   3. 배분의 효율성   4. 운영의 효율성

(5) 효율적 시장가설의 구조에 속하지 않는 것은? (   )
 1. 약형 효율적 시장   2. 준약형 효율적 시장
 3. 강형 효율적 시장   4. 준강형 효율적 시장

(6) 다음은 무엇에 대한 설명인가? (   )
 "주가에는 과거의 모든 정보가 반영되었으므로 과거 정보를 통해 시장

에서 초과수익을 얻는 것은 불가능하다."

  1. 약형 효율적 시장   2. 준약형 효율적 시장

  3. 강형 효율적 시장   4. 준강형 효율적 시장

(7) '사건연구'를 통해 실증분석하는 효율적 시장가설은? (   )

 1. 약형 효율적 시장   2. 준약형 효율적 시장

 3. 강형 효율적 시장   4. 준강형 효율적 시장

(8) 약형 효율적 시장가설을 실증분석하는 방법이 아닌 것은? (   )

 1. 연의 검증(test of runs)   2. 시계열(serial) 상관분석

 3. 필터링 기법(filtering technique)   4. 잔차분석

(9) <긍정을 위한 부정>이라는 역설을 내포하고 있다고 비판받는 학설은?

  (   )

 1. 포트폴리오이론   2. 자본자산가격결정모형

 3. 효율적 시장가설   4. 차익거래가격결정이론

(10) 자본시장의 이례적 현상이라고 할 수 없는 것은? (   )

 1. 기업규모 효과   2. 1월 효과   3. 2월 효과   4. 유동성프리미엄 효과

(11) 자본시장의 이례적 현상 중 주가수익비율(PER)이 상대적으로 낮은
주식의 수익률이 주가수익비율이 높은 주식의 수익률보다 위험 조정
후에도 평균적으로 높은 현상을 무엇이라 하는가? (   )

 1. 주가수익비율 효과   2. 월중 효과   3. 요일 효과   4. 소외기업 효과

(12) 긍정적인 정보나 부정적인 정보에 즉각적으로 반응하기보다는 서서히
반응하면서 주가가 정상적인 기대주가에 근접해 가는 현상을 무엇이라
고 하는가? (   )

 1. 전망이론   2. 군중심리   3. 지연반응   4. 과잉반응

(13) 자본시장의 이례적 현상으로 볼 수 없는 것은? (   )
　1. 월중효과　　　2. 요일효과　　　3. 군중심리　　　4. 과잉반응

(14) 주가가 때때로 내재가치를 넘어 관성적으로 상승하고, 어느 시점에
　　이르러 주가가 너무 높다고 인식되며, 그 이후엔 급격히 진정한 가치로
　　가가 환원하는 현상을 행동재무학에서는 무엇이라고 하는가? (   )
　　1. 과잉반응　　　2. 거품이론　　　3. 군중심리　　　4. 전망이론

(15) 행동재무학에서 투자자들의 비합리적 태도의 원인 중 하나라고 보는
　　<정보처리의 오류>가 아닌 것은? (   )
　　1. 고정관념　　　2. 예측오류　　　3. 자기과신　　　4. 보수주의 경향

(16) 행동재무학에서 투자자들의 비합리적 태도의 원인 중 하나라고 보는
　　<행동학적 편의>가 아닌 것은? (   )
　　1. 후회기피　　　2. 심리회계　　　3. 액자편향　　　4. 대표성 편향

(17) 효율적 시장가설에 대한 설명으로 부적합한 것은? (   )
　1. 약형 효율적 시장은 과거에 실현된 사건에 대한 모든 정보가 현재의
　　주식가격에 충분히 반영되어 있는 시장을 말한다.
　2. 준강형 효율적 시장은 과거에 실현된 모든 정보 외에 해당 기업의
　　전망과 관련된 정보, 즉 현재 공시되거나 공개된 정보까지 주식가격에
　　반영되어 있다고 보는 시장이다.
　3. 강형 효율적 시장은 과거 정보와 현재 공시된 정보, 그리고 아직 공개
　　되지 않은 내부정보까지도 모두 현재의 주식가격에 반영된 시장이다.
　4. 현존하는 자본시장이 강형 효율적 시장임을 주장하는 학자도 적지 않다.

(18) 기술적 분석에 대한 설명으로 부적합한 것은? (   )
　1. 강형 효율적 시장가설에 대한 실증분석 방법이다.
　2. 금융자산이 과거에 실제로 보여주었던 가격의 움직임, 수요와 공급의
　　현황, 기타 시장 상황과 관련된 정보를 활용해 금융자산의 적정 미래가치

를 단기적으로 예측하는 것이다.

3. 과거 자료 위주이므로 객관성이 높고, 단순하여 일반인들도 쉽게 사용할 수 있다는 장점이 있다.

4. 과거 자료를 분석하는 사람의 주관에 따라 분석결과가 달라지는 경우가 많으며, 주가의 변화 자체에만 중점을 두기 때문에 그 원인을 파악하기 어렵다는 단점도 있다.

(19) 약형 효율적 시장가설에 대한 다음 설명 중 적절하지 않은 것은? (   )

1. 약형 효율적 시장가설이 성립한다면, 주식가격의 변동에 일정한 패턴이나 추세는 없어야 한다.

2. 주가의 변동이 무작위 형태(random walk)이면 약형 효율적 시장가설이 성립한다는 의미이다.

3. 각각의 시계열자료들이 독립적이라면 약형 효율적 시장가설이 성립한다는 의미이다.

4. 약형 효율적 시장가설을 검증하는 방법에는 연의 검증(test of runs), 시계열 상관분석, 잔차분석 등이 있다.

(20) 다음 중 준강형 효율적 시장가설의 실증분석과 무관한 것은? (   )

  1. 사건연구   2. 잔차분석   3. 기본적 분석   4. 기술적 분석

(21) 행동재무학에서 말하는 정보처리의 오류 중 무엇에 대한 설명인가? (   )

  "소규모의 표본도 대규모의 표본과 동일하게 모집단에 대한 대표성을 가진다고 보고 쉽게 일반화시키는 경향성"

  1. 대표성 편향   2. 자기과신   3. 보수주의 경향   4. 예측오류

(22) 행동재무학에서 말하는 행동학적 편의에 속하지 않는 것은? (   )

  1. 고정관념   2. 군중심리   3. 전망이론   4. 자기과신

정답 : (1~15) 4, 2, 1, 1, 2 / 1, 4, 4, 3, 3 // 1, 3, 3, 2, 1 /
　　　(16~22) 4, 4, 1, 4, 4 // 1, 4

제 7 장

자본비용과 자본구조

<제 1 절> 자본조달의 비용

1. 자본비용의 의미

기업 경영은 유동자산과 비유동자산을 잘 운용하여 이익을 남기고, 이 자산의 원천인 부채와 자본, 즉 기업이 필요로 하는 자본을 타인자본과 자기자본의 형식으로 제 때에 잘 조달하는 과정이라고 할 수 있다. 하지만, 자본조달에는 그만한 대가를 지불해야 한다. 자본조달을 위하여 기업이 자본 제공자에게 지불하는 비용을 자본비용(cost of capital)이라고 하는데, 투자자 입장에서는 투자금액에 대해 요구하는 최소한의 수익률이라고 할 수 있다.

(그림 8-1) 기업자본의 조달, 운용, 비용

운용	조달	요구수익률 (비용)	
유동자산	부채 (채권·차입금)	타인자본비용	가중평균 자본비용 (WACC)
비유동자산	자본 (주식)	자기자본비용	

크게 타인자본의 대여자인 채권자에게는 이자를 지급하고, 자기자본의 투자자인 주주들에게는 배당 지급과 주가 상승을 통한 차익 실현의 기회를 제공한다. 한편, 자본비용은 그 자본을 우리 기업에 투자하지 않고 다른 곳에 투입하여 운용하였을 때 기대되는 이익, 즉 기회비용으로 측정하기도 한다. 쉽게 말해, 자본 사용에 대한 대가를 자본비용이라고 정의할 수 있다. 이를 투자자 관점에서 보면, 투자에 대한 요구수익률(required return of rate)이라고 표현할 수 있다. 이외에도 자본비용은 그 용도에 따라 자본환원율(capitalization rate), 적정할인율(pertinent discount rate) 등으

로도 불릴 때가 있다.

o 자본환원율: 미래추정이익을 현재가치로 전환하는 할인율.
   (주로 상업용부동산이나 비상장기업의 수익가치 산정 시 사용)
o 적정할인율: 시장상황 등 현금흐름의 위험을 반영한 할인율

자본비용은 새로운 투자안의 미래 현금흐름을 현재가치로 할인할 때 사용되는 할인율로서 유용하며, 기업의 현재가치를 파악하는 데에도 사용될 수 있으므로 재무관리에서 중요하다.

예를 들어, 기업 K가 매년 W만큼의 현금을 창출하고, 기업의 특성상 영구히 존속 가능한 계속기업이며, 현금흐름의 현재가치를 구하기 위한 할인율이 r이라고 한다면, K의 기업가치는 영구연금의 현재가치를 산출하는 방법으로 구할 수 있다.

o 기업 K의 현재가치(PV) = W / r   (8-1)

식 (8-1)의 r이 곧 기업의 자본비용이 되는데, 이 r이 작을수록 기업가치는 커지고, r이 클수록 기업가치는 작아진다. 이 r은 기업이 자기자본과 타인자본을 사용하는 경우, 당연히 이 두 자본의 사용 대가를 반영한 기업 전체의 자본비용일 것이다. 또한, 이 자본비용은 타인자본의 자본비용과 자기자본의 자본비용을 각 자본의 비중만큼 반영하여 기업 전체의 자본비용을 산출하므로 가중평균자본비용(WACC: weighted average cost of capital)이라고 한다.

2. 자기자본비용

이자율로 확정적으로 정해지는 타인자본비용과는 달리, 자기자본비용은 주주들이 자신이 투자한 자본에 대한 대가로서 요구하는 수익률이므로 추정을 해야 한다. 가장 보편적으로 사용되는 추정 방법은 제 5 장에서 공부한 자본자산가격결정모형(CAPM)을 이용하는 방법이다.

○ $E(r_i) = r_f + [E(r_M) - r_f]\beta_i$ (8-2)

해당되는 개별주식의 시장위험프리미엄에 대한 민감도(β_i)만 안다면, 식 (8-2)의 증권시장선(SML)에서 기대수익률을 찾을 수 있는데, 이 기대수익률은 현재 시점의 자본비용이라고 할 수 있다. 왜냐하면, 증권시장선은 미래의 기대수익률(Y축)과 체계적 위험(X축)의 관계를 나타내기 때문이다. CAPM을 이용하여 자기자본비용을 구하기 위해서는 무위험이자율(r_f)과 시장수익률($E(r_M)$)과 시장위험프리미엄에 대한 민감도(β_i)를 알아야 한다.

한편, 자기자본비용을 구하는 다른 방법으로 고든(Gordon)의 배당평가모형이 있다. 만일, 현재의 주식가격이 해당 기업의 현재가치를 잘 반영하고 있다면, 이 주가는 주주에게 지급되는 미래의 현금흐름, 즉 배당들이 적절하게 할인된 결과라고 할 수 있고, 이 경우 할인율은 바로 자기자본비용이 된다.

만일, 올 연말부터 매년 일정하게 배당금(D_1)이 지급되되 영구히 지급될 예정이라면, 영구연금의 현재가치를 구하는 공식으로 해당 기업의 현재 주가(S_0)를 구할 수 있다.

○ $S_0 = D_1 / r$ ===> $r = D_1 / S_0$ (8-3)

위 식 (8-3)에서 할인율 r은 결국 자기자본비용이며, 이는 곧 배당수익률과 일치함을 알 수 있다. 하지만 매년 배당금이 일정한 비율(g)로 증가하되 r보다 작은 규모로 증가한다면, 기업의 현재 주가(S_0)와 할인율 r은 다음과 같은 식으로 표현될 수 있다.

○ $S_0 = D_1 / (r-g)$ ===> $r = (D_1 / S_0) + g$ (8-4)

위 식 (8-4)에서 할인율 r, 곧 자기자본비용은 올 연말에 지급예정인 예상배당금(D_1)을 현재의 주가로 나눈 배당수익률에 성장률(g)을 더한 값이 된다.

[예제 1] ㈜명공 주식의 β(시장프리미엄에 대한 민감도)는 3.0이고, 시장 수익률은 6%이며, 무위험이자율은 2%인 현재 상황에서 주가는 60,000원 이라고 가정하자. 또 ㈜명공은 올 연말 결산일 기준으로 주당 3,000원의 배당금을 지급할 계획이고, 그 후 매년 8%씩 증액된 배당금을 지급할 예 정이다. 이 경우 ㈜명공 주식 1주의 자기자본비용은 얼마인가?

풀이 두 가지 방법(CAPM / 배당평가모형)으로 산출할 수 있다.
① $E(r)$ = 2% + (6%-2%) 3.0 = 14%
② r = (3,000 / 60,000) + 0.08 = 13%

위 [예제 1]을 두 가지 방법으로 풀었을 때 결과가 일치하지 않음을 알 수 있다. 이처럼 자기자본비용은 산출 방법에 따라 결과가 다를 수 있다. CAPM은 위험을 고려한다는 점에서 우수하고, 배당과 상관없이 사용 가능 하다는 점이 장점이지만, 시장수익률과 β계수를 정확히 추정하기가 어렵다 는 단점이 있다. 반면, 배당평가모형은 이해가 쉽고 사용 방법이 간단하지 만, 배당이 매년 동일하게 나오거나 일정하게 증가하는 경우에만 사용할 수 있다는 한계가 있다. 그러므로 실무적으로는 두 방법의 장·단점을 고려 하여 자신의 기업에 적합한 방법을 사용하면 된다. 때로는 두 방법을 모두 사용하여 산출한 결과의 평균값을 사용하기도 한다.

지금까지 설명한 내용은 보통주에 대한 자기자본비용 산출 방법에 관한 것이다. 기업에서 발행하는 주식에는 우선주(preference shares)라는 것 도 있다. 우선주는 의결권이 없는 대신 배당을 채권의 이자율처럼 거의 매 년 일정하게 해주는 것, 즉 우선적 배당이 특징이다. 따라서 우선주에 대 한 자기자본비용은 배당평가모형을 적용하면 된다.

3. 타인자본비용

타인자본, 곧 부채의 사용 대가인 이자율은 확정적인 경우도 있기 때문 에 타인자본비용은 계산식을 통해 산출해야 하는 자기자본비용보다 쉽게 알 수 있다. 은행에서 자금을 조달했다면 차입금에 대한 대출이자율이 바로 타인자본비용이 된다.

그렇지만 타인자본은 계약 시점에 따라 약정이자율이 다르다. 자본비용의 산출 목적은 현재 시점에서 해야 하는 의사결정을 위한 것이기 때문에 현재 시점에서 새롭게 타인자본을 조달할 경우 얼마의 자본비용으로 가능한지가 중요하다. 채권의 경우, 채무기업 입장에서의 타인자본비용은 투자자 입장에서는 만기수익률이 되는데, 미래의 현금흐름을 만기수익률로 할인해 주면 현재의 채권가치가 된다. 구하는 식은 다음과 같다.

$$B_0 = \frac{I}{(1+r)} + \frac{I}{(1+r)^2} + \cdots + \frac{I}{(1+r)^n} + \frac{M}{(1+r)^n} \qquad (8\text{-}5)$$

=> B_0 : 채권의 현재시장가치
I : 액면이자
M : 만기에 지급받는 액면금액
r : 할인율

위 식 (8-5)에서 r은 이자지급액과 원금의 현재가치를 채권의 현재시장가치와 일치시켜주는 할인율인데, 투자자의 만기수익률이면서 동시에 채무기업의 타인자본비용이 된다.

[예제 2] ㈜명공은 2년 전에 액면가 100,000원이고 만기가 5년인 회사채를 액면이자율 10%로 발행하였다. 이 회사채가 현재 95,196원에 거래되고 있다면, 현재 시점에서 ㈜명공의 타인자본비용은 얼마인가?

풀이 위 식 (8-5)를 활용하여 풀어보면, 다음과 같다. (단, 만기는 5년 중 2년이 경과하였으므로 남은 만기는 3년이 된다.)

ㅇ 95,196 = [10,000/(1+r)] + [10,000/(1+r)^2] + [110,000/(1+r)^3]

위 식을 풀면, r은 약 0.12가 된다. 따라서 타인자본비용은 12%이다.

한편, 영구채권이라면 타인자본비용은 다음과 같이 영구연금의 현재가치를 구하는 공식을 활용하여 산출할 수 있다.

$$B_0 = I / r \quad ===> \quad r = I / B_0 \tag{8-6}$$

만일, 위 [예제 2]의 채권이 영구채권이라면, r = 0.105(=10,000/95,196)가 되어 타인자본비용은 10.5%가 된다.

하지만, 타인자본비용이 이자율인 경우 기업회계에 이자비용으로 반영되고 법인세법상 손금으로 인정되므로 그에 해당되는 법인세율만큼 절세효과가 발생한다. 이를 반영하게 되면 타인자본비용은 다음과 같이 감소한다.

$$\circ \ \text{세후 타인자본비용} = r \times (1-t) \tag{8-7}$$
$$=> r : \text{법인세율 반영 전 이자율}$$
$$t : \text{법인세율}$$

따라서 법인세율이 25%라고 하면, 위 [예제 2]의 액면이자율 10%에 대한 실질적인 이자지급액은 절세효과로 인해 매년 7500원으로 줄어든다.

$$\circ \ 0.1 \times (1-0.25) = 0.075 \tag{8-8}$$
$$=> 100{,}000원 \times 0.075 = 7{,}500원$$

4. 가중평균자본비용

각 원천별 자본비용(부채, 우선주, 보통주 등)이 산출되면, 이 비용을 각 자본의 시가비중에 따라 가중평균하여 가중평균자본비용(WACC: weighted average cost of capital)을 구할 수 있다.

$$WACC = \frac{D}{(D+E+P)} \times r_D + \frac{E}{(D+E+P)} \times r_E + \frac{P}{(D+E+P)} \times r_P \tag{8-9}$$
$$=> D : \text{타인자본}$$
$$E : \text{자기자본(보통주)}$$

P : 자기자본(우선주: Preference Shares)
r_b : 타인자본비용
r_e : 보통주 자기자본비용
r_p : 우선주 자기자본비용

만일, r_b가 이자율이라면, 이자비용의 법인세(t) 절세효과를 반영하여 r_b 대신에 $r_b×(1-t)$를 곱해야 한다. 그렇게 되면 산출 결과는 세후 가중평균자본비용이 될 것이다.

또 각 자본의 비중을 장부가치가 아닌 시장가치로 반영하는 것은 과거의 정보인 장부가치보다는 현재의 시장가치가 더 현재의 의사결정에 부합하고, 각 원천별 자본비용도 현재의 개념으로 구해졌기 때문이다.

[예제 3] ㈜명공은 ○○은행 차입금 50억원에 대해 매년 10%의 이자를 지급하고 있고, 보통주로만 구성된 자기자본도 50억원이다. 현재 시점에서 보통주의 β(시장프리미엄에 대한 민감도)는 2.0이고, 시장수익률의 대용치인 종합주가지수 수익률은 12%이며, 무위험이자율은 4%라고 할 때, ㈜명공의 가중평균자본비용(WACC)은 얼마인지 세전과 세후로 구분하여 산출하시오. (단, 적용 법인세율은 20%이다.)

풀이 세전 타인자본비용, 세후 타인자본비용, 자기자본비용 순으로 구한 후, 각 결과를 비중에 따라 세전과 세후로 나누어 가중평균하기로 한다.

① 세전 타인자본비용 = 10%
② 세후 타인자본비용 = 10%×(1-0.2) = 8%
③ 자기자본비용 = 4% + (12%-4%)×2.0 = 20%

=> 세전 WACC = 10%×(50억/100억) + 20%×(50억/100억) = 15%
=> 세후 WACC = 8%×(50억/100억) + 20%×(50억/100억) = 14%

5. 자본구조의 중요성과 이론의 전개

자본구조(capital structure)란 기업의 자본조달 원천인 자기자본(우선주, 보통주, 자본잉여금, 이익잉여금)과 타인자본(장기차입금, 회사채)의 구성비율을 말하는데, 그 과정에서 발생하는 자기자본의 조달비용과 타인자본의 조달비용이 서로 다르므로 자본구조가 어떠한가에 따라 기업가치(V)를 평가하는데 필요한 가중평균자본비용(WACC)이 달라지고, 그에 따라 기업가치의 평가결과도 달라지게 된다. 기업가치는 미래현금흐름을 WACC로 할인하여 구하기 때문이다.

ㅇ 기업가치(V) = 미래현금흐름(Cash Flow) / WACC   (8-10)

기업의 재무관리 목표는 기업가치의 극대화이다. 그러므로 자본구조가 기업가치에 영향을 미치는가 아닌가 하는 문제는 기업의 재무관리에서 중요한 관심사가 될 수밖에 없다. 그래서 학자들도 제 조건이 동일하고 단순히 자본조달방법만 달라졌을 때 기업가치가 변화하는지 연구하게 되었던 것이다. 연구 결과는 자본구조의 변화와 기업가치는 관련이 없다고 보는 무관련이론과 자본구조의 변화가 할인율(자본비용)과 기업가치에 영향을 미치고, 그에 따라 최적자본구조(optimal capital structure)가 존재한다고 보는 관련이론으로 나뉜다.

자본구조의 변경이 자본비용과 기업가치에 영향을 준다면, 자본비용을 최소화하는 자본구조, 즉 최적자본구조를 선택하는 것이 기업가치를 극대화하는 방법이 될 수 있을 것이다.

모딜리아니와 밀러(MM: F. Modigliani and M. Miller)가 1958년에 <모딜리아니-밀러 정리>를 발표하기 전까지는 타인자본의 적절한 이용으로 기업의 가치를 높일 수 있으며, 기업의 가치를 극대화하는 최적자본구조가 존재한다고 믿어 왔다. 그러나 MM은 세금을 고려하지 않은 완전자본시장에서는 부채사용의 효과, 즉 자본구조의 변경이 기업가치에 아무런 영향을 주지 않는다는 것을 자가배당6)(Homemade Dividend)을 이용한 무차익원리(No Arbitrage Condition)로 증명하였다.

---

6) 배당이 지급되는 경우에는 그만큼 주가가 하락하고, 이익을 기업 내부에 유보하는 경우에는 그만큼 주가가 상승하므로, 주주들은 배당지급 규모에 관계없이 원하는 만큼의 배당액을 시장에서 주식매각과 매입을 통해 스스로 달성할 수 있는데, 이를 자가배당이라고 한다.

하지만 MM이 1963년에 발표한 자본구조수정이론에서는 법인세 절세효과를 고려하였고, 그러할 경우에는 타인자본의 사용이 많을수록 기업의 가치가 증가함을 실증하였다. 그러다가 밀러는 1977년에 다시 수정 이론을 발표하는데, 개인소득세를 도입했을 때 개인소득세가 법인세 절세효과를 상쇄시켜버린다는 내용이었다.

하지만, MM의 이론들은 비현실적인 가정들이 많아서 비판과 논란의 대상이 되었다. 따라서 그 이후부터는 주로 그 가정들의 현실화에 초점을 맞추는 방향으로 연구가 전개되어 정보비대칭 이론, 대리비용 이론 등과 같은 현대 자본구조이론이 등장하였고, 1973년 옵션가격의 결정을 다루는 블랙-숄즈 모형(Black-Scholes Model)이 등장한 후에는 파생상품을 이용한 기업 자본구조이론도 다양한 형태로 확장되었다.

<제 2 절> MM의 자본구조이론

1. 법인세가 없는 경우

모딜리아니와 밀러는 법인세가 없는 경우 어떤 자본구조를 선택하더라도 기업가치에는 영향을 주지 않음을 주장하였다. 기업가치는 자본조달을 어떻게 하는지에 의해서 결정되는 것이 아니라 어디에 투자하느냐에 따라 달라진다는 것이다.

MM의 자본구조 무관련이론은 기본적으로 완전자본시장을 전제로 하기 때문에 다음과 같은 가정에서 시작된다.

① 자본시장에는 거래비용과 세금이 없다.
② 정보 획득에 비용이 들지 않으며, 누구나 충분한 정보를 근거로 의사결정을 할 수 있다.
③ 투자자는 동질적 기대(homogeneous expectations)를 가진다. 이는 투자자들이 비슷한 정보에 근거하여 동일한 기대수익률, 분산, 공분산을 가진다는 의미이다.

④ 영업위험의 크기를 기준으로 기업을 동일한 할인율이 적용되는 동질적 위험집단(homogeneous risk class)으로 나눌 수 있다.

⑤ 투자자는 무위험이자율로 차입 또는 대출을 무한히 할 수 있고, 차입이자율과 대출이자율은 동일하다. 또한, 개인 투자자든 기업 투자자든 이자율에 차이가 없다.

⑥ 기대영업현금흐름은 매년 동일하며, 모든 현금흐름은 영구연금의 형태를 띤다. (무성장영구현금흐름)

⑦ 자본시장에는 매수자와 매도자가 충분히 많고, 투자자는 가격결정자(price maker)가 아니라 가격추종자(price taker)이다.

⑧ 기업의 총자본은 무위험부채와 자기자본으로 구성된다.

동일한 자산에 대한 가격불일치, 즉 시장의 불균형을 이용하여 추가적인 위험이나 비용 부담 없이 팔고 사는 과정을 통해 차익을 실현하는 것이 차익거래(arbitrage trade or transaction)이다. 그러므로 시장이 균형상태라면 차익거래이익의 실현은 불가능하다.

만일, 두 기업 A와 B의 자본구조가 다음과 같이 다르다고 가정해 보자.

(그림 8-2) 두 기업의 자본구조 비교

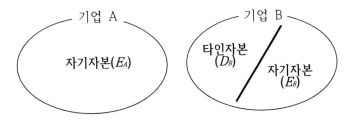

기업 A는 부채가 없고, 순수하게 주식발행을 통해 자본을 조달하였으므로, 기업가치 V_A는 자기자본의 가치 E_A와 같다.($V_A = E_A$) 하지만, 기업 B는 주식과 채권을 발행한 경우로서 기업가치 V_B는 자기자본의 가치 E_B와 타인자본의 가치 D_B의 합과 같다.($V_B = E_B + D_B$)

만일, 다음 표와 같이 위 두 기업의 총자본(자산)이 동일하고 자본구조만 다르다고 가정해 보자.

(표 8-1) 기업 A와 기업 B의 자본구조

구　분	기업 A	기업 B
총자본(자산)	100억	100억
타인자본(부채)	0	40억
자기자본(시장가치=장부가치)	100억	60억
이자율	10%	10%
발행주식 수	200만	120만
주당 시장가치	5,000	5,000

　또, 투자자 K가 A와 B 기업에 각 10억씩 투자하되, 각 증권에 동일한 비율로, 다시 말해, A 기업에는 전액 주식 10%(10억)를 매수하고, B 기업에는 채권에 10%(4억), 주식에 10%(6억)를 매수하는 방식을 취했다면, 그리고 위 두 기업의 올해 영업이익이 20억으로 동일하고, 당기순이익을 전액 주주에게 배당한다면, 두 기업으로부터 얻게 되는 투자수익은 어떨까? (단, 법인세는 없다고 가정하자.)

(표 8-2) 투자액과 투자수익 비교

구　분	기업 A	기업 B
영업이익	20억	20억
이자	0	- 4억
당기순이익	20억	16억
이자율	10%	10%
K의 주식지분	10%	10%
K의 배당수익	2억	1억6천만
K의 이자수익	0	4천만
K의 총투자수익	2억	2억

　결국, 투자자 K가 동일 금액을 자본구조가 다른 두 기업에 같은 비율로 투자하였으나 투자수익은 동일한 것으로 확인된다. 만일, 자본구조가 다른

A 기업과 B 기업의 투자수익이 달랐다면 투자자 K는 투자수익이 높은 기업의 증권을 팔고, 투자수익이 낮은 기업의 증권을 사들임으로써 차익거래(arbitrage transaction)가 가능했을 것이다. 하지만, 효율적으로 작동하는 자본시장에서는 차익거래의 기회가 있을 수 없는데, 이러한 원리를 무차익거래조건(no arbitrage condition)이라고 한다. 이 조건은 경제학의 일물일가의 법칙(law of one price)과 같은 것이다.

위 내용을 차입거래의 각도에서도 검증해 볼 수 있다. 만일, 6억원을 가진 투자자 T가 그 6억원으로 B 주식을 전액 매수하는 투자안 1과 4억원을 채권과 동일한 이자율(10%)로 차입하여 총 10억원으로 A 주식 10억원을 매수하는 투자안 2를 놓고 전략적 선택을 해야 한다고 가정해 보자. 위 〈표 8-2〉에서 알 수 있는 바와 같이 B 주식의 배당금은 1억 6천만원이고, A 주식의 배당금은 2억원이다. 하지만 투자안 2는 차입금 4억원에 대한 이자 4천만원을 차감해야 하므로 결국 두 투자안의 투자수익은 1억 6천만원으로 같아지게 된다. 이 역시 두 거래를 이용하여 차익거래이익을 추구할 수 없음을 보여주고 있다.

투자안 2처럼, 부채가 없는 기업의 주주가 기업 대신 스스로 부채를 창출해도 그 효과는 기업이 부채를 가지는 것과 같음을 알 수 있다. 기업 A의 주주가 개별적으로 부채를 만들면 기업 B의 주주가 되는 것과 동일한 결과에 이름을 알 수 있다. 이처럼 기업이 부채를 만드는 대신 투자자가 자기의 책임으로 만든 부채를 자가제조 레버리지 또는 홈메이드 레버리지(homemade leverage)라고 한다. 물론, 자가제조 레버리지의 성립 조건은 개인도 기업대출의 경우와 동일한 이자율로 차입할 수 있다는 전제이다.

이상에서 설명한 내용들을 정리하면, 다음과 같이 〈MM의 명제 Ⅰ〉(MM Proposition Ⅰ)이 된다.

─────── MM의 명제 Ⅰ ───────

법인세가 없는 완전시장에서 기업의 가치는 기업의 자본구조와는 무관하다. 즉, 영업위험이 같다면, 부채기업의 가치는 무부채기업의 가치와 같다.

투자의사결정의 방향에 따라 영업이익의 수준이 달라지고, 기업의 시장
가치도 달라지지만, 기업의 자본구조는 기업의 시장가치에 영향을 미치지
않음을 알 수 있다. 다시 말해, 주주와 채권자 사이에 이익의 배분이 어떻
게 이루어지든, 총투자수익의 규모에 영향을 미칠 수 없다는 것이다.

또한, 자본구조는 주주의 부에도 영향을 미치지 못한다. 주주가 주식뿐
아니라 채권까지 매수한다면, 부채가 있는 기업의 주주들에게 비용으로 인
식되는 채권의 이자가 주주 자신에게 투자수익으로 되돌아올 경우 비용상
쇄 효과가 발생하는 것이 되기 때문에 결과적으로 주주의 부는 감소하지
않게 되는 것이다. 반대로, 기업은 무부채기업이지만 투자자가 개인적으로
차입을 하여 무부채기업의 주식을 더 구입한다고 하더라도, 그리고 그 결
과 배당을 더 받는다고 하더라도, 개인적으로 차입한 부채에 대한 이자를
차감하고 나면, 부채 없이 투자한 경우와 투자수익이 같게 된다. 결국, 기
업의 부채 유무와 주주의 투자수익과는 아무런 상관이 없음을 알 수 있다.

(그림 8-3) MM의 자본구조와 기업가치

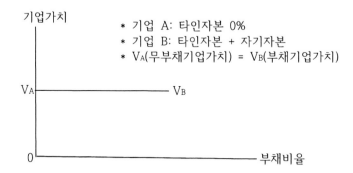

한편, 모딜리아니와 밀러는 MM의 명제 1이 성립할 경우, 자기자본비용
(주식의 기대수익률), 타인자본비용(부채의 기대수익률), 가중평균자본비용
(자산의 기대수익률) 사이에는 어떤 관계가 있는지도 설명하였는데, 이를
MM의 명제 II라고 한다.

(표 8-3) 부채비율과 자본비용

구 분	무부채	부채 1	부채 2	부채 3
자산(총자본)	100억	100억	100억	100억
부채(타인자본)	0	20억	40억	60억
자본(자기자본)	100억	80억	60억	40억
발행주식수	200만	160만	120만	80만
영업이익	20억	20억	20억	20억
총자산이익률	20%	20%	20%	20%
이자	0	- 2억	- 4억	- 6억
타인자본수익률	0%	10%	10%	10%
당기순이익	20억	18억	16억	14억
자기자본수익율	20%	22.5%	26.7%	35%
부채비율	0	25%	66.7%	150%

위 표에서 볼 수 있는 바와 같이 자기자본수익율, 즉 주식의 기대수익률은 부채비율에 비례하여 증가함을 알 수 있다. 이는 부채비율의 증가가 주주에게는 위험의 증가를 의미하기 때문이고, 따라서 위험의 증가에 대한 보상이 주식의 기대수익률에 반영되었기 때문이다. 하지만 비록 타인자본비용이 일정하고 부채의 비중 증가에 따라 자기자본의 비중이 감소한다고 하더라도 자기자본비용이 부채비율에 비례하여 증가하기 때문에 기업 전체의 자본비용인 가중평균자본비용에는 변동이 없음을 알 수 있다.

(그림 8-4) MM의 자본구조와 자본비용

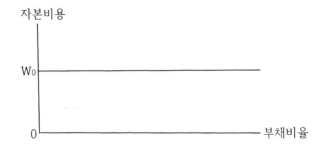

우선주가 없는 경우이므로 위 (표 8-3)을 식으로 표시하면 다음과 같다. (타인자본비용 R_B, 자기자본비용 R_S, 부채 B, 자본 S, 가중평균자본비용 R_A)

○ 무부채 R_A = R_S = 20%
○ 부채 1 R_A = {B/(B+S)}×R_B+{S/(B+S)}×R_S = 0.2×10%+0.8×22.5% = 20%
○ 부채 2 R_A = {B/(B+S)}×R_B+{S/(B+S)}×R_S = 0.4×10%+0.6×26.7% = 20%
○ 부채 3 R_A = {B/(B+S)}×R_B+{S/(B+S)}×R_S = 0.6×10%+0.4×35% = 20%

위 공식을 다시 자기자본비용 중심으로 정리해 보면, 다음과 같이 자기자본비용이 부채비율과 비례관계임을 알 수 있다.

○ R_A = {B/(B+S)}×R_B+{S/(B+S)}×R_S (8-11)
○ R_S = R_A + (B/S)×(R_A-R_B)   (8-12)

위 식 (8-12)에서 R_A와 R_B가 일정하고, 상수 (R_A-R_B)가 0보다 크므로 결국 R_S는 부채비율(B/S)과 비례관계가 된다. 따라서 MM의 명제 Ⅱ는 다음과 같이 표현된다.

───── MM의 명제 Ⅱ ─────

법인세가 없는 완전시장에서 자기자본의 기대수익률은 부채비율에 비례하여 증가한다.

(그림 8-5) MM의 자본구조와 기대수익률

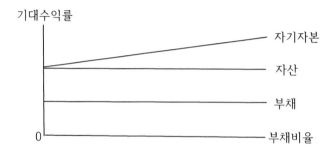

[예제 4] 동일한 위험을 가진 ㈜X와 ㈜Y는 영업현금흐름도 매년 10억원으로 같은데, 다만 차이는 ㈜X는 타인자본 10억원을 연이율 10%로 사용하지만 ㈜Y는 무부채기업이라는 것이다. ㈜Y의 자기자본비용은 20%이다. MM의 모든 가정이 성립하고 법인세가 없다면, ㈜X와 ㈜Y의 기업가치, 자기자본가치, 가중평균자본비용, 자기자본비용을 각각 구하라.

풀이 기업가치는 미래현금흐름의 현재가치이므로, 다음과 같이 영구연금의 현가식으로 구할 수 있다. 또한, MM의 명제 Ⅰ에 따라 자본구조의 차이가 기업가치에 영향을 미치지 않으므로 두 기업의 기업가치는 같다.

ㅇ **㈜Y의 기업가치 = 10억/0.2 = 50억원   =>   ㈜X의 기업가치도 50억원**

㈜Y의 자기자본가치는 기업가치와 같으므로 50억원이 되나, ㈜X의 자기자본가치는 기업가치 50억원에서 타인자본가치 10억원을 차감하면 40억원이 된다.

ㅇ **㈜Y의 자기자본가치 = 50억   /   ㈜X의 자기자본가치 = 40억원**

한편, 무부채기업 ㈜Y의 가중평균자본비용은 자기자본비용과 같으므로 20%이고, MM의 명제 Ⅰ과 Ⅱ에 의하면 가중평균자본비용은 부채비율과 상관없기 때문에 ㈜X의 가중평균자본비용 역시 20%가 되어야 한다.

ㅇ **㈜X와 ㈜Y의 가중평균자본비용 = 20%**

마지막으로, ㈜X의 자기자본비용은 MM의 명제 Ⅱ에서 제시되었던 식 (8-12)를 활용하면 다음과 같이 구할 수 있다. 다만, ㈜Y의 자기자본비용은 이미 문제에 주어졌으므로 별도로 구할 필요가 없다.

ㅇ $R_A = \{B/(B+S)\} \times R_B + \{S/(B+S)\} \times R_S$
   => $R_S = R_A + (B/S) \times (R_A - R_B) = 20\% + (10억/40억)(20\%-10\%) = 22.5\%$
   ∴ **㈜X의 자기자본비용 = 22.5%   /   ㈜Y의 자기자본비용 = 20%**

이상에서 다룬 MM의 명제 Ⅰ과 Ⅱ는 법인세가 없는 경우를 가정한 것이다. 하지만, 현실은 그렇지 않다. 세금도 있고, 대리비용도 발생하며, 심지어 파산비용도 발생하는 경우가 있다. 그러므로 이런 문제들을 고려할 필요가 있다. MM도 세금이 있는 경우를 가정하여 수정이론을 발표하기도 하였는데, 이에 대해서는 다음 항에서 다루기로 한다.

2. 법인세가 있는 경우

법인세(corporate taxes)가 있는 경우, 부채를 사용하면 부채에 대한 이자가 비용으로 처리되어 그만큼 이익이 감소하고, 감소된 이익만큼 법인세를 덜 납부하게 되므로 기업에게 유리하다. 이렇게 부채사용으로 인해 발생하는 세금 감면효과를 이자세금방패(ITS: interest tax shield)라고 한다. 반면, 주주에게 지급하는 배당은 세후 이익에서 지급된다.

위 [예제 4]의 두 기업 ㈜X와 ㈜Y를 예로 들어 표로 정리해 보면 다음과 같게 된다.

(표 8-15) 부채의 세금 감면효과

(단위: 원)

구 분	㈜X	㈜Y
영업이익 이자비용(to 채권자)	10억 1억	10억 0
세전 순이익 법인세(세율 20%)	9억 1억8천만	10억 2억
세후 순이익(to 주주)	7억2천만	8억
총투자수익	8억2천만 (채권자 수익 1억 포함)	8억 (전액 주주 수익)
이자세금방패	2천만	0

만일 ㈜X가 10억원의 부채를 영구히 사용한다면, 미래의 현금흐름인 이자세금방패의 현재가치는 영구연금의 가치를 산출하는 공식으로 다음과 같

이 산출된다.

○ 2천만원 / 0.1 = 2억원

이를 풀어보면, 다음과 같은 식이 도출될 수 있다.

○ PV(ITS) = (부채×연이율×법인세율) / 연이율
           = 부채×법인세율   (8-13)
  * PV(ITS): 이자세금방패의 현재가치

부채를 사용하면 이자세금방패의 현재가치만큼 기업가치가 증가함을 확인할 수 있다. 이에 근거하여 MM은 1963년 자본구조수정이론을 발표하게 된다.

―――――――――― 수정된 MM의 명제 Ⅰ ――――――――――

다른 조건이 동일할 경우, 법인세가 있는 시장에서 부채가 있는 기업 ㈜X는 부채가 없는 기업 ㈜Y보다 이자세금방패의 현재가치만큼 기업가치가 더 크다. 식으로 나타내면 다음과 같다.

○ **㈜X의 기업가치 = ㈜Y의 기업가치 + (부채×법인세율)**

(그림 8-6) 법인세가 있는 경우 자본구조와 기업가치

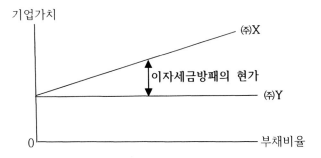

만일 위 두 기업의 영업이익 10억원이 영구히 발생하고 부채가 없는 ㈜
Y의 자기자본비용이 [예제 4]와 같이 20%(R_S)라고 한다면, 세후 순이익 8억
원이 영구히 발생하는 ㈜Y의 기업가치 V_Y는 다음과 같이 40억원이 된다.

ㅇ V_Y = [영업이익(1-법인세율)]/R_S = 세후 순이익/R_S
   = [10억(1-0.2)]/0.2 = 8억/0.2 = 40억원

하지만, 부채로 인해 이자세금방패의 현재가치 2억원이 추가되는 ㈜X의
기업가치는 42억원이 된다.

ㅇ V_X = V_Y + (부채×법인세율) = 40억원 + (10억×0.2) = 42억원

그렇지만, ㈜X의 자기자본 가치는 기업가치 42억원에서 타인자본의 가
치 10억원을 차감한 32억원이 된다. 법인세가 고려되지 않았더라면 40억
원에서 10억원 차감하여 30억원이 되었을 것인데, 이자세금방패 효과로
인하여 부채비율도 [10억/30억]에서 [10억/32억]으로 감소된 것이다. 따라
서 재무레버리지 효과와 주주 위험의 증가로 인해 부채비율과 자기자본의
기대수익률이 비례하여 증가한다는 MM의 명제 Ⅱ도 그 정도가 완화되는
방향으로 수정될 수밖에 없다. 뿐만 아니라 법인세율로 인해서도 비례의
정도가 완화되는데, 식으로 나타내면 다음과 같다.

———— 수정된 MM의 명제 Ⅱ ————

법인세가 있는 완전시장에서 자기자본의 기대수익률은
부채비율에 비례하여 증가하나, 법인세율과 이자세금방패
효과로 인해 그 정도가 법인세가 없는 경우보다 완화된다.

ㅇ $R_S = R_A + (B/S) \times (R_A - R_B) \times (1 - t)$ (8-14)

(단, B는 부채, S는 자본, t는 세율, R_B는 타인자본비용,
R_S는 자기자본비용, R_A는 가중평균자본비용)

위 [예제 4]의 기업 중 부채가 있는 ㈜X의 자기자본비용을 이자세금방패 효과를 반영한 위 식 (8-14)에 적용하여 산출해 보면 다음과 같이 22.5% 가 된다.

○ R_S = 20% + (10억/32억)(20%-10%)(1-0.2) = 22.5%

법인세가 있는 경우에는 부채로 말미암는 법인세 절감효과에 따라 법인 세가 없는 경우보다 실제로 부담하는 타인자본비용이 감소한다. 또한, 부 채 사용 기업이 무부채기업에 비해 추가적으로 얻게 되는 법인세 절감효 과, 즉 이자세금방패의 현재가치는 부채 사용 기업의 자기자본가치를 증가 시킨다. 그 결과 부채 사용 기업의 주주들이 위험에 대한 보상으로 요구하 는 위험프리미엄은 법인세가 없는 경우보다 작아져 자기자본비용의 증가 정도도 작아지게 된다. 결국, 부채 사용으로 말미암는 이점을 자기자본비 용 증가가 일부는 상쇄시키지만 완전히 상쇄시키지는 못하기 때문에 그 이 점이 여전히 존재하고, 그것은 결국 전체 자본비용인 가중평균자본비용의 감소 효과로 이어지게 된다.

따라서 법인세가 있는 경우, 가중평균자본비용을 구하는 식 (8-12)는 다 음과 같이 수정된 공식이 된다.

○ R_A = {B/(B+S)}R_B(1-t)+{S/(B+S)}R_S (8-15)

위에서 식 (8-14)를 적용하여 구한 ㈜X의 자기자본비용 22.5%를 식 (8-15)에 대입하면, 법인세가 있는 경우의 부채기업 가중평균자본비용이 구해진다.

○ R_A = (10억/42억)(0.1)(1-0.2) + (32억/42억)(0.225) = 0.019+0.171 = 19%

무부채기업의 자기자본비용과 가중평균자본비용은 20%였으나, 부채의 사용에 따라 자기자본비용은 22.5%로 증가하였고, 가중평균자본비용은 19%로 감소하였다. 다시 말해, 부채기업 ㈜X는 타인자본의 대가인 이자가 그만큼 이익을 감소시키고, 이익감소분에 법인세율을 곱한 금액만큼 법인세가 감소되는 효과가 생겨 타인자본비용을 낮추게 된다. 물론, 그 일부는 자기자본비용의 상승으로 상쇄되지만, 완전히 상쇄되지는 않기 때문에 결국 가중평균자본비용의 감소 효과가 생기게 된다. 결과적으로, 법인세가 있는 경우의 최적자본구조는 부채가 많으면 많을수록 좋다는 결론에 이르게 된다.

(그림 8-7) 법인세 유무와 자본비용

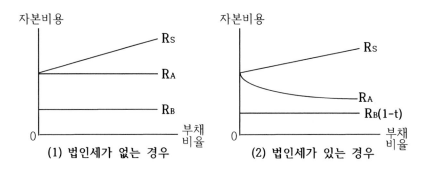

하지만, 시장 상황이 갑자기 나빠지거나 경기가 침체되어 자금시장이 경색되면, 거래처 도산으로 매출채권 회수가 부진하거나 불가능해지는 상황에 직면하고, 추가적인 자금조달도 어려운 상황이 발생할 수 있다. 그런 상황에서 단기부채 상환기일이 도래한다면 어떻게 될까? 제 때에 단기부채를 상환하지 못하게 되면 부도라는 재무적 곤경(financial distress)에 직면하게 된다. 따라서 부채의 규모는 자본비용 측면에서만 고려할 수 없고, 기업 전체의 위험도 동시에 고려해 적절한 수준으로 유지할 필요가 있다.

<제 3 절> 기타의 자본구조이론

1. 파산비용과 자본구조이론

앞 절에서 이미 살펴본 바와 같이 타인자본을 사용하는 기업은 법인세 절감효과, 즉 이자세금방패라는 이득을 얻게 된다. 그러나 기업이 타인자본, 즉 부채에 대한 이자와 만기에 원금을 상환하지 못하면 재무적 어려움에 직면하게 된다. 재무적 어려움 중에서도 가장 극단적인 경우가 파산(bankruptcy)인데, 채권자나 채무자의 신청에 의해 법원이 기업의 자산을 채무자들에게 분배하도록 명령하는 것이며, 법적으로 기업자산의 소유권을 주주로부터 채권자에게 넘기는 것이다.

파산에는 변호사 비용, 공인회계사 비용, 파산기업 관리비용 등 법적 또는 행정적 비용이 소요된다. 이렇게 채권자에게 되돌려 주기 전에 감소되는 기업자산을 직접파산비용이라 한다. 반면, 재무적 곤경을 벗어나기 위해, 즉 파산신청을 피하려고 기업이 노력하는 과정에서 소요되는 비용을 간접파산비용이라 한다. 그렇지만, 간접파산비용은 측정이 쉽지 않은데, 대개 영업을 제대로 하지 못함으로 말미암아 감소하는 매출액과 이익, 파산예산 등과 같은 주주의 간접파산비용과 파산정리 기간 동안 동결되는 자금의 기회비용, 자본구조의 변동으로 인한 자산가치의 손실 등과 같은 채권자의 간접파산비용으로 나뉜다. 재무적 곤경에 처한 기업은 고객에 대한 서비스를 제대로 하기 어렵고, 거래처나 고객으로부터의 신뢰도 상실되어 영업활동에 심각한 지장이 초래된다. 결국, 파산 시점부터 발생하는 파산비용으로 인해 채권자와 주주의 부는 파산비용만큼 감소하게 되는 것이다.

(그림 8-8) 파산비용과 이해관계자 부의 변화

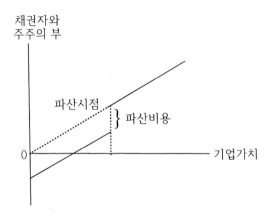

부채기업 투자자들은 최악의 경우 기업이 파산할 수도 있음을 인식하고 있으며, 기업의 가치를 평가할 때도 파산비용을 고려하게 된다. 비록 당장 파산의 징후가 있는 것은 아니지만 미래의 파산 가능성까지 미리 감안하여 현재의 기업가치를 결정하게 되는 것이다.

따라서 앞에서 이미 고려한 타인자본의 이점과 파산비용을 함께 고려하면, 부채기업 X의 시장가치 V_X와 무부채기업 Y의 시장가치 V_Y의 관계는 다음과 같이 표현할 수 있다.

○ $V_X = V_Y + PV(ITS) - PV(파산비용)$　　　　　　　(8-16)
　　* PV(ITS): 이자세금방패의 현재가치
　　* PV(파산비용): 파산확률을 고려한 파산비용의 현재가치

파산비용의 현재가치는 파산확률과 파산비용이 고려된 것이다. 부채기업이라 하더라도 부채비율이 낮으면 파산의 가능성이 거의 없기 때문에 법인세 절감효과만 있게 된다. 그렇지만 부채비율이 일정 수준 이상이면 그만큼 파산위험도 높아져 기대파산비용의 현재가치는 이자비용으로 인한 법인세 절감효과를 초과하게 되고, 그로 인해 기업가치는 감소하게 된다. 따라서, 부채비율로 인한 기대파산비용의 증가와 법인세 절감효과의 상쇄작용이 기업가치를 극대화할 때 최적자본구조가 된다.

(그림 8-9) 최적자본구조와 기업가치

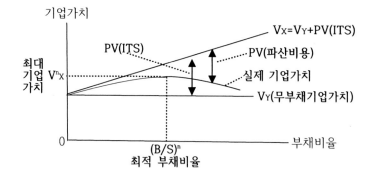

위 그림에서 보여주는 바와 같이, 법인세만 고려할 경우 부채기업 X의 가치는 무부채기업의 가치에 이자세금방패의 현재가치[PV(ITS)]를 더한 것으로 부채를 사용할수록 기업가치가 커진다. 하지만 부채가 증가함에 따라 기대파산비용의 현재가치 또한 점차 증가하게 되는데, 결국 부채비율(B/S)^{n}에서 기업가치는 최대가 되고 기업의 자본구조는 최적이 된다.

이렇게 기업가치가 최대가 되도록 하는 최적자본구조에서는 자본비용이 최소가 된다. 이를 그림으로 나타내보면 (그림 8-10)과 같이 되는데, 이는 법인세 절감효과를 반영한 (그림 8-7)의 우측 그림에 파산비용의 효과를 추가한 것으로, 기업의 부채비율이 낮을 때는 법인세 절감효과가 크고 파산비용의 상쇄효과는 얼마 되지 않기 때문에 가중평균자본비용(WACC)은 서서히 하락하다가, 부채비율이 어떤 수준에 이르면 그 이후부터는 파산의 가능성이 더욱 커짐에 따라 타인자본비용도 증가하기 시작하면서 WACC도 증가하게 된다. 따라서 WACC를 최소로 만드는 그 지점의 부채비율이 최적 부채비율이 된다.

(그림 8-10) 최적자본구조와 자본비용

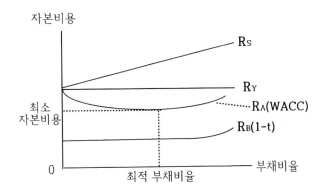

이상에서 살펴본 것처럼, 부채기업의 경우는 법인세 절감효과와 기대파산비용의 상충관계에 의해 기업의 최적자본구조가 달라진다. 그래서 이를 자본구조의 <상충이론>(trade-off theory) 또는 <정태이론>(static theory)이라 부르기도 한다.

2. 대리비용과 자본구조이론

기업 안팎에는 많은 이해관계자들이 있다. 경영자, 채권자, 주주, 종업원, 소비자, 세무 당국 등과 같은 이해관계자들이 모두 자신의 이익을 극대화하기 위해 노력한다. 그 과정에서 이해다툼이나 의견 충돌이 발생하기도 하는데, 이를 최소화하고 조정하기 위해 소요되는 비용이 대리비용(agency cost)이다.

대리비용을 본격적으로 다룬 학자는 젠센(M. C. Jensen)과 맥클링(W. Meckling)이다. 그들은 대리관계를 "본인(principal)이 다른 사람(agent)에게 자신을 대신하여 의사결정을 할 수 있도록 권한을 위임한 계약관계"라고 정의하였다.

기업에서의 대리관계는 다양하다. 하지만 재무관리에서는 두 가지 측면에서의 대리관계를 다룬다. 기업의 주인인 주주와 대리인인 경영자 간의 대리관계와 기업에 돈을 빌려준 채권자와 채무자인 주주 간의 대리관계가 그것이다.

기업의 주주와 경영자 사이에 발생하는 대리비용을 자기자본의 대리비용(agency cost of equity)이라고 하는데, 이는 대리인인 경영자가 회사의 지분을 가지고 있지 않은 전문경영자인 경우에 더욱 더 크게 발생한다. 전문경영자는 자신의 효용을 최대화시키는 의사결정을 할 가능성이 높다. 그에게는 기업으로부터 받는 급여 등의 화폐적 보상뿐만 아니라 넓고 화려한 사무실, 고급승용차, 지위에 어울리는 여가 활동, 종업원들로부터의 존경 등과 같은 비화폐적 측면에서의 효용 역시 중요하기 때문이다. 이러한 효용을 추구하는 과정에 적지 않은 비용이 들어가게 된다. 반면, 기업의 소유지분을 100% 가진 소유경영자가 외부 자금을 부채로만 조달하는 경우에는 외부 주주들이 없으므로 자기자본의 대리비용은 생기지 않는다.

한편, 주주와 채권자 사이의 대리관계에서 발생하는 대리비용은 경영자가 필요한 자금을 부채를 통해 조달함으로써 생기기 때문에 부채의 대리비용(agency cost of debt)이라고 한다. 기업의 주요 의사결정 과정에서는 채권자, 주주, 그리고 경영자의 이해가 상충될 가능성이 있다. 이러한 이해상충은 채권자의 경우 기업자산에 대해 고정된 청구권(원금과 이자)을 가지고 있는 반면, 주주는 잔여재산에 대해서만 청구권을 가지고 있기 때문에 생긴다. 채권자 입장에서는 기업이 안전한 투자를 하여 자신들의 원금과 이자를 보전해 주기를 기대하는 반면, 주주 입장에서는 투자에 성공하면 원금과 이자 이상의 수익에 대해서는 모두 자신들이 갖게 되고, 실패하더라도 자신들이 투자한 금액에 대해서만 유한책임을 지는 것이므로 위험은 크더라도 보다 높은 수익을 기대할 수 있는 투자정책을 선호하는 경향이 있다. 이러한 위험유인(risk incentive)에 따르는 대리비용은 타인자본의존도가 높을수록 증가한다.

다른 한편, 부채를 사용하는 기업의 주주들은 비록 순현가가 0보다 큰 경제성이 있는 투자안이라고 할지라도 순현가가 매우 크지 않은 경우에는 그 투자안을 포기하는 경향을 갖는다. 이 결과 기업이나 사회 전체적으로 볼 때 적정 수준보다 낮은 과소투자(under investment)가 이루어지는 문제가 발생한다. 그리고 이러한 과소투자에 따른 기회비용은 기업의 부채비율이 높아질수록 커지게 되며, 또한 과소투자 결과 채권자가 부채를 상환받을 가능성마저 감소하게 된다.

만일, 기업이 재무적 곤경에 처할 가능성이 크다고 판단되면, 주주들은 특별배당 같은 정책으로 자신들의 이익을 먼저 챙길 가능성도 있다. 이런 상황은 정보의 비대칭성이 클수록 발생 가능성이 더 커진다. 채권자들에게 기업의 가치를 더 적게 남겨주려는 주주들의 이기심 때문에 발생할 수 있는 일이다.

그렇지만 대리인문제를 이미 예상하고 있는 채권자는 자신들의 청구권을 보호할 수 있는 제반 장치를 기업에게 요구하게 되고, 기업의 입장에서도 자금차입을 원활히 하기 위해 이러한 보호장치를 채권자에게 제공할 유인을 가지게 되어 부채사용에 따른 대리비용이 발생하게 되는 것이다. 이러한 대리비용의 증가는 타인자본비용을 증가시키고 기업가치를 감소시킨다.

이와 같이, 한편으로 자기자본의 비중이 높아짐에 따라 자기자본의 대리인비용이 증가하고, 다른 한편으로 부채의 비중이 높아짐에 따라 부채의 대리인비용이 증가한다면, 총대리인비용을 최소화할 수 있는 부채와 자기자본의 최적 조합이 존재한다. 이를 그림으로 그려보면 다음과 같다.

(그림 8-11) 대리인비용과 최적자본구조

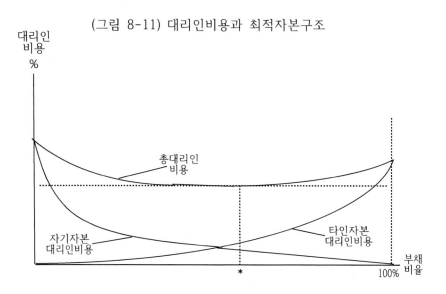

이상과 같은 논리에서 대리비용이 발생하는 상황에서는 법인세나 파산비용이 없는 경우에도 최적자본구조가 존재할 수 있게 된다.

<제 4 절> 실무를 위한 추가 정보

지금까지 법인세가 없는 완전시장의 경우, 법인세가 있는 경우, 그리고 파산비용과 대리비용을 고려한 경우의 최적자본구조에 대해 살펴보았다. 무엇보다도 부채에는 역기능과 순기능의 양면성이 있음을 알 수 있었다. 이제 실무적으로 유용한 몇 가지 추가 정보를 이하에서 제시하기로 한다.

첫째로, 높은 법인세율을 적용받는 기업은 낮은 법인세율을 적용받는 기업에 비해 상대적으로 높은 부채비율을 가진다. 법인세율이 클수록 이자세금방패의 가치가 커지기 때문이다.

둘째로, 세금방패효과는 부채뿐 아니라 감가상각을 통해서도 발생하는데, 감가상각비는 소득공제가 되는 비용이지만 실제로 현금지출이 수반되지는 않기 때문이다.

셋째로, 보험의 보장이나 정부의 보호 등으로 파산에 대한 대비책이 마련되어 있는 경우에는 상대적으로 높은 부채비율을 유지해도 된다. 하지만 유사시에는 납세자의 희생이 수반된다는 점을 경영자는 잊지 말아야 한다.

넷째로, 영업이익의 변동성, 특별히 현금흐름의 변동성이 큰 경우에는 낮은 부채비율을 유지해야 재무적 곤경을 줄일 수 있다. 불안정한 영업이익을 내는 기업은 안정적인 영업이익을 내는 기업에 비해 상대적으로 부채비율이 낮아야 안전하다는 의미이다.

다섯째로, 위기 시에 보유 자산을 나누어 처분하기가 곤란한 경우에는 직접파산비용이 크기 때문에 부채비율을 낮게 유지하는 것이 바람직하다. 예를 들어, 자산의 분할 처분이 쉬운 부동산 임대회사의 경우는 다른 업종에 비해 상대적으로 부채비율이 높다.

여섯째로, 판매 후 장기적으로 유지보수업무를 제공해야 하는 업종, 즉 장기적 서비스가 필요한 업종은 부채비율이 상대적으로 낮아야 한다. 높은 부채비율은 파산위험이 크다는 인식을 심어줄 수 있기 때문인데, 장기간 서비스를 계속 받아야 하는 고객 입장에서는 파산위험이 큰 기업의 제품을 구매하고 싶지 않을 것이기 때문이다.

일곱째로, 사업의 내용을 채권자가 명확하게 이해하기 어려운 경우에는 부채의 대리비용이 상대적으로 높아지기 때문에 부채비율을 낮게 유지하는 것이 좋다. 투자 대상이 주로 실물자산인 기업들의 부채비율이 높고, 무형자산이나 인적자원에 주로 투자하는 기업의 부채비율이 낮은 것은 이런 이유 때문이다.

마지막으로, 투자 기간이 길고 미래의 불확실성이 큰 사업은 부채의 대리비용이 크므로 낮은 부채비율을 유지하는 것이 좋다. 미국의 제약회사들이 상대적으로 낮은 부채비율을 유지하는 것이 좋은 사례이다.

<연습문제>

(1) 자본비용에 대한 설명으로 부적합한 것은? (　　)
 1. 자본비용은 자기자본비용과 타인자본비용으로 나눌 수 있다.
 2. 자본조달을 위하여 기업이 자본 제공자에게 지불하는 비용을 자본비용
  이라고 한다.
 3. 투자자 입장에서는 투자금액에 대해 요구하는 최대한의 수익률이라고
  할 수 있다.
 4. 타인자본의 대여자인 채권자에게는 이자를 지급하고, 자기자본의
  투자자인 주주들에게는 배당 지급과 주가 상승을 통한 차익 실현의
  기회를 제공한다.

(2) 다음은 자본비용에 대한 설명이다. 올바르지 못한 것은? (　　)
 1. 자본비용은 새로운 투자안의 미래 현금흐름을 현재가치로 할인할 때
  사용되는 할인율이다.
 2. 기업의 미래가치를 파악하는 데에도 자본비용이 사용될 수 있다.
 3. 자본비용이 작을수록 기업가치는 커지고, 자본비용이 클수록 기업가치는
  작아진다.
 4. 타인자본의 자본비용과 자기자본의 자본비용을 각 자본의 비중만큼 반영
  해 기업 전체의 자본비용을 산출하므로 가중평균자본비용이라고도 한다.

(3) ㈜JO 주식의 β(시장프리미엄에 대한 민감도)는 3.0이고, 시장수익률은
 6%이며, 무위험이자율은 2%인 현재 상황에서 주가는 60,000원이라고
 가정하자. 또 ㈜JO는 올 연말 결산일 기준으로 주당 3,000원의 배당금을
 지급할 계획이고, 그 후 매년 8%씩 증액된 배당금을 지급할 예정이다.
 이 경우 ㈜JO 주식 1주의 자기자본비용은 대략 얼마인가? (　　)
　　1. 4%　　　2. 14%　　　3. 6%　　　4. 8%

 풀이 두 가지 방법(CAPM / 배당평가모형)으로 산출할 수 있다.
　　① $E(r)$ = 2% + (6%-2%) 3.0 = 14%
　　② r = (3,000 / 60,000) + 0.08 = 13%

(4) ㈜JO는 2년 전에 액면가 100,000원이고 만기가 5년인 회사채를 액면
   이자율 10%로 발행하였다. 이 회사채가 현재 95,196원에 거래되고
   있다면, 현재 시점에서 ㈜명공의 타인자본비용은 대략 얼마인가? (   )

   1. 8%   2. 10%   3. 12%   4. 14%

풀이 채권의 만기수익률을 구하는 공식으로 풀어보면, 다음과 같다. (단,
   만기는 5년 중 2년이 경과하였으므로 남은 만기는 3년이 된다.)

   ○ $95,196 = [10,000/(1+r)] + [10,000/(1+r)^2] + [110,000/(1+r)^3]$

   위 식을 풀면, r은 약 0.12가 된다. 따라서 타인자본비용은 12%이다.

(5) ㈜JO는 올해 초 액면가 10만원이고 만기가 5년인 회사채를 액면이자율
   10%로 발행하였는데, 현재 법인세율이 25%이다. 절세효과를 고려할 때
   ㈜JO가 매년 말 지급하게 될 실질적인 이자지급액은 얼마인가? (   )

   1. 5,000   2. 7,500   3. 10,000   4. 12,500

풀이 법인세율 25%만큼 절세효과 발생하여 세후 이자율이 감소한다.
   ○ 세후 이자율 : 10% × (1-0.25) = 0.075
   ○ 실질적인 이자지급액 : 100,000 × 0.075 = 7,500원

(6) ㈜JO는 ○○은행 차입금 50억원에 대해 매년 10%의 이자를 지급하고
   있고, 보통주로만 구성된 자기자본도 50억원이다. 현재 시점에서 보통주의
   β(시장프리미엄에 대한 민감도)는 2.0이고, 시장수익률의 대용치인 종합
   주가지수 수익률과 무위험이자율은 각각 12%와 4%이며, 법인세율이 20%
   라고 할 때, ㈜JO의 세후 가중평균자본비용(WACC)은 대략 얼마인가? (   )

   1. 15%   2. 16%   3. 13%   4. 14%

풀이 세후 타인자본비용, 자기자본비용 순으로 구한 후, 각 결과를 비중에
   따라 가중평균하면 된다. (절세효과는 이자비용에서만 발생한다.)

   ① 세후 타인자본비용 = 10%×(1-0.2) = 8%
   ③ 자기자본비용 = 4% + (12%-4%)×2.0 = 20%

=> 세후 WACC = 8%×(50억/100억) + 20%×(50억/100억) = 14%

(7) MM의 자본구조이론에 대한 설명으로 적절하지 않은 것은? (   )
 1. MM은 세금을 고려하지 않은 완전자본시장에서는 부채사용의 효과,
    즉 자본구조의 변경이 기업가치에 아무런 영향을 주지 않는다는 것을
    자가배당을 이용한 무차익원리로 증명하였다.
 2. 1963년에 발표된 MM의 자본구조수정이론에서는 법인세 절세효과를
    고려하였고, 그러할 경우엔 타인자본의 사용이 많을수록 기업의 가치가
    증가함을 실증하였다.
 3. 밀러(M. Miller)가 1977년에 다시 발표한 수정이론에서는 개인소득세
    도입 시 개인소득세가 법인세 절세효과를 상쇄시켜버린다고 하였다.
 4. MM 이론의 비현실적인 가정들에 대해선 아직까지 비판하는 학자가 없
    고, MM 이후 자본구조이론에 대한 추가 연구 시도도 거의 없는 편이다.

(8) 다음 중 MM의 자본구조이론의 가정에 해당하는 것은? (   )
 1. 자본시장에는 거래비용과 세금이 있을 수밖에 없다.
 2. 정보 획득에는 일정한 비용이 소요된다.
 3. 투자자는 무위험이자율로 차입 또는 대출을 무한히 할 수 있고,
    차입이자율과 대출이자율은 동일하다. 다만, 개인 투자자와 기업
    투자자의 이자율에는 차이가 있다.
 4. 영업위험의 크기를 기준으로 기업을 동일한 할인율이 적용되는 동질적
    위험집단으로 나눌 수 있다.

(9) MM의 자본구조이론의 가정이 아닌 것은? (   )
 1. 투자자는 동질적 기대를 가진다.
 2. 기대영업현금흐름은 매년 동일하다.
 3. 자본시장에는 매수자와 매도자가 충분히 많고, 투자자는 가격추종자가
    아니라 가격결정자이다.
 4. 기업의 총자본은 무위험부채와 자기자본으로 구성된다.

(10) MM의 명제 Ⅰ에 대한 설명으로 맞는 것은? (   )

 1. 법인세가 없는 완전시장에서 기업의 가치는 기업의 자본구조와는 무관하다.
   즉, 영업위험이 같다면, 부채기업의 가치는 무부채기업의 가치와 같다.
 2. 법인세가 없는 완전시장에서 기업의 가치는 기업의 자본구조와는 무관하다.
   따라서 영업위험이 달라도 부채기업의 가치는 무부채기업의 가치와 같다.
 3. 법인세가 있는 완전시장에서 기업의 가치는 기업의 자본구조와는 무관하다.
   즉, 영업위험이 같다면, 부채기업의 가치는 무부채기업의 가치와 같다.
 4. 법인세가 있는 완전시장에서 기업의 가치는 기업의 자본구조와는 무관하다.
   따라서 영업위험이 달라도 부채기업의 가치는 무부채기업의 가치와 같다.

(11) MM의 명제 Ⅱ에 대한 설명으로 맞는 것은? (   )

 1. 법인세가 없는 완전시장에서 자기자본의 기대수익률은 부채비율에
   반비례하여 감소한다.
 2. 법인세가 없는 완전시장에서 자기자본의 기대수익률은 부채비율에
   비례하여 증가한다.
 3. 법인세가 있는 완전시장에서 자기자본의 기대수익률은 부채비율에
   비례하여 증가한다.
 4. 법인세가 있는 완전시장에서 자기자본의 기대수익률은 부채비율에
   반비례하여 감소한다.

(12) 동일한 위험을 가진 ㈜X와 ㈜Y는 영업현금흐름도 매년 10억원으로
   같은데, 다만 차이는 ㈜X는 타인자본 10억원을 연이율 10%로 사용
   하지만 ㈜Y는 무부채기업이라는 것이다. ㈜Y의 자기자본비용은 20%
   이다. MM의 모든 가정이 성립하고 법인세가 없다면, ㈜X의 자기자본
   가치와 자기자본비용은 각각 어떻게 되나? (   )
   　　1. 40억원, 22.5%　　　2. 50억원, 22.5%
   　　3. 40억원, 20%　　　　4. 50억원, 20%

풀이 자기자본가치를 구하기 위해선 먼저 기업가치를 구해야 한다. 기업
가치는 미래현금흐름의 현재가치이므로, 다음과 같이 영구연금의 현가식
으로 구할 수 있다. 또한, MM의 명제 Ⅰ에 따라 자본구조의 차이가

기업가치에 영향을 미치지 않으므로 두 기업의 기업가치는 같다.

ㅇ ㈜Y의 기업가치 = 10억/0.2 = 50억원   =>   ㈜X의 기업가치도 50억원

㈜Y의 자기자본가치는 기업가치와 같으므로 50억원이 되나, ㈜X의 자기자본가치는 기업가치 50억원에서 타인자본가치 10억원을 차감하면 40억원이 된다.

한편, 무부채기업 ㈜Y의 자기자본비용 20%는 곧 가중평균자본비용이 된다. 또 MM의 명제 Ⅰ과 Ⅱ에 의하면 가중평균자본비용은 부채비율과 상관없기 때문에 ㈜X의 가중평균자본비용 역시 20%가 되고, 이를 이용해 ㈜X의 자기자본비용을 MM의 명제 Ⅱ에서 제시되었던 식으로 구할 수 있다.

ㅇ $R_A = \{B/(B+S)\} \times R_B + \{S/(B+S)\} \times R_S$
=> $R_S = R_A + (B/S) \times (R_A - R_B) = 20\% + (10억/40억)(20\%-10\%) = 22.5\%$

(13) 다음은 수정된 MM의 명제 Ⅰ이다. 이를 식으로 표현하면? (   )
　『다른 조건이 동일할 경우, 법인세가 있는 시장에서 부채가 있는 기업 ㈜X는 부채가 없는 기업 ㈜Y보다 이자세금방패의 현재가치만큼 기업가치가 더 크다. 식으로 나타내면 다음과 같다.』
　1. ㈜X의 기업가치 = ㈜Y의 기업가치 + (부채의 이자×법인세율)
　2. ㈜X의 기업가치 = ㈜Y의 기업가치 - (부채의 이자×법인세율)
　3. ㈜X의 기업가치 = ㈜Y의 기업가치 + (부채×법인세율)
　4. ㈜X의 기업가치 = ㈜Y의 기업가치 - (부채×법인세율)

(14) 수정된 MM의 명제 Ⅱ에 해당하는 것은? (   )
　1. 법인세가 있는 완전시장에서 자기자본의 기대수익률은 부채비율에 비례하여 감소하나, 법인세율과 이자세금방패 효과로 인해 그 정도가 법인세가 없는 경우보다 강화된다.
　2. 법인세가 있는 완전시장에서 자기자본의 기대수익률은 부채비율에 비례하여 증가하나, 법인세율과 이자세금방패 효과로 인해 그 정도가

법인세가 없는 경우보다 강화된다.
3. 법인세가 있는 완전시장에서 자기자본의 기대수익률은 부채비율에
   비례하여 감소하나, 법인세율과 이자세금방패 효과로 인해 그 정도가
   법인세가 없는 경우보다 완화된다.
4. 법인세가 있는 완전시장에서 자기자본의 기대수익률은 부채비율에
   비례하여 증가하나, 법인세율과 이자세금방패 효과로 인해 그 정도가
   법인세가 없는 경우보다 완화된다.

(15) 파산비용에 대한 설명으로 부적합한 것은? (   )
 1. 파산에는 법적 또는 행정적 비용이 소요되는데, 이를 파산비용이라 한다.
 2. 파산비용에는 직접파산비용과 간접파산비용이 있다.
 3. 기업 자산을 채권자에게 되돌려 주기 전에 감소되는 기업자산을 직접
    파산비용이라 한다.
 4. 불리한 조건의 자금 조달, 종업원 이탈, 자재 조달 곤란 등은 직접
    파산비용의 예라고 할 수 있다.

(16) 다음 중 간접파산비용에 대한 설명으로 올바르지 않은 것은? (   )
 1. 재무적 곤경을 벗어나기 위해 기업이 노력하는 과정에서 소요되는
    비용을 간접파산비용이라 한다.
 2. 변호사 비용, 회계사 비용, 그 밖의 전문가에 지급되는 비용 등은
    간접파산비용이라고 할 수 있다.
 3. 주주의 간접파산비용에는 영업을 제대로 하지 못함으로 말미암아
    감소하는 매출액과 이익, 파산예산 등이 있다.
 4. 채권자의 간접파산비용에는 파산정리 기간 동안 동결되는 자금의
    기회비용, 자본구조의 변동으로 인한 자산가치의 손실 등이 있다.

(17) 기업 안팎의 많은 이해관계자들 사이에서 발생하는 이해다툼이나 의견
    충돌을 최소화하고 조정하기 위해 소요되는 비용을 무엇이라 하는가? (   )
    1. 대리비용   2. 파산비용   3. 기회비용   4. 조정비용

(18) 대리비용에 대한 설명으로 부적합한 것은? (   )
 1. 대리관계는 "본인이 타인에게 자신을 대신하여 의사결정을 할 수
    있도록 권한을 위임한 계약관계"로 정의될 수 있다.
 2. 재무관리에서 다루는 대리관계는 기업의 주인인 주주와 대리인인
    경영자 간의 대리관계와 기업에 돈을 빌려준 채권자와 채무자인
    주주 간의 대리관계로 나눌 수 있다.
 3. 자기자본의 대리비용은 대리인인 경영자가 회사의 지분을 가지고 있는
    경우에 더욱 더 크게 발생한다.
 4. 부채의 대리비용은 채권자의 경우 기업자산에 대한 고정된 청구권
    (원금과 이자)이 있으나 주주는 잔여재산에 대해서만 청구권을 가지고
    있기 때문에 발생한다.

(19) 부채의 대리비용에 대한 설명으로 가장 맞지 않은 것은? (   )
 1. 채권자 입장에서는 기업이 안전한 투자를 하여 자신들의 원금과
    이자를 보전해 주기를 기대한다.
 2. 주주 입장에서는 투자에 실패하더라도 자신들이 투자한 금액에 대해서만
    유한책임을 지는 것이므로 위험은 크더라도 보다 높은 수익을 기대할 수
    있는 투자정책을 선호하게 된다.
 3. 부채의 대리비용은 타인자본의존도가 높을수록 감소한다.
 4. 부채의 대리비용은 채권자와 주주 간의 이해상충으로 인해 발생하는
    기업가치의 하락이라고 할 수 있다.

(20) 부채의 역기능이라고 볼 수 없는 것은? (   )
 1. 과소투자   2. 특별배당   3. 대리비용   4. 레버리지 효과

정답 : (1~15) 3, 2, 2, 3, 2 / 4, 4, 4, 3, 1 // 2, 1, 3, 4, 4 /
       (16~22) 2, 1, 3, 3, 4 //

제 8 장

투자의사결정

<제 1 절> 자본예산의 의의

기업에서 자본은 순환 주기에 따라 단기자본과 장기자본으로 구분할 수 있다. 비유동자산과 같이 내용연수가 긴 자산 구입에 소요되는 자금은 투자 후 장기간 자금이 동결되므로 장기자본에 해당된다. 하지만, 현금, 예금, 매출채권, 재고자산 등은 1년 이내에 다시 회수되어 영업활동에 소요되기 때문에 단기자본이라 할 수 있다. 특별히 비유동자산이나 투자자산에 대한 투자는 장기간 자금이 그 자산에 묶이는 경우로서 기업의 유동성(liquidity)에 부정적인 영향을 끼치고 투자금 회수가 이루어지는 미래시점은 불확실성도 크기 때문에 재무경영자(CFO: Chief Financial Officer)나 최고경영자(CEO: Chief Executive Officer)는 다양한 데이터에 근거하여 매우 신중하게 의사결정을 하게 되는데, 이러한 의사결정을 투자의사결정(investment decision) 또는 자본예산(capital budgeting)이라고 한다. 반면, 단기자본은 주로 유동자산의 취득이나 영업활동에 소요되는 자금인데, 대개 운전자본이라고 하며, 이 자금의 조달과 운용에 관한 의사결정을 운전자본관리라고 한다.

다시 말해, 자본의 투자로부터 얻어지는 미래의 현금유입이 1년 이상 지속되는 경우를 자본적 지출(capital expenditure)이라 하고, 미래의 현금유입이 1년 이내에 완료되는 경우를 경상적 지출(operating expenditure)이라 하는데, 전자는 자본예산에 해당하고 후자는 운전자본관리에 해당한다고 말할 수 있다. 운전자본관리에 대해서는 추후 별도의 장에서 다룰 예정이므로, 본 장에서는 자본예산에 대해서만 다루기로 한다.

회사를 새로 설립하거나 사업을 확장할 때 비유동자산을 많이 취득하게 된다. 건물, 토지, 기계시설, 차량운반구 등과 같은 자산은 내용연수도 길고 취득가도 고가이며 한번 취득하면 쉽게 처분하기도 곤란하기 때문에 기업의 수익성에 영향을 끼치고 기업가치에 변화를 초래하기도 한다. 장기투자는 그 효과도 장기적으로 나타나는 경우가 많은데, 이로 인한 위험도 감수해야 하기 때문에 자본예산은 기업의 의사결정 중 가장 중요하고 쉽지 않은 부분이라 할 수 있다.

자본예산의 주된 과제는 투자안에 대한 적합한 가치평가를 통해 투자 여부에 대한 의사결정을 하는 것이다. 그런 과정에는 투자목적의 설정, 투자대상의 선정, 현금흐름의 측정, 투자안의 경제성 분석, 자금조달 계획 등의 활동들이 포함된다. 합리적인 투자를 하기 위해서는 기업 내부적인 요인과 더불어 외부의 투자환경, 즉 경제전망, 경쟁환경, 소비자 행동 등에 대한 거시적인 분석도 동시에 이루어져야 한다. 그렇지만 재무관리에서의 자본예산은 좁은 의미의 자본예산으로서 투자대상에 대한 현금흐름 추정, 투자안의 경제성 분석, 그리고 그런 과정을 통해 최적의 투자의사결정을 내리는 과정에 한정된다.

자본예산을 수행하는 과정은 기업 규모에 따라 차이는 있지만 대개 복잡하고 많은 시간과 노력을 요구한다. 간략하게 정리해 보면 다음과 같다.

(1) 투자목적 설정
(2) 다양한 투자안 검토, 선정, 성격에 따른 분류
(3) 각 투자안의 예상 현금흐름 추정
(4) 각 투자안의 경제성 평가
(5) 최종 투자안 결정 및 자금조달 계획 수립
(6) 투자안 실행 및 재평가

(그림 9-1) 투자안의 경제성 평가 절차

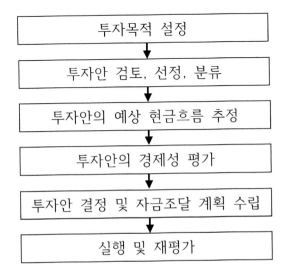

위 여섯 가지 과정 중 특히 재무관리에서 중시하는 과정은 '(3) 각 투자안의 예상 현금흐름 추정과 (4) 각 투자안의 경제성 평가'이다.

<제 2 절> 투자안의 현금흐름 추정

1. 현금흐름과 회계적 이익

기업의 재무제표, 그중에서도 (포괄)손익계산서에 표시되는 당기순이익과 실질적인 현금흐름과는 적지 않은 차이가 있다. 이러한 차이가 발생하는 이유는 다음과 같다.

첫째로, (포괄)손익계산서의 수익과 비용 항목 중에는 실제 현금 수입이나 지출이 없는 항목이 들어 있기 때문에 (포괄)손익계산서상 당기순이익은 장부상 순이익에 불과할 수 있다. 가령, 감가상각비는 현금지출이 수반되지 않는 비용이고, 매출액(수익) 중에도 현금으로 회수되지 못하고 매출채권으로 남은 잔액은 차기 이후로 현금의 유입이 보류된 상태이다.

둘째로, 당기순이익은 비유동자산의 구매로 인한 현금의 유출을 고려하지 못한다. 10억원의 기계시설을 구매하고 현금 10억원을 실제로 지출하였다 할지라도 자본적 지출로서 대변과 차변이 모두 자산 계정이 되기 때문이다. 다시 말해, 대변 계정인 현금은 유동자산의 감소로, 차변 계정인 기계시설은 비유동자산의 증가로 회계처리되어 (포괄)손익계산서상 당기순이익에는 전혀 영향을 미치지 못하게 된다.

셋째로, 발생주의(accrual basis) 회계원칙, 즉 수익과 비용을 발생 시점에 인식하는 원칙으로 인해 기업이 창출한 이익과 실제 현금흐름이 달라질 수 있다. 매출 1억원이 당기 12월에 발생하였으나 차기 3월에 그 대금을 현금으로 회수하게 되었다고 하더라도 발생주의 원칙에 따라 당기 12월 매출로 당해연도 결산에 반영되어 이익을 증가시키게 된다. 실제로 현금유입이나 현금유출이 일어나지 않았어도 회계상 기록에는 경제적 의미가 있는 거래가 발생한 시점을 기준으로 매출이나 비용이 기록된다. 이런 이

유로 재무제표상 흑자인데도 자금난에 시달리거나 도산에 이르는 기업도 생기는 것이다. 쉽게 말해, 회계적 이익은 발생주의, 현금흐름은 현금주의(cash basis) 회계원칙을 따르기 때문에 둘이 상이해지는 것이다.

넷째로, 당기순이익은 순운전자본의 변동을 고려하지 못한다. 순운전자본은 유동자산에서 유동부채를 차감한 값이며, 향후 1년 이내에 현금화가 가능한 자산이 1년 이내에 상환해야 되는 부채보다 얼마나 더 큰가를 보여준다. 현금, 매출채권, 재고자산 등이 대표적인 유동자산이고, 매입채무, 미지급금 등이 대표적인 유동부채이다. 순운전자본이 전기에 비해 증가하였다면 이는 유동부채보다 유동자산이 더 많이 증가하였음을 의미하며, 이로 인해 현금유입보다 현금유출이 더 크게 발생했을 것이지만 당기순이익의 변동을 초래하지는 않는다.

이상과 같은 원인으로 재무제표상 당기순이익과 실질적인 현금흐름이 달라질 수 있다. 따라서 투자안의 가치평가와 같은 자본예산 계산을 수행할 때에는 회계적 이익인 당기순이익이 아니라 경제적 실질을 반영하고 있는 현금흐름(cash flow)에 기초해야 한다. 미래의 현금흐름을 할인하여 현재가치를 구하는 것이지, 미래의 순이익을 할인하여 현재가치를 구하는 것이 아니기 때문이다.

2. 현금흐름 추정의 기본원칙

(1) 증분기준의 원칙

현금흐름은 증분기준으로 추정되어야 한다. 어떤 투자안의 증분현금흐름(ICF: Incremental Cash Flow)이라는 것은 그 투자안을 선택한 결과 직접적으로 발생하는 기업의 현금흐름의 변화로서 그 투자안을 선택하는 경우와 선택하지 않는 경우의 현금흐름의 차이를 말한다. 그러므로 투자안의 선택 이전과 이후에 차이를 유발하지 않고 발생하는 현금흐름은 고려의 대상이 될 수 없다. 개념 자체는 간단해 보이지만 실무에서 적용할 경우에는 간과하기 쉬운 부분도 많다.

첫째로, 매몰비용(sunk cost)은 고려의 대상이 될 수 없다. 매몰비용은 과거의 투자의사결정을 통해 이미 발생해버린 현금유출이기 때문에 되돌릴 수 없고, 현재 고려 중인 투자안의 채택 여부와는 전혀 상관이 없는 것이다. 매몰비용을 제외하고 평가한 순현재가치가 0보다 큰 투자안을 채택하는 것은 매몰비용의 일부 또는 전부를 보전할 기회를 얻는 것이지만, 매몰비용을 포함한 결과 순현재가치가 0보다 작아져 그 투자안을 기각한 경우에는 매몰비용을 보전할 기회를 상실하는 결과가 된다. 이는 결국 과거에 비용으로 발생한 현금유출 때문에 미래에 발생할 현금유입을 포기하는 것과 같다.

둘째로, 기회비용(opportunity cost)은 증분현금흐름 추정 시 고려되어야 한다. 어떤 자산의 기회비용이란 그 자산이 사용될 수 있는 두 가지 이상의 대체안들이 있을 경우 하나의 안을 포기함으로써 얻을 수 없게 된 현금흐름 중에서 가장 큰 것을 말한다. 예를 들어, 신규투자가 기존의 건물 중 현재 사용하지 않고 있지만 앞으로 사용될 용도가 정해져 있는 건물의 일부를 사용하는 경우에는 기회비용으로서 현금흐름에 포함되어야 한다. 이는 신규투자로 인해 건물의 일부를 예정된 용도로 사용할 수 없게 되어, 나중에 예정된 용도로 사용할 별도의 건물을 구입하거나 임대해야 하기 때문이다. 그러나 신규투자가 사용할 건물이 예정된 용도가 없는 순수한 유휴건물이었다면 기회비용으로 볼 수 없다. 그렇지만 현실적으로 순수하게 유휴건물이거나 유휴토지인 경우는 거의 없다. 토지의 소유주나 건물주라면 현재 공실이거나 사용자가 없는 토지라 할지라도 어떻게든 그 공간을 활용하려고 할 것이기 때문이다. 따라서 건물이나 토지는 예정된 용도의 유무와 상관없이 기회비용으로 고려함이 바람직하다 할 수 있다.

셋째로, 기업의 다른 부분에 미치는 부수효과(side effects)는 증분현금흐름 추정 시 고려해야 한다. 부수효과는 한 투자안이 다른 투자안에 미치는 영향을 뜻하는데, 투자안들 사이의 관계가 상호보완적이면 정(+)의 효과, 즉 시너지(synergy)가 날 수도 있고, 대체적이면 부(-)의 효과, 즉 한 투자안이 다른 투자안을 잠식(erosion)하는 결과를 보일 수도 있다. 시너지는 신제품이 기존 제품의 현금흐름을 증가시키는 경우인데, '새로운 면도기 날'의 판매 증가가 '면도기' 판매의 증가로 이어지는 경우를 예로 들 수 있다. 잠식은 새로운 상품이 기존 상품의 매출을 감소시키는 경우인데, 신모델 차창의 출시로 인해 기존 모델의 차량 매출이 감소하는 경우를 예로 들 수 있다. 이 경우 신모델 차량의 현금흐름은 기존 모델 차량의 이익 감소분을 반영하여 낮춰야 한다. 부수효과를 정확하게 추정하기는 쉽지 않지만 이를 무시하면 잘못된 투자의사결정을 내릴 수도 있으므로 신중하게 고려해야 한다. 특히나 사회간접자본(SOC: Social Overhead Capital) 같이 주변 개발효과나 다른 원인으로 인한 파급효과가 큰 영향을 미치는 경우에는 투자안 평가 시 부수효과를 더욱 중요하게 고려해야 한다.

(2) 독립평가의 원칙

독립평가의 원칙(stand-alone principle)은 회사와는 별도로 해당 투자안과 관련된 증분현금흐름(relevant incremental cash flow)만을 분석하고 평가해야 한다는 것이다. 기업 전체의 현금흐름을 추정할 때는 독립(stand-alone)의 문제가 발생하지 않지만, 개별 투자안의 현금흐름을 추정할 때는 때때로 혼동을 불러일으키기도 한다.

예를 들어, 특정 지출이 여러 투자안에 도움을 주는 경우가 있다면, 회계 담당자는 그 비용을 공통비로 보고 여러 투자안에 배분할 것이다. 하지만, 엄밀히 고려해 보면, 그 지출은 특정 투자안의 유무와 관계없이 지출되어야만 하는 성질이다. 따라서 이렇게 할당되거나 배분된 비용은 특정 투자안의 증분비용으로 볼 수 없다.

만일 특정 투자안이 없었더라면 지출되지 않았을 비용이라면, 그 비용은 관련되는 투자안의 증분비용에 포함되어야 할 것이다. 관련되는 투자안이 여러 개라면 합리적인 배분 기준에 따라 여러 투자안에 적정하게 배분되어야 할 것이다. 이처럼 여러 투자안에 혼재하는 현금유입이나 현금유출이 있을 수 있다.

기업은 동일한 인적·물적 자원을 활용하여 여러 투자를 동시에 하는 경우가 일반적인데, 각 개별 투자안 자체를 하나의 작은 기업(mini firm)으로 보고 이 투자안과 관련된 현금흐름만을 추려내어 평가하는 것이 독립평가인 것이다. 실무적으로는 매우 복잡하고 어려운 작업일 수도 있지만, 기업가치를 제고하는 현명한 투자의사결정을 위해서는 독립평가의 원칙을 무시하지 말아야 한다.

3. 현금흐름 추정 시 고려사항

(1) 세금절감효과

세금은 현금흐름을 기준으로 하지 않고 (포괄)손익계산서상 법인세차감전 순이익(EBT: Earnings Before Taxes)을 기준으로 하여 부과되므로 순이익 계산에 반영된 감가상각비와 같은 비현금비용(non-cash expense)에 대한 세금효과(tax effect)가 현금흐름 산출 시에는 다시 고려되어야 한다. 실제 현금이 지출되지 않는 감가상각비는 현금유출이 될 수 없다. 하지만 세법상으로는 감가상각비도 손금으로 인정되므로 그만큼 세금절감효과(tax shield effect)가 생기게 된다.

감가상각비는 비유동자산과 같은 자산에 대하여 회계원칙인 수익-비용대응의 원칙에 따라 기간별로 발생된 수익에 대응되는 비용이다. 또 비유동자산은 구입 초기에 이미 전액 현금유출로 처리되었으므로 그 금액이 내용연수 동안 비용으로 배분되는 감가상각비는 실제 현금유출이 일어나지 않게 되는 것이다. 그렇지만 (포괄)손익계산서의 영업이익은 감가상각비를 차감한 금액이므로 현금흐름을 추정할 때에는 감가상각비를 다시 가산해 주어야 한다.

한편, 감가상각비는 법인세 계산에 이미 반영되어 세금의 유출을 감소시켰으므로 그 금액만큼 이미 현금의 유입으로 계상한 것과 마찬가지가 된다. 따라서 현금의 유출이 없는 감가상각비를 다시 가산해 줄 때 해당 법인세비용만큼은 차감한 금액을 가산해 주어야 한다. (t는 법인세율)

ㅇ 실제 가산할 금액 = 감가상각비(1-t)   (9-1)

또 다른 세금효과는 비유동자산처분손익에서 발생한다. 투자기간이 끝나는 시점에 잔존가치가 남아 있는 비유동자산을 처분하는 경우 그 금액은 현금유입으로 처리된다. 이때 장부가액과 처분가격이 같다면 처분손익은 발생하지 않겠지만, 만일 장부가액과 처분가격이 다르다면 처분손익이 발생하게 되고 그에 따라 다음과 같이 법인세 증감효과도 생기게 된다.

> ○ 비유동자산처분에 따른 현금유입
> = 처분가격 − 법인세율(처분가격-장부가액)   (9-2)

만일 처분가격이 장부가액보다 크다면 처분이익이 발생하게 되고, 그에 따라 납부해야 할 법인세액(현금유출)이 산출된다. 이 경우 비유동자산처분으로 인한 실제 현금유입은 처분가격에서 법인세액만큼을 차감한 금액이 될 것이다. 그렇지만 처분가격이 장부가액보다 작다면 처분손실이 발생하게 되고, 이로 인해 당기순이익이 그만큼 감소해 법인세액도 줄어들게 된다. 따라서 비유동자산처분으로 인해 발생한 실제 현금유입은 처분가격에 줄어든 법인세액만큼을 가산한 금액이 될 것이다.

(2) 순운전자본

기업에서 새로운 투자는 건물이나 기계시설 같은 비유동자산만으로 실행될 수는 없다. 재고자산 같은 유동자산[7]에 대한 투자도 수반되어야 한다. 이와 같이 영업활동에 필요한 유동자산을 운전자본이라고 한다. 하지만 기업의 투자는 사업이므로 현금의 지출을 가능한 한 늦추고 회수할 금액은 가능한 한 서둘러 받으려는 속성이 있다. 그래서 원재료를 거래처로부터 배송받고도 그 대금은 외상매입금과 같은 유동부채[8]로 처리하는 경우도 흔하게 발생한다. 이와 같은 유동부채를 유동자산에서 차감하면 순운전자

---

7) 유동자산은 1년 이내에 현금으로 바꿀 수 있는 자산으로서 현금, 예금, 만기가 1년 이내인 회사채, 상품, 제품, 원재료, 저장품 등을 예로 들 수 있다. 유동자산은 현금화가 매우 빠르게 이루어질 수 있는 '당좌자산'과 제조나 판매 과정을 거쳐야만 현금화가 가능한 '재고자산'으로 나눌 수 있다.
8) 유동부채는 기업이 1년 이내에 갚아야 하는 채무이다. 외상매입금, 지급어음, 기한 1년 이내의 단기차입금, 미지급금, 미지급비용, 선수금, 예수금, 충당금 등을 예로 들 수 있다.

본(net working capital)이 된다.

○ 순운전자본 = 유동자산 - 유동부채   (9-3)

순운전자본에 대한 투자는 현금흐름에 영향을 주므로 자본예산 분석에서 중요하다. 만일 새로운 투자에 따라 순운전자본이 증가하였다면 이 증가분은 새로운 투자로 인해 추가적으로 영업활동에 투자된 자금(현금지출)으로, 반대로 새로운 투자에 따라 순운전자본이 감소하였다면 감소분만큼의 추가적인 현금유입으로 볼 수 있다. 왜냐하면, 유동자산의 증가는 그만큼의 현금유출을 의미하고, 유동부채의 증가는 그만큼의 현금유입을 의미하기 때문이다. 하지만 (포괄)손익계산서상 당기순이익에는 이런 부분이 반영되지 않기 때문에 현금흐름을 추정할 때 순운전자본의 증감을 고려할 필요가 있다. 특별히 순운전자본은 비유동자산에 투자된 자금과는 달리 영업활동의 변화에 따라 변화하므로 그 변화액은 현금흐름에 반영되어야 한다.

(3) 법인세

법인세는 정해진 기한까지 신고도 하고 실제로 현금을 세무당국에 납부도 해야 하는 금액이므로 분명한 현금유출이다. 하지만 문제는 발생시기와 납부시기가 다를 수 있다는 점이다. 12월 결산법인의 경우, 사업연도 중간에 신고·납부하는 중간예납의 경우는 발생연도와 납부연도가 같지만, 법인세 과세표준은 12월말 결산일 기준으로 산출되고 신고·납부는 주주총회를 거쳐 3월말까지 하게 되는 정기신고·납부의 경우는 발생연도와 납부연도가 달라지게 된다.

그렇지만 법인세는 실제로 납부한 시점에 현금유출로 반영해야 하며, 법인세 지급이 수반되는 모든 현금흐름 항목은 그 법인세를 공제한 후에 현금유입으로 계산해야 한다.

(4) 금융비용(이자비용과 배당금)

이자비용과 배당금 지급은 실제로 현금의 유출이 발생하는 사건이다. 그러나 이자비용과 배당금 같은 금융비용은 어떤 투자안의 순현재가치를 계산할 때 할인율로 반영되기 때문에 현금흐름 추정 시 현금유출에 포함시키지 않는다.

순이익은 배당으로 지급되든 기업 내에 유보되든 기업의 소유주인 주주가 투자의 대가로 얻은 것이므로 순이익의 일부가 배당으로 지급된다 하더라도 이는 자기자본에 대한 자본비용의 일부일 뿐이다. 그러므로 배당금은 자기자본에 대한 자본비용의 계산에 반영되어야 하며 현금유출로 고려되어서는 안 된다.

이자비용은 채무자인 기업이 채권자에게 지급하는 것이므로 실제로 현금이 기업 밖으로 유출되는 것이지만, 부채 사용에 대한 대가, 즉 타인자본비용이므로 현금유출에 포함시켜서는 안되고 배당처럼 자본비용의 계산에 반영하여야 한다. 투자안의 경제성 평가에서 이자비용이나 배당 같은 자본비용을 현금유출에 포함시키게 되면 할인율과 현금유출에 이중으로 반영되어 투자가치를 과소평가하는 결과를 초래하기 때문이다.

이자비용은 투자에 대한 대가이기도 하지만 화폐의 시간가치를 산출하는 기준이기도 한데, 할인율 역시 화폐의 시간가치를 역산하는 기준이다. 따라서 할인율 외에 별도로 이자비용을 현금유출에 가산하면 이중처리가 되고 만다. 예를 들어, 1월 1일 100만원을 연이자율 10%로 대출받아 사업을 시작하면, 1년 뒤 이자지급액을 제외한 현금유입액이 115만원이라는 투자안이 있다고 가정해 보자. 이 경우 투자액 전액이 부채이므로 자본비용은 곧 부채비용인 할인율 10%가 된다. 이 투자안의 현재가치(=현금유입-현금유출)는 다음과 같이 산출된다.

ㅇ 현재가치 = - 100만원 + 115만원/(1+0.1)
　　　　　　 = - 100만원 + 1,045,455원 = 45,455원　　　　　(9-4)

하지만 1년 뒤에 지급될 10만원의 이자비용을 현금유출로 포함시키게 되면, 1년 뒤 순현금흐름은 115만원에서 이자비용 10만원이 차감된 105만원이 된다. 따라서 순현재가치가 다음과 같이 0보다 작아지게 되고, 그에 따라 채택될 수 있었던 투자안은 기각되는 잘못된 판단에 이르고 만다.

○ 현재가치 = − 100만원 + (115만−10만)/(1+0.1)

= − 100만원 + 954,545원 = − 45,455원　　　　　(9-4)

따라서, 현금흐름은 실제 자본조달방법이 어떻든 투자액 전액이 자기자본으로 조달된 경우와 같이 추정되어야 하며, 자금조달방법에 따라 발생하는 이자비용이나 배당 같은 자본비용은 순현재가치를 구하기 위한 할인율에만 반영되어야 한다. 또한, 이를 달리 표현해 보면, "투자안에 대한 자본조달방법은 투자안의 현금흐름 추정에 전혀 영향을 주지 않는다."가 된다.

(5) 기타의 고려사항들

어떤 투자안과 직접 관련지을 수는 없지만 그 투자안의 선택으로 인해 추가적으로 발생하는 간접비용은 현금의 유출에 포함시켜야 한다. 또 어떤 투자로부터 기대되는 현금흐름이 장기간에 걸쳐 발생하는 경우라면 인플레이션이 현금흐름에 미치는 영향을 무시하기 어렵다. 따라서 현금흐름의 추정이 장기적일 때에는 인플레이션의 영향도 고려해야 한다. 특별히 적정한 할인율을 산출하기 위해서는 인플레이션의 영향이 반영되어야 한다.

4. 현금흐름의 추정방법

자본예산 평가를 위한 현금흐름 추정은 위에서 제시한 고려사항들과 기본원칙에 따라 (포괄)손익계산서상 이익을 조정하는 방법으로 진행한다.

투자안의 현금흐름은 다음과 같이 (1) 영업현금흐름, (2) 순자본지출, (3) 순운전자본의 변동분으로 구성된다.

○ 총현금흐름 = 영업현금흐름 − 순자본지출 − 순운전자본의 변동분　　　(9-5)

영업현금흐름(OCF: Operating Cash Flow)은 기업의 일상적인 생산 및 판매 활동 등으로부터 유발되는 현금흐름이다. 또 기업은 영업현금흐름 중 일부를 자산에 다시 투자하게 되는데, 비유동자산의 매입 금액에서 매각 대금을 차감한 잔액을 순자본지출(NCS: Net Capital Spending)이라고 한다. 마지막으로 순운전자본의 변동분(ΔNWC: changes in Net Working Capital)은 해당 기간 동안에 발생한 유동자산에서 유동부채를 차감한 순운전자본의 변화액을 의미한다.

아래 (표 9-1)은 ㈜Z의 증분기준 손익계산서이다. 이 표를 이용하여 영업현금흐름 추정 방법을 살펴보자.

(표 9-1) 증분기준 손익계산서

㈜Z	(단위: 억 원)
매출액의 변동분(ΔS)	800
영업비용의 변동분(ΔO)	500
감가상각비의 변동분(ΔD)	100
영업이익의 변동분($\Delta EBIT$)	200
이자비용의 변동분(ΔI)	20
세전이익의 변동분(ΔEBT)	180
법인세의 변동분($t \cdot \Delta EBT$)(t=30%)	54
당기순이익의 변동분(ΔEAT)	126

증분기준 손익계산서는 어떤 투자안에 투자를 한 경우와 투자를 하지 않은 두 가지 경우를 기준으로 작성한 두 개의 손익계산서에서 동일 항목을 차감하여 그 차이를 산출하기 때문에 새로운 투자로 인해 발생하는 각 항목의 증감분만이 표시된다.

이상에서 살펴본 내용과 위 (표 9-1)을 참고하여 영업현금흐름을 식으로 정의해 보면 다음과 같게 된다.

$$\Delta OCF = \Delta EBIT(1-t) + \Delta D \tag{9-6}$$

위 식을 매출액의 변동분에서 감가상각비를 제외한 영업비용의 변동분을 차감한 금액 기준으로 다시 정리해 보면 다음과 같은 식이 된다.

$$\Delta OCF = (\Delta S - \Delta O)(1-t) + t \cdot \Delta D \tag{9-7}$$

식 (9-7)에서 $t \cdot \Delta D$는 감가상각비에 법인세율을 곱한 것으로서 실제 현금의 지출이 이루어지지 않는 감가상각비의 절세효과(tax shield effect)를 현금유입으로 보아 가산해 주는 것이다.

영업현금흐름은 위 두 식 중 하나를 이용하여 산출하면 된다. (표 9-1)을 이용하여 식 (9-6)과 식 (9-7)의 방식으로 영업현금흐름을 구해 보면 다음과 같다.

$$\Delta OCF = \Delta EBIT(1-t) + \Delta D = 200(1-0.3) + 100 = 240억원$$
$$\Delta OCF = (\Delta S - \Delta O)(1-t) + t \cdot \Delta D = (800-500)(1-0.3) + 0.3 \times 100 = 240억원$$

㈜Z가 영업활동으로 창출한 영업이익(EBIT)은 200억원이지만, 현금 지출이 수반되지 않은 비현금비용인 감가상각비(100억)를 다시 더해주고, 현금유입으로 볼 수 있는 절세효과(30억)를 고려한 법인세 60억원(=90억-30억)을 차감해 주면, 실제 영업활동을 통해 창출한 현금흐름은 240억원이 되는 것이다.

순자본지출(NCS)은 비유동자산의 매입으로 인한 현금유출에서 비유동자산의 매각으로 인한 현금유입을 차감하는 방법으로 산출한다. 가령, ㈜Z가 내용연수 5년인 기계장치를 5억원에 매입하였다면, 회계상으로는 일단 비유동자산으로 계상하고 5년에 걸쳐 감가상각하여 매년 감가상각비를 영업비용으로 반영하겠지만, 현금흐름은 최초 구입 시점에 5억원의 현금이 실제로 유출되는 것이다. 반대로, 비록 내용연수는 다 지났지만 잔존가치 1천만원이 남아 있는 구 기계장치를 2천만원에 매각하였다면, 회계상으로는 비유동자산이 1천만원 감소되고, 비유동자산처분이익이 1천만원 발생하면서 유동자산(현금)이 2천만원 증가하는 것으로 처리되겠지만, 현금흐름 계산에서는 2천만원의 현금이 유입된 것으로 반영된다. 이런 식으로 발생한 현금유출액에서 현금유입액을 차감한 잔액이 순자본지출이 되고, 이 금액이 (+)라면 그만큼 현금이 유출된 것이므로 총현금흐름에는 (-)효과가 나타나고, (-)라면 총현금흐름에는 (+)효과로 나타난다. 실무에서는 순자본지출을 보통 CAPEX(Capital Expenditures: 자본적 지출)라고 부른다.

순운전자본은 유동자산에서 유동부채를 차감한 것이다. 기업이 잘 운영되려면 영업활동과 경영활동에 꼭 필요한 유동자산에 대한 투자도 필요하다. ㈜Z의 기초와 기말의 순운전자본의 차이가 (+)라면, 유동자산에 대한 투자가 증가한 것이므로 총현금흐름에는 (-)효과가 나타나고, (-)라면 총현금흐름에는 (+)효과로 나타난다.

결국, 어떤 투자안의 총현금흐름은 식 (9-5)와 같이 영업현금흐름에서 순자본지출과 순운전자본의 변동분을 차감하여 산출한다.

5. 투자기간에 따른 순현금흐름

투자 시점부터 마지막 기간까지 투자기간에 따라 현금흐름 항목이 달라지기도 한다. 매년 발생하는 매출이나 내용연수 동안 계속 감가상각을 함으로써 발생하는 감가상각비 같은 항목은 매년 포함되겠지만, 투자세액공제는 투자가 이루어지는 첫해와 세액공제를 받는 기간에만 발생하며, 잔존가치는 마지막 기간에만 발생한다. 따라서, 순현금흐름은 투자가 이루어지는 시점, 정상 영업 기간, 그리고 마지막 기간으로 나누어 각각 산출될 수 있다. 가령, 투자세액공제는 첫해에 발생하고, 현금유입은 매출총이익이며, 현금유출은 감가상각비를 제외한 영업비용이라고 가정한 후 기간별로 순현금흐름을 산출해 보자.

(1) 투자 시점

이 기간에는 영업활동 없이 투자만 이루어지고 처분할 구 설비도 없다고 가정하자. 이럴 경우 순현금흐름은 식 (9-8)과 같이 투자액에서 투자세액공제를 차감한 금액과 순운전자본에 투자된 금액만을 고려하면 된다. (만일,

구 설비가 있다면 그 처분가격과 처분손익의 세금효과도 반영해야 한다.)

$$NCF = -I + ITC - NWC$$

(9-8)

NCF: 순현금흐름(net cash flow)
I: 투자액(investment)
ITC: 투자세엑공제(investment tax credit)
NWC: 순운전자본(net working capital)

(2) 정상 영업 기간

투자 시점 이후부터 마지막 기간이 도래하기 전까지의 기간으로서, 영업 활동으로 인한 모든 현금유입과 현금유출이 반영되어야 한다. 감가상각비와 같이 실제로 현금의 지출이 이루어지지 않는 비용의 절세효과와 당기의 순운전자본과 전기의 순운전자본의 차이인 순운전자본의 변동분도 매 기간마다 현금흐름에 포함시켜야 한다.

$$NCF = (CI - CO)(1-t) + t \cdot Dep - \varDelta NWC$$

(9-9)

CI: 현금유입(cash input)
CO: 현금유출(cash output)
Dep: 감가상각비(depreciation)
ΔNWC: 순운전자본의 변동분
t: 법인세율(tax)

(3) 마지막 기간

투자의 경제적 내용연수가 끝나는 기간이다. 이 기간에는 정상 영업 기간의 현금흐름뿐만 아니라 자산의 잔존가치와 순운전자본의 회수로 인한 현금유입이 포함되어야 한다. 비유동자산의 잔존가치는 예상되는 시장가치(market value)로 계산하고, 시장가치와 장부가치(book value)의 차이, 즉 예상처분이익에 대한 세금을 차감하여야 한다. 또한, 영업활동이 끝나는 시점이므로 순운전자본은 전액 회수되어야 한다.

$$NCF = (CI-CO)(1-t) + t\cdot Dep - \Delta NWC + NWC + SV - (M-B)\cdot t \quad (9\text{-}10)$$

SV : 잔존가치(salvage value)

M : 시장잔존가치

B : 장부잔존가치

$(M-B)\cdot t$: 비유동자산처분손익의 세금

<제 3 절> 투자안의 경제성 평가방법

기업은 끊임없이 투자를 계속하면서 생존을 모색해야 하는 운명이다. 하지만 투자는 그 성공 여부에 따라 기업의 존폐에 영향을 끼칠 수도 있으므로 정말로 신중하게 의사결정을 해야 한다. 먼저 투자안이 정말 투자할 가치가 있는지 분석하고, 투자할만하다면 얼마나 가치가 있는지 세밀하게 분석해야 한다. 이러한 분석을 투자안의 경제성 평가라고 한다. 자본예산기법이라고도 하는 투자안의 경제성 평가방법에는 여러 가지가 있다. 그렇지만 다음과 같은 세 가지 기준이 충족될수록 더욱 바람직한 평가방법이라고 할 수 있다.

첫째로, 화폐의 시간가치를 고려해야 한다. 같은 크기의 현금흐름이라고 하더라도 그것이 발생한 시점에 따라 그 가치가 달라지기 때문이다. 특별히, 장기간에 걸쳐 현금흐름이 발생하는 투자안의 경우에는 더욱더 시간가치가 적절히 반영되어야 올바르게 평가될 수 있을 것이다.

둘째로, 측정된 모든 현금흐름을 고려하되, 위험이 적절히 반영되어야 한다. 같은 크기의 현금흐름이라고 하더라도 그 투자안이 지니고 있는 위험의 크기에 따라 그 가치가 달라지기 때문이다. 따라서 합리적이고 바람직한 가치평가를 위해서는 위험의 크기에 따라 투자안의 가치가 적절하게 조정되어야 한다.

셋째로, 좋은 평가방법은 기업가치를 얼마나 증가시킬 수 있는지에 대한

정보를 제공할 수 있어야 한다. 투자안의 가치평가도 당연히 기업의 목표, 즉 기업가치를 극대화할 수 있는 방향으로 이루어져야 할 것이고, 그러하기 위해서는 투자안의 가치평가 방법이 관련 정보를 잘 그리고 쉽게 보여줄 수 있어야 한다.

한편, 여러 투자안은 그 성격과 상호관계에 따라 다음과 같이 세 종류로 분류해 볼 수 있다.

첫째, 독립적 투자안이 있는데, 각 투자안이 상호 간 영향을 미치지 않으므로 각 투자안에 대해 투자를 할 것인가 아닌가의 의사결정을 독립적으로 하면 되는 경우이다. 예를 들어, 투자안 A, B, C가 모두 의사결정 기준을 충족하면 A, B, C 모두를 채택하는 경우이다.

둘째, 상호배타적 투자안이 있는데, 이는 시간과 자본의 한계로 인하여 여러 투자안 중 최상의 투자안 하나를 채택하는 것이다. 예를 들어, 투자안 A, B, C가 모두 의사결정 기준을 충족한다 할지라도 최종 채택은 가장 우수한 투자안 하나만을 하는 경우이다.

셋째, 종속적 투자안이 있는데, 이는 어떤 투자안 B를 실행하기 위해 투자안 A를 선행해야 한다면 B안은 A안에 종속되어 있는 것이다. 따라서 이 경우에는 투자안 B만을 단독적으로 경제성을 평가하는 것은 불가능하고, A안와 B안을 묶어 함께 평가해야 한다.

다른 한편, 투자안의 평가방법은 화폐의 시간적 가치를 고려하느냐(할인모형) 그렇지 않느냐(비할인모형)에 따라 크게 두 가지로 나눌 수 있고, 더욱 세분하면 다섯 가지 이상으로 나눌 수 있다. 이하에서는 전통적인 방법이라고 할 수 있는 비할인모형 두 가지를 먼저 살펴보고, 그 후에 할인모형 세 가지를 살펴보기로 하자.

(표 9-2) 투자안의 경제성 평가방법

시간가치 ×(비할인모형)	시간가치 ○(할인모형)
회수기간법 회계적이익률법	순현재가치법(순현가법=NPV) 내부수익률법(IRR) 수익성지수법(PI)

1. 비할인모형(전통적 방법)

(1) 회수기간법

회수기간(payback period)이란 투자 후 투자에 소요된 모든 투자금을 회수하는데 걸리는 기간을 말하며, 보통은 연 단위로 표시한다. 예를 들어, 총 1억원을 투자한 투자안에서 향후 3년 동안 매년 기말에 6천만원, 4천만원, 그리고 2천만원의 현금유입이 예상되는 경우, 그 현금흐름을 그림으로 나타내보면 다음과 같다.

(그림 9-2) 투자안의 현금흐름

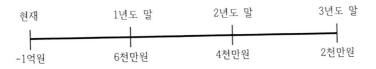

위 투자안의 경우 투자금 1억원을 모두 회수하는데 걸리는 회수기간은 2년(6천만+4천만)이 된다. 첫해에 6천만원을, 둘째 해에 4천만원을 회수하면 1억원을 모두 회수하게 되는 것이다.

회수기간을 이용한 투자안의 평가기준을 독립적인 투자안(independent investment)과 상호배타적인 투자안(mutually exclusive investment)에 각각 적용해 보면 다음과 같은 차이가 있다.

① 독립적인 투자안

어느 한 투자안의 선택 여부가 다른 투자안의 선택 여부로부터 영향을 받지 않고 결정되는 투자안을 <독립적인 투자안>이라고 한다. 이 경우에는 투자안의 회수기간이 기업에서 정한 목표 회수기간보다 짧으면 투자안을 채택하고, 길면 투자안을 기각한다.

- 투자안의 회수기간 < 목표 회수기간   ===>   투자안 채택
- 투자안의 회수기간 > 목표 회수기간   ===>   투자안 기각

② 상호배타적인 투자안

특정 투자안이 채택되면 다른 투자안은 자동적으로 기각되는 투자안을 <상호배타적인 투자안>이라고 한다. 이 경우에는 투자안의 회수기간이 목표 회수기간보다 가장 짧은 투자안만 채택한다.

만일, 두 투자안 A와 B의 현금흐름이 다음과 같고, 목표 회수기간이 5년이라고 가정해 보자.

(표 9-3) 두 투자안의 현금흐름

회수기간법

구분	연도	A안	B안
총투자액	Y_0	(200,000)	(160,000)
(세후) 순현금 유입액	Y_1	49,000	50,000
	Y_2	49,000	50,000
	Y_3	49,000	50,000
	Y_4	48,000	50,000
	Y_5	48,000	20,000
	Y_6	77,000	10,000

위에서 투자안 A의 회수기간은 4.1년(=4년+5,000/48,000), 투자안 B의 회수기간은 3.2년(=3년+10,000/50,000)으로 산출되는데, 둘 다 목표 회수기간 5년보다 짧으므로 독립적인 투자안들이라면 둘 다 채택되어야 하나, 상호배타적인 투자안들이라면 회수기간이 더 짧은 B는 채택되고 A는 기각되어야 한다.

하지만, 회수기간법은 몇 가지 문제점을 안고 있다.

첫째, 화폐의 시간가치를 고려하지 않는다.

둘째, 회수기간 이후의 현금흐름을 무시하고 있다. 위의 경우, 회수기간

은 투자안 B가 상대적으로 빠르지만, 회수기간 이후의 기간을 포함하여 총 6년간의 회수액으로 비교하면 투자안 A는 155%(=310,000/200,000)가 회수되고 투자안 B는 144%(=230,000/160,000)가 회수되어 오히려 투자안 A의 회수율이 높다. 수익성 관점에서는 투자안 A가 더 우수한데도 오히려 투자안 B를 채택해야 하는 쪽으로 의사결정기준을 보여주는 것은 회수기간법이 투자안의 가치를 수익성이 아니라 투자금 회수의 시간성에 두기 때문이다.

셋째, 목표 회수기간의 결정이 자의적일 수 있다. 목표 회수기간을 정하는 기준에 대한 합리적인 근거를 찾기 어렵다.

이러한 회수기간법의 문제점을 일부 보완하는 방법으로 할인회수기간법 (discounted payback period)이 있다. 할인회수기간법은 미래 현금흐름을 적절한 할인율로 할인한 후에 회수기간을 계산하는 방법으로 화폐의 시간가치를 고려하지 못하는 단점을 보완할 수는 있으나, 회수기간 이후의 추가적인 현금흐름을 반영할 수 없다는 단점은 그대로 갖고 있다. 그리고 목표 회수기간을 정하는 기준이 객관적이지 않을 수 있다는 단점 역시 그대로 지니고 있다.

그럼에도 불구하고, 회수기간법이 가끔씩 실무에 적용되기도 하는 이유는 다음과 같은 장점 때문이다.

첫째, 회수기간법은 간편하므로 이해하기 쉽고 사용하기도 편리하다.

둘째, 회수기간법은 투자위험에 대한 정보를 어느 정도 제공하고 있다. 회수기간이 짧은 투자안을 선택함으로써 미래의 불확실성을 어느 정도 감소시킬 수 있기 때문이다.

셋째, 회수기간이 짧은 투자안을 선택하게 함으로써 기업의 유동성을 향상시켜 준다. 투자액이 동일한 여러 투자대상 중 회수기간이 짧은 투자안일수록 현금유입이 빨라져 기업의 유동성을 높여주게 된다.

이상과 같이 회수기간법은 유용한 면도 있으나 문제점도 있기 때문에 전적으로 회수기간법을 이용하여 투자안을 평가하는 경우는 드물다. 보통은 회수기간법과 함께 다른 합리적인 투자안의 평가방법들을 병행하여 사용한다. 여러 방법들이 상호보완적인 역할을 할 수 있기 때문이다.

[예제 1] 다음 표와 같은 현금유입이 매년 말에 예상되는 투자안이 있고, 초기 투자금액이 100억 원이라면, 투자안의 회수기간은?

연도	현금유입액
1	20억원
2	40억원
3	60억원
4	80억원

풀이 초기 투자액이 100억 원이므로, 첫해에 20억 원, 2년차에 40억 원, 그리고 3년차에 40억 원이 회수되면 된다. => 2년+40억/60억=2.67년

(2) 회계적이익률법

회계적이익률(AAR: average accounting return)은 투자로 인하여 나타나는 장부상의 (세후)연평균순이익을 연평균투자액으로 나눈 비율이다.

$$회계적이익률(AAR) = \frac{(세후)연평균순이익}{연평균투자액} \qquad (9\text{-}11)$$

(세후)연평균순이익은 매년 발생하는 현금유입액(세후순이익)을 모두 더한 후에 총 연수로 나눠주면 된다. 연평균투자액은 총투자액을 2로 나누어 주면 되는데, 이는 처음 투자액과 매년 감가상각을 한 이후의 투자잔액, 그리고 마지막 잔존가치를 합한 금액을 (투자기간+1)로 나눈 값과 같다.

만일, 두 투자안 A와 B의 투자액은 각 600만 원이고, 내용연수는 모두 3년이며, 정액법으로 상각되지만 잔존가치는 없다고 가정한다면, 두 투자안의 연평균투자액은 다음 식과 같이 산출될 수 있다.

$$\frac{600+400+200+0}{4} = 300만원$$

위 결과는 결국 초기 투자액 600만 원을 2로 나눈 값과 같다. 한편, 3년간 순이익은 두 투자안이 다르므로 연평균순이익도 다음 (표 9-4)와 같이 달라지게 되며, 그에 따라 두 투자안의 회계적이익률도 달라지게 된다.

(표 9-4) 두 투자안의 비교

구분	연간 순이익	회계적이익률
A안	(년) 0 1 2 3 (만원) (600) 200 160 60	○ 연평균투자액 = 600/2 ○ 연평균순이익 = (200+160+60)/3 ○ 회계적이익률 = 140/300
B안	(년) 0 1 2 3 (만원) (600) 160 130 100	○ 연평균투자액 = 600/2 ○ 연평균순이익 = (160+130+100)/3 ○ 회계적이익률 = 130/300

독립적인 투자안일 경우, 회계적이익률법의 의사결정 기준은 각 투자안의 회계적이익률이 기업의 목표 회계적이익률보다 클 때는 각 투자안을 채택하고 작을 때는 기각하는 것이다. 만일, 상호배타적인 투자안이라면, 여러 투자안 중 우선 회계적이익률이 기업의 목표 회계적이익률보다 큰 투자안들을 찾아내고, 그중에서도 회계적이익률이 가장 높은 투자안을 최종적으로 채택하면 된다.

회계적이익률법의 가장 큰 장점은 간단하고 이해하기 쉬우며 회계자료를 그대로 사용할 수 있다는 점이다. 또한, 이런 이유로 실무에서는 많이 사용되고 있다. 하지만 회계적이익률법에도 몇 가지 문제점이 존재한다.

첫째, 회수기간법과 마찬가지로 화폐의 시간가치를 고려하지 않는다.

둘째, 미래의 예상 현금흐름을 직접 반영하지 않고 회계적 이익을 분석대상으로 한다는 점이다. 회계적 이익은 단지 장부상의 이익을 나타내는 인위적인 수치로서 직접적인 현금흐름이라고 볼 수는 없다.

셋째, 목표 회계적이익률의 결정이 목표 회수기간처럼 자의적일 수 있다. 기업에 따라서는 기존 투자안의 이익률 또는 동종업계 타사의 이익률을 목표 회계적이익률로 선택하는 경우도 있으나 어느 경우든 그 정당성을 입증하기는 쉽지 않다.

결국 회수기간법과 회계적이익률법과 같은 비할인모형은 화폐의 시간가치를 무시하고 있고, 위험에 대한 명시적 고려가 없으며, 회수기간이나 회계적이익률이 기업가치와 어떤 연관성이 있는지도 분명하지 않으므로 바람직한 평가방법으로 보기 어렵다.

[예제 2] 상호배타적인 세 투자안 A, B, C의 초기 투자액은 모두 4억원으로 동일하고, 예상 세후순이익이 다음과 같을 때, 회계적이익률법으로 평가하여 채택될 투자안을 고르시오.(목표 회계적이익률은 20%로 가정)

구분	연도 말	A안	B안	C안
(세후) 순이익	Y_1 Y_2 Y_3	2,000만원 6,000만원 1,900만원	6,000만원 6,000만원 6,000만원	8,000만원 5,000만원 8,000만원

풀이 우선, 각 투자안의 연평균투자액은 총투자액 4억 원을 2로 나누면 되므로 각 2억 원이 된다. 다음으로, 각 투자안의 (세후)연평균순이익은 다음과 같이 산출된다.

A안 : (2,000+6,000+1,900) ÷ 3 = 3,300만원
B안 : (6,000+6,000+6,000) ÷ 3 = 6,000만원
C안 : (8,000+5,000+8,000) ÷ 3 = 7,000만원

따라서, 각 투자안의 회계적이익률은 다음과 같게 된다.

A안 : 3,300만 ÷ 2억 = 0.165 = 16.5%
B안 : 6,000만 ÷ 2억 = 0.3 = 30%
C안 : 7,000만 ÷ 2억 = 0.35 = 35%

결국, 목표 회계적이익률보다 예상 회계적이익률이 더 큰 B와 C 중 가장 큰 C를 최종 채택하고, A와 B는 기각한다.

2. 할인모형(화폐의 시간가치를 고려하는 방법)

할인모형은 화폐의 시간가치를 고려하는 방법으로서 순현가법, 내부수익률법, 그리고 수익성지수법을 예로 들 수 있다. 이하에서 차례대로 살펴보기로 한다.

(1) 순현가법

순현가법은 순현재가치법(NPV: Net Present Value)을 줄인 말로서 미래에 발생할 모든 현금흐름, 즉 현금유입액을 적절한 할인율로 할인한 현재가치에서 현재 시점의 투자액과 그 이후의 투자액 등 모든 투자액, 즉 현금유출액을 적절한 할인율로 할인한 현재가치를 차감하여 산출한 금액으로 투자안의 가치를 평가하는 기법이다.

(표 9-5) 순현가(NPV)와 의사결정

현금 흐름	(년) 0 1 2 3 (할인율: 5%) (만원) (600) 400 200 300
산식	* NPV = 현금유입PV − 현금유출PV * NPV = {400/(1+0.05)¹ + 200/(1+0.05)² + 300/(1+0.05)³} − 600
의사결정	* NPV > 0 : 채택

위 표의 산식을 좀 더 구체적으로 나타내면 다음과 같다.

$$NPV = \sum_{t=0}^{T} \frac{CI_t}{(1+r)^t} - \sum_{t=0}^{T} \frac{CO_t}{(1+r)^t} \qquad (9-12)$$

CI_t = t기의 현금유입
CO_t = t기의 현금유출
r = 적정할인율

위에서 적정할인율 r은 현재의 시장상황 등을 고려해서 적용하는 할인율이라고 할 수 있는데, 투자자들이 만족하는 최소한의 수익률인 요구수익률 (required rate of return)로 표현하면 최적요구수익률이라고 할 수 있다. 이를 투자안에 적용할 경우에는 투자안의 위험을 감안한 위험조정수익률이며, 위험조정할인율이라고 표현되기도 한다. 한편, 새로운 투자안에 소요될 자금을 조달해야 하는 기업 입장에서는 자본조달비용, 곧 자본비용이 적정 할인율에 해당된다고 볼 수 있다.

순현가법을 투자안의 가치평가 기법으로 사용할 때는 순현가가 0보다 크면 투자가치가 있는 것으로 판단한다. 다만, 상호배타적인 투자안들이라면 순현가가 가장 큰 투자안을 채택하게 된다.

위 식 (9-12)에서도 확인되듯이 순현가법은 화폐의 시간가치를 고려하고 있고, 분모의 할인율은 위험을 반영한 것이다. 또한, 산출된 순현가 자체가 기업가치의 증감을 의미하므로, 결국 기업가치 증감에 대한 정보도 잘 제공해 주는 우수한 경제성 평가방법이라고 할 수 있다.

순현가법의 특성을 살펴보면 다음과 같다.

첫째, 순현가법은 회계이익을 사용하지 않고, 현금유입과 현금유출, 즉 현금흐름으로 평가한다.

둘째, 순현가법은 투자안 분석기간의 모든 현금흐름을 반영한다.

셋째, 순현가법은 화폐의 시간가치를 고려하고 위험을 반영한다. 현금흐름을 적절한 할인율로 할인한다.

넷째, 각 투자안의 순현재가치는 모두 동일시점, 즉 현재시점의 가치를 의미하므로 그것들을 가산할 수 있다. 다시 말해, 가치의 가산원칙(value additivity principle)이 성립한다. 예를 들어, 투자안 A와 B에 모두 투자할 경우의 순현가는 각 투자안의 순현가를 합한 것과 같다.

○ $NPV(A+B) = NPV(A) + NPV(B)$ (9-13)

가산의 원칙이 성립하는 경우, 모든 개별 투자안을 독립적으로 평가할 수 있게 된다. 이상과 같은 순현가법의 특성은 다른 투자안 평가방법들의 합리성 여부를 판단하는 기준이 될 수 있다.

[예제 3] 두 투자안 A와 B의 현금흐름이 다음과 같다.

구분	연도	A안	B안
투자액	Y_0	(50억)	(50억)
	Y_1	(20억)	(0)
현금 흐름	Y_1	10억	20억
	Y_2	30억	20억
	Y_3	30억	20억
	Y_4	30억	20억
	Y_5	30억	20억

할인율이 10%라면, 두 투자안의 순현가는 각각 얼마이며, 또 두 투자안이 상호배타적이라면 어느 투자안을 선택해야 하는가? (단위: 억원)

풀이 우선, 두 투자안의 순현가를 구해 보면,

$$NPV_A = \left[\frac{10억}{(1+0.1)} + \frac{30억}{(1+0.1)^2} + \frac{30억}{(1+0.1)^3} + \frac{30억}{(1+0.1)^4} + \frac{30억}{(1+0.1)^5} \right]$$
$$- \left[50억 + \frac{20억}{(1+0.1)} \right] = 95억 - 68억 = 27억원$$

$$NPV_B = \left[\frac{20억}{(1+0.1)} + \frac{20억}{(1+0.1)^2} + \frac{20억}{(1+0.1)^3} + \frac{20억}{(1+0.1)^4} + \frac{20억}{(1+0.1)^5} \right]$$
$$- 50억 = 75.8억 - 50억 = 25.8억원$$

따라서, 위 두 투자안 중 순현가가 더 큰 투자안 A를 채택하여야 한다.

(2) 내부수익률법

내부수익률(IRR: internal rate of return)이란 다음과 같이 미래에 예상되는 투자안의 현금흐름의 현재가치를 0원으로 만드는 할인율을 말한다.

$$\sum_{t=0}^{T} \frac{CI_t}{(1+r)^t} - \sum_{t=0}^{T} \frac{CO_t}{(1+r)^t} = NPV = 0 \tag{9-14}$$

위와 같이 할인율 r이 NPV를 0원으로 만든다면, 이때의 r이 곧 IRR이 되는 것이다. 또 IRR을 다르게 표현하면, 다음과 같이 현금유입의 현재가치와 현금유출의 현재가치를 같아지게 만드는 할인율이라고도 할 수 있다.

$$\sum_{t=0}^{T} \frac{CI_t}{(1+IRR)^t} = \sum_{t=0}^{T} \frac{CO_t}{(1+IRR)^t} \tag{9-15}$$

위 식에서는 T가 커지면 커질수록, 다시 말해 현금흐름이 창출되는 미래의 기간이 길면 길수록 복잡한 고차방정식이 되기 때문에 IRR을 구하기가 어려워진다. 그러므로 NPV가 0에 가까워지리라고 예상되는 할인율을 대입해 가면서 만족스러운 결과에 도달할 때까지 반복 계산해 나가는 방법을 사용하게 되는데, 이를 시행착오법(trial and error method)이라고 한다. 하지만, 오늘날에는 컴퓨터나 스마트폰 같은 고도화된 기기의 계산기능으로 쉽게 해결할 수 있다.

내부수익률법을 이용한 투자안의 가치평가가 독립적이거나 단일 투자안이라면 할인율(또는 투자자가 요구하는 최저필수수익률, 즉 요구수익률 또는 자본비용)보다 IRR이 클 때 투자안을 채택하고 작을 때 투자안을 기각한다. 상호배타적인 투자안들이라면 할인율(또는 요구수익률 또는 자본비용)보다 IRR이 큰 투자안들 중에서도 IRR이 가장 큰 투자안을 채택하면 된다. 이상의 내용을 표로 정리하면 다음과 같다.

(표 9-6) 내부수익률(IRR)과 의사결정

현금 흐름	(년) 0ㅡㅡㅡ1ㅡㅡㅡ2ㅡㅡㅡ3 (만원) (600)　　300　　300　　300
산식	* 300/(1+IRR)¹ + 300/(1+IRR)² + 300/(1+IRR)³ - 600 = 0
의사결정	* IRR > r : 채택　(r은 요구수익률 또는 자본비용)

내부수익률법은 현금흐름을 할인하는 방법이라는 점에서 순현가법과 비슷하고, 할인율과 IRR을 비교한다는 점에서 위험이 고려되고 있으며, IRR이 기업가치의 증가분을 비율로 표시해준다는 점에서 우수한 경제성 평가 방법이라고 할 수 있다.

[예제 4] 투자안 A의 투자금과 예상 현금흐름이 다음과 같고, 할인율이 8%라고 한다면, 내부수익률법으로 평가한 투자안 A의 가치평가 결과는?

연도말	0	1	2	3
현금흐름	(2억)	9천만	8천만	7천만

풀이 아래와 같은 등식을 성립시키는 IRR을 시행착오법으로 구해 보면, 결국 IRR = 10.**%임을 알 수 있다. 이는 할인율 8%보다 크므로 투자안 A는 채택되어야 한다.

$$\frac{9천만}{(1+IRR)} + \frac{8천만}{(1+IRR)^2} + \frac{7천만}{(1+IRR)^3} - 2억 = 0$$

(3) 수익성지수법

수익성지수(PI: profitability index)란 투자로 인해 발생하는 미래 현금유입의 현가를 현금유출의 현가로 나눈 비율을 말하며, 편익비용비율이라고도 한다. 식으로는 다음과 같이 표현할 수 있다.

$$PI = \frac{\sum_{t=0}^{T} \dfrac{CI_t}{(1+r)^t}}{\sum_{t=0}^{T} \dfrac{CO_t}{(1+r)^t}}$$

(9-16)

수익성지수는 식 (9-12)의 순현가식과 비교해 보면 그 차이를 알 수 있다. 순현가식은 순현가 자체를 산출하는 식이지만, 수익성지수는 유입되는 순현가가 유출되는 순현가에 비해 어느 정도 규모인지를 보는 것으로 순현가를 비율로 표시한 것이다. 다시 말해, 현금유출, 즉 투자액 1원을 기준으로 현금유입이 얼마인지 보는 것이다. 만일 *PI*가 1.3이라면 투자액 1원당 0.3원의 추가적인 가치가 창출되는 것으로 평가할 수 있다. 쉽게 말해 수익성지수가 1보다 크다는 것은 순현가가 0보다 크다는 의미가 되고, 경제성이 있어 투자할 가치가 있다는 의미가 된다.

독립적인 투자안이나 단일 투자안의 경우, 수익성지수가 1보다 크면 채택되고 1보다 작으면 기각된다. 만일 상호배타적인 투자안이라면 수익성지수가 1보다 큰 투자안 중 가장 큰 투자안을 채택하게 되는데, 이런 평가 결과는 순현가법에 의한 평가 결과와 같다.

(표 9-7) 수익성지수(PI)와 의사결정

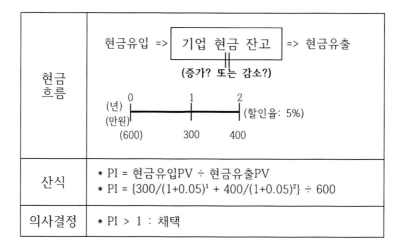

현금흐름	현금유입 => 기업 현금 잔고 => 현금유출 (증가? 또는 감소?) (년) 0 ─── 1 ─── 2 (만원) (할인율: 5%) (600) 300 400
산식	* PI = 현금유입PV ÷ 현금유출PV * PI = {300/(1+0.05)¹ + 400/(1+0.05)²} ÷ 600
의사결정	* PI > 1 : 채택

하지만 투자 규모가 다른 상호배타적인 투자안들의 경우는 수익성지수법과 순현가법의 평가결과가 다를 수 있다. 다음 표와 같은 현금흐름이 있는 두 투자안 A와 B의 사례를 통해 확인해 보자.

(표 9-8) 두 투자안의 현금유입과 현금유출

(할인율: 10%)

구분	연도	A안	B안
투자액 (현금유출)	Y_0	(50억)	(500억)
	Y_1	(50억)	(0)
현금유입	Y_1	40억	350억
	Y_2	50억	200억
	Y_3	60억	100억

$$NPV_A = \frac{40억}{(1+0.1)} + \frac{50억}{(1+0.1)^2} + \frac{60억}{(1+0.1)^3} - (50억 + \frac{50억}{(1+0.1)})$$

$$= 122.76억 - 95.45억 = 27.31억원$$

$$NPV_B = \frac{350억}{(1+0.1)} + \frac{200억}{(1+0.1)^2} + \frac{100억}{(1+0.1)^3} - 500억$$

$$= 558.60억 - 500억 = 58.60억원$$

$$PI_A = 122.76억 / 95.45억 = 1.286 (+28.6\%)$$

$$PI_B = 558.60억 / 500억 = 1.117 (+11.7\%)$$

위에서 순현가법의 결과는 순현가 58.60억원인 투자안 B가 순현가 27.31억원인 투자안 A보다 우수한 것으로 나오지만, 수익성지수법에 따르면 기업가치를 11.7% 증가시키는 투자안 B보다 기업가치를 28.6% 증가시키는 투자안 A가 더 우수한 것으로 평가된다.

투자규모의 차이를 무시하고 단순히 순현가만 비교하여 투자의사결정을 하는 것이 바람직하지 않을 수도 있다. 따라서 투자원금 1원당 순현가를 비교하는 수익성지수법을 동시에 활용하면 유용하다. 위 사례의 경우 투자안 A는 투자원금 1원당 1.286원의 현가를 창출하고, 투자안 B는 투자원금 1원당 1.117원의 현가를 창출하므로 표면상으로는 투자안 A가 우수해 보인다. 만일, 투자안 A와 같은 투자기회가 여러 차례 있을 수 있고, 또 여러 차례 채택되면 투자안 B보다 나을 수도 있다.

그렇지만, 투자안 A와 같은 투자기회가 단 한 차례만 있고, 기업의 투자여력은 500억원 이상이라면 투자안 A가 투자안 B보다 우수하다고 단정하기 어렵고, 오히려 순현가가 2배 이상 높은 투자안 B를 채택하는 것이 바람직하다. 이처럼 수익성지수법은 투자안의 규모를 고려하지 못하는 문제점을 안고 있다. 이는 순현가법에 적용되는 가치가산의 원칙이 수익성지수법에는 적용되지 않기 때문이다. 수익성지수법은 어떤 투자안의 상대적 수익성을 나타낼 뿐 투자자의 부의 증가를 측정하지 못하는 단점이 있다. 그렇지만, 수익성지수법은 기업이 다수의 투자안에 대해 투자의 우선순위를 투자효율성에 근거해 매길 때 유용하게 활용될 수 있다.

지금까지 살펴본 다섯 가지 투자안의 경제성 평가방법의 계산식과 투자의사결정 기준을 정리해 보면 다음과 같다.

(표 9-9) 투자안의 경제성 평가방법별 의사결정 기준

평가방법	투자의사결정 기준	
	단일·상호독립적 투자안	상호배타적 투자안
회수기간법	회수기간 < 목표회수기간	최단 회수기간 투자안
회계적이익률법	AAR > 목표이익률	최고 AAR의 투자안
순현가법	NPV > 0	최고 NPV의 투자안
내부수익률법	IRR > r	최고 IRR의 투자안
수익성지수법	PI > 1	최고 PI의 투자안

또, 경제성 평가에서 중요하게 고려해야 하는 세 가지 주요 특징, 즉 현금흐름, 화폐의 시가가치, 기업가치의 극대화 여부로 위 다섯 가지 평가방법을 비교해 보면 다음과 같다.

(표 9-10) 투자안의 경제성 평가방법의 비교

분석방법	모든 현금흐름 고려	화폐의 시간가치	기업가치 극대화
회수기간법	X	X	X
회계적이익률법	X	X	X
순현가법	O	O	O
내부수익률법	O	O	X
수익성지수법	O	O	X

결론적으로, 순현가법만이 투자자의 부의 극대화, 즉 기업가치 극대화라는 기업의 목표에 부합되는 평가방법이다. 따라서 순현가법이 가장 합리적인 투자안 평가방법이라 할 수 있다.

<제 4 절> 순현가법과 내부수익률법의 비교

1. 단일 또는 독립적 투자안의 평가

할인모형인 순현가법과 내부수익률법은 화폐의 시간가치를 고려하고 있다는 점에서 비할인모형인 회수기간법이나 회계적이익률법보다 우수한 투자안 평가방법이다. 하지만 순현가법과 내부수익률법의 결과가 다르게 나올 경우에는 둘 중 하나를 선택해야 하는 문제가 생긴다. 그렇지만 단일 또는 독립적 투자안의 평가라면 이러한 문제도 생기지 않는다. 왜냐하면, 단일 또는 독립적 투자안의 경우에는 상호비교나 순위를 매길 이유가 없고 단지 각 투자안 자체의 투자가치 유무만 판단하면 되기 때문이다. 이런 목적을 위해서는 순현가법이든 내부수익률법이든 모두 유용하기 때문이다.

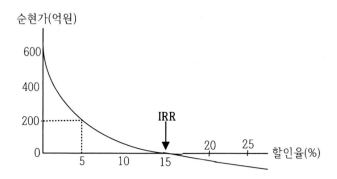

(그림 9-3) 순현가와 내부수익률법의 비교

위 (그림 9-3)에서 볼 수 있는 바와 같이, 할인율이 5%일 때, NPV가 0 보다 크기 때문에 이 투자안을 채택하게 되고, IRR 역시 5%보다 큰 15% 이므로 채택하게 된다. 할인율이 IRR(15%) 미만이면 채택 조건인데, 이 경우에는 NPV 역시 모두 0보다 크게 되어 채택 조건을 만족시키게 된다. 반대로 할인율이 IRR(15%)을 초과하게 되면 기각하게 되는데, 이때는 NPV도 0 미만이어서 역시 기각 조건이 된다.

2. 상호배타적인 투자안의 평가

둘 이상의 투자안들이 상호배타적인 경우에는 순현가법과 내부수익률법의 결과가 다를 수 있다. 투자안들의 투자규모가 너무 차이가 크게 나거나 투자안의 내용연수가 다르거나 미래 현금흐름의 형태가 크게 다를 경우 평가방법에 따라 다른 결과가 나타날 수 있다. 투자 규모의 차이에 대해서는 수익성지수법을 설명할 때 이미 예를 들어 설명하였으므로 생략하고, 내용연수, 즉 두 투자안의 투자수명이 다른 경우와 미래 현금흐름의 형태가 다른 경우에 대해 차례대로 살펴보기로 하자.

만일 다음과 같이 투자수명이 다른 두 투자안이 있다고 가정해 보자.

〈표 9-11〉 상호배타적인 두 투자안의 평가 결과

투자안	현금흐름(억원)				NPV (r=12%)	IRR (%)
	0년	1년	2년	3년		
X	-200	300			67.9	50
Y	-200			400	84.7	26

위 표와 같이 두 투자안 X와 Y 모두 순현가가 0보다 크고, 내부수익률 또한 할인율 12%보다 둘 다 크기 때문에, 만일 두 투자안이 독립적이라면 두 투자안 모두 투자할 가치가 있다고 평가하게 된다. 그러나 두 투자안이 상호배타적이라면, 내부수익률법의 결론과 순현가법의 결론이 달라진다. 내부수익률법에 따르면 투자안 X의 IRR이 투자안 Y보다 크므로 투자안 X 가 더 낫고, 순현가법에 따르면 순현가가 더 높은 투자안 Y가 더 낫다는 결론에 이르게 된다.

이상과 같이 순현가법과 내부수익률법의 결과가 다르게 되는 결정적인 원인은 투자안으로부터 발생하는 현금유입을 어떤 수익률로 재투자하느냐 에 대한 암묵적인 가정이 서로 다르기 때문이다. 순현가법에서는 투자안 평가에 사용되는 할인율로 재투자될 수 있다고, 내부수익률법에서는 투자 안의 내부수익률로 재투자될 수 있다고 가정한다. 재투자수익률을 높게 가 정하는 경우는 재투자수익률을 낮게 가정하는 경우보다 시기가 빠른 현금 유입을 상대적으로 더 높게 평가하고 시기가 늦은 현금유입을 상대적으로 더 낮게 평가하기 때문에, 내부수익률법에 의하면 투자 초기에 현금유입이 있는 투자안 X가 더 나은 투자안으로 평가받게 된다.

그렇다면 두 평가방법의 결론이 다른 경우에는 어떻게 해야 할까? 이론 적으로나 실무적으로 더 우수한 평가방법이라고 알려진 순현가법의 결론을 따르는 것이 합리적이고 또 일반적이다. 내부수익률법은 몇 가지 문제점, 즉 단점들을 지니고 있기 때문인데, 이하에서 이에 대해 자세히 살펴보자.

3. 내부수익률법의 단점

(1) 비합리적인 재투자수익률 가정

내부수익률법에서는 투자안으로부터 미래에 창출될 현금흐름이 내부수익률로 재투자된다고 보는데, 이는 현재의 투자안과 동일한 투자기회가 미래에도 계속 반복될 수 있을 경우에만 가능하다. 그렇지만 글로벌 시장에까지 확대된 치열한 경쟁 상황에서, 더군다나 변화의 속도가 너무 빨라 불확실성 수준이 그 어느 때보다도 높은 작금의 시장 상황에서 동일한 투자기회가 반복되기는 극히 어렵다. 그러므로 채택 가능한 투자안의 경우, 할인율보다 높은 내부수익률로 현금유입액이 재투자될 가능성도 낮아진다. 따라서 순현가법처럼 자본비용으로 볼 수 있는 할인율로 현금유입액이 재투자된다고 가정하는 것이 합리적이다.

(2) 각 기간마다 할인율이 다를 경우 비교 불가

할인율이 변경되는 상황이라면, 그 결과 각 기간마다 할인율이 다르게 된다면, 투자안의 현금흐름을 대상으로 산정한 내부수익률과 할인율을 비교하여 투자의사결정을 하는 내부수익률법에서는 여러 기간의 다양한 할인율 중 어떤 할인율과 비교해야 타당한가 하는 문제가 발생하게 된다. 그렇지만 순현가법에서는 각 기간마다 다른 할인율을 적용하여 순현가를 산출할 수 있다.

(3) 가치가산의 원칙 적용 불가

여러 투자안을 결합시킨 투자평가를 할 때, 내부수익률법은 각 투자안의 내부수익률을 구하여 합산하거나 가중평균하는 방법을 취할 수 없다. 따라서 결합 가능한 여러 투자안을 다양한 방법으로 묶어 여러 가지 경우를 만든 후 각 경우에 대해 별도로 내부수익률을 산출한 후 가장 좋은 결합 투자안을 채택해야 하는 번거로움이 따르게 된다.

예를 들어, 투자안 A의 내부수익률은 10%이고, 투자안 B의 내부수익률은 15%이고, 투자안 C의 내부수익률은 20%라고 할 때, 투자안 A와 B를 결합한 투자안 A+B의 내부수익률이 10%+15%=25%가 되거나 두 투자안의 평균인 (10%+15%)/2=12.5%가 되는 것도 아니다. 그러므로 투자안 A와 B를 결합할지, 투자안 A와 C를 결합할지, 투자안 B와 C를 결합할지, 아니면 투자안 A와 B와 C를 모두 결합할지는 각 경우의 투자안을 먼저 만든 후 각 결합투자안의 현금흐름으로 내부수익률을 다시 산출하여 비교해야 한다.

하지만, 순현가법에서는 각 투자안의 순현가를 그냥 합산하기만 하면 되는데, 이를 가치가산의 원칙이라고 한다. 예를 들어, 투자안 A의 순현가는 1억원이고, 투자안 B의 순현가가 2억원이고, 투자안 C의 순현가가 3억원이라고 할 때, 투자안 A와 B를 결합한 투자안 A+B의 순현가는 1억+2억=3억원이 되고, 투자안 A와 C를 결합한 투자안 A+C의 순현가는 1억+3억=4억원이 되며, 투자안 A와 B와 C를 모두 결합한 투자안 A+B+C의 순현가는 1억+2억+3억=6억원이 되어 각 결합투자안을 비교하기가 편리하다.

그럼에도 불구하고 내부수익률법이 실무에서 많이 활용되고 있는 것은, 기준이 애매한 금액보다는 직관적인 비율로 투자 수익성을 판단하는 것이 더 편하다고 느끼는 의사결정자가 많기 때문이다. 만일 내부수익률이 매우 큰 값으로 산출되면 정확한 할인율을 정하기 어렵더라도 합리적인 수준의 할인율을 어림치로 잡아 쉽게 비교하고 의사결정을 하면 되기 때문이다. 사실, 자본비용 또는 요구수익률에 해당하는 할인율을 정확하게 추정하는 일은 복잡하고 힘들기 때문이다.

\<제 5 절\> 위험과 자본예산

오늘날 기업의 경영환경은 안팎으로 많은 위험에 직면해 있고, 끊임없이 그런 환경을 극복하며 생존해야만 한다. 의사결정자 입장에서 위험의 존재는 곧 불확실성 상황이라고 할 수 있다. 이러한 미래의 불확실성은 요구수익률이나 기대 현금흐름을 변화시키고, 자본예산 의사결정자는 달라지는 상황에 맞게 새로운 의사결정을 해야 하는 상황이 된 것이다. 다시 말해, 자본예산 의사결정도 환경의 불확실성을 충분히 고려하면서 이루어져야 바람직한 결정에 이를 수 있다는 의미이다.

1. CAPM과 위험조정할인율

순현가법에서 미래 현금흐름을 현재가치로 환산할 때 사용되는 할인율은 자본비용의 의미도 있지만 투자자가 요구하는 최소한의 기대수익률이기도 하다. 하지만 이 요구수익률에는 그 투자안에 내재되어 있는 위험의 정도가 반영된다. <하이 리스크 하이 리턴>(high risk high return)이라는 말처럼 투자안에 내재된 위험이 커질수록 투자자는 더 높은 수익률을 기대하고, 위험이 낮을 경우에는 그만큼 낮은 기대수익률을 요구하게 된다. 결국, 순현가를 구할 때 사용하는 분모의 할인율은 그 투자안에 내포된 위험까지 고려하여 정해지는데, 이와 같이 위험이 조정된 할인율을 위험조정할인율(risk-adjusted discount rate)이라고 한다.

그렇다면 적절하게 위험이 반영된 위험조정할인율은 어떻게 구할 수 있을까? 제5장에서 이미 설명한 자본자산가격결정모형(CAPM)을 사용하여 다음과 같이 추정할 수 있다.

$$E(r_i) = r_f + [E(r_M) - r_f]\beta_i \tag{9-17}$$

이 모형으로부터 추정한 $E(r_i)$는 투자자가 그의 자금을 이 투자안에 투자하지 않고 위험의 수준이 비슷한 다른 투자안에 투자했을 때 요구하는 최소한의 수익률을 뜻한다. 한편 $E(r_i)$은 자금을 조달하여 사용하는 기업의 입장에서 보면, 자금 사용의 대가로 투자자에게 지급해야 하는 비용이므로 곧 자본비용(cost of capital)이 된다. 결국, 투자안의 평가에 사용되는 할인율은 요구수익률, 기회비용, 자본비용과 같은 의미가 됨을 알 수 있다.

식 (9-17)을 통해 알 수 있듯이 할인율은 투자안의 위험에 비례하여 커지기 때문에 위험이 반영된 할인율이라고 하는 것이다. 만일, ㈜K의 무위험이자율이 3%, 시장수익률이 10%, 시장위험프리미엄에 대한 민감도를 의미하는 β_i가 2.0이라면, ㈜K의 할인율은 다음과 같이 산출할 수 있다.

$$E(r_k) = 3 + [10-3] \times 2.0 = 17\%$$

㈜K가 새롭게 추진하기 위해 검토 중인 투자안의 현금흐름이 다음과 같고, 그것의 경제성 평가를 순현가법으로 진행하게 된다면 ㈜K는 위에서 구한 할인율을 적용하여 다음과 같이 순현가를 산출할 수 있다.

연도	0	1	2	3
현금흐름(억원)	-500	300	200	200

NPV = {300억/(1+0.17)} + {200억/(1+0.17)² + {200억/(1+0.17)³} - 500억
= 527억 - 500억 = 27억원

위 투자안은 순현가가 0보다 크므로 결국 채택되게 될 것이다. 하지만 ㈜K가 위 투자안의 평가에 사용한 위험조정할인율은 다음과 같은 두 가지 조건이 만족될 경우에 한하여 타당하게 된다.

첫째로, 새로운 투자안의 β_i는 ㈜K의 기존 β_i와 동일하다. 다시 말해, 새로운 투자안이 지닌 위험의 정도가 회사가 이미 추진해 오고 있는 기존 사업의 위험 수준과 같거나 거의 유사하다.

둘째로, CAPM은 결국 비체계적 위험은 제거된다고 보고 시장위험인 체계적 위험에 대한 요구수익률을 구하는 모형이므로 CAPM의 위험조정할인율 적용이 적합해지려면 새로운 투자안의 자금조달은 부채 없이 100% 자기자본으로 조달되어야 한다.

위의 두 조건을 충족시키지 못하는 투자안이라면, 투자안의 순현가 산출에 적용될 위험조정할인율은 투자안의 특징과 성격에 맞는 방법으로 산출되어야만 한다.

2. 영업위험과 할인율

영업위험(operating risk)은 기업의 고유한 특성, 특히 영업활동의 특성에 따라 발생하는 위험이다. 영업위험은 부채의 사용 여부와 상관없는 위험으로서 주로 업종의 특성이나 시장 경쟁의 심화와 같은 다양한 요인으로 인한 위험이다. 예를 들어 통신업은 위험이 상대적으로 작고 건설업은 상대적으로 위험이 크다고 보는 것은 업종의 특성에 근거를 둔 것이다.

만일, 앞에서 제시한 두 가지 조건 가운데 첫 번째 조건의 내용인 "새로운 투자안이 지닌 위험의 정도가 회사가 이미 추진해 오고 있는 기존 사업의 위험 수준과 같거나 거의 유사하다"는 것은 바로 새로운 투자안의 영업위험이 기존 사업의 영업위험과 같거나 거의 유사하다는 것이다.

기업의 기존 영업위험은 새로운 투자안의 영업위험과는 다를 수 있다. 만일, 앞에서 예를 든 ㈜K가 전자제품을 생산하여 판매하는 기업인데, 통신업에 진출한다면, 기존 회사와 새 투자안의 영업위험은 다를 수밖에 없다. 그러할 경우 양자의 체계적 위험은 다르게 된다.

앞에서 ㈜K의 베타(β)는 2.0이었으며, 이를 이용해 증권시장선상에서 구한 ㈜K 주식의 기대수익률은 17%였다. 이 기대수익률을 새 투자안에 대한 할인율로 그대로 사용할 수 없는 것은, 전자제품 제조업의 영업위험과 통신업의 영업위험이 다르기 때문이다. 예를 들어, 통신업의 체계적 위험인 β가 1이라고 하면. 새 투자안의 기대수익률은 3+(10-3)×1=10%가 된다. 이때는 ㈜K가 투자 주체가 되지만, 통신업에 투자할 때의 할인율은 ㈜K 주식의 기대수익률인 17%가 아니라 통신업의 기대수익률인 10%여야 하는 것이다.

따라서 투자안의 경제성 평가에 사용하는 할인율은 투자 결정을 하는 주체의 할인율이 아닌 새로운 투자대상, 즉 새 투자안의 기대수익률이라는 사실을 잊지 말아야 한다.

3. 재무위험과 할인율

앞에서 예를 든 ㈜K가 투자자금 500억원을 자기자본만으로 조달하는 경우의 위험과 일부 타인자본을 사용하는 경우의 위험은 다를까? 만일 타인자본 사용으로 인해 위험이 증가한다면 그만큼 할인율을 추가로 조정해 줄 필요가 있다.

　기업의 타인자본 조달에는 이자라는 비용이 수반되어야 하는데, 이로 인해 주주들이 추가로 부담하게 되는 위험이 재무위험(financial risk)이다. 다시 말해, 일부 타인자본을 사용하게 되면 주주들은 영업위험뿐만 아니라 재무위험까지 부담하게 된다. 따라서 순현가를 구하기 위해 사용되는 할인율에는 영업위험뿐만 아니라 재무위험까지 반영되어야 한다. 자본비용으로서의 할인율이기 때문에 타인자본비용과 자기자본비용을 함께 고려한 요구수익률을 투자안의 할인율로 사용해야 하는 것이다.

　자기자본비용과 타인자본비용에 대해서는 이미 제8장에서 자본구조이론을 다루면서 설명하였으므로 더 이상의 설명은 생략하기로 한다.

<연습문제>

(1) 기업의 자본관리에 대한 설명으로 맞지 않은 것은? ( )
 1. 기업에서 자본은 순환 주기에 따라 단기자본과 장기자본으로 구분할
   수 있다.
 2. 비유동자산과 같이 내용연수가 긴 자산 구입에 소요되는 자금은 투자
   후 장기간 자금이 동결되므로 장기자본에 해당된다.
 3. 현금, 예금, 매출채권, 재고자산 등은 1년 이내에 다시 회수되어 영업
   활동에 소요되기 때문에 단기자본이라 할 수 있다.
 4. 비유동자산이나 투자자산에 대한 투자는 장기간 자금이 그 자산에
   묶이는 경우여서 투자금 회수의 불확실성은 크지만 기업의 유동성에는
   긍정적인 영향을 끼친다.

(2) 자본예산의 의미로서 적합한 것은? ( )
 1. 내용연수가 1년 이상인 장기성 자산이나 투자자산에 대한 투자의사결정
 2. 유동자산의 취득에 소요되는 자금의 조달과 운용에 관한 의사결정
 3. 운전자본의 조달과 운용에 관한 의사결정
 4. 미래의 현금유입이 1년 이내에 끝나는 경상적 지출에 대한 의사결정

(3) 다음 설명 중 적절하지 않은 것은? ( )
 1. 내용연수가 1년 이상인 자산은 고가이고, 한번 취득하면 쉽게 처분
   하기도 곤란하기 때문에 기업의 수익성에 영향을 끼치고 기업가치에
   변화를 초래하기도 한다.
 2. 기계시설, 차량운반구 등과 같은 영업활동에 사용할 자산을 구입하는데
   소요되는 자금의 조달과 운용에 관한 의사결정을 운전자본관리라고 한다.
 3. 장기 투자는 그 효과도 장기적으로 나타나는 경우가 많다.
 4. 장기 투자로 인한 위험도 감수해야 하기 때문에 자본예산은 기업의
   의사결정 중 가장 중요하고 쉽지 않은 부분이라 할 수 있다.

(4) 다음 자본예산에 관한 설명 중 부적합한 것은? ( )

1. 자본예산의 주된 과제는 투자안에 대한 적합한 가치평가를 통해 투자 여부에 대한 의사결정을 하는 것이다.
2. 자본예산에는 투자목적의 설정, 투자대상의 선정, 현금흐름의 측정, 투자안의 경제성 분석, 자금조달 계획 등의 활동들이 포함된다.
3. 합리적인 투자를 위해서는 기업 내적 요인과 더불어 기업 외적 요인에 대한 거시적인 분석도 동시에 이루어져야 한다.
4. 재무관리에서의 자본예산은 넓은 의미의 자본예산이라고 할 수 있다.

(5) 지출 규모가 대단위이고 그 효과가 1년 이상의 장기인 지출은? (   )
 1. 수익적 지출   2. 자본적 지출   3. 고정적 지출   4. 경상적 지출

(6) 좁은 의미의 투자예산 수행과정이라고 볼 수 없는 것은? (   )
 1. 장기적인 경제전망   2. 투자안의 예상 현금흐름 추정
 3. 투자목적 설정   4. 투자안의 경제성 평가

(7) (포괄)손익계산서에 표시되는 당기순이익과 실질적인 현금흐름 간에 차이가 발생하는 이유로 가장 부적합한 것은? (   )
 1. (포괄)손익계산서의 수익과 비용 항목 중에는 실제 현금 수입이나 지출이 없는 항목이 들어 있다.
 2. 자산의 증가와 자산의 감소로 표시되는 비유동자산의 구매와 그에 대한 현금 대가 지급은 당기순이익에 전혀 영향을 미치지 못한다.
 3. 현금주의 회계원칙으로 인해 기업이 창출한 이익과 실제 현금흐름이 달라질 수 있다.
 4. 당기순이익은 유동자산에서 유동부채를 차감한 값인 순운전자본의 변동을 고려하지 못한다.

(8) 투자안의 경제성 평가에 대한 설명 중 가장 적절한 것은? (   )
 1. 회계적 이익인 당기순이익에 기초해야 한다.
 2. 경제적 실질보다는 회계기준 준수가 중요하다.
 3. 현금의 유입과 유출을 정확하게 파악할 필요가 있다.

4. 미래의 순이익을 할인하여 현재가치를 구하는 것이다.

(9) 현금흐름을 증분기준으로 추정할 때 고려하지 않아도 되는 것은? (   )
 1. 어떤 투자안을 선택하는 경우와 선택하지 않는 경우의 현금흐름의 차이
 2. 기회비용   3. 기업의 다른 부분에 미치는 부수효과   4. 매몰비용

(10) 투자안의 경제성 평가에서 말하는 독립평가의 원칙에 대한 설명으로
    부적절한 것은? (   )
 1. 독립평가의 원칙은 회사와는 별도로 해당 투자안과 관련된 증분현금
    흐름만을 분석하고 평가해야 한다는 것이다.
 2. 기업 전체의 현금흐름을 추정할 때도 독립의 문제가 발생한다.
 3. 특정 투자안이 없었더라면 지출되지 않았을 비용이라면 그 비용은
    관련되는 투자안의 증분비용에 포함되어야 한다.
 4. 독립평가의 원칙에서는 각 개별 투자안 자체를 하나의 작은 기업으로
    본다.

(11) 현금흐름 추정 시의 고려사항으로 볼 수 없는 것은? (   )
 1. 비현금비용에 대한 세금효과가 현금흐름 산출 시에는 다시 고려되어야
    한다.
 2. 순운전자본에 대한 투자는 현금흐름에 영향을 주므로 자본예산 분석
    에서 중요하다.
 3. 법인세는 정해진 기한까지 신고도 하고 실제로 현금을 세무당국에
    납부도 해야 하는 금액으로 현금유출이지만 그 발생시기와 납부시기가
    다를 수 있다.
 4. 금융비용(이자비용과 배당금)은 실제로 현금의 지출이 이루어지므로
    현금유출로 처리해야 한다.

(12) 현금흐름 추정 시 구체적으로 고려할 사항에 해당하지 않는 것은? (   )
 1. 세금절감 효과   2. 매몰비용   3. 법인세   4. 금융비용

(13) 투자안의 현금흐름을 구성하는 요소라고 볼 수 없는 것은? (   )
 1. 매출채권   2. 영업현금흐름   3. 순자본지출   4. 순운전자본의 변동분

(14) 순자본지출이란 무엇인가? (   )
 1. 유동자산의 매입으로 인한 현금유출에서 유동자산의 매각으로 인한
    현금유입을 차감한 것
 2. 비유동자산의 매입으로 인한 현금유출에서 비유동자산의 매각으로
    인한 현금유입을 차감한 것
 3. 투자자산 투자로 인한 현금유출에서 투자금 회수로 인한 현금유입을
    차감한 것
 4. 각종 비용으로 인한 현금유출에서 영업외수익으로 인한 현금유입을
    차감한 것

(15) 순운전자본이란 무엇인가? (   )
 1. 유동자산에서 유동부채를 차감한 것
 2. 비유동자산에서 비유동부채를 차감한 것
 3. 수익에서 비용을 차감한 것
 4. 매출채권에서 매입채무를 차감한 것

(16) 투자기간에 따른 순현금흐름에 대한 설명으로 부적합한 것은? (   )
 1. 매출은 일반적으로 정상 영업 기간 동안 매년 발생한다.
 2. 투자세액공제는 투자가 이루어지는 첫해와 세액공제를 받는 기간에만
    발생한다.
 3. 잔존가치는 마지막 기간에만 발생한다.
 4. 감가상각비는 특별한 일이 없는 한 매년 발생한다.

(17) 정상영업기간의 순현금흐름 추정 시 고려하지 않아도 되는 것은? (   )
 1. 잔존가치   2. 세후(현금유입-현금유출)
 3. 감가상각비 절세효과   4. 순운전자본의 변동분

(18) 투자기간의 마지막 기간에 발생하는 현금흐름이라고 볼 수 없는 것은?
  (   )
 1. 투자로 인한 현금유출   2. 정상 영업 기간의 현금흐름
 3. 자산의 잔존가치   4. 순운전자본의 회수로 인한 현금유입

(19) 바람직한 투자안의 경제성 평가방법의 기준이라고 할 수 없는 것은?
  (   )
 1. 화폐의 시간가치를 고려해야 한다.
 2. 측정된 모든 현금흐름을 고려하되, 위험이 적절히 반영되어야 한다.
 3. 기업가치 극대화 목표와 일치해야 한다.
 4. 현금흐름보다는 회계적 이익이 우선시 되어야 한다.

(20) 여러 투자안은 그 성격과 상호관계에 따라 몇 가지 종류로 분류되는
  데, 다음 중 그러한 투자안의 종류로 볼 수 없는 것은? (   )
 1. 독립적 투자안   2. 상호보완적 투자안
 3. 상호배타적 투자안   4. 종속적 투자안

(21) 다음 투자안의 경제성 평가방법 중 전통적 방법이라고 볼 수 있는
  것은? (   )
 1. 회수기간법   2. 순현재가치법   3. 내부수익률법   4. 수익성지수법

(22) 다음 투자안의 경제성 평가방법 중 할인모형이 아닌 것은? (   )
 1. 순현재가치법 2. 내부수익률법 3. 회계적이익률법 4. 수익성지수법

(23) 투자안의 경제성 평가방법 중 화폐의 시간가치를 고려하지 않는
  방법은? (   )
 1. 순현재가치법   2. 회계적이익률법   3. 내부수익률법   4. 수익성지수법

(24) 회수기간법에 대한 설명으로 맞지 않은 것은? (   )
 1. 회수기간이란 투자 후 투자에 소요된 모든 투자금을 회수하는데

걸리는 기간을 말한다.
2. 독립적인 투자안의 경우 투자안의 회수기간이 기업에서 정한 목표
   회수기간보다 짧으면 투자안을 채택하고, 길면 투자안을 기각한다.
3. 상호배타적인 투자안의 경우 투자안의 회수기간이 목표 회수기간보다
   가장 긴 투자안만 채택한다.
4. 회수기간법의 단점으로는 화폐의 시간가치 무시, 회수기간 이후의
   현금흐름 무시, 자의적인 목표 회수기간 결정 등을 들 수 있다.

(25) 투자안의 경제성 평가방법 중 회수기간법의 장점이 아닌 것은? (   )
 1. 화폐의 시간가치 고려   2. 매우 간단
 3. 현금흐름(CF)의 불확실성 조기 제거   4. 진부화 위험 경감

(26) 화폐의 시간가치를 무시하는 회수기간법의 단점을 보완한 경제성
   평가 방법은? (   )
 1. 할인회수기간법   2. 순현재가치법   3. 내부수익률법   4. 수익성지수법

(27) 회계적이익률법에 대한 설명으로 바람직하지 않은 것은? (   )
 1. 회계적이익률법은 투자로 인하여 나타나는 장부상의 (세후)연평균
   순이익을 연평균투자액으로 나눈 비율이다.
 2. 독립적인 투자안일 경우, 회계적이익률법의 의사결정 기준은 각
   투자안의 회계적이익률이 기업의 목표 회계적이익률보다 클 때는 각
   투자안을 채택하고 작을 때는 기각하는 것이다.
 3. 상호배타적인 투자안일 경우, 회계적이익률법의 의사결정 기준은 여러
   투자안 중 우선 회계적이익률이 기업의 목표 회계적이익률보다 큰
   투자안들을 찾아내고, 그 중에서도 회계적이익률이 가장 높은
   투자안을 최종적으로 채택하면 된다.
 4. 회계적이익률법의 단점은 미래의 예상 현금흐름을 직접 반영하지 않고
   회계적 이익을 분석대상으로 한다는 점과 목표 회계적이익률의 결정이
   자의적일 수 있다는 점이지만, 화폐의 시간가치를 고려하지 않아도
   되는 점은 큰 장점이다.

(28) 상호배타적인 세 투자안 A, B, C의 초기 투자액은 모두 4억원으로 동일하고, 예상 세후순이익이 다음과 같을 때, 회계적이익률법으로 평가하여 채택될 투자안을 고르시오. (목표 회계적이익률은 20%로 가정) (   )

구분	연도 말	A안	B안	C안
(세후) 순이익	Y_1	2,000만원	6,000만원	8,000만원
	Y_2	6,000만원	6,000만원	5,000만원
	Y_3	1,900만원	6,000만원	8,000만원

1. A   2. B   3. C   4. 모두 기각

풀이 우선, 각 투자안의 연평균투자액은 총투자액 4억원을 2로 나누면 되므로 각 2억원이 된다. 다음으로, 각 투자안의 (세후)연평균순이익은 다음과 같이 산출된다.

A안 : (2,000+6,000+1,900) ÷ 3 = 3,300만원
B안 : (6,000+6,000+6,000) ÷ 3 = 6,000만원
C안 : (8,000+5,000+8,000) ÷ 3 = 7,000만원

따라서, 각 투자안의 회계적이익률은 다음과 같게 된다.

A안 : 3,300만 ÷ 2억 = 0.165 = 16.5%
B안 : 6,000만 ÷ 2억 = 0.3 = 30%
C안 : 7,000만 ÷ 2억 = 0.35 = 35%

결국, 목표 회계적이익률보다 예상 회계적이익률이 더 큰 B와 C 중 가장 큰 C를 최종 채택하고, A와 B는 기각한다.

(29) 순현재가치법에서 현재가치 산출을 위해 사용하는 할인율에 대한 설명으로 부적절한 것은? (   )
 1. 적절하게 위험이 반영된 위험조정할인율이며, 자본자산가격결정모형으로 추정할 수 있다.

2. 기업 입장에서 보면 타인자본조달비용에 해당된다고 할 수 있다.

3. 투자결정 주체의 할인율이 아닌 새로운 투자안의 기대수익률이다.

4. 현재의 시장상황 등을 고려해서 적용하는 할인율이라고 할 수 있다.

(30) 순현재가치법의 의사결정 기준으로 맞지 않은 것은? (　　)

 1. 독립적인 투자안의 경우 순현가가 0보다 크면 투자가치가 있는 것으로
    보고 채택하게 된다.

 2. 상호배타적인 투자안들이라면 순현가가 0보다 큰 투자안 중 순현가가
    가장 작은 투자안을 채택하게 된다.

 3. 산출된 순현가 자체가 기업가치의 증감을 의미하게 되고, 기업가치
    증감에 대한 정보에 근거해 의사결정을 하게 된다.

 4. 각 투자안의 순현재가치를 가산한 가치로도 의사결정을 할 수 있다.

(31) 순현재가치법에서 현재가치 산출을 위해 사용되는 적정할인율의 의미에
    해당하지 않는 것은? (　　)

 1. 공정할인율　　2. 최적요구수익률　　3. 위험조정수익률　　4. 자본비용

(32) 기업가치 극대화 목표와 일치하여 가장 우수한 투자안의 경제성 평가
    방법이라고 인정받는 것은? (　　)

 1. 회계적이익률법　2. 순현재가치법　3. 수익성지수법　4. 내부수익률법

(33) 내부수익률법의 단점이라고 볼 수 없는 것은? (　　)

 1. 비합리적인 재투자수익률 가정　　　　2. 가치가산의 원칙 적용 불가

 3. 각 기간마다 할인율이 다를 경우 비교 불가

 4. 할인율과 내부수익률을 비교함으로써 위험 고려 가능

(34) 투자안의 현금유입의 현가와 현금유출의 현가를 같게 만드는
    할인율은? (　　)

 1. 회계적이익률　2. 최적요구수익률　3. 위험조정수익률　4. 내부수익률

(35) 수익성지수법에 대한 설명으로 부적합한 것은? (   )
 1. 수익성지수란 투자로 인해 발생하는 미래 현금유입의 현가를 현금유출
    의 현가로 나눈 비율을 말한다.
 2. 독립적인 투자안이나 단일 투자안의 경우, 수익성지수가 1보다 크면
    채택되고 1보다 작으면 기각된다.
 3. 상호배타적인 투자안이라면 수익성지수가 1보다 큰 투자안 중 가장 큰
    투자안을 채택하게 된다.
 4. 상호배타적인 투자안들이라면 투자 규모에 관계없이 수익성지수법과
    순현가법의 평가결과가 같게 된다.

(36) 다음 중 재투자 수익률 가정에 대한 설명으로 맞지 않은 것은? (   )
 1. 투자안으로부터 미래에 창출될 현금흐름은 자본비용으로 볼 수 있는
    할인율보다 내부수익률로 재투자된다고 가정하는 것이 합리적이다.
 2. 순현가법에서는 투자안으로부터 발생하는 현금유입을 투자안 평가에
    사용되는 할인율로 재투자될 수 있다고 가정한다.
 3. 내부수익률법에서는 투자안으로부터 발생하는 현금유입을 투자안의
    내부수익률로 재투자될 수 있다고 가정한다.
 4. 투자안으로부터 미래에 창출될 현금흐름이 내부수익률로 재투자되기
    위해서는 현재의 투자안과 동일한 투자기회가 미래에도 계속 반복될 수
    있을 경우에만 가능하다.

(37) 독립적 투자안의 경제성 평가방법에서 투자안의 채택 기준으로
    부적합한 것은? (   )
 1. 회수기간 < 목표회수기간   2. 순현재가치 > 0
 3. 내부수익률 < 최소 요구수익률   4. 수익성지수 > 1

정답 : (1~15) 4, 1, 2, 4, 2 / 1, 3, 3, 4, 2 // 4, 2, 1, 2, 1 /
    (16~30) 4, 1, 1, 4, 2 // 1, 3, 2, 3, 1 / 1, 4, 3, 2, 2 //
    (31~37) 1, 2, 4, 4, 4 // 1, 3

제 9 장

장기자본조달

<제 1 절> 금융시장의 이해

기업이 투자의사결정을 하게 되면, 그 투자에 소요되는 자금조달 문제가 발생한다. 기업은 자금의 규모뿐 아니라 자금이 필요한 기간에 따라 장기자금조달 또는 단기자금조달에 대한 의사결정도 해야 하고 또 구체적인 조달 방법에 대한 의사결정도 해야 한다.

하지만 기업의 자금조달은 금융시장을 통해 이루어진다. 그러므로 우선 금융시장에 대한 기본적인 이해가 필요하다.

1. 금융시장의 유형

금융시장은 금융상품의 특성, 거래방법 등을 기준으로 여러 유형으로 분류할 수 있다. 우선 분류의 규모에 따라 광의의 금융시장과 협의의 금융시장으로 나눌 수 있다. 기업의 자금조달은 주로 협의의 금융시장을 중심으로 이루어진다. 이해를 돕기 위해 그림으로 금융시장의 구조를 살펴보면 다음과 같다.

(그림 10-1) 금융시장 구조

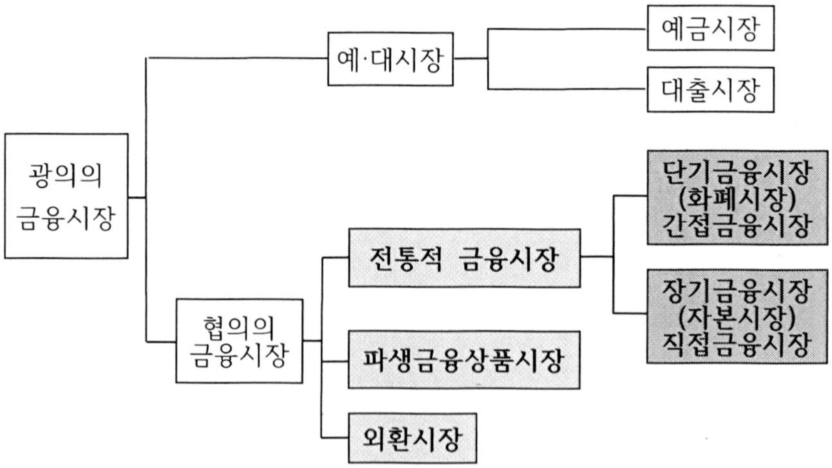

기업은 예·대시장을 포함하는 광의의 금융시장과 폭넓게 거래를 하지만, 주로는 협의의 금융시장, 그중에서도 대개는 전통적 금융시장, 즉 화폐시장과 자본시장을 통해 단기자금과 장기자금을 조달한다. 따라서 화폐시장과 자본시장을 조금 더 상세히 살펴보면 도움이 되는데, 역시 그림으로 표현하면 선명하게 이해될 수 있다.

(그림 10-2) 전통적 금융시장

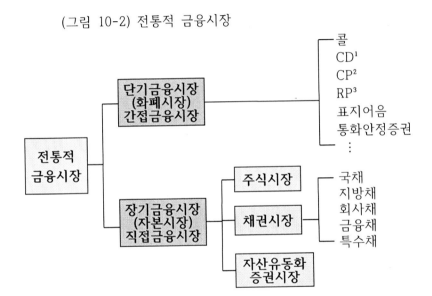

[1] CD: Certificate of Deposit(양도성예금증서)
[2] CP: Commercial Paper(기업어음)
[3] RP: Repurchase Agreement(환매조건부채권)

사실 자본시장은 증권시장과 보험시장으로 구별되기도 하는데, 기업의 장기자본조달과 직접 관련 있는 시장은 증권시장이므로 위 그림에는 증권시장만 표시하였다.

한편, 1년 미만의 단기금융상품들을 취급하는 화폐시장에서 콜시장(call market)은 금융기관들이 일시적인 자금 과부족을 조절하기 위해 상호 간에 초단기로 자금을 차입 또는 대여하는 시장인데, 주로 전화로 거래가 이루어지기 때문에 콜시장(call market)이라고 부르고, 이때 수수되는 자금을 콜머니(call money), 적용되는 금리를 콜금리라고 한다.

CD는 양도성예금증서(certificate of deposit)의 약자인데, 은행의 정기예금에 양도성을 부여한 것이다. 은행이 발행하고 증권회사와 종합금융회사의 중개를 통해 매매되는데, 일반적인 예금통장과는 달리 무기명이며, 중도해지는 불가하나 양도를 통해 현금화가 가능하다. 다시 말해, 예금 개설자는 만기일 전이라도 은행, 증권회사, 종금사 등에 CD를 팔 수 있고, 이렇게 매입한 CD를 금융기관들은 일반고객에게 되팔 수 있다.

CP는 기업어음(commercial paper)의 약칭으로, 기업이 단기자금을 신속히 조달할 목적으로 자기신용을 바탕으로 발행하는 약속어음을 말한다. CP시장은 발행기업(issuers), 할인·매출기관(dealers), 매수기관(investors)으로 구성되는데, 할인·매출기관은 발행기업으로부터 할인 매입한 CP를 매수기관에 되팔아 매매차익을 얻고, 매수기관은 단기 여유자금의 운용수단으로 CP를 주로 활용한다. CP는 발행 절차가 간이하고, 금리도 당사자 간에 자유롭게 결정되고 보통은 은행 대출보다 유리하기 때문에 선호된다.

RP는 환매조건부채권(repurchase paper)을 말하는데, 주로 금융기관이 우량기업의 장기채권이나 국공채 등을 1~3개월 정도의 단기채권 상품으로 만들어, 만기에 원리금으로 되산다는 조건을 붙여 투자자에게 파는 채권이며, 이러한 거래를 RP거래(repurchase agreement)라고 한다. RP는 중도환매 시 불이익이 발생할 수는 있으나, 대부분 국채 또는 예금보험공사에서 보증하는 채권이어서 어느 정도까지는 안정성이 보장된다.

표지어음은 금융기관들이 기업의 어음을 할인 매수한 뒤 이 어음을 근거로 은행을 지급인으로 하는 자체 어음을 발행해 일반투자자에게 파는 어음을 말한다. 기업의 어음들은 발행기업의 사정에 따라 그 규모와 만기가 다양하기 때문에 금융기관들이 자금회수를 위해 그것들을 되파는 데 어려움이 뒤따른다. 그래서 판매가 용이하도록 일종의 표준화된 어음을 자체적으로 재발행한 것이다.

통화안정증권은 한국은행이 정책적 목적으로 발행하는 특별유통증권이다. 통화공급의 수축이 필요할 때는 통화안정증권법에 따라 통화안정증권을 발행하고, 통화공급의 증가가 필요할 때는 기발행된 통화안정증권을 환매하거나 만기 전에 상환하기도 한다.

이상과 같은 단기금융상품들은 화폐시장에서 거래되는데, 간접금융거래이므로 중개기관인 금융기관의 역할이 중요시된다. 고객이 맡긴 여유자금을 운용하는 주체가 은행과 같은 금융기관이고, 단기자본이 필요한 기업도 금융기관으로부터 조달받기 때문이다.

마지막으로 채권시장의 상품들은 국채, 지방채, 회사채 등과 같이 채권의 명칭 자체에 발행 주체가 들어가 있기 때문에 이해하기 쉬운데, 다만 특수채는 그러한 경우가 아니어서 설명을 덧붙일 필요가 있어 보인다. 특수채는 공공단체나 공적 기관 등 특별법에 의해 설립된 특별법인이 발행하는 채권을 말하는데, 한국도로공사채권, 한국가스공사채권, 한국전력공사채권, 서울특별시지하철공사채권, 기술개발금융채권, 예금보험공사채권, 리스회사의 무보증 리스채, 신용카드회사의 카드채, 벤처캐피털회사의 캐피털채권 등을 예로 들 수 있다.

2. 자본조달방법

기업이 새로운 투자나 운전자금 확보를 위해 필요한 자본을 조달하는 방법은 크게 1년 이내의 기간으로 조달하는 단기자본과 1년 이상으로 길게 조달하는 장기자본으로 나눌 수 있다. 그렇지만 재무관리에서 크게 관심을 가지는 부분은 자본시장에서 조달하는 장기자본이다. 화폐시장에서 거래되는 단기자본은 장기자본에 비해 거래가 빈번하게 이루어지고 유동성도 높으며 만기가 짧아 금리 변동 등으로 인한 손실 발생 위험도 상대적으로 낮기 때문이다.

그렇지만, 기업의 재무의사결정 담당자는 필요자금을 단기자본으로 조달할지, 장기자본으로 조달할지 1차적으로 의사결정을 해야 한다. 상황에 따라서는 장기자본의 안정성이 단기자본의 유동성보다 더 중요해질 때도 있고, 반대로 안정성보다는 유동성이 더 필요할 때도 있기 때문이다.

그 후에는 구체적으로 어떤 방법으로 조달할지, 즉 어떤 금융상품으로 조달할지 선택해야 한다. 단기자본조달 방법으로 가장 많이 선호되는 것은 기업어음(CP: commercial paper)의 발행이다. 국외거래, 특히 수입을 하는 업체의 경우에는 L/C(letter of credit: 신용장) 개설과 거래은행의 수입대금 선결제로 인해 일시적으로 단기차입금이 발생하기도 한다. 주거래은행과 당좌차월계약을 체결하면 일정한 한도까지 단기차입금을 언제든지 사용할 수 있는데, 기업에서 흔하게 사용하는 단기자본 조달방법이다.

장기자본은 자본시장, 그중에서도 증권시장을 통해 주로 조달한다. 가장 대표적인 것이 주식시장과 채권시장인데, 기업의 재무의사결정자는 자기자본(주식)과 타인자본(채권, 장기차입금 등)을 어떤 비율로 구성할 것인지부터 결정해야 한다. 그 후에 구체적인 자본조달 방법을 세밀하게 짜야 한다. 기업은 주식발행, 회사채발행, 전환사채나 신주인수권부사채와 같은 선택권부증권발행 등을 통해 장기자본을 조달하게 된다.

한편, 자본시장은 직접금융시장이다. 주식투자자들은 투자할 기업을 직접 선정해 해당 기업의 주식을 매수한다. 물론, 증권회사가 중개인 역할을 할 때도 있지만 이 경우 증권회사는 거래수수료를 받고 거래를 돕는 역할을 할 뿐이다.

다른 한편, 증권발행과는 다르지만, 장기자본을 조달하여 자산을 구입하는 대신 자산을 사용하면서 그 기간 동안 일정한 리스료를 지불하는 금융리스(financing lease)도 실질은 리스이용자가 구입자금을 차입하여 자산을 장기할부로 취득한 금융거래로 볼 수 있기 때문에 장기자본조달의 한 대안이 되고 있다.

3. 자본조달방법 선택 시 고려사항

자본조달 시 기업이 고려해야 할 가장 중요한 사항은 어떤 조달 방법이 가장 자본비용이 적게 드는가, 즉 가장 경제적인 조달 방법을 선택하는 것이다. 그렇지만 전사적 관점에서는, 그리고 장기적 관점에서는 자본비용 최소화가 곧 기업가치 극대화가 아닐 수도 있음을 또한 기억해야 한다. 왜냐하면, 자본조달, 특히 장기자본조달은 자본비용(cost of capital)뿐만 아니라 만기구조(maturity structure)와 위험구조(risk structure)도 동시에 고려해야 하기 때문이다.

만일, 회사가 투자하려고 하는 자산이 장기성이고 손익분기점 도달이 수년 뒤에나 가능한 경우인데도 단기자본 조달비용이 장기자본 조달비용보다 훨씬 저렴하다는 이유로 단기자본으로 조달한다면 자산의 현금흐름과 자본의 현금흐름 사이에 시간적 괴리가 생겨 기업의 불안정성이 높아지게 된다. 그러므로 자산의 현금흐름이 자본의 만기구조와 조화되도록 자본조달 방법을 선택해야 한다.

또 위험구조도 자본조달에서 꼭 고려해야 하는 사항이다. 신주인수권부사채(BW: bond with warrant)나 전환사채(CB: convertible bond) 같이 옵션이 부여된 증권이 당장은 자본비용이 저렴해 보일지라도 발행 이후 시장상황의 변동에 따라 부여된 옵션이 큰 부담으로 작용하게 되면 기업은 위험에 처해질 수 있다. 그러므로 재무의사결정자는 자본조달 방법을 선택할 때 관련 위험 요소를 다양하게 고려할 필요가 있다.

또 한 가지 고려할 사항은 주식이나 채권의 적절한 발행 시기(timing)이다. 시장의 상황, 즉 주식시장이 호황인지 불황인지, 채권시장의 분위기가 어떠한지 등에 따라 기업에 더 유리한 자본조달방법이 달라질 수 있기 때문이다. 금리 변동과 인플레이션 등 경제지표에 대한 예측도 자본조달방법의 선택에 영향을 미치므로 중요하다.

한편, 대리문제나 기업지배구조도 자기자본과 타인자본 중 어떤 자본으로 조달할 것인가를 결정하는데 영향을 미치므로 재무의사결정자는 검토해보아야 한다. 만일 투자하려는 자산에 리스시장이 존재한다면 리스의 경제성 분석을 먼저 한 후에 금융리스로 추진할지 자본조달을 통해 자산 구입자금을 마련할지 선택할 필요가 있다.

<제 2 절> 장기자본조달

1. 회사채

(1) 회사채와 회사채시장

기업이 장기자본을 조달하는 자본시장에는 채권시장과 주식시장이 큰 비중을 차지하고 있다. 회사채를 발행해 채권시장을 통해 장기자본을 조달하게 되면 매기 이자를 지불하게 되지만, 이 이자는 비용으로 처리됨으로 감세효과를 가져다준다. 또 위험회피적인 투자자들은 배당소득이나 자본이득을 추구하게 하는 주식(위험자산)보다는 회사채가 훨씬 안정적이기 때문에 그만큼 요구수익률을 낮추게 되는 것이다. 이러한 이점들 때문에 기업의 입장에서는 회사채가 주식보다 저렴한 자본조달 수단이 된다. 또한, 이자비용보다 영업이익이 높기만 하면 부채의 레버리지효과가 발생하고, 만기와 이자가 확정적이므로 자금계획 수립이 용이하며, 경영지배권의 위험 없이 장기자본을 대량으로 조달 가능하다.

그렇지만 회사채에도 몇 가지 단점이 있다.

첫째로, 회사채 발행은 주식 발행에 비해 위험이 높다. 배당은 지급되지 않아도 채무불이행이 되지 않지만 이자는 제때 지급되지 않으면 부도처리의 원인이 된다.

둘째로, 부채비율이 높아지면 자기자본에 대한 요구수익률도 그만큼 높아지는 재무레버리지효과 때문에 기업 전체의 자본비용이 높아지게 된다.

셋째로, 회사채 발행 후에 실질 금리가 하락해 발행 시에 책정된 금리보다 낮아지게 되면 회사의 금리 부담이 상대적으로 증가하는 결과가 되어 기업이 재무적 곤경에 빠질 수도 있다.

마지막으로, 회사채 발행에는 상당한 비용이 소요된다는 문제점이 있다. 자금 여력이 약한 중소기업의 경우 자본조달의 필요성은 더 큼에도 불구하고 발행비용 때문에 회사채 발행을 망설이게 할 수 있다는 것이다.

기업이 회사채를 발행하는 방식에는 공모발행(public issue)과 사모발행(private placement)의 두 가지가 있다. 공모발행은 증권사가 인수기관이 되어 총액을 인수하는 방식이기 때문에 발행회사는 필요한 자금을 바로 확보할 수 있다는 장점이 있다. 사모발행은 발행회사가 채권의 매수자와 협상하여 발행조건을 결정하는 방식이다.

한편, 회사채를 발행할 때에는 신용평가기관으로부터 신용평가를 받아야 한다. 이는 기업의 지급불능위험에 관한 정보를 투자자들에게 사전에 제공함으로써 투자자를 보호하려는 것이다. 회사채의 신용은 일반적으로 10개 등급(AAA~D)으로 매겨지는데, BBB 이상은 '투자등급'으로 원리금 지급의 확실성이 높음을 의미하고, BB 이하는 '투기등급'으로 원리금 지급 능력이 부족함을 뜻한다. 이러한 신용등급은 발행회사의 타인자본비용과 투자자의 수익률 결정에 큰 영향을 미치게 된다.

(2) 회사채의 종류

첫째로, 회사채는 이자지급방법에 따라 이표채와 무이표채로 나눌 수 있다. 이표채는 매기 약정 이자를 지급하고 만기에는 원금과 마지막 이자를 지급하는 채권이고, 무이표채는 액면금액보다 할인된 가격, 즉 액면가보다 낮은 금액으로 발행한 후 만기에 액면금액으로 상환하는 채권이므로 할인 채라고도 한다. 이 경우 액면금액(상환가격)과 발행금액의 차이는 이자에 해당한다고 볼 수 있다.

일반적인 회사채의 현재가치(B_0)는 제2장 '채권의 현재가치'에서 설명한 바와 같이 이자지급액의 현재가치와 원금의 현재가치를 합한 금액이다.

$$B_0 = \frac{I}{(1+r)} + \frac{I}{(1+r)^2} + \cdots + \frac{I}{(1+r)^n} + \frac{M}{(1+r)^n} \qquad (10\text{-}1)$$

I: 액면이자, M: 액면금액, r: 할인율, n: 만기

매기 받는 이자 I는 연금과 같다고 볼 수 있으므로 다음과 같이 연금의 현재가치를 구하는 공식으로 대체 가능하다.

$$B_0 = \frac{I}{r}\left(1 - \frac{1}{(1+r)^n}\right) + \frac{M}{(1+r)^n} \qquad (10\text{-}2)$$

또, 위 식에서 이자는 연금의 현재가치할인요소표($PVDFA$)를, 원금은 미래 현금의 현재가치할인요소표($PVDF$)를 적용하여 다음과 같이 회사채의 현재가치를 구할 수도 있다.

$$B_0 = I \times PVDFA(r, n) + M \times PVDF(r, n) \qquad (10\text{-}3)$$

매기 지급하는 이자가 없는 할인채의 현재가치는 위 식에서 이자 부분이 제거된 $[B_0 = M \times PVDF(r, n)]$이 되는데, 이를 위 식 (10-2)에 적용하면 다음과 같이 된다.

$$B_0 = \frac{M}{(1+r)^n} \qquad (10\text{-}4)$$

두 번째로, 만기에 따라 회사채는 여러 종류로 나뉘게 된다. 만기는 일반적으로 1년, 2년, 3년 그리고 5년으로 구분되고, 가장 선호되는 만기는 3년이다. 미국의 경우는 10년 이하의 단기채뿐 아니라 만기가 20~30년인 중기채, 그리고 그 이상의 장기채도 발행·유통되고 있다. 하지만 우리나라는 만기가 상대적으로 짧은데, 이는 기업의 장기자본 조달에 제약요인으로 작용하고 있다.

세 번째로, 회사채는 부동산, 유가증권, 실물자산 같은 담보의 유무에 따라 담보채(morgage bond 또는 collateral bond)와 무담보채(debenture)로도 나뉜다. 담보채는 담보로 말미암아 그만큼 위험이 줄어들기 때문에 무담보채보다 낮은 이자율로 발행 가능하다. 위험이 높은 기업일수록 담보 없이 회사채를 발행하기 어렵고, 또 채권시장이 활성화되지 않은 경우이면 부도 위험이 별로 없는 기업일지라도 담보 없이 회사채를 발행하기 어려운 상황이 될 수도 있다. 신용평가에 의한 증권발행이 어려운 초기 채권시장에서는 투자자들이 위험을 줄이기 위해 담보채를 더 선호하게 된다. 따라서 담보가 없는 기업은 미래 전망이 밝은 기업임에도 불구하고 채권시장을 통한 장기자본 조달이 어려워질 수 있다. 또 한편으론 기업들이 담보물을 확보하는 데 치중하게 되면, 그만큼 생산성이 저하될 가능성이 높고, 부동산과 같은 경우는 기업들의 시장 참여로 오히려 시장의 불안정성이 높아질 가능성도 적지 않다.

네 번째로, 회사채는 보증 유무에 따라 보증채(guaranteed bond)와 무보증채(non-guaranteed bond)로 나뉜다. 보증채는 제3의 보증기관이 회사채의 원리금 상환에 대해 책임을 지는 경우를 말하는데, 보증채의 비중이 높은 채권시장일수록 그만큼 시장의 불안정성이 높다는 의미이고 신용평가에 의한 채권투자가 제대로 자리 잡지 못했음을 뜻하는 것이다. 장기자본을 조달하는 기업 입장에서도 회사채 이자 외에 위험을 인수하는 보증기관에게 수수료도 지불해야 하므로 자본조달비용이 증가하게 된다.

다섯 번째로, 회사채는 상환방법에 따라 만기전액상환사채, 정시분할상환사채, 수의상환사채, 그리고 감채기금부사채로 구분할 수 있다. 만기전액상환사채는 만기에 이르러 회사채 금액을 전액 상환하는 가장 전형적인 형태의 회사채이다. 하지만 회사채의 발행 규모가 대규모일 경우 만기에 한꺼번에 회사채 원금 전체를 상환하는 것이 기업의 재무상태와 유동성(liquidity)에 적지 않은 영향을 미칠 수 있으므로, 일정한 거치기간(grace period)이 지난 후부터 만기에 이르기까지 회사채를 분할 상환하는 경우도 있는데, 이를 정시분할상환사채라고 한다. 또 수의상환사채(callable bond)는 회사채를 발행한 기업이 만기 이전에 언제든지 상환할 수 있는 회사채를 말하는데, 상환가격(call price)은 대개 회사채 액면의 가격보다 높으며, 만기보다 일찍 상환할수록 더 높아진다. 그리고 감채기금부사채(sinking fund bond)는 감채기금을 적립하는 조건으로 발행된 회사채를 말하는데, 이는 만기에 일시로 상환되는 원금을 매기간 일정하게 적립 또는 상환하는 방식을 말한다. 원금의 규모가 큰 경우 일시상환은 기업에게 큰 부담이 될 뿐만 아니라 심할 때는 지급불능위험에 처할 수도 있기 때문이다. 회사채가 감채기금 조성을 전제로 발행되면 그만큼 지급불능위험이 낮아지므로 이자율도 그만큼 낮아진다.

마지막으로, 일반적인 회사채와는 다르게 추가적인 권리가 부여된 회사채가 있는데, 전환사채와 신주인수권부사채가 가장 대표적이다. 전환사채는 일정한 조건이 충족되면 주식으로 전환할 수 있는 권리가 부여된 회사채이고, 신주인수권부사채는 채권자에게 신주를 인수할 수 있는 권리를 부여한 것이다. 이러한 권리가 부여된 회사채는 그러한 권리가 없는 회사채에 비해 이자율이 낮아지게 된다.

2. 주식

(1) 보통주

보통주는 1주1의결권을 가진다. 보통주 주주는 경영자선임, 정관변경, 배당정책 등에 대한 의사결정권을 주주총회에서 행사할 수 있다. 대신 부의 분배 순위는 채권자나 우선주 주주들보다 후순위이다. 그래서 선순위자들에게 이익배분의 기회를 먼저 주고, 그 후 남는 재산이 있으면 그에 대한 청구권, 즉 잔여재산청구권을 갖는다.

보통주 주주는 투자수익으로 배당소득과 매매차익(자본이득)을 얻지만, 배당소득은 채권의 이자소득에 비해 불확실성이 높고, 매도가에서 매입가와 관련 비용을 뺀 매매차익은 채권의 원금상환에 비하면 불확실성이 훨씬 높다. 그래서 회사채보다 보통주의 요구수익률이 높아지게 되는 것이다.

보통주에는 액면주와 무액면주가 있는데, 무액면주 위주인 미국 등의 외국과는 달리 우리나라 기업은 둘 중 하나를 선택해서 발행할 수 있다.

기업은 최초 설립 시 주식을 발행하는데, 이때는 가족이나 지인 위주의 소수만이 주식을 소유하는 경우가 많다. 하지만 기업이 성장하면서 대규모 자본조달 필요성이 생기게 되면, 이때는 다수의 일반투자자들을 대상으로 주식을 공모하게 되는데, 이를 기업공개(going public)라고 한다. 특히 장내 기업공개를 '상장(listing)된다'라고 하는데, 유가증권시장(코스피시장), 코스닥시장, 코넥스시장에서 주식을 발행할 때가 그러한 경우이다. 장외 기업공개는 K-OTC(Korea over-the-counter)시장에서 주식을 발행하는 것을 말한다.

기업공개 이후에도 기업은 장기자본조달의 필요성이 있을 경우에는 추가적으로 주식을 발행하여 자금을 조달하는데, 이를 유상증자라고 한다. 무상증자는 실질적인 자금의 유입 없이 자본계정 내에서 자본금을 조정하는 것에 불과하므로 유상증자와는 달리 장기자본조달의 수단이 될 수 없다.

유상증자를 할 때 우선적으로 신주를 인수할 수 있는 권리를 신주인수권(preemptive rights)이라고 하는데, 일반적으로는 기존 주주에게 신주가 우선적으로 배정된다. 그렇지만 기존 주주가 신주 인수를 포기할 경우에는 그것을 일반투자자에게 공모 형식으로 배정한다.

경영자 입장에서는 보통주의 의결권이 기업지배권에도 영향을 미칠 수 있기 때문에 회사채로 장기자본을 조달할 때보다 유상증자에 더 신중한 태도를 취할 수밖에 없다. 또 기존 주주에게 우선적으로 신주인수권을 부여하는 것은 그들의 기득권이라고 할 수 있는 주주 지분의 감소를 막기 위해서이다. 한편, 유상증자로 인한 기업의 자본 증가는 인수합병과 자본구조에도 영향을 미치게 된다.

(2) 우선주

우선주는 보통주에 우선하는 주식이라는 의미이다. 배당지급에서 보통주에 우선하고, 배당률에서도 보통주보다 높다. 그 대신 보통주에 있는 의결권이 우선주에는 없으므로 시장에서는 보통주보다 낮은 가격으로 거래되고, 또 투자자의 선호도도 낮다. 따라서 우선주를 발행하는 기업이 많지 않고, 발행하더라도 그 비중이 보통주에 비해 현저히 낮다. 또한, 우선주의 배당이 보통주에 비해서는 우선적이지만, 회사채의 이자처럼 확정적이지는 않기 때문에 우선주는 투자자의 선호도에서 뒤처지는 것이다.

따라서 투자자들은 우선주에 대해 높은 요구수익률을 요구할 수밖에 없게 되고, 기업은 그런 점들을 반영하여 우선주 발행가를 낮게 정하거나 배당률을 높게 정하는 것이다. 결국, 경영자 입장에서도 다른 방법에 비해 상대적으로 자본조달비용이 높은 우선주 발행을 꺼리게 된다.

우선주의 현금흐름은 회사채의 현금흐름과 비슷한 면이 있다. 우선주도 주식이기 때문에 배당의 강제성은 없다 할지라도 예정된 배당을 지급하지 않으면 의결권까지 없는 우선주를 매수할 투자자가 거의 없을 것이기 때문에 기업에서는 이자지급과 유사하게 회사의 상황과 관계없이 예정된 우선주 배당을 실시할 필요성이 생기는 것이다. 하지만, 회사채의 이자는 세금부과 전에 지급되고 비용으로 처리되어 감세효과가 생기지만, 세후 소득에서 지급되는 우선주의 배당금은 감세효과가 없으므로 결국 우선주의 자본비용은 회사채의 자본비용보다 높아지게 된다.

그럼에도 불구하고 기업이 우선주를 발행하는 것은 그렇게 할 수밖에 없는 사정이 있기 때문일 것이다. 부채비율이 너무 높아 추가적인 회사채 발행이 제한되는 경우이거나 보통주의 추가 발행이 기업지배구조에 심각한 영향을 미치는 경우라면 비록 자본비용이 높더라도 기업은 우선주 발행을 선택할 가능성이 높아지게 된다.

우선주에는 상환우선주, 전환우선주, 누적적 우선주, 비누적적 우선주, 참가적 우선주 등이 있다. 상환우선주(redeemable preferred stock)는 채권처럼 만기에 투자금 상환을 발행회사에 요청할 수 있는 우선주이고, 전환우선주(convertible preferred stock)는 일정 기간이 지난 후 보통주나 다른 형태의 우선주로 전환할 수 있는 우선주이다. 상환권과 전환권이 모두 주어지는 경우라면 상환전환우선주(RCPS: Redeemable Convertible Preference Shares)가 된다. 또 누적적 우선주(cumulative preference share)는 이번 기의 배당이 회사 사정으로 예정된 배당률에 미치지 못하였을 때 그 부족액을 다음 해의 이익에서 우선적으로 추가 배당을 받을 권리를 가진 우선주이다. 그렇지 않고 이번 기의 배당 부족액이 다음 해로 이월되지 않는 우선주는 비누적적 우선주(non-cumulative preference share)이다. 참가적 우선주(participating preferred stock)는 일정 부분의 우선배당을 받고 잔여이익이 있는 경우에 추가적 배당에 보통주와 동일한 자격으로 참가할 수 있는 완전 참가적 우선주와, 일정 부분의 배당 참여만 허용하고 그 이상에 대해서는 참가할 수 없는 부분 참가적 우선주로 나눌 수 있다.

3. 선택권부증권

기업은 주식이나 회사채와 같은 기본증권 외에 필요에 따라 선택권부증권(option embedded security)도 발행할 수 있다. 선택권부증권이란 사채나 우선주를 발행할 때 추가로 보통주 매입의 선택권, 즉 기회를 준 증권을 말하는데, 대표적인 예로 전환사채, 신주인수권부사채, 전환우선주 등을 들 수 있다.

기업 입장에서는 선택권부증권의 발행이 회사채나 우선주의 발행으로 자본을 조달하는 경우보다 비용이 적게 들고 또 당장 지배구조에 영향을 미치게 되는 보통주의 증가도 지연시킬 수 있다는 이점이 있다. 일반 회사채에 대한 수요가 충분하지 못할 때 보통주 매입에 대한 권리를 추가해 줌으로써 투자자들의 관심을 유발할 수 있다. 또 신주인수권의 행사가격이나 전환사채의 전환가격이 발행 당시의 주가보다 일반적으로 높게 책정되기 때문에 주식 발행에 비해서도 유리하다. 하지만 선택권부증권 발행 이후 주가의 변동성이 예상을 벗어나게 되면 오히려 기업의 부담으로 작용할 수도 있으므로 선택권부증권을 발행할 때는 발행가격 산정을 어떤 수준으로 할 것인가가 가장 중요한 과제가 된다.

(1) 전환사채

전환사채(CB: convertible bond)는 <채권+보통주로 전환할 수 있는 선택권(option)>으로 표시할 수 있는데, 회사채로 만기까지 보유하거나 일정 기간 내에 보통주로 전환하는 권리를 행사하거나 선택할 수 있는 증권이다. 일단 투자자가 주식전환권을 행사하면 그 다음부터는 채권이 아닌 일반 보통주가 된다. 이 점이 신주 인수 뒤에도 회사채로서의 성격을 유지하는 신주인수권부사채와 다른 점이다.

(그림 10-3) 전환사채의 전환권 행사 전·후

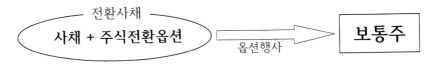

발행할 때는 보통의 회사채와 같지만 일정한 기간이 지나 투자자가 주식전환권을 행사하면 보통주로 성격이 바뀌는데, 회사채로 보유함으로써 얻는 이득보다 주식으로 전환할 때의 가치가 더 크다고 판단되면 투자자는 주식전환권을 행사하게 된다. 주식전환권을 부여받는 대신 투자자는 일반 회사채보다 낮은 수익률을 요구한다. 따라서 기업 입장에서는 발행 시점에 자본비용을 낮출 수 있다는 이점이 있다. 그렇지만 발행 이후 주가가 많이 오르고 주식전환권도 행사되면 오히려 자본비용이 일반 회사채보다 훨씬 높아질 수도 있다.

또한, 전환사채는 회사채로 발행되기 때문에 발행 시에는 주식수의 증가가 없다. 그러므로 주식수 증가로 인한 주당순이익의 하락도 발생하지 않는다. 전환가격이 발행 당시의 주가보다 대체로 높게 책정되므로 주식 발행에 비해서도 자본비용이 낮아지는 효과가 생긴다. 전환가격(conversion price)이란 전환사채를 보통주로 전환할 때의 1주당 매수 가격을 말한다.

전환비율(conversion ratio)은 전환사채 액면금액당 전환이 인정되는 주식의 수이다. 식으로 표현해 보면 다음과 같다.

$$\text{전환비율(주)} = \frac{\text{전환사채의 액면금액}}{\text{전환가격}} \qquad (10\text{-}5)$$

한편, 전환가치(conversion value)는 지금 바로 주식으로 전환할 때의 시장가격을 뜻하는데, 식으로 표시해 보면 다음과 같다.

$$\text{전환가치 = 주식의 시장가격} \times \text{전환비율} \qquad (10\text{-}6)$$

다른 한편, 패리티(parity)라는 개념이 있는데, 다음과 같이 전환대상주식의 시장가격을 전환가격으로 나눈 후 100을 곱하는 방식으로 산출한다. 패리티가 100보다 크다면 주식으로 전환하는 것이 유리하다. 패리티에 전환사채 액면가액을 곱하면 적정 투자가격이 산출되는데, 이 가격보다 낮은 가격에 전환사채를 매입해서 주식으로 전환하면 이익이 발생하게 된다.

$$\text{패리티 = (주식의 시장가격 / 전환가격)} \times 100 \qquad (10\text{-}7)$$

마지막으로, 전환프리미엄(conversion premium)은 현재 전환사채 투자자가 얼마의 프리미엄을 지불하고 있는지 보여주는 것으로 전환사채의 현재가치에서 전환가치를 차감한 금액을 말하는데, 비율로 표시할 때는 다음과 같은 식으로 산출 가능하다.

$$\text{전환프리미엄 = {(전환가격 / 주식의 시장가격) - 1}} \times 100 \qquad (10\text{-}8)$$

전환사채에 투자한 투자자 입장에서는 최소한 전환프리미엄을 상쇄하는 지점 이상으로 주가가 오를 때 전환권을 행사하게 될 것이다. 일반 회사채의 가치보다 주식전환 시의 주가가 더 높아야 주식전환 후 차익이 발생하기 때문이다.

제2장에서 주식의 현재가치를 다룰 때 이미 설명한 대로 전환가치를 계산할 때는 주식가격의 상승뿐 아니라 주식 보유에 뒤따르는 배당금도 포함시켜야 한다. 또 전환사채는 일반적으로 발행기업이 정해진 날에 조기상환할 수 있게 하는 수의상환조건이 붙기 때문에 투자자는 발행기업의 강제적 상환과 그때의 상환가치를 염두에 두고 상환일자 전에 주식으로 전환하는 것이 유리한지 조기상환에 응하는 것이 유리한지 잘 비교해 보아야 한다.

(2) 신주인수권부사채

신주인수권부사채(BW: bond with warrant)는 일정 기간 보유 후 정해진 수의 신주를 미리 정해진 가격으로 인수할 수 있는 권리(warrant)가 붙은 회사채이다. 주식전환권이 행사되면 사채가 보통주로 전환되어 사채로서의 성격은 소멸되고 보통주로서의 성격만 갖게 되는 전환사채(CB)와는 달리 신주인수권부사채는 신주인수권이 행사되더라도 사채 부분은 계속 효력을 갖는다. 이는 명칭을 분해해 보면 더욱 쉽게 알 수 있다. 신주인수권+부(附)+사채. 부(附)의 의미는 "붙이다"인데, 이는 신주인수권이 사채에 추가적으로 붙여진 권리라는 뜻이며, 결과적으로 신주인수권과 사채는 별도의 권리라는 의미가 된다.

(그림 10-4) 신주인수권부사채의 권리 행사 전·후

보통 신주는 기존 주주에게 우선적으로 배정되지만 신주인수권부사채가 발행된 경우에는 이 회사채를 보유한 채권자들도 신주를 인수할 수 있다.

이처럼 신주인수를 할 수 있는 권리가 부여된 만큼 신주인수권부사채는 일반 회사채에 비해 요구수익률이 낮다. 권리는 권리행사자가 유리할 때는 행사하고 불리할 때는 행사하지 않아도 되는 이점이 있기 때문이다.

BW를 매입한 투자자는 일반 회사채와 동일하게 정해진 이자와 원금을 받게 되고, 또 신주 인수가 유리하면 신주인수권을 행사해 신주 대금을 지불하고 신주를 취득할 수도 있다.

투자자 입장에서는 사채가 지니는 이자소득, 주식에 의한 배당소득, 주가상승에 따른 차익을 모두 꾀할 수 있기 때문에 신주인수권부사채는 투자의 안전성과 투기성을 모두 가진 금융상품이라고 할 수 있다.

신주인수권부사채는 사채와 신주인수권을 분리하여 양도할 수 있는 분리형과 사채와 신주인수권을 결합해서만 양도할 수 있는 비분리형으로 구분할 수 있다. 분리형 BW는 발행을 결의할 때 신주인수권만을 분리하여 양도 가능하도록 정한 것으로 사채권을 표시한 유가증권인 사채와 신주인수권을 표시한 유가증권인 신주인수권증권이 각각 분리되어 발행된다. 비분리형 BW는 하나의 채권에 사채권과 신주인수권을 함께 표시한 것으로 두 권리의 분리양도가 인정되지 않아 결합형이라고도 한다.

신주인수권부사채를 발행하는 기업 입장에서는 일반 회사채에 비해 낮은 금리로 자본조달이 가능하며, 회사채의 수요도 높일 수 있다. 또한, 발행 당시에는 BW의 자본비용이 보통주의 자본비용보다도 훨씬 저렴한데, 이는 신주 인수 행사가격이 현재의 주가보다 높은 가격으로 정해지기 때문이다.

신주인수권부사채의 이론적 가치는 액면이자, 만기 등 동일 발행조건의 일반 회사채의 가격에 신주인수권의 가격을 더한 것으로, 다음과 같은 식으로 표시할 수 있다.

○ BW의 가치 = 일반 회사채의 가치 + 신주인수권의 가치   (10-9)

일반 회사채의 가치는 제2장에서 이미 설명한 채권의 현재가치를 참고하면 쉽게 구할 수 있다. 만일, 신주인수권부사채 발행가격을 안다면, BW 발행가격에서 일반 회사채의 가치를 차감하면 신주인수권의 가치가 쉽게 산출된다.

사실 신주인수권부사채의 신주인수권은 콜옵션과 같은 성격을 지니고 있으므로 정확한 가격의 산정을 위해서는 옵션가격결정모형을 적용해야 하지만, 옵션가격결정모형은 별도의 장에서 다루어야 할 분량이므로 설명을 생략하기로 한다.

한편, 신주인수권의 가격은 주가, 행사가격, 만기, 변동성, 이자율의 다섯 가지 요인에 의해 영향을 받는다.

첫째로, 신주인수권의 가격은 기초자산이 되는 주식가격의 영향을 받는다. 주가가 높아질수록 신주인수권을 행사하여 얻는 이익이 커지므로 신주인수권의 가격은 오른다.

둘째로, 행사가격이 높아질수록 신주인수권을 행사할 확률은 낮아진다. 결국, 신주인수권의 가격과 행사가격은 반비례관계가 된다.

셋째로, 만기까지 남은 기간이 길수록 주가가 행사가격을 상회할 가능성이 커진다.

넷째로, 기초자산인 주식의 가격 변동성이 커질수록 주가가 행사가격을 초과할 가능성이 커지고, 그에 따라 신주인수권의 가치도 커진다.

마지막으로, 이자율이 오르면 행사가격의 현재가치가 낮아지기 때문에 신주인수권의 가격은 오른다. 이는 행사가격과 신주인수권의 가격이 반비례 관계이기 때문이다.

(3) 전환우선주

전환우선주(convertible preferred stock)란 발행은 우선주의 형태이지만 일정기간이 지난 후 보통주나 다른 형태의 우선주로 전환할 수 있는 우선주를 말한다. 전환우선주는 일반적으로 경영권 보호장치의 하나로 우호지분을 확보하기 위해 발행된다. 전체 우선주의 25% 범위 내에서 발행할 수 있고, 정관에 발행 근거와 제3자 배정에 관한 규정을 두며, 이사회 결의로 발행해 우호적인 제3자에게 배정할 수 있다.

전환우선주는 전환사채와 유사하게 전환권이라는 권리가 부여되고, 또 우선주이므로 배당우선권도 있다는 장점이 있다. 그렇지만 대개 재무상태가 그렇게 좋은 편이 아닌 기업에서 발행하므로 투자자들은 그 회사의 부채 수준과 사채의 이자 및 감채기금 그리고 우선주에 대한 배당을 할 수 있는 수익이 있는지 등을 주의 깊게 살펴야 하고, 또 시장에서 유통되는 수량이 많지 않아 거래가 어려울 수 있다는 점도 잊지 말아야 한다.

회사 입장에서는 정기적으로 이자를 지급해야 하는 전환사채와 달리 배당가능이익이 있을 때만 배당할 수 있고, 의결권이 없어 경영권을 위협하지 않는 전환우선주가 전환사채나 보통주보다 더 유리할 수도 있다.

전환우선주의 전환가와 전환비율은 변동 가능한 경우가 많으며, 일정기간이 지난 후 자동적으로 보통주로 전환되는 경우도 있다.

국제회계기준에서는 전환우선주 역시 공정가치로 평가하도록 하고 있다. 기업에서는 전환사채와 전환우선주의 장·단점을 잘 비교하여 기업에 적합한 자본조달방법을 결정할 필요가 있다.

미국의 경우에는 우선주의 약 40% 정도가 보통주로 전환되고 있을 정도로 전환우선주가 가장 일반적인 우선주 형태이다.

4. 리스금융

(1) 리스의 의의와 종류

일반적인 장기자본조달 방법은 유가증권 발행과 유통을 통해서이다. 하지만, 조금 색다른 방법으로 장기자본조달 효과를 추구하는 것이 있는데, 바로 필요한 자산을 리스하는 방법이다.

리스란 리스계약을 통해 어떤 자산을 소유한 리스회사가 사용자에게 제공하고 리스료를 받는 것인데, 사용자 입장에서는 사용료에 해당하는 리스료를 지불하고 임차해서 그 자산을 사용하는 것이 된다. 임대기간 종료 후 해당 자산이 임대인에게 반환되는 일반적인 임대와는 달리 리스계약에서는 사용자가 리스기간 연장과 리스된 자산을 취득할 수 있는 옵션이 추가되는 경우도 있다.

리스에는 운용리스, 금융리스 등이 있다. 운용리스(operating lease)는 서비스 리스(service lease)라고도 하는데, 리스기간이 비교적 단기이며 진부화의 위험이 큰 자산이 주로 대상이 된다. 컴퓨터와 같이 기술발전 속도가 빠르고 계속 업데이트를 해주거나 새로운 기종으로 교체해야만 유용한 경우에는 구매보다는 단기 임차 방식의 운용리스가 오히려 경제적일 수 있다. 더군다나 리스 자산에 대한 유지·보수 업무도 리스회사가 담당하고, 재산세, 보험료 등의 비용도 리스회사가 부담한다. 진부화 위험에 대한 중도해약옵션이 포함되기도 하지만, 단기 계약인 만큼 계약종료 후 소유권이전에 대한 옵션은 포함되지 않는다.

반면에, 금융리스(financial lease)는 리스된 자산의 법률적 소유권만 리스회사가 갖고 실질적인 소유권과 사용권은 임차한 기업이나 사용자에게 이전되는 리스이다. 따라서 유지·보수 비용은 물론 리스 자산의 감가상각비까지 임차한 기업의 재무제표에 반영된다. 계약 기간이 장기이기 때문에 자본리스(capital lease)라고도 하는데, 중도해약옵션은 없지만 계약 종료 후 소유권이전에 대한 옵션이 부여되는 경우가 많다. 이런 점 때문에 금융리스는 부채를 사용해 자산을 구매하는 방법의 대안으로 사용될 수 있다.

(그림 10-4) 금융리스의 계약 구조

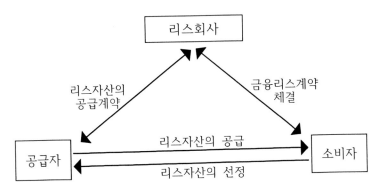

위와 같은 일반적인 리스 외에 '판매 후 재리스'나 '레버리지리스' 같은 특별한 형태의 리스도 있다. 판매 후 재리스(sales and lease back)는 사용자가 이미 소유하고 있던 자산을 리스회사에 판매함과 동시에 리스계약을 체결하여 사용자가 계속하여 그 자산을 사용하는 경우이다. 기업의 자금 유동성이 부족하거나 자금 마련이 어려울 때 유용하게 사용할 수 있는 방법이다. 한편, 레버리지리스(leverage lease)는 리스회사가 리스자산의 매입 대금의 전부 또는 일부를 부채로 조달한 자금으로 지불하고, 구입한 자산을 리스하는 것을 말한다. 리스회사는 부채에 대한 이자지급액을 비용으로 처리하게 되고, 그에 따라 절세효과가 발생하는 이점이 있다. 만일 이런 이점을 리스료에 반영하게 된다면, 저렴한 리스계약이 가능해지므로 임차하는 기업까지 이득을 보는 결과가 가능하다.

(2) 리스의 경제적 효과

리스계약을 통해 차량, 사무기기 등의 자산을 임대하거나 리스해서 사용하면 다음과 같은 경제적 효과가 생긴다.

첫째로, 자산에 대한 소유권을 가진 리스회사는 감가상각비에 대한 절세효과를 거둘 수 있고, 금융리스의 경우 임차한 회사도 투자세액공제대상 자산에 해당되면 세액공제의 혜택을 받을 수 있다.

둘째로, 사업의 특성상 리스자산의 기능 진부화 위험이나 계약기간 종료 후 처분불가능 또는 가격저하 위험이 고려되는 경우, 사용자나 임차한 기업은 중도해약옵션이나 취소옵션 등을 통해 위험을 줄일 수 있다.

셋째로, 리스회사는 다양한 설비나 장비를 보유함으로써 규모의 경제 효과를 거둘 수 있고, 리스계약 절차와 서류의 표준화로 거래비용을 절감하고 리스료도 낮출 수 있다. 이런 점 때문에 리스는 중소기업의 설비투자금융수단으로 많이 선호된다.

넷째로, 리스 사용자 입장에서도 직접구매 시 발생하게 되는 거래비용이 절감되는데, 특히 고가의 장비나 대규모 설비투자의 경우에는 거래비용의 절감효과가 더욱 크기 때문에 더욱 의미가 있게 된다.

다섯째로, 리스를 통해 자산을 사용하게 되면 자산 구입에 따른 초기 투자액이 크지 않아 유동성을 확보할 수 있는 장점이 생긴다.

여섯째로, 운용리스 자산의 소유권은 리스회사에 있으므로 사용자가 재무적 곤경에 처하거나 심지어 부도가 나서 파산 절차에 들어가더라도 리스회사는 자산 손실의 위험을 피할 수 있다. 만일, 사용자가 법정관리에 들어가더라도 리스회사에 대한 리스료 지급 의무는 그대로 존속되기 때문에 리스회사는 리스료를 청구할 수 있다.

일곱째로, 기존 부채가 많아 부채제한규제(debt covenant) 대상인 기업은 추가 대출이 불가능하지만, 금융리스 계약을 통해 추가자금을 부채로 조달하는 효과를 거둘 수 있다.

여덟째로, 리스 자산은 사용자의 재무상태표에 기록되지 않고 각주에만 기록되므로 부외거래효과가 생기게 된다. 어떤 관점에서는 자산과 부채의 과소계상일 수도 있지만 리스료의 지출로 인해 감소되는 당기순이익도 있으므로 리스 사용자는 리스자산 사용을 적정 수준으로 조정하게 된다. 또 금융기관과 신용평가기관도 리스의 부외거래효과를 기업평가에 반영하고 있으므로 리스 사용자는 무리한 수준까지 리스를 하지 않게 된다.

이상과 같은 여러 가지 경제적 효과가 있지만 리스는 리스자산의 잔존가치 추정 수준에 따라 그 가치가 변동하기 때문에 직접 구매와 리스 사용을 정확하게 비교하기는 쉽지 않다. 또 유지·보수가 제대로 되지 않을 가능성, 투자세액공제의 제한, 이자율보다 리스료가 높다는 점, 인플레이션이 심할 경우 발생할 수 있는 잔존가치 포기 등의 단점이 있다.

(3) 리스의 가치평가

필요한 자산을 구입할 것인지 아니면 리스하여 사용할 것인지의 의사결정을 하기 위해서는 어느 쪽이 유리한지 경제성 평가를 해보아야 한다. 자산 구입의 순현재가치(NPV)를 먼저 계산해서 영(0)보다 큰지 보아야 하고, 만일 그 자산이 리스 가능한 자산이라면 리스했을 때의 순현재가치(NPV)도 계산해 보아야 한다. 둘 다 영(0)보다 크다면 더 큰 쪽으로 최종 의사결정을 하면 된다.

간단한 운용리스의 예를 통해 위와 같은 의사결정 과정을 살펴보자.

㈜안산이 5억원을 투자해 새로운 장비를 구입하면, 매년 2억원의 영업이익이 증가한다. 새로운 자산의 내용연수는 4년이고, 잔존가치는 0원이며, 감가상각은 정액법을 적용한다. 한편, 이 자산을 리스해서 사용할 경우에는 매년 말 운용리스료로 1억5천만원을 지불해야 한다. 만일, 법인세율이 20%이고 적용 가능한 할인율이 10%라고 한다면 ㈜안산은 어떤 의사결정

을 내려야 유리할까?

구입의 경우이든 리스의 경우이든 매년 추가로 발생하는 영업이익 2억원은 동일하고 주기적 발생이므로 연금의 현재가치를 산출하는 공식에 대입해 보면 다음과 같이 현금유입의 현재가치를 구할 수 있다.

$(2억원/0.1) \times [1-\{1/(1+0.1)^4\}]$ = 2억원 × 3.1699˝ = 633,980,000원

˝제2장에서 다룬 연금의 현재가치할인요소표[PVDFA($r=10\%$, $n=4년$)]의 값

다음으로, 현금유출의 현재가치를 각각 산출해 보면 다음과 같은데, 구입 시엔 구입대금에 감가상각비의 절세효과를 반영하면 되고, 리스 시엔 매년 비용으로 처리되는 리스료의 절세효과도 고려해야 한다.

① 구입 시 NPV = -5억 + 1억2500만×0.2×PVDFA($r=10\%$, $n=4년$)

= -5억 + 1억2500만×0.2×3.1699 = -420,752,500원

② 리스 시 NPV = -1억5천×(1-0.2)×PVDFA($r=10\%$, $n=4년$)

= -1억5천×(1-0.2)×3.1699 = -380,388,000원

결국, 구입 시의 순현금흐름은 213,227,500원(=63,398만-420,752,500)이고, 리스 시의 순현금흐름은 253,592,000원(=63,398만-380,388,000)으로 둘 다 영(0)보다 크지만, 리스가 구입보다 순현금흐름이 더 크기 때문에 ㈜안산은 특별한 변수가 없는 한 리스를 선택하게 될 것이다.

<제 3 절> 증권의 발행과 유통

앞에서 살펴본 대로 다양한 종류의 증권들이 있지만. 기업은 이런 증권들을 증권시장에서 발행하여 장기자본을 조달하게 되는데, 주로 채권과 주식이다.

(표 10-1) 증권의 종류

주식	보통주
	우선주
	전환우선주
채권	사채
	전환사채(CB)
	신주인수권부사채(BW)
	기타 사채들

본 절에서는 증권시장의 구조와 채권이나 주식 같은 증권의 발행과 유통 방식에 대해 알아보도록 하자.

1. 증권시장의 구조

일반적인 재화와 서비스는 하나의 시장에서 수요와 공급의 원리에 따라 가격과 거래량이 결정되지만, 증권시장은 신규로 발행된 증권이 최초로 거래되는 발행시장, 즉 제1차 시장(primary market)과 이미 발행된 증권이 투자자들 간에 매매되는 유통시장, 즉 제2차 시장(secondary market)으로 구분된다. 또 유통시장은 상장된 주식과 채권과 수익증권이 거래소 규정에 따라 거래되는 장내시장과 상장되지 않은 주식이나 채권이 당사자 간 계약에 따라 거래되는 장외시장으로 나누어진다.

발행시장에서 증권 물량과 가격이 결정되는 방식은 유통시장에서의 그것과는 상이하다. 발행시장(issue market)은 발행된 증권이 최초로 투자자에게 이전되는 곳이다. 증권의 발행 주체는 대개 기업이지만 정부, 지방 자치 단체, 특수 법인 등이 발행주체가 되는 경우도 있다. 투자자는 주로 일반대중이지만 투자신탁회사, 은행, 보험회사, 연·기금 등과 같은 기관투자가나 기업 또는 공공단체도 있다.

증권은 발행주체가 직접발행하는 방법과 제3기관이 공모를 대행하여 주는 방법, 즉 간접발행하는 방법으로 나눌 수 있다.

(그림 10-5) 증권시장의 구조

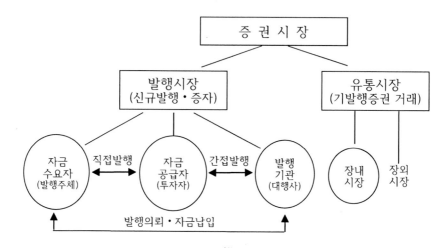

또 증권의 모집과 관련된 위험부담을 누가 지느냐에 따라 자기공모, 위탁모집, 잔액인수, 총액인수로도 구분할 수 있다.

(1) 자기공모(직접발행)

자기공모란 증권의 발행회사가 직접 발행하여 발행위험과 발행사무를 직접 담당하는 방법이다. 주식의 경우, 발행회사가 직접 주식 투자자를 모집하는 것을 말하므로 직접모집 또는 자기모집이라고도 한다. 모집 부족이 발생하면 발행회사가 모집잔량(매도잔량)을 전부 인수하여야 하는 위험부담이 있다. 따라서 발행 규모가 작고 발행사무도 비교적 간단한 회사 설립 초기에 주로 활용되는 방식이다.

한편, 채권의 경우는 50인 이상의 투자자를 대상으로 공모를 하여야 하는데, 매출발행과 경쟁입찰발행이 있다. 매출발행은 사채의 발행액을 제외한 만기, 발행이자율, 원리금 지급방법 등의 발행조건을 미리 정한 후 일정 기간 내에 개별적으로 투자자들에게 매출하여 매도한 금액을 발행총액으로 하는 방식이다. 경쟁입찰발행은 경매를 통해 낮은 수익률 응찰분부터 발행예정액에 달하기까지 순차적으로 낙찰자를 결정하는 방식인데, 모든 낙찰자에게 가장 높은 낙찰 수익률을 일률적으로 적용하는 단일가격 경매방식과 응찰시 투자자가 제시한 각자의 수익률로 채권을 인수하게 하는 복수가격 경매방식이 있다.

(2) 위탁모집(간접발행 또는 직접발행)

모집주선이라고도 하는 위탁모집은 증권의 발행회사가 공모 결과에 대한 위험을 부담하지만 그 발행사무는 제3자인 발행기관에 위탁하는 방법이다. 따라서 공모에서 소화하지 못한 증권은 발행회사에 반환하게 되고, 실권주의 인수위험이 제3자인 발행기관에는 전혀 없으므로 인수방식에 비해 수수료가 저렴하다. 오늘날은 이와 같은 위탁모집이 가장 많이 이용된다. 발행사무를 제3자에게 위탁하여 처리한다는 관점에서 일반적으로 간접발행의 하나로 분류되지만, 위험 부담의 관점에서는 제3자가 아닌 발행회사가 위험을 직접 부담하므로 직접발행의 일종으로 보기도 한다.

(3) 잔액인수(간접발행)

잔액인수(standby underwriting)는 인수모집 또는 청부모집이라고도 하는데, 제3자인 발행기관(주관사)이 발행위험도 지고 발행사무도 전담하는 방법으로서 증권의 수요, 즉 투자자가 부족하여 매각하지 못하고 남게 되는 증권은 주관사가 인수하는 방식이다. 이 경우 발행기관은 증권 전액에 대한 인수 수수료와 모집사무의 대가인 모집 수수료를 발행회사로부터 받는다. 인수 수수료는 공모위험까지 반영하여 결정된다.

(4) 총액인수(간접발행)

총액인수는 인수기관이 투자자들에게 매도할 목적으로 공모주식 전액을 자기명의로 매수하면서 발행위험도 부담하고 발행사무도 담당하는 방법이기 때문에 매수공모(outright purchase)라고도 한다. 인수기관은 주로 금융회사인데, 많은 자금을 필요로 할 뿐만 아니라 매출 시까지 인수증권 또는 매도잔량을 보유하여야 하므로 다른 방식에 비해 인수기관의 위험부담이 크다. 그래서 높은 인수 수수료를 받는다. 발행회사 입장에서는 비용은 더 소요되지만 미매각 위험에서 벗어나고 필요한 자금을 일시에 조달할 수 있다는 장점이 있다.

(표 10-2) 증권의 발행 구분

모집방법	발행방법	인수방법
공모(公募) (50인 이상에게 증권취득의 청약을 권유하는 행위)	간접발행	총액인수(매수공모)
		잔액인수(청부모집 or 인수모집)
	간접발행(위탁) 직접발행(위험)	위탁모집(모집주선)
	직접발행	매출발행 또는 경쟁입찰발행
사모(私募)	50인 미만의 특정 기업이나 개인에게	

2. 발행시장의 구성

증권의 발행으로 기업은 장기자본을 조달하게 되는데, 그 흐름을 그림으로 나타내보면 다음과 같다.

(그림 10-6) 증권의 발행시장

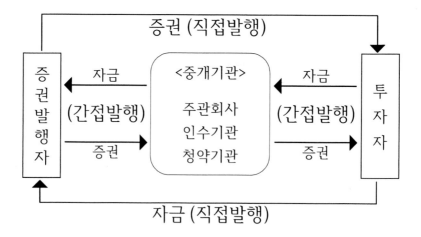

위 그림에서 볼 수 있는 바와 같이 증권을 발행자, 즉 발행회사가 직접 발행할 때에는 발행자와 투자자 간에 자금의 납입과 증권의 취득이 동시에 이루어진다. 하지만, 중개기관을 거쳐 간접발행할 때에는 중개기관이 자금 납입과 증권 취득에 관련된 업무를 처리한다.

(1) 증권발행자

국채는 중앙정부가, 지방채는 지방자치단체가, 특수채는 특별법에 의해 설립된 특별법인이 발행자이지만, 회사채나 주식은 기업이 발행자인데, 법이 정한 요건을 따라야 한다.

(2) 중개기관

중개기관은 발행자와 투자자 사이에서 증권발행과 관련된 제반 사무와 위험을 부담하는 기관으로 주관회사, 인수기관, 청약기관으로 구분할 수 있다. 주관회사는 하나이지만, 인수기관과 청약기관은 다수인 경우가 많으며, 주로 증권회사들인데, 인수기관이면서 동시에 청약기관인 경우도 가능하다.

(3) 투자자

투자자는 대금을 지불하고 증권을 취득하는 사람들인데, 크게는 여유자금을 증권에 투자하는 개인들을 통칭하는 개인투자자(individual investor)와 전문적인 기관투자자(institutional investor)로 양분할 수 있다. 투자자는 필요에 따라 취득한 증권을 매도하여 현금화할 수 있는데, 증권의 취득 목적에 따라 지배적 투자자, 투자적 투자자, 그리고 투기적 투자자로 구분하기도 한다. 지배적 투자자는 발행회사의 경영에 참가할 목적을 가지고 증권을 취득한다. 투자적 투자자는 배당, 이자소득 등으로 재산을 증식시킬 목적으로 증권을 취득한다. 한편, 투기적 투자자는 증권의 시가 변동을 통한 매매차익(capital gain)을 얻을 목적으로 투자하는 경우이다. 하지만, 투자자와 투기자의 구분은 사람마다 다르고 자의적이어서 명확하게 정의하기 어렵다. 투자자도 매매차익을 추구하기도 하고, 투기자 역시 배당과 이자수익도 추구할 수 있기 때문이다.

3. 유통시장의 구성

유통시장(circulate market)은 이미 발행된 증권이 어떤 투자자로부터 다른 투자자에게 전매되어 유통되는 시장이다. 최초의 투자자로부터 다른 투자자에게 계속 반복적으로 매매되는 시장이므로 제2차 시장(secondary market)이라고도 한다. 유통시장은 '자본의 증권화'를 통해서 산업자본을 조달하고, '증권의 자본화'를 통해서 증권의 시장성 또는 환금성을 보장해 준다. 증권의 발행이 가능한 것은 자유로운 유통이 전제되기 때문이고, 또 유통시장이 제대로 기능하기 위해서는 발행되는 증권이 많아야 하고, 증권에 투자하려는 투자자들도 많아야 한다. 그래서 많은 사람이 소액으로도 투자할 수 있도록 최소 거래단위를 낮추어 오다가 아예 최소 거래단위가 없어져 1주부터 매매가 가능한 시스템으로 바뀌었으며 2022년 9월 26일부터는 소수단위 거래도 가능하게 되었다. 또 기업들은 액면분할 등으로 최소 거래금액까지 낮추어 누구나 소액으로도 투자자가 될 수 있는 기회를 제공하기도 한다.

유통시장은 조직적인 거래소시장, 즉 장내시장과 비조직적인 장외시장, 즉 점두시장(店頭市場: OTC: over-the-counter market)이 있다. OTC는 증권거래소 밖에서 증권의 매매가 이루어지는 상대매매시장으로 창구거래라고도 하는데, 특히 채권의 유통에 큰 역할을 하고 있다. 하지만, 상장기업의 증권은 주로 장내시장인 한국거래소에서 증권회사들의 중개를 통해 거래된다. 비상장회사의 증권은 한국거래소에서 거래되지 않고 장외에서 개별적으로 매매된다.

또, 증권 거래를 중개하는 증권회사들과 증권을 사고 파는 투자자들 또한 유통시장을 구성하는 중요한 부분이라 할 수 있다.

(1) 한국거래소

한국거래소(Korea Exchange)는 이전에 한국증권거래소, 코스닥증권시장, 한국선물거래소 등으로 흩어져 있던 조직들이 2005년 1월 27일부터 한국증권선물거래소로 통합되었다가 2009년 2월부터 명칭이 한국거래소로 변경된 것인데, 우리나라 상장기업의 증권거래를 조직적으로 행하는 통합거래소이다.

한국거래소는 일정한 시간에 증권의 매수인과 매도인의 거래를 성립시켜 주는 장소와 시설로서 매우 조직화된 시장이다. 한국거래소에서는 거래원인 증권회사가 매매거래행위자가 된다.

(2) 증권회사

증권회사는 간단히 말해 증권의 수요자와 공급자를 연결하여 한국거래소를 통해 거래를 성립시켜 주는 금융회사이다. 증권거래법상으로는 유가증권의 위탁매매, 매매의 중개 대리, 시장에서의 매매거래에 관한 위탁의 중개·주선·대리 등의 업무에 해당한다. 각 증권회사의 대리인(거래원)이 한국거래소에 나가서 자사의 증권매매고객의 주문을 체결시켜 준다. 물론 증권회사는 보유 자본금으로 증권을 사고파는 업무도 하고, 기업이 장기자본조달을 위해 증권을 발행할 때 도움을 주는 업무 등도 수행한다.

(3) 투자자

유통시장에서의 투자자는 증권을 취득하여 일정 기간 보유하면서 이자소득이나 배당소득을 얻고 또 매도를 통해서도 추가적인 소득을 창출하려는 개인이나 기관을 말한다. 또 요즘에는 외국인 투자자의 비중이 아주 크고 그 영향력도 대단하기 때문에 따로 분류하고 있다. 따라서 투자자는 크게 개인투자자, 기관투자자, 외국인투자자로 나눌 수 있다. 개인투자자는 법인에 소속되지 않은 투자자로서 흔히 '개미'라고 불리어지지만, 그 규모는 기관투자자나 외국인투자자에 비하면 미미한 수준이다.

　기관투자자는 다양한 방법으로 모은 대규모 자금을 증권의 매매에 활용하는 법인으로 은행, 보험회사, 증권회사, 투자신탁회사 등이 있다. 또 국민연금을 기반으로 하는 연기금이나 기타 재단 등도 기관투자자로 분류된다. 기관투자자는 자금운영 규모가 큰 만큼 전체 시장에 미치는 영향도 그만큼 크다.

　외국인투자자는 외국의 법률에 의해 설립된 법인이나 외국 국적을 가진 개인투자자를 통칭하지만, 우리나라 주식시장에서의 외국인은 개인보다는 외국의 기관투자자들이 대부분이다. 이들 역시 그 규모가 큰 만큼 시장에 미치는 영향도 크다.

4. 채권의 발행과 유통

　채권, 특히 회사채는 보증 유무에 따라 보증사채와 무보증사채로 나뉘어지는데, 각각의 발행 절차는 다르다. 1997년 IMF 외환위기 이후부터 보증사채의 발행은 줄어들고 무보증사채의 발행은 증가하는 추세이다.

　무보증사채는 제3자의 보증이나 물적 담보 없이 순수하게 발행회사의 신용에 근거해서 발행되기 때문에 일반사채라고도 한다. 발행회사의 상환능력에 기초해 발행되므로 해당 회사의 신용도에 따라 이자율 등 발행 조건이 달라진다. 투자자를 위해 발행회사는 당국이 인정한 신용평가기관의 평가를 받아야 하고 연1회 이상 주간사와 신용평가등급을 공시해야 한다.

　회사채의 주요 발행 절차는 다음 (그림 10-7)과 같다.

(그림 10-7) 회사채의 주요 발행 절차

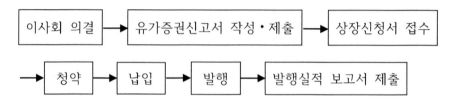

위와 같은 절차를 거쳐 채권이 발행되면 유통시장인 한국거래소에 상장하여 대규모로 거래하게 된다. 채권의 상장 절차, 요건, 필요 서류 등은 한국거래소 인터넷 채권상장시스템(http://bonds.krx.co.kr)에 잘 안내되고 있고, 모든 절차는 전자적으로 진행된다.

(그림 10-8) 채권의 상장 절차

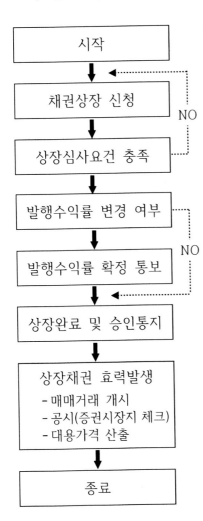

(1) 채권상장시스템: // bonds.krx.co.kr

(2) 상장신청시기
   - 신고서 제출 채권: 신고서 수리시
   - 신고서 면제 채권: 발행익월 10일이내

(3) 신청의 완료: 제 서류 제출 및 수수료 등 완납시점

(4) 통보시점: 확정시점에서 즉시

(5) 상장완료확인: 채권상장시스템

(6) 표준코드확인: 표준코드시스템
   (//isin.krx.co.kr)

(7) 신규상장 채권의 대용가격 산출 및 적용: 상장일 익일 거래소 홈페이지 및 체크단말기를 통하여 공시

5. 주식의 발행과 유통

주식에는 보통주와 우선주가 있다. 둘 다 발행회사의 자기자본을 조달하는 원천이지만, 우선주는 배당에서 우선권이 있으나 반면에 의결권이 없으므로 '의결권이 없는 주식은 발행주식총수의 25%를 초과할 수 없다'는 상법의 규정에 따라 보통주의 1/3 미만으로 발행제한을 받는다고 볼 수 있다. 그리고 우선주의 발행절차도 보통주와 유사하므로 이하에서는 보통주 중심으로 살펴보기로 한다.

(1) 주식회사 설립 시의 신주발행

인적 회사인 합명회사나 합자회사는 설립 시에 사원과 출자액이 확정되므로 정관을 작성해 등기하면 회사 설립이 되지만, 주식회사는 인수한 주식의 가액을 한도로 출자의무만 부담하는 유한책임 주주로 구성된 물적 회사이므로 다른 회사 설립보다 복잡하다.

주식회사의 설립은 주식의 인수방법과 모집방법에 따라 발기설립과 모집설립으로 나눌 수 있다. 발기설립은 발기인이 회사설립 당시에 발행되는 주식의 총수를 인수한다. 반면, 모집설립은 최초로 발행되는 주식의 일부는 발기인이 인수하고 나머지 주식은 모집된 주주들이 인수하는 방법인데, 주주모집은 사모(私募)일 수도 있고 공모(公募)일 수도 있다.

어떤 방법이든 먼저 발기인이 정관을 작성하여 기명날인하고, 효력을 부여하기 위해 공증인의 공증을 받아야 한다. 정관에는 주식회사의 발행예정주식총수, 설립 당시에 발행하는 주식총수 및 1주당 액면금액 등이 명시되어야 한다. 우리나라 상법상 주식회사 설립 시에는 정관에서 정한 발행예정주식총수의 1/4 이상을 발행해야 한다. 그리고 미발행주식은 회사 설립후 이사회의 결의에 따라 언제나 임의로 주식을 발행할 수 있는데, 이처럼 이사회가 주식발행의 권능을 국가로부터 부여받았다는 의미에서 이런 제도를 수권자본제도(授權資本制度)라고 한다.

(2) 증자 시의 신주발행

증자는 이사회의 결의에 따라 실시되는데, 보통은 주식 대금이 회사에 유입되는 유상증자로서 우선적으로 기존 주주에게 주식 인수 기회를 주고, 기존 주주가 인수를 포기하는 실권주에 대해서는 이사회의 결의에 따라 제3자배정방식 또는 일반공모방식으로 처리하기도 한다.

또한, 다음과 같은 특별한 경우에도 신주를 발행한다.

첫째로, 전환사채나 전환우선주와 같은 전환증권이 보통주로 전환되면 새로 보통주를 발행하게 된다.

둘째로, 신주인수권부사채의 신주인수권이 행사되면 회사는 이사회의 결의를 거쳐 신주를 발행해야 한다.

셋째로, 자본잉여금이나 이익잉여금을 자본금으로 전입하는 무상증자의 경우에도 회사는 신주를 발행하여 기존 주주들에게 배분해야 한다.

넷째로, 경영성과가 양호할 경우, 당기순이익 중 일부를 기존 주주에게 주식으로 분배하는 주식배당이 있는데, 이때에도 회사 이사회는 신주 발행을 결의해야 한다.

마지막으로, 인수합병(M&A: Merger and Acquisitions) 과정에서 신주를 발행해야 하는 경우도 발생한다.

(3) 신주발행 절차

주식회사는 설립 시에 최초로 신주를 발행한 이후 증자를 통해 정관상의 발행예정주식총수에 이를 때까지 계속 신주를 발행할 수 있다. 발행예정주식총수를 다 발행한 이후에는 정관을 변경하여 발행예정주식총수를 증가시킬 수 있다. 신주발행은 이사회의 의결사항이나, 특별히 주주총회의 의결과 정관의 변경에 따라서 신주를 발행하게 할 수도 있다.

이사회에서 신주발행을 의결할 때에는 신주의 종류와 수, 신주의 발행절차와 납입기일, 신주의 인수방법, 현물출자에 관한 사항 등을 결정해야 한다. 신주의 발행방법에는 그 발행가액에 따라 액면발행(issue at par), 할증발행 또는 프리미엄발행(issue at premium), 그리고 할인발행(issue at discount)이 있다.

신주는 보통 액면가액으로 발행되지만, 기업의 시장평가액이 액면가액보다 높을 때는 시장평가액으로 발행하는 할증발행을 이사회에서 결의할 수 있다. 이에 반해, 기업 실적이 부진하여 시장평가액이 액면가액보다 낮을 때에는 액면가액 이하, 즉 시장평가액 정도로 발행하는 할인발행도 하게 되는데, 이때에는 주주총회의 특별결의에 의하여 최저발행가액이 결정되고 법원의 인가를 받아야 한다.

증자 시에는 기존 보통주주들에게 우선적으로 신주를 취득할 수 있는 신주인수권(pre-emptive right)을 부여해 준다. 다시 말해, 기존 보통주주는 자기의 소유 주식수에 비례하여 증자 시에 발행되는 신주를 인수할 권리가 있다. 신주인수분에 해당되는 주금을 납입하면 신주를 수령하게 된다. 결국, 유상증자는 추가적 자본이 회사에 유입되는 경우이므로 회사의 자본 규모가 커지게 된다.

무상증자는 신주발행을 하여도 주식대금이 회사에 들어오지 않으므로 새로운 자본이 유입되지 않는다. 무상증자는 자본잉여금이나 이익잉여금을 자본금으로 전입하여 신주를 발행하고 발행주식수를 증가시킨다. 따라서 무상증자 후에 기업이익이 그 증자분에 비례하여 증가하지 않는다면 주식 1주당 가격은 떨어지게 된다.

(4) 주식상장 절차

주식이 유통시장에서 활발하게 거래되기 위해서는 증권거래소에 상장하여야 한다. 기업이 예비상장심사청구서를 증권거래소에 제출하면, 증권거래소는 상장주식의 적정성을 검토하고 상장위원회의 심의를 거쳐 상장예비심사 결과를 상장신청인과 금융감독위원회에 통지하게 된다.

이후 기업은 기업공개(IPO: Initial Public Offering), 곧 주식상장 절차의 핵심인 공모(Public Offering)를 위해 증권신고서를 금융위원회에 제출하고, 예비투자설명서 작성·제출, 투자설명서 비치·교부, 수요예측, 공모가 확정, 청약, 납입 등을 거쳐 공모절차를 완료하게 된다. 공모란 '공개모집'의 약자로서 불특정 다수의 사람들에게 균일한 조건으로 자사 주식을 매도하는 것으로 '일반모집'이라고도 한다.

공모 후 해당 법인이 신규상장신청서를 한국거래소에 제출하면, 한국거래소는 주식분산요건 등 상장예비심사 시 확인되지 않은 사항과 명의개서 대행계약체결 사실, 주금납입 등을 확인한 후 1주일 이내에 상장 승인 여부를 신규상장신청 법인과 관계기관에 통보하게 된다. 신규상장 법인의 주식은 신규 상장일에 기준가격 결정 과정을 거쳐 매매가 개시된다.

이상의 과정을 그림으로 정리해 보면, 다음과 같다.

(그림 10-9) 주식상장 주요 절차

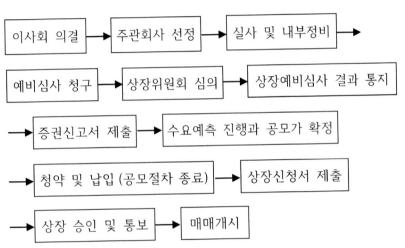

<연습문제>

(1) 금융시장에 대한 설명으로 맞지 않은 것은? (   )
 1. 금융시장의 중요한 기능 중 하나는 기업에 필요한 자금을 조달하는
  것이다.
 2. 금융시장은 금융상품의 특성, 거래 방법 등을 기준으로 여러 유형으로
  분류할 수 있다.
 3. 기업의 자금조달은 주로 협의의 금융시장을 중심으로 이루어진다.
 4. 예금시장, 대출시장 등은 협의의 금융시장으로 분류된다.

(2) RP에 대한 설명으로 가장 거리가 먼 것은? (   )
 1. RP는 환매조건부채권(repurchase paper)으로 '환매채'라고도 한다.
 2. 주로 금융기관이 우량기업의 장기채권이나 국공채 등을 1~3개월
  정도의 단기채권 상품으로 만들어, 만기에 원리금으로 되산다는
  조건을 붙여 투자자에게 파는 채권이다.
 3. 대부분 국채 또는 예금보험공사에서 보증하는 채권이어서 중도환매
  시에도 불이익은 발생하지 않는다.
 4. 채권투자의 약점인 환금성을 보완하기 위한 금융상품이다.

(3) 단기금융상품이라고 볼 수 없는 것은? (   )
 1. 회사채   2. 표지어음   3. 통화안정증권   4. 양도성예금증서

(4) 단기자본에 대한 설명으로 부적절한 것은? (   )
 1. 재무관리의 주된 관심사는 화폐시장에서 조달하는 단기자본이다.
 2. 1년 이내의 기간으로 조달하는 자본이다.
 3. 장기자본에 비해 거래가 빈번하게 이루어진다.
 4. 유동성도 높고 만기가 짧아 금리 변동 등으로 인한 손실 발생 위험도
  상대적으로 낮다.

(5) 단기자본조달 방법에 대한 설명으로 가장 거리가 먼 것은? (   )

1. 가장 선호되는 방법은 기업어음(CP: commercial paper)의 발행이다.
2. 수입업체의 경우 L/C(letter of credit: 신용장) 개설과 거래은행의
   수입대금 선결제로 인해 일시적으로 단기차입금이 발생하기도 한다.
3. 일반적으로 주식을 발행하여 조달한다.
4. 주거래은행과 당좌차월계약을 체결하면 일정한 한도까지 단기차입금을
   언제든지 사용할 수 있다.

(6) 자본조달방법 선택 시 고려사항이 아닌 것은? (   )
 1. 인플레이션 위험   2. 만기구조   3. 위험구조   4. 자본비용 최소화

(7) 회사채에 대한 설명으로 부적합한 것은? (   )
 1. 회사채는 위험자산인 주식보다 훨씬 안정적이기 때문에 투자자들은
    주식수익률보다 낮은 요구수익률을 추구하게 된다.
 2. 이자비용보다 영업이익이 높기만 하면 부채의 레버리지 효과가 발생한다.
 3. 회사채는 발행비용이 거의 없기 때문에 소규모 기업들도 선호한다.
 4. 회사채는 이자가 제때 지급되지 않으면 바로 부도처리되므로 주식
    발행에 비해 위험이 높다.

(8) 회사채 발행 방법에 관한 설명으로 맞지 않은 것은? (   )
 1. 기업이 회사채를 발행하는 방식에는 공모발행과 사모발행의 두 가지가
    있다.
 2. 공모발행은 증권사가 인수기관이 되어 총액을 인수하는 방식이므로
    발행회사는 필요한 자금을 바로 확보할 수 있다.
 3. 사모발행은 발행회사가 채권의 매수자와 협상하여 발행조건을 결정
    하는 방식이다.
 4. 신용평가기관으로부터의 신용평가는 회사채 발행의 필수조건은 아니지만
    대부분의 기업은 투자자 유치를 위해 신용평가결과를 제공하고 있다.

(9) 회사채의 이자지급방법에 관한 설명으로 맞지 않은 것은? (   )
 1. 회사채는 이자지급방법에 따라 이표채와 할인채로 나눌 수 있다.

2. 이표채는 만기 없이 매기 약정 이자를 영구히 지급하는 채권이다.

3. 할인채는 액면금액보다 낮은 금액으로 발행한 후 만기에 액면금액으로 상환하는 채권이다.

4. 할인채의 경우 액면금액(상환가격)과 발행금액의 차이는 이자에 해당한다고 볼 수 있다.

(10) 회사채의 상환 방법에 해당하지 않는 것은? (   )
 1. 만기전액상환사채　　　　2. 수시분할상환사채
 3. 수의상환사채　　　　　　4. 감채기금부사채

(11) 매기 약정이자를 지급하고, 원금은 만기에 지급하는 회사채는? (   )
 1. 전환사채　　　2. 이표채　　　3. 할인채　　　4. 신주인수권부사채

(12) 보통주의 특징이 아닌 것은? (   )
 1. 고정청구권　　2. 주주총회 의결권　　3. 배당권　　4. 매매차익 추구

(13) 보통주의 수익구조에 대한 설명으로 바람직하지 않은 것은? (   )
 1. 보통주 주주의 투자수익은 배당소득과 매매차익으로 구성된다.
 2. 배당소득은 채권의 이자소득에 비해 불확실성이 높다.
 3. 보통주의 매매차익은 매도가에서 매입가를 뺀 금액이다.
 4. 수익 실현에 대한 불확실성 때문에 보통주의 요구수익률은 일반적으로 회사채보다 높다.

(14) 기업공개(IPO: initial public offering)란 무엇인가? (   )
 1. 대규모 자본조달 필요성이 생긴 기업이 다수의 일반 투자자들을 대상으로 주식을 공모하는 것
 2. 영업이익을 일반 투자자들이 볼 수 있게 공개적으로 공시하는 것
 3. 한국거래소에서 자사 주식이 거래되고 있는 대기업이 추가적인 자금조달을 위해 기존 주주들에게 유상증자를 실시한다고 공개하는 것
 4. 기업이 비밀리에 특정 개인에게 주식을 매각하던 방식에서 탈피하여

대주주가 특정 개인에게 매각한 주식 내역을 공개적으로 공시하는 것

(15) 유상증자에 대한 설명으로 부적합한 것은? (　　)
 1. 기업이 주식을 추가로 발행해 기존 주주나 새 주주에게 매도하는 것
 2. 유상증자 결과로 회사 자산은 증가하지만 발행주식수에는 변동이 없다.
 3. 기존 주주는 유상증자 시 신주를 우선적으로 인수할 수 있는 신주
　　인수권을 가진다.
 4. 기존 주주가 유상증자로 발행되는 신주의 인수를 포기할 경우에는
　　그것을 일반투자자에게 공모 형식으로 배정한다.

(16) 우선주에 대한 설명으로 올바르지 않은 것은? (　　)
 1. 우선주는 배당지급에서 보통주에 우선하고, 배당률도 보통주보다 높다.
 2. 우선주는 보통주와는 달리 의결권이 없다.
 3. 우선주의 배당은 보통주에 우선하지만, 회사채의 이자처럼 확정적이지는
　　않기 때문에 대개 우선주는 투자자의 선호도에서 뒤처진다.
 4. 우선주는 다른 방법에 비해 상대적으로 자본조달비용이 낮아
　　경영자들은 우선주 발행을 선호한다.

(17) 선택권부증권이 아닌 것은? (　　)
 1. 전환사채　　　2. 신주인수권부사채　　　3. 보통주　　　4. 전환우선주

(18) 전환사채에 대한 설명으로 맞지 않은 것은? (　　)
 1. 전환사채는 일정한 조건이 충족되면 주식으로 전환할 수 있는 권리가
　　부여된 회사채이다.
 2. 발행할 때는 보통의 회사채이고, 일정한 기간이 지나 투자자가 주식
　　전환권을 행사하면 회사채와 보통주의 성격을 동시에 가지게 된다.
 3. 주식전환권을 부여받는 대신 투자자는 일반 회사채보다 낮은 수익률을
　　요구한다.
 4. 전환사채 발행 시점에는 자본비용을 낮출 수 있으나 나중에 주가가
　　오르고 주식전환권이 행사되면 자본비용이 높아질 수도 있다.

(19) 패리티(Parity)에 대한 설명으로 적절하지 못한 것은? (　)

1. 패리티란 현 주가를 전환가격으로 나눈 값에 100을 곱한 값

2. 패리티에 전환사채 액면가액을 곱하면 적정 투자가격이 산출된다.

3. 패리티는 전환사채를 지금 주식으로 전환할 것인지 여부를 판단하는
   기준이 된다.

4. 패리티가 100보다 작으면 주식전환이 유리하다.

(20) 신주인수권부사채에 대한 설명으로 적절하지 못한 것은? (　)

1. 신주인수권부사채는 일정 기간 보유 후 정해진 수의 신주를 미리 정해진
   가격으로 인수할 수 있는 권리(warrant)가 붙은 회사채이다.

2. 신주인수권부사채는 신주인수권이 행사되면 보통주로 성격이 바뀌고,
   사채 부분은 더 이상 효력이 없게 된다.

3. 신주 인수를 할 수 있는 권리가 부여된 만큼 신주인수권부사채는 일반
   회사채에 비해 요구수익률이 낮다.

4. 신주인수권부사채의 신주 인수 권리는 권리행사자가 유리할 때는 행사
   하고 불리할 때는 행사하지 않아도 되는 이점이 있다.

(21) BW를 매입한 투자자의 권리에 대한 설명으로 맞지 않은 것은? (　)

1. 일반 회사채와 동일하게 정해진 이자와 원금을 받을 수 있다.

2. 신주 인수가 유리하면 신주인수권을 행사해 신주 대금을 지불하고
   신주를 취득할 수도 있다.

3. 분리형 BW를 구입한 경우라면 신주인수권만 분리하여 양도할 수 있다.

4. 신주인수권만 분리하여 양도한 경우 남은 사채는 양도할 수 없다.

(22) 신주인수권부사채(BW)에 대한 설명으로 맞지 않은 것은? (　)

1. BW는 이자소득, 배당소득, 주가상승에 따른 차익을 모두 꾀할 수 있어
   투자의 안전성과 투기성을 모두 가진 금융상품이라고 할 수 있다.

2. 보통 BW의 신주 인수 행사가격은 현재의 주가보다 낮은 가격으로
   정해진다.

3. 신주인수권부사채의 이론적 가치는 <일반 회사채의 가치+신주인수권의
   가치>로 표시할 수 있다.
4. 신주인수권의 가치는 BW 발행가격에서 일반 회사채의 가치를 차감
   하면 바로 구해진다.

(23) BW의 신주인수권의 가격에 영향을 미치는 요인이라고 보기
   어려운 것은? (   )
1. 행사가격   2. 만기   3. 발행가격   4. 이자율

(24) 전환우선주에 대한 설명으로 올바르지 않은 것은? (   )
1. 전환우선주란 발행은 우선주의 형태이지만 일정기간이 지난 후 보통주나
   다른 형태의 우선주로 전환할 수 있는 우선주를 말한다.
2. 전환우선주는 일반적으로 경영권 보호장치의 하나로 우호지분을
   확보하기 위해 발행된다.
3. 전환우선주는 전체 우선주의 50% 범위 내에서 발행할 수 있다.
4. 전환우선주는 전환권이라는 권리가 부여되고, 또 우선주이므로 배당
   우선권도 있다는 장점이 있다.

(25) 전환우선주의 발행과 전환권 행사에 관한 설명으로 맞지 않은 것은?
   (   )
1. 전환우선주는 정관에 발행 근거와 제3자 배정에 관한 규정을 둬야 한다.
2. 전환우선주는 이사회 결의로 발행해 우호적인 제3자에게 배정할 수 있다.
3. 전환우선주의 전환가와 전환비율은 변동 가능한 경우가 많으며, 일정
   기간이 지난 후 자동적으로 보통주로 전환되는 경우도 있다.
4. 전환우선주는 대개 재무상태가 양호한 기업에서 발행된다.

(26) 금융리스에 대한 설명으로 부적합한 것은? (   )
1. 리스된 자산의 법률적 소유권만 리스회사가 갖고 실질적인 소유권과
   사용권은 임차한 기업이나 사용자에게 이전되는 리스이다.
2. 유지·보수 비용은 임차한 기업의 재무제표에 반영되지만 리스 자산의

감가상각비는 리스회사의 재무제표에 반영된다.

3. 계약 기간이 장기이기 때문에 금융리스를 자본리스라고도 한다.

4. 중도해약옵션은 없지만 계약 종료 후 소유권이전에 대한 옵션이 부여되는 경우가 많다.

(27) 판매 후 재리스와 레버리지리스에 대한 설명으로 틀린 것은? (   )

1. <판매 후 재리스>는 사용자가 이미 소유하고 있던 자산을 리스회사에 판매함과 동시에 리스계약을 체결하여 사용자가 계속하여 그 자산을 사용하는 경우이다.

2. 기업의 자금 유동성이 부족하거나 자금 마련이 어려울 때 <판매 후 재리스>가 유용하게 사용될 수 있다.

3. 레버리지리스는 리스회사가 리스자산의 매입 대금의 전부 또는 일부를 부채로 조달한 자금으로 지불하고, 구입한 자산을 리스하는 것을 말한다.

4. 리스 자산 사용자는 레버리지리스로 인해 발생한 부채의 이자지급액을 비용으로 처리하고, 그에 따라 절세효과의 혜택을 얻을 수 있다.

(28) 리스 자산의 단점이라고 보기 어려운 것은? (   )

1. 금융리스 자산이 투자세액공제대상 자산에 해당되면 리스회사만 세액공제의 혜택을 받을 수 있다.

2. 리스자산의 잔존가치 추정이 쉽지 않다.

3. 리스자산에 대한 유지·보수가 제대로 되지 않을 가능성이 있다.

4. 인플레이션이 심할 때는 잔존가치를 포기하는 경우도 발생한다.

(29) 증권시장에 대한 설명으로 적절하지 않은 것은? (   )

1. 증권시장은 신규로 발행된 증권이 최초로 거래되는 발행시장과 이미 발행된 증권이 투자자들 간에 매매되는 유통시장으로 구분된다.

2. 발행시장은 제1차 시장으로, 유통시장은 제2차 시장으로 불리기도 한다.

3. 유통시장은 상장된 주식과 채권과 수익증권이 거래되는 장외시장과 상장되지 않은 주식이나 채권이 거래되는 장내시장으로 나누어진다.

4. 발행시장은 발행된 증권이 최초로 투자자에게 이전되는 곳이다.

(30) 증권의 공모발행방법 중 간접발행과 가장 무관한 인수방법은? (　　)

1. 총액인수　　2. 잔액인수　　3. 매출발행　　4. 위탁모집

(31) 자기공모에 대한 설명으로 맞지 않는 것은? (　　)

1. 자기공모란 증권의 발행회사가 직접 발행하여 발행위험과 발행사무를 직접 담당하는 방법이다.
2. 채권의 자기공모는 50인 이하의 투자자를 대상으로 하여야 하는데, 매출발행과 경쟁입찰발행이 있다.
3. 매출발행은 사채의 발행액을 제외한 만기, 발행이자율, 원리금 지급 방법 등의 발행조건을 미리 정한 후 일정 기간 내에 개별적으로 투자자들에게 매출하여 매도한 금액을 발행총액으로 하는 방식이다.
4. 채권의 경쟁입찰발행은 경매를 통해 낮은 수익률 응찰분부터 발행예정액에 달하기까지 순차적으로 낙찰자를 결정하는 방식이다.

(32) 위탁모집에 대한 설명으로 맞지 않은 것은? (　　)

1. 모집주선이라고도 하며, 오늘날 가장 많이 선호되는 방법이다.
2. 증권의 발행기관이 공모 결과에 대한 위험을 부담한다.
3. 발행사무는 제3자인 발행기관에 위탁하는 방법이므로 일반적으로 간접발행이라고 본다.
4. 실권주의 인수위험이 제3자인 발행기관에는 전혀 없으므로 인수방식에 비해 수수료가 저렴하다.

(33) 회사채에 대한 설명으로 올바르지 않은 것은? (　　)

1. 무보증사채는 제3자의 보증이나 물적 담보 없이 순수하게 발행회사의 신용에 근거해서 발행되기 때문에 일반사채라고도 한다.
2. 무보증사채는 발행회사의 상환 능력에 기초해 발행되므로 해당 회사의 신용도에 따라 이자율 등 발행 조건이 달라진다.
3. 일반사채 발행회사는 투자자를 위해 당국이 인정한 신용평가기관의 평가를 받아야 하고, 연1회 이상 주간사와 신용평가등급을 공시해야 한다.

4. 회사채는 주주총회의 의결 후 유가증권신고, 상장신청, 청약 및 납입 등의 절차를 거쳐 발행된다.

(34) 주식회사의 주식 발행에 대한 설명으로 부적합한 것은? (   )
 1.정관에는 주식회사의 발행예정주식총수, 설립 당시에 발행하는 주식총수 및 1주당 액면금액 등이 명시되어야 한다.
 2. 우리나라 상법상 주식회사 설립 시에는 정관에서 정한 발행예정주식 총수의 1/2 이상을 발행해야 한다.
 3. 주식회사의 미발행주식은 회사 설립 후 이사회의 결의에 따라 언제나 임의로 발행할 수 있다.
 4. 이사회가 주식발행의 권능을 국가로부터 부여받았다는 의미에서 이런 제도를 수권자본제도(授權資本制度)라고 한다.

(35) 신주 발행에 관한 설명으로 가장 거리가 먼 것은? (   )
 1. 전환사채나 전환우선주와 같은 전환증권이 보통주로 전환되면 새로 보통주를 발행하게 된다.
 2. 신주인수권부사채의 신주인수권이 행사되면 회사는 이사회의 결의를 거쳐 신주를 발행해야 한다.
 3. 자본잉여금이나 이익잉여금을 자본금으로 전입하는 무상증자의 경우 에는 신주를 발행하지 않고 대주주의 주식을 주주들에게 배분한다.
 4. 당기순이익 중 일부를 기존 주주에게 주식으로 분배하는 주식배당의 경우에도 이사회는 신주 발행을 결의해야 한다.

정답 : (1~15) 4, 3, 1, 1, 3 / 1, 3, 4, 2, 2 // 2, 1, 3, 1, 2 /
  (16~30) 4, 3, 2, 4, 2 // 4, 2, 3, 3, 4 / 2, 4, 1, 3, 3 //
  (31~35) 2, 2, 4, 2, 3

제 10 장

운전자본관리

<제 1 절> 운전자본관리의 개요

1. 운전자본관리의 개념 및 중요성

운전자본(working capital)은 재무상태표상의 유동자산을 의미하기도 하지만, 대개는 유동자산에서 유동부채를 차감한 순운전자본(net working capital)을 의미한다. 따라서 운전자본관리는 유동자산에 대한 투자의사결정뿐만 아니라 1년 이내의 단기자금, 즉 유동자금을 어떻게 조달할 것인가에 대한 의사결정도 포함하게 된다.

순운전자본이 커질수록 기업의 유동성은 높아지는데, 이를 위해서 유동자산은 증가될수록 좋고 유동부채는 감소될수록 좋다. 결국, 운전자본관리는 유동자산과 유동부채의 관리라고 할 수 있다.

(표 11-1) 재무상태표

자 산	부 채 와 자 본
유동자산 　**현금및현금성자산** 　**매출채권** 　**미수금** 　**단기금융상품** 　**재고자산** 　　⋮ 비유동자산	**부채** 　**유동부채** 　　**매입채무** 　　**미지급금** 　　**단기차입금** 　　　⋮ 　비유동부채 자본
총　자　산	총　자　본

실무적 관점에서 살펴보면, 장기투자를 위한 장기자금조달 의사결정은 자주 발생하지 않는 일이지만, 단기투자와 단기자금조달 의사결정은 거의 매일 발생하는 업무라고 할 수 있다. 이러한 운전자본관리는 외부자금조달

에 제약이 많고, 반면 사내유보는 적고, 신용도까지 낮은 기업이라면 더욱 중요하게 여겨질 수밖에 없다. 특히나 요즈음과 같이 정보통신기술이 고도화된 시대에는 전자적인 방법으로 운전자본관리가 속도감 있게 진행된다.

운전자본관리에서 가장 중요한 것은 기업가치를 극대화하는 최적운전자본 수준을 결정하는 것이다. 운전자본은 기업의 유동성 확보와 원활한 생산활동 및 영업활동 지원을 위해 필수적이지만, 그러한 운전자본을 유지하는 데에는 여러 종류의 비용도 또한 발생한다. 그래서 기업의 재무의사결정자는 적정수준의 운전자본을 결정하고 유지하도록 많은 이해관계자들로부터 요구받게 된다.

(그림 11-1) 순운전자본

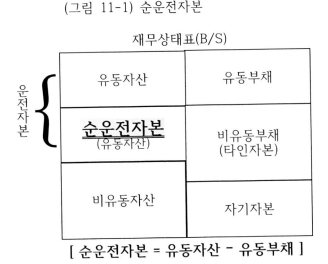

재무상태표(B/S)

[순운전자본 = 유동자산 - 유동부채]

순운전자본을 많이 보유하면 위험은 줄고 안정성과 유동성이 확보되는 효과가 생기지만 유동자산의 투자수익률이 대개는 실물자산의 그것에 못 미치기 때문에 지나치게 많은 순운전자본의 보유는 기업의 수익성에 부정적 영향을 미치게 된다. 예를 들어, 판매량이 증가했지만 그만큼 외상매출금도 증가했다면, 현금유입이 지연되고, 그에 따라 기업은 추가로 소요되는 자금을 다른 방법으로 조달해야 할 경우도 생길 수 있다.

자금조달 비용을 절감하기 위해 단기자금을 필요할 때마다 조달한다면,

그 업무의 빈도가 높아져 재무담당자는 그 일에 더 많은 시간을 할애해야 하고 자금관리도 복잡해질 뿐 아니라 유동자금이 적어지는 만큼 기업위험과 투자자의 요구수익률이 동시에 증가해 결국 자금조달비용도 상승하게 되는 결과에 이를 수 있다.

2. 운전자본관리의 목표

운전자본관리의 목표는 기업가치를 극대화하는 최적의 유동성 유지라고 할 수 있다. 유동성이란 기업의 단기부채 지급능력을 뜻한다. 유동자산은 현금 및 현금성자산, 그리고 1년 이내에 현금화할 수 있다고 보는 자산들로 구성되므로 비유동자산에 비해 상대적으로 유동성이 높고, 그에 따라 유동자산을 많이 보유하면 단기부채 상환능력이 높기 때문에 파산이나 부도와 같은 지급불능위험이 낮아진다.

하지만, 높은 유동성을 유지하기 위해 투자를 소홀히 하게 되면 기업의 수익성에 부정적인 영향을 끼칠 수 있다. 유동성이 높으면 기업의 안전성 제고에는 도움이 되겠지만, 적합한 투자안에 대한 투자와 수익 창출 기회를 놓칠 위험 또한 있기 때문이다. 결국, 유동성과 수익성 간에는 상충관계(trade-off relationship)가 발생하게 된다. 따라서 기업에서는 이 둘의 수준을 적절하게 조정하고, 둘을 균형 있게 추구해야 한다.

한편, 기업의 유동성을 보여주는 비율로는 유동자산을 유동부채로 나누어 산출하는 유동비율(current ratio)과 유동자산에서 재고자산을 뺀 값을 유동부채로 나누어 산출하는 당좌비율(quick ratio)이 주로 사용되고, 매출액을 유동자산으로 나누어 산출하는 유동자산회전율도 사용되는데, 이 비율이 높을수록 유동자산을 매출활동에 효율적으로 활용한다는 의미가 된다. 또 비율은 아니지만 현금전환일수도 유동성 수준을 판단하는 지표로 활용할 수 있는데, 이에 대해서는 아래에서 별도로 다루기로 한다.

3. 현금전환일수

현금전환일수(cash conversion cycle)란 기업이 원재료 구입에 현금을 지출하고, 생산과정을 거쳐 제품을 판매한 후 그 대금으로 현금이 다시 기업으로 돌아오는 데까지 소요되는 기간을 의미하는 개념인데, 기업의 활동성을 한 눈에 보여주기 때문에 중요하다. 또 기업 입장에서는 그렇게 소요되는 기간을 대비해서 현금성 자산을 확보해야 하므로 그 기간이 짧을수록 유리하다.

현금전환일수를 산출하기 위해서는 활동성 지표 중 가장 중요한 3 가지 지표, 즉 매입채무 회전일수, 재고자산 회전일수, 매출채권 회전일수가 필요하다. 기업은 원재료를 구입해 제품을 생산하고 이를 재고자산의 형태로 보유하다가 판매하게 되는데, 그 과정에서 현금의 유출과 유입이 발생하게 된다. 문제는 실제로 원재료를 구입하거나 제품을 판매하는 시점과 현금의 유출이나 유입이 발생하는 시점이 다르다는 것이다. 그리고 생산과정에서도 일정한 기간이 소요된다는 것이다.

만일 제조기업이라면 먼저 생산활동을 위해 원재료를 그리고 영업활동을 위해 완제품을 재고자산으로 보유하게 된다. 따라서 원재료 구입 시점부터 완제품 판매까지는 현금유입이 없는 시기인데, 이 기간을 재고자산 회전일수 또는 전환기간이라고 한다. 물론, 유통기업이라면 상품의 매입부터 판매까지의 기간이 재고자산 회전일수 또는 전환기간이 될 것이다. 또 제품이나 상품이 외상으로 판매된다면 일정기간 동안 현금의 유입이 지연되는데, 이 기간을 매출채권 회전일수 또는 회수기간이라고 한다. 반면에, 원재료나 상품을 구입할 때 외상으로 구입하게 되면, 일정기간 동안 현금유출이 지연되는데, 이 기간을 매입채무 회전일수 또는 신용기간이라고 한다.

현금전환일수는 현금유입이 지연되는 기간(재고자산 회전일수 + 매출채권 회전일수)과 현금유출이 지연되는 기간(매입채무 회전일수)의 차이인데, 기업 입장에서는 현금유입은 가능한 한 빨리, 현금유출은 가능한 한 늦게 발생하는 것이 유동성 측면이나 화폐의 시간가치 측면에서 유리하다.

이상의 내용을 그림으로 정리해 보면 (그림 11-2)과 같다.

(그림 11-2) 영업순환주기와 현금전환일수

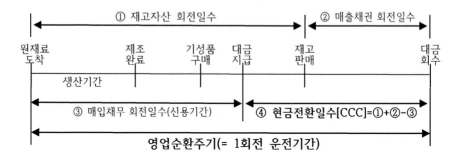

위 그림에서 재고자산의 시작점은 원재료의 도착 시점인 것을 알 수 있는데, 이는 구매계약을 했다고 원재료가 바로 재고자산으로 계상되지 않고 일정한 조달 기간을 거쳐 창고에 입고되어야 비로소 재고자산이 된다는 의미이다. 또 제조공정을 거치고 있는 과정이라면 재공품으로 역시 재고자산에 포함되고, 제조 완료 후 판매 전까지는 완성품 상태의 재고자산이 된다. 재고자산의 시작 시점부터 완성품이나 상품이 판매과정을 거쳐 매출채권으로 바뀌고 그 대금이 현금으로 회수되는 기간까지를 1회전 운전기간, 즉 영업(순환)주기라고 한다. 이는 매입채무 회전일수와 현금전환일수를 합친 기간이기도 하다.

달리 표현하면, 영업(순환)주기는 현금유입이 지연되는 기간과 일치하므로 재고자산 회전일수와 매출채권 회전일수를 합친 기간에 해당한다. 따라서 영업(순환)주기에서 현금유출의 지연기간인 매입채무 회전일수를 차감하면 현금전환일수가 산출된다.

결국, 순운전자본관리 업무를 하는 기업의 재무담당자는 현금전환일수를 최소화하기 위해 온갖 노력을 다하게 된다. 기업 전체의 활동을 현금유출과 현금유입 중심으로 계산해내려고 노력하게 된다.

(1) 현금전환일수 계산방법

현금전환일수는 현금유입의 지연일수에서 현금유출의 지연일수를 뺀 일수이므로 현금유입의 지연일수와 현금유출의 지연일수를 차례대로 파악해야 한다. 전자에는 재고자산 회전일수와 매출채권 회전일수가 해당되고, 후자에는 매입채무 회전일수가 해당된다.

재고자산 회전일수는 일평균 재고자산을 일평균 매출액 또는 매출원가로 나누어 산출한다. 예를 들어, ㈜K의 일평균 재고자산이 3천만원이고 연평균 매출액이 3억원이라면, 재고자산 회전일수는 다음과 같이 산출된다.

○ 재고자산 회전일수 = 3,000만원 ÷ (3억원/365일) = 36.5일

한편, 재고자산 회전일수는 연간매출액 또는 연간매출원가를 평균재고자산으로 나누어 산출하는 재고자산회전율을 분모로 하고 365일을 분자로 해도 산출된다. 분모인 재고자산회전율과 재고자산 회전일수의 위치를 바꾸면, 재고자산회전율 역시 365일을 재고자산 회전일수로 나누어 산출됨을 알 수 있다.

○ 재고자산 회전일수 = 365일 ÷ 재고자산회전율
○ 재고자산 회전율   = 365일 ÷ 재고자산 회전일수

재고자산 회전일수는 짧을수록, 재고자산 회전율은 높을수록 기업의 재고자산 관리활동이 효율적으로 진행되고 있음을 의미한다.

매출채권 회전일수는 일평균 매출채권을 일평균 매출액으로 나누어 산출한다. 예를 들어, ㈜K의 일평균 매출채권이 1,644만원이고 연평균 매출액이 3억원이라면, 매출채권 회전일수는 다음과 같이 산출된다.

○ 매출채권 회전일수 = 1,644만원 ÷ (3억원/365일) = 20일

매출채권 회전일수 역시 연간매출액을 평균매출채권으로 나누어 산출하는 매출채권회전율을 분모로 하고 365일을 분자로 하여 산출할 수도 있다. 분모인 매출채권회전율과 매출채권 회전일수의 위치를 바꾸면, 매출채권회전율 역시 365일을 매출채권 회전일수로 나누어 산출됨을 알 수 있다.

ㅇ 매출채권 회전일수 = 365일 ÷ 매출채권회전율

ㅇ 매출채권 회전율　 = 365일 ÷ 매출채권 회전일수

　매출채권 회전일수는 짧을수록, 매출채권 회전율은 높을수록 기업의 현금 회수활동이 효율적으로 진행되고 있음을 의미한다.

　다른 한편, 매입채무 회전일수는 일평균 매입채무를 일평균 매출원가 또는 매입액으로 나누어 산출한다. 예를 들어, ㈜K의 일평균 매입채무가 685만원이고 연평균 매출원가가 2억5천만원이라면, 매입채무 회전일수는 다음과 같이 산출된다.

ㅇ 매입채무 회전일수 = 685만원 ÷ (2억5천만원/365일) = 10일

　매입채무 회전일수도 연간매입액 또는 연간매출원가를 평균매입채무로 나누어 산출하는 매입채무회전율을 분모로 하고 365일을 분자로 해서 산출할 수 있다. 분모인 매입채무회전율과 매입채무 회전일수의 위치를 바꾸면, 매입채무회전율 역시 365일을 매입채무 회전일수로 나누어 산출됨을 알 수 있다.

ㅇ 매입채무 회전일수 = 365일 ÷ 매입채무회전율

ㅇ 매입채무 회전율　 = 365일 ÷ 매입채무 회전일수

　매입채무 회전일수는 짧을수록, 매입채무 회전율은 높을수록 기업의 단기채무 변제능력이 양호한 상태임을 의미하지만, 기업의 자금운용 측면에서는 지급할 돈은 가능한 한 늦추고 회수할 돈은 가능한 한 빨리 회수하는 것이 좋으므로 매입채무 회전일수가 길고, 매입채무 회전율이 낮을수록 유리하다. 하지만, 거래처와의 상생 차원에서는 매입채무 지급을 지나치게 늦추지 않을 필요성도 있으므로 전사적 차원의 자금관리 측면에서 적절한 수준으로 매입채무 회전일수를 조정하는 것이 바람직해 보인다.

　최종적으로, ㈜K의 현금전환일수는 다음과 같이 산출된다.

○ 현금전환일수=재고자산 회전일수+매출채권 회전일수-매입채무 회전일수

= 36.5일 + 20일 - 10일 = 46.5일

(2) 효율적인 현금전환일수 관리방법

앞에서 살펴본 ㈜K의 현금전환일수는 46.5일이었다. 이는 현금유출과 현금유입 사이의 간격이 46.5일이라는 의미로서, 기업이 정상적으로 운영되기 위해서는 이 기간 동안 소요되는 현금을 비용이 들더라도 별도로 보유해야 함을 의미한다. 따라서 기업의 재무담당자는 자본조달비용의 감소를 위해 현금전환일수를 가능한 한 단축시켜야 한다.

만일, 제품단위당 생산원가가 400만원이고 생산기간이 5일이라면, 일평균 생산원가는 80만원이 된다. 이 금액에 현금전환일수인 46.5일을 곱하면 필요한 순운전자본은 3,720만원이 된다. 현금전환일수를 10일만 단축하여도 필요한 순운전자본이 800만원이나 줄어든다. 순운전자본의 조달에는 비용이 수반되기 때문에 순운전자본을 최소화할 필요가 있으나, 그렇다고 현금전환일수를 무시하고 지나치게 감소시키게 되면 생산중단 사태가 발생할 수 있고, 이로 인한 손실이 더 클 수 있다. 따라서 순운전자본을 감소시키기 위해서는 먼저 현금전환일수를 단축시켜야 한다. 다시 말해, 재고자산 회전일수나 매출채권 회전일수를 줄이거나 매입채무 회전일수를 늘려야 한다. 재고자산 회전일수의 단축은 생산일정 차질을 가져오거나 갑작스런 수요 변화에 대한 기업의 대처 능력을 떨어트릴 수 있다. 또 매출채권 회전일수의 단축은 단골고객의 이탈이나 판매량의 감소를 가져올 수도 있다. 뿐만 아니라, 매입채무 회전일수의 연장은 원재료의 안정적 공급을 위협하거나 현금할인 등의 혜택을 감소시킬 수 있다. 그러므로 재무담당자는 비용감소를 위해 무리하게 현금전환일수를 단축하기보다는 철저하게 비용과 효익을 분석한 후 다양한 방법을 활용하여 적절한 수준으로 현금전환일수를 단축하고, 원활한 기업경영에 부합하는 방법으로 순운전자본관리 정책을 펼쳐나가야 한다.

4. 운전자본관리정책

효율적인 운전자본관리를 위해 기업에서는 단기재무정책을 수립해야 한다. 유동자산은 안정적인 영업활동을 유지하기 위해 일정 수준의 규모로 상시적으로 보유하는 영구적 유동자산과 계절적 요인으로 변하는 생산량이나 판매량 수준에 따라 변동하는 일시적 유동자산으로 구성된다. 둘 중 영구적 유동자산은 상시적으로 보유해야 하기 때문에 장기자본으로 조달해야 하고, 일시적 유동자산만 단기자본으로 조달해야 한다.

단기재무정책에서 가장 중요하게 고려해야 하는 것은 자산과 부채 간의 만기일치(maturity matching)의 원칙이다. 이는 1년 이내의 단기 운전자본을 위해서는 1년 이내에 되갚아야 하는 단기부채, 즉 유동부채로 조달해야 하고, 비유동자산이나 영구적 유동자산을 위한 장기자본은 만기가 1년 이상인 비유동부채와 주식과 같은 자본으로 조달해야 한다는 것이다.

만일, 일시적 유동자산에 소요되는 자본까지 장기자본으로 조달한다면, 일시적 유동자산의 변동성 때문에 불필요한 유휴자금이 생길 수도 있고, 반대로 장기적 자산에 필요한 자본을 단기자본으로 조달한다면 단기자본비용의 불규칙성으로 인한 불안정성을 감수해야 하고 단기부채의 상환기일을 위해 또 다른 자본을 조달해야 하는 부담이 뒤따르기 때문이다.

만기일치 원칙에 따르면, 일시적 유동자산은 유동부채로만 조달하므로 순운전자본이 0원이 되어야 하지만, 현실적으로는 일정 수준의 순운전자본을 유지해야 하는데, 이는 이미 설명한 현금전환일시, 계절적 요인, 경기상황에 따른 매출액의 변동성, 업계의 관행 등으로 일정 수준의 순운전자본보유가 필요하고, 또 적정 수준의 유동성 확보를 위해서도 단기부채 이상의 유동자산을 유지하기 때문이다. 순운전자본을 많이 보유하면 단기 변화에 신속하게 대응할 수 있는 장점이 있지만 순운전자본 보유 비용이 많이 드는 단점도 있다. 반대로, 순운전자본을 적게 보유하면 비용 면에서는 유리하나 매출이나 위험의 관리 측면에서는 불리하다. 즉, 위험을 감수하면 수익성은 좋아질 수 있으나, 위험을 피하면 수익성이 떨어질 수 있다는 것이다.

단기재무정책은 일시적 유동자산의 규모와 이에 대응되는 유동부채의 수준에 따라 공격적인 단기재무정책과 보수적인 단기재무정책으로 구분되는데, 경영진의 성향에 따라 차이를 보이게 된다.

(1) 공격적인 단기재무정책

공격적인(aggressive) 단기재무정책은 유동자산 보유를 최소화하고, 필요한 단기자금은 단기부채인 유동부채에 의존하는 방법을 말한다. 따라서 비유동자산과 영구적 유동자산을 위한 자금은 장기자본으로 조달하고, 일시적 유동자산을 위한 자금만 유동부채로 조달한다. 공격적인 자본조달정책은 단기자금이 필요할 때에만 유동부채로 조달하기 때문에 유휴자금을 최소화하고 장기자본에 비해 금융비용이 절감되는 장점이 있지만, 단기자본의 조달비용은 자주 변동하는 특성이 있기 때문에 오히려 거래비용이 증가할 수 있고 또 단기차입 의존도가 지나치게 높아질 경우에는 유동성이 약화되어 채무불이행 위험도 동시에 증가할 수 있다는 것이 단점이다.

(2) 보수적인 단기재무정책

보수적인(conservative) 단기재무정책은 유동자산에 상대적으로 더 많이 투자하고, 그 소요자금도 장기자본 위주로 조달하는 정책을 말한다. 장기자본이 영구적 유동자산을 초과하여 유휴자금이 발생하면 단기유가증권에 투자하기도 한다. 그렇지만 장기자본의 증가와 그로 인한 자본(조달)비용 증가는 수익성에 부정적인 영향을 끼칠 수도 있다.

결국, 공격적인 단기재무정책은 수익성을 중시하는 경향이 강하므로 현금전환일수를 단축시키기 위해 더 노력하고 자금이 필요할 경우 장기자본보다는 단기자본으로 조달하여 순운전자본을 최소화시키려고 할 것이다. 그에 반해, 보수적인 단기재무정책은 안정성을 더 추구하는 정책이므로 수익성 감소를 감수하더라도 유동성 확보를 우선시하게 될 것이다.

\<제 2 절\> 유동자산관리

1. 현금관리

유동자산 중 가장 중요한 것은 현금이다. 현금이 충분해야 기업은 생산과 영업활동을 순조롭게 진행할 수 있고, 구매 시 현금할인 혜택도 누릴 수 있으며, 금융거래에서도 현금잔고는 중요한 역할을 한다. 그렇지만 현금 보유에는 비용도 수반된다. 우선, 현금보유분만큼 투자할 수 없으므로 기회비용이 발생한다. 안정성을 지나치게 추구하면서 현금 축적을 많이 하다 보면 투자가 그만큼 부진해지고, 이는 곧 미래의 수익 감소로 연결될 수 있다. 반대로, 현금이 넘쳐나면 오히려 무분별하게 투자를 하는 경향도 발생하는데, 이런 현상은 오히려 기업가치를 하락시키는 원인이 되기도 한다. 철저하게 경제성을 분석하여 수익을 낼 수 있는 사업에만 투자하지 않고 마치 넘쳐나는 현금을 처분할 목적인 듯 무분별하게 투자한다면 투자자들의 불만이 증가할 것이기 때문이다. 따라서, 기업의 재무관리자는 현금 보유로 인한 손익을 철저히 분석할 수 있어야 한다. 무엇보다도 글로벌경제의 불확실성 증가, 이자율 변동 등 각종 위험에 대비하는 리스크관리기법을 잘 활용하고, 실시간으로 온라인 거래가 가능한 시대이므로 가용한 모든 방법을 활용하여 현금관리를 현명하게 할 필요가 있다.

한편, 넓은 의미의 현금성자산에는 현금 및 현금등가물 뿐만 아니라 단기금융상품, 단기매출채권 등도 포함시킨다. 다시 말해, 당좌자산 전체를 현금성자산으로 보는 것이다. 하지만, 좁은 의미의 현금성자산은 현금 및 현금등가물로 제한된다.

(1) 현금보유동기

화폐수량설로 잘 알려진 고전경제학의 화폐수요이론에서는 현금의 보유동기를 거래적 동기(transactional motive)로 본다. 기업이 현금을 보유하고 있으면 각종 거래를 원활히 할 수 있고, 거래 시 현금할인도 받을 수 있기 때문에 현금을 보유할 동기를 가지게 된다는 것이다. 또 현금성 자산이 충분하면 외부에서 추가로 자금을 조달할 필요도 없기 때문에 자본조달비용도 절감하는 효과까지 생긴다.

하지만, 케인즈학파에서는 거래적 동기뿐만 아니라 예비적 동기와 투기적 동기도 현금 보유 동기라고 보았다.

예비적 동기(precautionary motive)는 미래의 불확실성에 대비하기 위해 현금을 보유하려고 한다는 것이다. 무엇보다도 재무위험이나 영업위험이 높은 기업이라면 예비적 동기에 의한 현금보유의 필요성이 커질 수 있다. 예를 들어, 경기 변동에 따라 기업실적의 변동성이 큰 경우 부채비율이 높은 기업은 정해진 금융비용을 정해진 기일에 지불해야 하기 때문에 지급불능위험이 높아진다. 따라서 예비적 목적을 위해 현금을 보유하려고 하는 동기가 발생한다는 것이다.

투기적 동기(speculative motive)는 수익성 있는 투자안에 제 때에 투자하기 위해 현금을 미리 보유하는 경우이다. 특히나 외부로부터의 자금조달이 쉽지 않은 기업이라면 더욱더 현금을 미리 보유하려고 하는 동기를 가지게 된다는 것이다. 왜냐하면, 현금이 부족하면 좋은 투자안을 포기해야 하는 경우도 발생할 수 있기 때문이다. 따라서 만일의 경우를 대비하여 기업은 충분한 현금을 보유하려고 할 것인데, 성장성이 높은 기업일수록, 재무적으로 외부로부터의 자금조달이 여의치 않은 기업일수록 투기적 동기에 의한 현금의 보유 필요성이 더 커진다고 할 수 있다.

이 외에도 기업은 순조로운 금융거래를 위하여 보상잔액(compensating balance)을 유지하려고 하는 동기를 가지는데, 이는 대출금의 일부를 보상잔액으로 보유해 줄 것을 은행들이 요구하기 때문이기도 하다. 기업 입장에서도 은행과의 친밀한 관계 유지가 필요하다. 그것은 타 금융기관보다 은행으로부터의 자금조달이 상대적으로 더 저렴하고, 당좌차월 같은 편리한 방법의 대출도 가능하며, 또 대출의 재연장도 특별한 사정이 없는 한 가능하기 때문이다.

(2) 현금관리정책

기업에서 현금은 가능한 한 빨리 받고, 최대한 늦추어 지급하는 것이 유리하다. 그것은 화폐의 시간가치에서 비롯되는 이익과 유동성의 확보 때문이다. 하지만, 기업은 생산활동과 영업활동이 제일 중요하므로 현금관리 역시 그런 활동에 초점이 맞추어져야 한다.

현금 지급을 늦추는 것도 무한정 늦출 수는 없고, 거래처 관리 차원에서 적절하게 조율해야 하며, 가능한 한 현금 지급 시기를 현금 유입 시기와 일치되도록 하는 방법이 현명하다. 또 내부통제제도를 이용해 현금 지급을 될 수 있는 대로 늦추고, 지급할 경우에도 수표나 어음을 이용해 하루라도 더 현금의 유출을 늦추는 전략이 유리하다.

한편, 현금의 유입을 앞당기기 위해 정보통신기술의 발달을 이용할 필요가 있다. 갈수록 이용자가 증가하고 있는 온라인거래를 활용하면 곧바로 기업 계좌에 현금이 입금되는 효과를 얻을 수 있다. 뿐만 아니라 고객이 지급한 현금이 누출 없이 정확하게 기업 계좌에 도달하는 제도적 장치를 마련하면 현금유입의 지연을 최소화시킬 수 있다.

(3) 현금관리 시 고려할 사항들

① 현금흐름 : 현금흐름 수준이 양호하고 일정한 기업은 현금보유의 위험감소효과가 낮기 때문에 현금을 많이 보유할 필요가 없다. 그렇지만 성장성이 낮고 현금흐름도 일정하지 않은 기업은 배당성향을 낮추어 현금보유 수준을 높일 필요가 있다.

② 위험 : 현금 보유량이 충분하면 영업위험과 재무위험이 낮아진다. 따라서 위험이 큰 기업이라면 보다 많은 현금을 보유함으로써 위험을 관리할 필요가 생긴다.

③ 성장성 : 고성장 기업은 수익성 있는 투자안에 지속적으로 투자해야 하므로 현금의 내부 유보 필요성이 커진다. 외부자금 조달은 발행비용을 추가로 부담해야 하는 단점이 있기 때문에 가급적 현금의 내부 유보를 선호하게 된다. 중소기업의 경우라면 외부자금조달에 여러 가지 제약이 따를

수도 있기 때문에 더욱 더 현금성 자산을 많이 보유하려고 노력하게 된다.

④ 기업규모 : 이미 성장한 대기업의 경우에는 추가 투자를 위한 자금의 필요성이 성장 중인 기업에 비해 낮을 수 있지만, 대기업일수록 보수적인 자금관리를 하는 경향도 많다. 만일, 투자와 자금관리를 보수적으로 하는 대기업이라면 보다 많은 현금을 내부에 유보하려고 할 것이고, 또 대기업일지라도 계속 투자를 확대하는 경우도 적지 않으므로 이 역시 현금의 내부 유보 동기가 될 수 있다.

⑤ 현금전환일수 : 현금전환일수가 긴 기업일수록 유동성 위험은 높아지게 된다. 따라서 그러한 기업은 현금전환일수를 단축시키려는 노력뿐 아니라 보다 많은 현금을 보유함으로써 유동성 위험에 대비하려고 할 것이다. 물론, 보유 운전자본이 많고 필요할 때 현금으로의 전환이 용이하다면 현금은 그만큼 적게 보유해도 되겠지만, 그와는 달리 운전자본이 많지 않고 현금화에도 일정기간이 소요된다면 현금 보유 비중을 높이게 된다.

이상에서 언급한 고려사항 외에도 기업의 현금관리담당자는 수익성, 차입금 비율, 기업 특성, 기회비용, 자금시장 접근 용이성 등도 충분히 고려하면서 자사에 적합한 최적의 현금 보유 규모를 결정해야 한다.

2. 매출채권관리

운전자본의 주요 구성 요소인 매출채권과 매입채무는 주로 거래업체나 협력업체와의 관계에서 발생한다. 매출채권은 일반적인 영업활동 결과 현금으로 회수되지 않은 매출액인데, 외상매출금과 받을어음이 있다. 매입채무는 상품이나 원재료를 구입한 대가를 현금으로 지불하지 않고 일정기간 유예한 경우로서 외상매입금과 지급어음이 있다.

동전의 양면처럼 당사의 매출채권은 거래업체나 협력업체의 입장에서 보면 매입채무가 되고, 반대로 당사의 매입채무는 거래처나 협력업체의 매출채권이 된다. 하지만 운전자본관리에서는 매입채무보다는 매출채권의 비중이 더욱 크고 중요하다. 외상판매는 현금유입은 지연시키지만 매출액 증가와 재고자산 감소 효과를 가져다준다. 그렇지만 매출채권이 늘어나면 회수비용도 그만큼 증가하기 때문에 재무관리자는 상충관계를 고려해 매출채권을 적정하게 관리할 필요가 있다.

(1) 평균회수기간

매출채권의 회수가 길어지면 일정한 유동성을 계속 유지해야 하는 기업에서는 부득이하게 외부에서 운전자본을 조달해야 하는 경우도 생긴다. 외부조달자금은 금융비용을 수반하기 때문에 기업은 매출채권의 평균회수기간(ACP: Average Collection Period)을 단축시키려고 노력하게 된다. 매출액이 동일한 두 기업이 있다 할지라도 현금의 회수기간에 따라 실질적인 매출채권 총액이 달라지기 때문이다.

예컨대, 두 기업 (가)와 (나)의 매출채권 총액이 동일하게 100억원이지만, 회수기간이 다음 표와 같이 다르다면 평균회수기간도 달라지게 된다. 기업 (가)의 평균회수기간은 1.25개월[=1개월×0.75+2개월×0.25]이고, 기업 (나)의 평균회수기간은 2.5개월[=(1개월+2개월+3개월+4개월)×0.25]이다. 결국, 기업 (나)의 평균회수기간은 기업 (가)의 두 배이므로, 충분한 현금을 보유하고 있지 않다면 운전자본조달 필요성도 그만큼 커질 가능성이 높다.

(표 11-2) 두 기업의 평균회수기간 비교

회수기간	기업 (가)		기업 (나)	
	금액	비중	금액	비중
1개월	75억원	0.75	25억원	0.25
2개월	25억원	0.25	25억원	0.25
3개월			25억원	0.25
4개월			25억원	0.25
계	100억원	1	100억원	1

평균회수기간을 단축하면 기업은 매출채권을 그만큼 줄일 수 있다. 좀 더 구체적인 예로, 기업 (다)는 유동자산만 보유하고 있고, 영업활동을 위해 1억원의 재고자산을 계속 유지해야 한다고 가정해 보자. 또 최초의 재고자산 1억원을 구매하기 위해 회사채 5천만원과 주식 5천만원을 발행하여 자금을 조달하였다고 가정해 보면, 다음과 같은 약식 재무상태표 작성이 가능해진다.

(표 11-3) 약식 재무상태표

(단위: 만원)

재고자산	10,000	회 사 채	5,000
		자기자본	5,000
총 자 산	10,000	부채와자본	10,000

만일, 기업 (다)가 10%의 이익을 남기고 재고자산을 외상판매했다면, 그리고 향후 판매를 위해 1억원을 은행차입금으로 조달하여 새로운 재고자산 1억원을 구입하였다면, 재무상태표는 다음과 같이 변경된다. 아직 현금의 회수가 발생하지 않은 상태이므로 차변에는 매출채권 11,000만원이 기록되고, 대변에는 이익잉여금 1,000만원이 추가된다.

(표 11-4) 약식 재무상태표

(단위: 만원)

매출채권	11,000	은행차입금	10,000
재고자산	10,000	회 사 채	5,000
		자기자본	5,000
		이익잉여금	1,000
총 자 산	21,000	부채와자본	21,000

위 표에서 중요한 것은 은행차입금으로 조달한 1억원에 대해서는 금융비용이 발생하고, 이익잉여금 1천만원에 대해서는 자본비용이 발생한다는 것이다. 결국, 매출채권을 증가시키면 매출액이 증가하고 회계적 이익도

발생하지만 동시에 추가적인 운전자본도 비용을 들여 조달해야 한다.

(2) 매출채권 신용정책

기업은 바람직한 신용정책(credit policy)을 수립한 후, 객관적인 기준에 따라 매출채권을 관리할 필요가 있다. 좀 더 구체적으로 살펴보면, 이하와 같은 몇 가지 항목이 중요하다.

① 신용기준

신용기준은 외상매출이 가능한 거래업체를 선별하는 기준이다. 신용기준을 지나치게 엄격하게 적용하면 거래처 감소로 매출이 감소할 수 있지만, 신용기준을 느슨하게 적용하면 매출액은 증가하겠지만 대손 및 회수 비용도 동시에 증가할 수 있다. 만일, 거래처가 도산이라도 한다면 매출채권의 부실화를 초래하게 된다. 그러므로 신용기준을 적절하게 설정할 필요가 있다. 거래처인 고객들로부터의 매출채권 회수지연이나 대손의 요인이 무엇인지 찾아 그 요인을 중점적으로 분석하고 그 결과를 신용기준 설정에 반영해야 한다. 또 외상매출금에 대한 거래처의 지급 능력이나 의지, 담보여부, 거래처의 변제 능력에 영향을 미치는 상황의 변화, 경영자의 성향, 산업동향 등의 요인들도 신용을 평가할 때 충분히 고려해야 한다.

한편, 거래처의 신용평가 결과에 따라 신용기간과 현금할인율을 달리할 필요도 있다. 단골 거래처에게는 추가 혜택을 줄 수도 있고, 특별히 채무불이행이라는 위험의 가능성은 각별히 신경을 써서 살펴볼 필요가 있다.

② 신용기간

신용기간(credit period)은 거래처에게 허용하는 매출채권의 상환기간으로 외상 구매 시점부터 현금으로 대금을 지급하기까지의 기간이다. 외상매출금에 「3/15, net 40」이라는 조건이 부여되어 있다면, 15일 이내에 현금으로 지급할 때에는 3%를 할인해 주고, 그 이후부터 40일 이내에는 외상매출금을 전부 지급해야 한다는 의미이며, 이 경우 신용기간은 40일이며 현금할인기간은 15일이다. 예를 들어, 외상매출금이 100만원이면, 15일 이내에는 100만원의 3%인 3만원을 할인한 97만원만 현금으로 지급하면 되지만, 16일부터 40일까지는 100만원의 현금을 지급해야 한다.

고객의 신용위험이 클수록 신용기간은 짧아지고, 거래 규모가 상대적으로 작은 거래처일수록 신용기간이 짧아지며, 시장에서 경쟁이 심한 업종이라면 거래처를 유인하기 위해 경쟁업체보다 더 긴 신용기간을 제공할 가능성이 높다.

신용기간이 길면 길수록 현금 유입은 늦추어지고, 대신 고객의 수는 증가하여 매출액도 증가할 것이다. 매출액이 증가하면 영업활동에도 더 많은 운전자본이 필요하게 되고, 이를 외부에서 조달한다면 자본비용이 발생하게 된다. 또한, 매출액의 증가에 따라 매출채권과 회수비용도 동시에 증가하게 되고, 대손 가능성도 높아진다. 뿐만 아니라, 매출채권의 회수 속도가 늦추어지는 만큼 자금 사용에 대한 기회비용도 발생하게 된다. 따라서 신용기간은 거래처 및 제품의 특성, 매출액의 증가와 관련 자본비용, 대손 가능성, 외상매출금 회수비용 등이 현금흐름에 미치는 영향을 종합적으로 고려하여 설정해야 한다.

③ 현금할인정책

현금할인정책(discount policy)은 거래처가 현금으로 대금을 지불할 때 일정한 조건에 따라 일정한 금액을 할인해 주는 정책이다. 현금 할인을 많이 해줄수록 현금유입은 빨라지겠지만 이익은 그만큼 줄어들기 때문에 손익분석을 통해 현금할인율을 적정한 수준으로 정할 필요가 있다. 또 현금할인을 해줌으로써 신규 거래처를 확보하거나 기존의 거래처를 계속 유지할 수 있으며, 매출채권 회수기간도 단축시키는 효과가 생긴다.

예를 들어, 어떤 거래업체에 대해 1천만원의 외출매출금을 가진 ㈜K가 「2/20, net 80」의 할인혜택을 제시하였다면, 이는 외상매출금을 빨리 회수하기 위해 1천만원의 2%를 포기하는 것과 같은 조건이다. 이 경우 거래업체는 현금할인 혜택의 선택 여부를 어떤 기준으로 결정해야 할까?

우선, 거래업체가 신용기간을 꽉 채워 80일 후에 외상매출금을 갚는다면 이 거래업체가 부담하는 실질적인 비용이 얼마인지 산출할 필요가 있다. 이는 현금할인 시의 원금 980만원을 할인기간 이후에 해당되는 60일 동안 차입을 하고 20만원의 이자를 지급하는 경우와 같다. 60일 동안 이 거래업체가 부담하게 되는 이자율은 2.04%(=20만원/980만원)이며, 연 실효이자율로 환산해 보면 다음과 같이 약 13.1%의 기회비용이 산출된다.

$$\left(1 + \frac{20만원}{980만원} \right)^{\left(\frac{365}{60} \right)} - 1 = 0.131$$

만일, 거래업체가 외상매입금을 갚기 위해 연 13.1% 미만의 이자율로 자금을 조달할 수 있고 언제든지 임의로 변제할 수 있다면 위와 같은 현금할인 조건을 수용하는 것이 자본조달비용 측면에서 유리하다. 한편, 보유 현금을 다른 용도로 활용하기 위해 현금할인 혜택을 포기한다면, 연 13.1% 이상의 투자수익을 창출할 수 있는 경우여야 한다. 이와 같이 외상매입금을 사용하는 거래업체는 현금할인 혜택을 포기할 때 발생하는 비용을 다른 원천으로부터 자금을 조달할 때 부담하는 비용과 비교하여 유리한 방향으로 의사결정을 해야 한다. 또한 ㈜K와 같이 외상판매를 하는 기업도 매출채권 회수비용의 절감과 매출이익의 감소라는 상충관계를 고려해 현금할인 정도를 결정해야 한다. 왜냐하면, 현금의 할인율이 높고 할인기간이 길수록 현금할인 혜택이 높기 때문에 외상매출금의 회수가 빨라지고 회수비용이 절감되지만, 매출할인으로 인해 매출이익은 감소하기 때문이다.

[예제 1] ㈜T는 2억원의 외상매출금에 대해 거래처에게 「4/20, net 80」의 할인혜택을 제시하였다. 만일, 거래처가 주거래은행으로부터 60일의 단기자금을 4%의 이자율로 차입할 수 있다면, 이 거래처는 할인혜택을 이용하는 것이 유리한지 불리한지 설명하시오.

풀이 2억원의 4%는 800만원이다. 따라서 거래처가 현금할인 혜택을 이용하지 않으면, 원금 192,000,000원(=2억원-800만원)을 할인기간 이후인

60일 동안 차입하고 800만원의 이자를 부담하므로 이자율은 대략 4.17%가 된다. 그런데, 현금할인 혜택을 받기 위해 단기자금을 차입할 경우엔 4.17%보다 약간 저렴한 4%의 이자율을 부담하므로 현금할인 혜택을 선택하는 것이 유리하다.

(3) 매출채권금융

① 매출채권보험

매출채권보험 또는 신용보험은 기업이 재화나 서비스를 제공한 후 취득한 매출채권으로 보험에 가입하고, 나중에 거래처의 채무불이행으로 손실이 발생할 경우 보험회사로부터 보험금을 지급받는 제도이다. 구매자로부터 대금을 못 받게 될 경우를 대비해서 매출채권보험에 가입하면 나중에 실제로 채무불이행을 당하는 상황이 오더라도 보험금을 지급받음으로써 손실을 피할 수 있고, 현금흐름도 원활해져 추가 차입의 필요성도 감소되며, 무엇보다도 안정적인 운전자본관리로 인하여 원자재 구매나 생산활동 등과 같은 경영활동이 순탄해질 수 있다. 또한, 기업 간 상거래의 안전성 제고, 새로운 시장 개척, 수익성 향상, 재무구조 개선 등의 추가적인 효과로 기업활동도 더 활발해질 수 있다.

② 팩토링

팩토링(factoring)은 채권매각이라고도 하고 채권양도라 부르기도 하는데, 매출채권을 제3자(factor), 주로 금융기관에게 매각하여 현금화하는 것을 말한다. 팩토링을 통해 기업은 필요한 운전자본을 조속히 확보할 수 있다. 그렇지만 일반적으로 팩토링은 매출채권의 장부금액보다 낮은 가격으로 매출채권이 매각되므로 약간의 손실도 감수해야 한다. 그 대신 자금순환은 원활해지고 외부로부터 운전자본을 조달할 필요성도 줄어들게 된다. 금융기관이 거래처로부터 매출채권 대금을 회수하지 못할 경우 팩토링 신청기업이 그 금액을 상환 요구할 수 있는 권리(상환청구권)를 가지고 있는 경우와 그렇지 않은 경우가 있다.

상환청구권이 없는 경우는 기업이 금융기관에 매출채권을 처분한 것이 된다. 그렇지만 상환청구권이 있는 경우는 기업이 매출채권을 은행에 양도했어도, 은행이 거래처로부터 회수하지 못할 경우 기업이 상환청구권을 가지므로 기업은 장부에서 매출채권을 제거하지 못한다. 대부분의 팩토링은 기업이 상환청구권을 보유하는 방식이다. 상환청구권을 보유한 경우 기업은 매출채권을 장부에서 제거하지 못한다. 대신, 매출채권을 담보로 은행에서 단기차입금을 차입한 것으로 처리하고, 거래처가 만기 때 은행에 제대로 상환하면 기업도 차입금을 삭제하게 된다.

③ 매출채권담보대출

매출채권담보대출은 말 그대로 매출채권을 담보로 기업이 금융회사로부터 운전자본을 조달하는 방법인데, 만일 대손이 발생하면 금융회사에 담보를 제공한 기업이 그 부담을 떠안아야 한다. 매출채권 만기가 도래하면 외상구매를 한 기업이 이 대출금을 대신 상환하게 된다. 어음은 만기일까지 상환하지 못하면 부도 처리가 되지만, 매출채권담보대출은 대출금 연체로 처리된다.

3. 재고자산관리

재고자산(inventory)은 제조업의 경우 생산공정의 진행과정에 따라 원재료(raw materials), 재공품(work-in-process), 완제품(finished goods)으로 구분되고, 유통업의 경우 상품(merchandise)으로 분류된다. 또 보유목적에 따라 기본적 재고, 안정적 재고, 전략적 재고로 나누기도 한다. 기본적 재고는 정상적인 영업활동에 필요한 재고를 말하고, 안정적 재고는 급격한 수요 또는 공급의 변화에 미리 대비하기 위한 재고를 말하며, 전략적 재고는 당장의 필요보다는 신사업 진출이나 성장동력을 위한 준비와 같은 경영전략 차원에서 비축하는 재고를 말한다.

일반적으로 재고의 보유에는 두 가지 비용이 발생하는데, 재고보유에 따른 보관비용, 보험료, 마모·파손·부패·훼손비용 등과 같은 재고관리비용(carrying costs)과 주문비용(ordering costs)이다. 재고관리비용과 주문비용을 합한 총비용을 최소화하기 위한 경제적주문량(EOQ: Economic Order Quantity), 즉 최적주문량을 정하는 재고관리모형식은 다음과 같다.

$$Q = \sqrt{2DS/H}$$

(11-1)

=> D : 연간 수요량
S : 1회 주문비용
H : 단위당 재고관리비용

또한, 연간주문비용과 연간재고관리비용은 다음과 같이 산출할 수 있다.

연간주문비용=(D/Q)×S   (11-2)
연간재고관리비용=(Q/2)×H   (11-3)

물론, 위와 같은 식이 성립되기 위해서는 다음과 같은 가정이 우선 전제되어야 할 것이다.

① 수요를 정확하게 예측할 수 있다.
② 재고의 사용량은 일정하다.
③ 주문량은 전량 일시에 입고된다.
④ 주문품의 납기는 일정하고 또 실제로 납기에 맞추어 납품된다.
⑤ 주문은 지연이 없어야 하고 품절은 발생하지 않는다.
⑥ 대량 구매를 위한 주문에도 에누리가 없다.
⑦ 단위당 재고관리비용과 1회 주문비용은 주문량에 관계없이 일정하다.

[예제 2] 다음과 같을 때 최적주문량 Q와 연간 총비용 TC를 구하시오.
• 전동공구세트 연간 수요량 5,000세트   • 단가 70,000원
• 재고관리비용: 세트당 1,000원   • 1회 주문비용 10만원

풀이 (1) $Q = \sqrt{2DS/H} = \sqrt{(2 \times 5,000 \times 10만) \div 1,000}$

=> Q^2 = (2 × 연간 수요량 × 1회 주문비용) ÷ 단위당 재고관리비용
= (2 × 5,000 × 100,000) ÷ 1,000 = 1,000,000 = $1,000^2$
===> Q = 1,000

(2) TC = 연간주문비용 + 연간재고관리비용
  • 연간주문비용 = (연간 수요량/Q) × 1회 주문비용
    = (5,000/1,000) × 10만원 = 50만원
  • 연간재고관리비용=(Q/2) × 단위당 재고관리비용
    = (1,000/2) × 1,000 = 50만원
  ∵ TC = 50만원 + 50만원 = 100만원

하지만, 실제 기업에서는 다양한 경우가 발생한다. 그러므로 기업은 생산활동과 영업활동에 지장이 초래되지 않을 정도의 재고자산을 유지하면서 재고자산보유에 따른 비용을 최소화하는 정책을 추구해야 한다. 재고가 부족하면 오히려 기업활동에 지장이 초래되고 재고가 과다하면 재고 보유에 따른 비용 증가가 발생하기 때문에 기업은 적정한 수준으로 재고를 유지할 필요성이 있다.

한편, 재고자산은 매출채권처럼 매출과 직결되는 특징을 지니고 있다. 다만, 매출채권은 매출 후에 발생하므로 예측이 수월하나 재고자산은 매출 전에 발생하기 때문에 예측이 어렵다. 예를 들어, 매출 증가를 예상하여 재고자산을 증가시키기로 했는데, 실제 매출이 예상 밖으로 부진하다면 재고 처분을 위해 할인판매를 하거나 재고 보유에 따른 비용으로 인해 손실이 발생할 수 있다. 반대로, 미처 재고자산을 늘리지도 못했는데, 급격한 수요 증가로 매출이 증가해 재고가 부족할 경우에는 매출액의 감소에 따른 기회비용이 발생하게 된다.

따라서, 재고자산비용에는 재고보유비용 뿐 아니라 재고부족으로 인한 기회비용(opportunity costs)까지 포함된다고 할 수 있다.
  (1) 재고유지비용: 재고자산 유지에 필요한 자본비용, 재고자산의 저장과 관리비용, 재고자산 진부화에 따른 손실, 보험료 등
  (2) 주문비용: 발주비용, 선적비용, 운송비용 등
  (3) 기회비용: 재고부족으로 인한 생산 차질, 매출감소, 고객만족도 감소 등

다른 한편, 기업은 재고자산을 담보로 제공하고 금융기관으로부터 필요한 대출을 받을 수도 있다. 주로 세 가지 방법으로 대출이 가능한데, 총괄담보대출, 신탁금융, 창고금융이 그것이다.

총괄담보대출(blanket inventory backed loan)은 재고자산 전부를 담보로 제공하고 대출을 받는 것으로 차입기업은 재고 변동이 발생하면 이를 금융기관에 보고하여야 한다. 그렇지만 재고자산이 차입기업의 창고에 보관되고 관리 주체도 차입기업이기 때문에 금융기관이 통제하기는 사실상 곤란하다. 그래서 금융기관은 이런 방법의 기업대출을 꺼리게 된다. 신탁금융(trust receipt financing)은 신탁증서에 명시된 재고자산만 따로 분리해 일정한 장소에 보관하고, 재고 변동이 발생할 경우에는 신탁인이 금융기관에 보고하게 되어 있으므로 금융기관의 통제가 가능하다. 이 경우에도 재고의 보관 주체는 차입기업이 된다.

창고금융(warehouse financing)의 경우에는 재고자산의 보관 주체가 차입기업이 아닌 전문창고회사라는 점이 가장 주요한 특징이다. 다만, 재고자산의 보관 장소가 독립적인 창고회사의 창고일 경우에는 공설창고금융, 차입기업의 창고일 경우에는 현지창고금융이라고 구분한다. 재고자산금융은 동산금융의 일종인데, 금융기관 입장에서는 동산의 가치가 시간 경과에 따라 변동이 심해 평가나 관리가 쉽지 않고, 또 변제 불가 시 대출금 회수를 위한 담보물(동산) 매각도 부동산에 비해 어렵기 때문에 사실상 동산금융을 꺼리거나 담보인정비율을 낮게 반영하는 경향이 있다. 재고자산금융의 유형을 표로 정리해 보면 다음과 같다.

(표 11-4) 재고자산금융의 종류

종 류		장 소	보관주체	통제주체
총괄담보대출		차입기업창고	차입기업	차입기업/금융기관
신탁금융		신탁재산만 일정장소에 보관	차입기업	신탁증서/금융기관
창고 금융	공설창고금융	독립적인 창고회사	창고회사	금융기관
	현지창고금융	차입기업창고	창고회사	금융기관

4. 유가증권관리

운전자본관리에서 말하는 유가증권(marketable securities)은 단기간에 현금화가 가능한 유동성이 높은 증권이 해당된다. 이런 증권은 수익률이 장기증권에 비해 낮지만 현금보다는 높다. 따라서 기업의 재무관리자는 이와 같은 단기 유가증권을 효율적으로 관리함으로써 유동성도 잘 유지하고 현금보유에 따른 기회비용도 절감할 수 있다.

단기 유가증권의 예로는 환매조건부채권(RP: Repurchase Agreement), 기업어음(CP: Commercial Paper), 양도성예금증서(CD: Certificate of Deposit) 등 단기금융상품과 자본시장에서 거래가 활발하여 단기매매가 가능하거나 만기가 1년 이내에 도래하는 국공채나 우량기업의 회사채, 1년 이내에 처분 가능한 주식 등이 있다. 무엇보다도 유가증권을 선택할 때에는 제일 먼저 안정성 관리 차원에서 해당 유가증권의 단기적 지급불능위험을 우선적으로 살펴보아야 한다. 그 다음으로 유동성, 보유기간 및 만기, 수익률 등을 고려해 보아야 한다. 단기 유가증권도 위험 감소가 필요하므로 분산투자가 바람직하다.

<제 3 절> 유동부채관리

유동부채는 1년 이내에 상환해야 하는 채무로서, 외상매입으로 발생하는 매입채무, 단기차입금, 기업어음 등이 포함된다. 물론, 회계상으로는 미지급금, 미지급비용, 선수금, 예수금 등도 유동부채이지만, 재무관리에서 주로 관심을 두는 항목은 기업의 주된 영업활동과 관련된 매입채무, 단기차입금, 기업어음 등이라고 할 수 있다. 유동부채는 장기자본에 비해 대체로 조달비용이 낮다.

그렇지만 유동부채로 운전자본을 조달하면 잦은 차입과 상환에 의해 자금관리가 복잡해진다. 자금이 10년 동안 필요하여 10년 만기의 장기부채를 사용할 경우 10년 동안 안정적으로 자금을 사용할 수 있다. 그렇지만 6

개월 만기인 단기부채로 조달한다면 10년 동안 무려 20번의 상환과 재계약을 반복해야 한다. 하지만 10년 동안 신용도가 꾸준히 상승한다면 이자율은 점차 낮아질 수 있을 것이다. 이런 이유들 때문에 유동부채 역시 수익성과 위험, 그리고 비용과 안정성의 상충관계를 분석할 필요가 있다.

특별히 유동부채관리는 기업의 특성, 경기상황, 계절적 요인 등을 고려하여 전략적으로 진행할 필요가 있다. 단기 필요자금은 단기부채로, 장기 필요자금은 장기부채로 조달하는 것이 바람직한 기간 매칭(matching)이다. 그리고 계절적 수요에 대비하거나 특별한 상황 발생 시 필요한 유동자산이라고 할 수 있는 임시유동자산(temporary current assets)만 단기부채로 조달하고, 그 외의 자산, 즉 통상적인 기업활동을 위해 항상 필요한 항시유동자산(permanent current assets)이나 비유동자산을 위해 필요한 자금은 장기자본으로 조달하는 방법이 있는데, 공격적 자금조달방법이라고 할 수 있다. 유휴자금 없이 자금관리를 하는 것이므로 관리비용이 감소되는 효과는 있으나 뜻밖의 상황이 발생하면 급히 자금을 조달해야 하고, 자칫하면 좋은 투자기회를 놓치거나 심할 경우에는 지급불능위험에 직면할 수도 있다.

반면, 보수적 자금조달방법은 수익성보다는 안정성을 우선시하는 전략으로 임시유동자산의 일부까지 장기자본으로 조달하는 경우를 말한다. 여유자금이 많아 비상시의 자금 소요에도 충분히 대비할 수 있어 위험을 낮추는 장점이 있으나 유휴자금이 많으면 관리비용도 더 들고 기회비용을 감수해야 하는 경우도 생겨 수익성에는 부정적인 영향을 끼친다. 그러므로 기업은 자본시장의 흐름과 기업의 특성을 종합적으로 고려하여 공격적 자금조달방법과 보수적 자금조달방법을 적절하게 활용할 필요가 있다.

1. 매입채무

매입채무(account payable)는 원재료, 부품 등을 구입하고, 그 대금의 지급을 나중으로 미루는 외상거래로 말미암아 발생하는 유동부채이다. 유동자산의 증가에도 불구하고 당장 현금유출이 일어나지 않으므로 기업의 총현금흐름에는 (+)의 효과를 가져다주고, 현금전환일수도 감소되어 기업에게 유리하다. 어느 기업이나 현금의 지출은 가급적 늦추고 현금의 수입은 앞당기려고 노력하고, 또 매입채무는 주된 영업활동과 직접 관련되므로 유동부채 중 그 비중도 매우 높다. 한편, 판매처는 일반적으로 현금 회수를 앞당기기 위해 현금할인 조건을 내세우는데, 구매처 입장에서는 현금할인을 받는 것이 유리한지 만기(신용기간)까지 지급을 미루는 것이 유리한지 잘 비교해 보고 의사결정을 내려야 한다. 이때 주의할 것은 적정한 할인율을 적용하는 것인데, 실질이자율을 사용하는 것이 가장 바람직하다.

매입채무에는 외상매입금과 지급어음이 포함되는데, 전자는 기업의 신용을 바탕으로 매입대금의 지급을 일정기간 동안 유예하는 경우이고, 후자는 영업상의 거래에 의해 발생한 매입 채무에 대한 어음으로서 법적 구속력이 있다는 점에서 외상매입금과 다르다.

2. 단기차입금

단기차입금은 주로 은행으로부터의 대출을 의미한다. 주로 기업은 주거래은행을 정하고, 그 은행을 중심으로 금융거래를 하는 경향이 있다. 이로 인해 주거래은행은 거래 기업의 현금흐름과 기업가치, 특히 신용평가와 같은 기업의 채무변제 능력과 관련된 정보를 더 많이 갖게 되어 상대적으로 타 은행보다는 한도설정, 이자율 결정 등에서 더 유리해지게 된다.

한편, 기업도 다수의 투자자(investors)를 상대하기보다는 소수의 은행을 상대로 투자기회를 설명하고 자금을 조달하는 것이 좋을 때도 많다. 이처럼 주거래은행과의 긴밀한 협력을 통해 기업은 재무적 어려움에 처할 때, 급하게 자금을 융통할 필요가 있을 때, 대출계약을 갱신할 때 등 상황에 따라 여러 가지 도움을 입을 수 있다. 따라서 은행으로부터의 차입은 다른 유동부채 항목에 비해 그 중요성이 더 크다고 할 수 있다.

일반신용대출 외에도, 기업은 부동산이나 적금 등을 담보로 제공하고 은행으로부터 일정 수준의 담보대출을 받을 수 있다. 기업은 주거래은행과 당좌차월계약을 맺고 일정 한도 내에서 필요할 때마다 별도의 대출계약 없이 자금을 차입할 수 있다. 또 은행과 당좌거래를 체결한 기업이 당좌자산을 초과하여 발행한 수표나 어음에 대해 일정 범위의 금액까지 은행이 대신 지급을 해주는 당좌대월 방식의 차입도 있다. 이러한 방법은 유동부채를 유연하게 관리할 수 있게 해준다. 그리고 수출기업의 경우 신용장(L/C: Letter of Credit)을 은행에 제출하고 일정한 수수료만 지급하면 수출대금을 미리 현금화할 수 있다.

하지만, 단기차입금에는 이자 외에도 기업이 부담해야 할 일정한 비용이 수반되는 단점이 있다. 우선 은행은 대출금의 안정적인 상환을 위해 대출금의 일부를 보상 잔액으로 유지할 것을 요구하거나 선이자의 지급을 요구할 수도 있다. 또한, 이자지급 조건에 따라 실질금리가 변동되는 위험도 있다. 실질금리는 이자지급 방법, 보상잔액 규모, 분할납부 여부 등에 따라 큰 차이가 나므로 재무관리자는 대출조건을 면밀히 검토할 필요가 있다.

기업어음처럼 일반투자자를 대상으로 자금을 조달하는 경우에는 투자자가 누군인지는 신경 쓸 필요 없고 시장상황만 고려하면 된다. 하지만, 기업이 차입은행을 선정할 때에는 많은 점을 고려하면서 신중을 기해야 한다. 주거래은행을 잘 선정하고 그들과 긴밀하게 협조해야 운전자본관리뿐 아니라 장기자본 조달에도 도움을 입을 수 있기 때문이다. 공유하는 기업정보 때문에 한번 선정한 주거래은행은 쉽게 변경하기도 어려우므로 기업은 처음 주거래은행을 선정할 때 다양한 점들을 면밀하게 고려하여 잘 선정할 필요가 있다.

3. 기업어음

어음은 대표적인 유가증권의 하나이다. 일반적인 어음은 금융기관에 의해 발행된다. 그렇지만 기업어음(CP: Commercial Paper)은 상거래와 관계없이 기업이 단기자금 조달을 위해 자기신용을 바탕으로 일반투자자를 대상으로 발행하는 만기가 1년 이내인 융통어음이다. 만기는 보통 3개월 또는 6개월이다. 일반적으로 증권회사나 종합금융회사 같은 중개기관(dealer)을 통해 일반투자자들에게 판매하는 방식을 취하는데, 중개기관의 역할이 기업어음의 할인 및 매출이므로 중개기관을 할인 및 매출기관이라고도 한다. 중개기관은 할인발행된 기업어음을 대량으로 매입하여 이를 다시 개인투자자나 기관투자자에게 재판매하여 차익을 얻는다. 판매가 안 된 기업어음은 중개기관이 만기까지 보유해야 하므로 중개기관은 발행기업에 대한 신용조사를 철저히 할 필요가 있다. 왜냐하면, 그 결과에 따라 할인율도 달라지기 때문이다. 기업어음은 담보 여부에 따라 담보배서어음과 무담보배서어음으로 나눌 수 있다. 전자는 중개기관이 원리금에 대한 지급보증을 하면서 판매하는 경우이고, 후자는 보증 없이 판매하는 경우이다.

기업어음은 일반투자자를 대상으로 대규모 단기자금을 조달하는 수단이므로 신용도가 높고 규모가 큰 기업이 주로 발행한다. 현실적으로 중소기업은 기업어음시장에 진입하기가 쉽지 않다. 일반적으로 금융비용은 기업어음이 은행차입보다 저렴하다는 이점이 있지만, 일반투자자의 수가 많기 때문에 은행처럼 협상을 통한 대출조건 완화, 재계약에 대한 유연성 추구 등과 같은 협조관계를 기대하기는 사실상 불가능하다.

4. 단기사채

단기사채(short-term bond)는 무담보부 단기자금조달 방법의 하나로 1년 미만의 만기로 발행되는데, 기존의 기업어음(CP: Commercial Paper) 거래의 부작용을 해소하고 단기자금시장을 활성화하려고 2013년 1월 15일부터 '전자단기사채 등의 발행 및 유통에 대한 법률'에 따라 시행되었고, 그 후 2019년 9월부터 전자증권법이 시행되면서 명칭이 '전자단기사채'에서 '단기사채'로 변경되었다.

단기사채는 1년 이하의 만기, 1억 원 이상 발행 등 일정 요건을 갖추고, 전자등록기관을 통해 발행하며, 유통과 권리 행사 등도 전자적으로 처리한다. 따라서 종이 발행 기업어음과 달리 거래 지역의 한계가 없고, 발행 사무를 간소화해 비용을 줄일 수 있다. 액면금액도 1억 원 이상이어서 액면금액이 10억 원 이상인 기업어음보다 거래가 쉽고, 유통내역, 발행내역, 발행가능잔액 등도 한국예탁원을 통해 조회할 수 있는 장점이 있다.

<연습문제>

(1) [유동자산-유동부채]가 의미하는 것은? (　　)
1. 영업자본　　2. 경영자본　　3. 운전자본　　4. 순운전자본

(2) 운전자본에 대한 다음 설명 중 부적절한 것은? (　　)
1. 운전자본은 기업의 유동성 확보와 원활한 생산활동 및 영업활동 지원을 위해 필수적이다.
2. 운전자본을 유지하는 데에는 여러 종류의 비용도 발생한다.
3. 기업의 재무의사결정자는 적정수준의 운전자본을 결정해야 한다.
4. 투자자들은 장기자본조달에는 많은 관심을 가지지만 운전자본은 투자수익에 별로 영향을 못 미친다고 보고 크게 신경쓰지 않는다.

(3) 단기자금 조달에 관한 다음 설명 중 적절하지 않은 것은? (　　)
1. 순운전자본을 많이 보유하면 안정성과 유동성은 확보되지만 위험은 증가한다.
2. 지나치게 많은 순운전자본의 보유는 기업의 수익성에 부정적 영향을 미칠 수도 있다.
3. 자금조달 비용의 절감을 위해 단기자금을 필요시마다 조달하면, 업무의 빈도가 높아져 재무담당자는 그 일에 더 많은 시간을 할애해야 한다.
4. 유동자금이 적어지면 기업위험과 투자자의 요구수익률이 동시에 증가해 결국 자금조달비용도 상승하게 된다.

(4) 운전자본관리의 목표는? (　　)
1. 기업가치를 극대화하는 최적의 유동성 유지
2. 충분한 단기자금 확보　3. 최소한의 단기자금 유지
4. 유동부채의 최소화

(5) 현금전환일수에 대한 설명으로 맞지 않은 것은? (　　)
1. 현금전환일수란 기업이 원재료 구입에 현금을 지출하고, 생산과정을

거쳐 제품을 판매한 후 그 대금으로 현금이 다시 기업으로 돌아오는 데
까지 소요되는 기간을 의미한다.
2. 기업은 현금전환일수를 고려해 현금성 자산을 확보해야 한다.
3. 현금전환일수를 산출하기 위해서는 활동성 지표 중 가장 중요한 3 가지
   지표, 즉 매입채무 지급기간, 재고자산 회전기간, 매출채권 회수기간이
   필요하다.
4. 기업 입장에서 현금전환일수는 길수록 좋다.

(6) 매출채권 회전일수 또는 회수기간의 의미에 해당하는 것은? (   )
1. 제품이나 상품이 외상으로 판매된 후 현금의 유입이 지연되는 기간
2. 원재료 구입 시점부터 완제품 판매까지의 기간
3. 원재료나 상품을 외상으로 구매한 후 대금의 지급이 지연되는 기간
4. 원재료 구입 시점부터 외상 판매된 제품이나 상품의 대금이 현금으로
   회수되는 시점까지의 기간

(7) 다음 중 적절하지 않은 것은? (   )
1. 현금전환일수=1회전 운전기간-매입채무회전일수
2. 영업순환주기=재고자산회전일수+매출채권회전일수
3. 영업순환주기=매입채무회전일수-현금전환일수
4. 현금전환일수=매입채무 지급 시점 ~ 매출채권 회수 시점

(8) 재고자산 회전일수에 대한 설명으로 맞지 않는 것은? (   )
1. 재고자산 회전일수는 일평균 재고자산을 일평균 매출액 또는
   매출원가로 나누어 산출한다.
2. 재고자산 회전일수는 연간매출액 또는 연간매출원가를 평균재고자산
   으로 나누어 산출하는 재고자산회전율을 분모로 하고 365일을 분자로
   해도 산출된다.
3. 365일을 재고자산 회전일수로 나누면 재고자산회전율이 산출된다.
4. 재고자산 회전일수는 길수록, 재고자산 회전율은 낮을수록 기업의
   재고자산 관리활동이 효율적으로 진행되고 있음을 의미한다.

(9) 매출채권 회전일수에 대한 설명으로 맞지 않는 것은? (   )
 1. 매출채권 회전일수는 일평균 매출채권을 일평균 매출액으로 나누어
    산출한다.
 2. 매출채권 회전일수는 연간매출액을 평균매출채권으로 나누어 산출하는
    매출채권회전율을 분모로 하고 365일을 분자로 하여 산출할 수도 있다.
 3. 365일을 매출채권 회전일수로 나누면 매출채권회전율이 산출된다.
 4. 매출채권 회전일수는 길수록, 매출채권 회전율은 낮을수록 기업의
    현금 회수활동이 효율적으로 진행되고 있음을 의미한다.

(10) 매입채무 회전일수에 대한 설명으로 맞지 않는 것은? (   )
 1. 매입채무 회전일수는 일평균 매입채무를 일평균 매출원가 또는 매입액
    으로 나누어 산출한다.
 2. 매입채무 회전일수는 연간매입액 또는 연간매출원가를 평균매입채무로
    나누어 산출하는 매입채무회전율을 분모로 하고 365일을 분자로 하여
    산출할 수도 있다.
 3. 365일을 매입채무 회전일수로 나누면 매입채무회전율이 산출된다.
 4. 매입채무 회전일수는 길수록, 매입채무 회전율은 낮을수록 기업의
    단기채무 변제능력이 양호한 상태임을 의미한다.

(11) 다음 설명 중 바람직하지 않은 것은? (   )
 1. 현금전환일수가 40일이라면, 이는 현금유출과 현금유입 사이의 간격이
    40일이라는 의미이다.
 2. 기업이 정상적으로 운영되기 위해서는 현금전환일수 동안 소요되는
    현금을 비용이 들더라도 별도로 보유해야 한다.
 3. 재무담당은 효율적인 현금전환일수 관리 차원에서 재고자산 회전일수나
    매출채권 회전일수를 늘리거나 매입채무 회전일수를 줄여야 한다.
 4. 순운전자본의 조달에는 비용이 수반되기 때문에 순운전자본을 최소화
    할 필요가 있으나, 그렇다고 현금전환일수를 무시하고 지나치게 감소
    시키게 되면 생산중단 사태가 발생할 수 있고, 이로 인한 손실이 더
    클 수 있다.

(12) 만기일치의 원칙에 대한 설명으로 맞지 않은 것은? (   )
 1. 만기일치 원칙에 따르면, 일시적 유동자산은 유동부채로만 조달하므로
    이론상 순운전자본이 0원이 되어야 한다.
 2. 현실적으로는 현금전환일시, 계절적 요인, 경기상황에 따른 매출액의
    변동성, 업계의 관행 등으로 일정 수준의 순운전자본 보유가 필요하다.
 3. 순운전자본을 많이 보유하면 단기 변화에 신속하게 대응할 수 있는
    장점이 있지만 순운전자본 보유 비용이 많이 드는 단점도 있다.
 4. 순운전자본을 적게 보유하면 비용 면에서는 불리하나 매출이나 위험의
    관리 측면에서는 유리하다.

(13) 공격적인 단기재무정책에 대한 설명으로 맞지 않은 것은? (   )
 1. 공격적인 단기재무정책은 유동자산 보유를 최소화하고, 필요한 단기
    자금은 단기부채인 유동부채에 의존하는 방법이다.
 2. 비유동자산과 영구적 유동자산을 위한 자금은 단기자본으로 조달하고,
    일시적 유동자산을 위한 자금만 장기자본으로 조달한다.
 3. 단기자금이 필요할 때에만 유동부채로 조달하기 때문에 유휴자금을
    최소화하고 장기자본에 비해 금융비용이 절감되는 장점이 있다.
 4. 단기차입 의존도가 지나치게 높아질 경우에는 유동성이 약화되어
    채무불이행 위험도 동시에 증가할 수 있다.

(14) 보수적인 단기재무정책에 대한 설명으로 맞지 않은 것은? (   )
 1. 보수적인 단기재무정책은 유동자산에 상대적으로 더 많이 투자하고,
    그 소요자금도 장기자본 위주로 조달하는 정책을 말한다.
 2. 장기자본이 영구적 유동자산을 초과하여 유휴자금이 발생하면 단기
    유가증권에 투자하기도 한다.
 3. 장기자본의 증가와 그로 인한 자본(조달)비용 증가는 수익성에
    부정적인 영향을 끼칠 수도 있다.
 4. 보수적인 단기재무정책은 수익성을 더 추구하는 정책이므로 재무안정성
    의 저하를 감수하더라도 순운전자본을 최소화시키려고 노력한다.

(15) 현금관리에 대한 설명으로 맞지 않은 것은? ( )
 1. 유동자산 중 가장 중요한 것은 현금이다.
 2. 금융거래에서도 현금잔고는 중요한 역할을 한다.
 3. 현금은 주로 입출금이 자유로운 통장에 맡기므로 따로 보유 비용이
  들지 않는다.
 4. 안정성을 위해 현금 축적을 많이 하면 미래의 수익이 감소될 수 있다.

(16) 효율적인 현금관리에 대한 설명으로 부적합한 것은? ( )
 1. 재무관리자는 현금 보유로 인한 손익을 철저히 분석할 수 있어야 한다.
 2. 글로벌경제의 불확실성 증가, 이자율 변동 등 각종 위험에 대비하는
  리스크관리기법을 현금관리에도 적용해야 한다.
 3. 실시간으로 활용 가능한 온라인 금융정보, 전자적 거래시스템 등을
  통해 현금관리를 현명하게 할 필요가 있다.
 4. 현금관리 담당자는 현금 보유에 초점을 맞추므로 현금창출, 현금전환
  일시 단축 등은 고려할 필요가 없다.

(17) 현금 보유 동기로 적합하지 않은 것은? ( )
 1. 거래적 동기   2. 보안적 동기   3. 예비적 동기   4. 투기적 동기

(18) 다음은 무엇에 대한 설명인가? ( )
"미래의 불확실성에 대비하기 위해 현금을 보유하려고 한다."
 1. 거래적 동기 2. 보상잔액 유지 동기 3. 예비적 동기 4. 투기적 동기

(19) 고전경제학의 현금 보유 동기는? ( )
 1. 거래적 동기 2. 보상잔액 유지 동기 3. 예비적 동기 4. 투기적 동기

(20) 케인즈학파의 현금 보유 동기로 볼 수 없는 것은? ( )
 1. 거래적 동기   2. 보안적 동기   3. 예비적 동기   4. 투기적 동기

(21) 다음 설명은 어떤 현금 보유 동기에 대한 설명인가? ( )

"수익성 있는 투자안에 제 때에 투자하기 위해 현금을 미리 보유하려 한다."
  1. 거래적 동기 2. 보상잔액 유지 동기 3. 예비적 동기 4. 투기적 동기

(22) 대출금의 일부를 보상잔액으로 보유해 줄 것을 은행들이 요구하기 때문에, 기업이 미래의 순조로운 금융거래를 위해 현금을 추가로 보유하게 되는 동기를 무엇이라고 하는가? (   )
  1. 거래적 동기 2. 보상잔액 유지 동기 3. 예비적 동기 4. 투기적 동기

(23) 현금관리정책에 대한 설명으로 부적절한 것은? (   )
  1. 현금관리정책이 중요한 것은 화폐의 시간가치에서 비롯되는 이익과 유동성의 확보 때문이다.
  2. 현금 지급을 늦추는 것도 무한정 늦출 수는 없고, 거래처 관리 차원에서 적절하게 조율해야 한다.
  3. 수표는 회계상 현금과 동일하게 보므로 수표의 사용은 현금의 유출을 늦추는 데 전혀 도움이 되지 않는다.
  4. 현금의 유입을 앞당기기 위해 정보통신기술의 발달을 이용할 필요가 있다.

(24) 현금관리담당자가 현금관리 시 고려할 사항이 아닌 것은? (   )
  1. 기업규모   2. 현금전환일수
  3. 종합주가지수   4. 자금시장 접근 용이성

  풀이 이상에서 언급한 고려사항 외에도 기업의 현금관리담당자는 수익성, 차입금 비율, 기업 특성, 기회비용, 자금시장 접근 용이성 등도 충분히 고려하면서 자사에 적합한 최적의 현금 보유 규모를 결정해야 한다.

(25) 다음 매출채권관리에 대한 설명 중 맞지 않은 것은? (   )
  1. 매출채권은 일반적인 영업활동 결과 현금으로 회수되지 않은 매출액인데, 외상매출금과 받을어음이 있다.
  2. 운전자본관리에선 매출채권보단 매입채무의 비중이 더 크고 중요하다.
  3. 외상판매는 현금유입은 지연시키지만 매출액 증가와 재고자산 감소

효과를 가져다준다.

4. 매출채권이 늘어나면 회수비용도 그만큼 증가한다.

(26) 매출채권 신용정책 수립 시 고려해야 하는 주요 항목이라고 보기
어려운 것은? (   )

1. 신용기준   2. 신용기간   3. 현금할인정책   4. 부채규모

(27) 신용기준에 대한 설명으로 적절하지 않은 것은? (   )

1. 신용기준은 외상매출이 가능한 거래업체를 선별하는 기준이다.

2. 신용기준을 지나치게 엄격하게 적용하면 거래처 감소로 매출이 감소할
수 있다.

3. 신용기준을 느슨하게 적용하면 매출액은 증가하겠지만 대손 및 회수
비용도 동시에 증가할 수 있다.

4. 거래처의 신용평가 결과에 따라 신용기간과 현금할인율 등을 달리하면
불공정거래에 해당하므로 주의해야 한다.

(28) 신용기간에 대한 설명으로 바람직하지 않은 것은? (   )

1. 신용기간은 거래처에게 허용하는 매출채권의 상환기간으로 외상 구매
시점부터 현금으로 대금을 지급하기까지의 기간이다.

2. 외상매출금에 「3/15, net 40」이라는 조건이 부여되어 있다면, 15일
이내에 현금으로 지급할 때에는 3%를 할인해 주고, 그 이후부터 40일
이내에는 외상매출금을 전부 지급해야 한다는 의미이다.

3. 고객의 신용위험이 클수록 신용기간은 길어지고, 거래 규모가 상대적
으로 큰 거래처일수록 신용기간이 짧아진다.

4. 시장에서 경쟁이 심한 업종이라면 거래처를 유인하기 위해 경쟁업체
보다 더 긴 신용기간을 제공할 가능성이 높다.

(29) 현금할인정책에 대한 설명으로 적절하지 않은 것은? (   )

1. 현금할인정책은 거래처가 현금으로 대금을 지불할 때 일정한 조건에
따라 일정한 금액을 할인해 주는 정책이다.

2. 현금 할인을 많이 해줄수록 현금유입은 빨라지고, 이익도 그만큼 증가
   하게 된다.
3. 거래업체는 현금할인 혜택을 포기할 때 발생하는 비용을 다른 원천
   으로부터 자금을 조달할 때 부담하는 비용과 비교하여 유리한 방향으로
   의사결정을 해야 한다.
4. 외상판매 기업도 매출채권 회수비용의 절감과 매출이익의 감소라는
   상충관계를 고려해 현금할인 정도를 결정해야 한다.

(30) 외상매출금에 「3/15, net 40」이라는 조건이 부여되어 있는 경우,
   다음 중 틀린 설명은? (   )
1. 외상매출금을 빨리 회수하기 위해 외상매출금의 3%를 포기하는 것과
   같은 조건이다.
2. 16일부터 40일까지는 외상매출금을 전부 지급해야 한다.
3. 신용기간은 15일이며 현금할인기간은 40일이다.
4. 외상매출금이 100만원일 경우, 15일 이내에는 100만원의 3%인
   3만원을 할인한 97만원만 현금으로 지급하면 된다.

(31) ㈜T는 2억원의 외상매출금에 대해 거래처에게 「4/20, net 80」의 할인
   혜택을 제시하였고, 거래처는 주거래은행으로부터 60일의 단기자금을 4%
   의 이자율로 차입하여 할인혜택을 이용하였다. 이 경우 거래처의 선택은
   어떠한가? (   )
1. 유리하다.   2. 불리하다.   3. 유리하지도 불리하지도 않다.   4. 알 수 없다.

풀이 2억원의 4%는 800만원이다. 따라서 거래처가 현금할인 혜택을 이용
하지 않으면, 원금 192,000,000원(=2억원-800만원)을 할인기간 이후인
60일 동안 차입하고 800만원의 이자를 부담하므로 이자율은 대략
4.17%가 된다. 그런데, 현금할인 혜택을 받기 위해 단기자금을 차입할
경우엔 4.17%보다 약간 저렴한 4%의 이자율을 부담하므로 현금할인
혜택을 선택하는 것이 유리하다.

(32) 매출채권금융이라고 보기 어려운 것은? (   )

1. 팩토링   2. 일상생활배상책임보험
3. 매출채권보험   4. 매출채권담보대출

(33) 팩토링에 대한 설명으로 올바르지 못한 것은? (   )
 1. 일반적으로 팩토링은 장부가보다 저가로 매출채권이 매각되므로 약간의
    손실도 감수해야 한다.
 2. 상환청구권은 금융기관이 거래처로부터 매출채권 대금을 회수하지 못할
    경우 팩토링 신청기업이 그 금액을 상환 요구할 수 있는 권리인데,
    대부분의 팩토링은 기업이 상환청구권을 보유하지 않는 방식이다.
 3. 상환청구권이 없는 경우는 기업이 금융기관에 매출채권을 처분한 것이 된다.
 4. 상환청구권이 있는 경우는 매출채권을 은행에 양도했어도 기업은 장부
    에서 매출채권을 제거하지 못하고, 단기차입금을 차입한 것으로 처리
    하고, 거래처가 만기 때 은행에 제대로 상환하면 기업도 차입금을
    삭제하게 된다.

(34) 재고자산에 대한 설명으로 적절하지 못한 것은? (   )
 1. 기업의 재고는 보유 목적에 따라 기본적 재고, 안정적 재고, 전략적
    재고로 나누기도 한다.
 2. 기본적 재고는 기업이 최소한의 재고만 보유했을 때의 재고를 말한다.
 3. 안정적 재고는 급격한 수요 또는 공급의 변화에 미리 대비하기 위한
    재고를 말한다.
 4. 전략적 재고는 당장의 필요보다는 신사업 진출이나 성장동력을 위한
    준비와 같은 경영전략 차원에서 비축하는 재고를 말한다.

(35) 재고자산비용에 대한 설명으로 적절하지 못한 것은? (   )
 1. 재고자산비용에는 재고보유비용 뿐 아니라 재고부족으로 인한 생산
    차질, 매출감소 등과 같은 기회비용까지 포함된다고 할 수 있다.
 2. 재고보유비용은 재고유지비용과 주문비용으로 구성된다.
 3. 재고유지비용에는 재고 유지에 필요한 자본비용, 재고자산의 저장·관리
    비용, 재고자산 진부화에 따른 손실, 보험료, 고객만족도 감소 등이 있다.
 4. 주문비용으로는 발주비용, 선적비용, 운송비용 등을 들 수 있다.

(36) 다음과 같은 최적주문량을 정하는 재고관리모형식에 대한 설명으로 맞지 않는 것은? ( )

$$Q = \sqrt{2D\,S\,/H}$$

1. Q: 경제적주문량
2. D: 연간 수요량
3. S: 1회 주문비용
4. H: 총재고관리비용

(37) 경제적주문량을 정하는 모형식이 성립되기 위한 가정이라고 보기 어려운 것은? ( )
1. 정확한 수요예측 가능
2. 단가 불변
3. 주문량의 전량 일시 입고
4. 일정한 재고사용량

(38) 다음과 같을 때 최적주문량 Q와 연간 총비용 TC는? ( )
- 전동공구세트 연간 수요량 5,000세트
- 단가 70,000원
- 재고관리비용: 세트당 1,000원
- 1회 주문비용 10만원

1. Q 1,000, TC 100만원
2. Q 1,000, TC 200만원
3. Q 2,000, TC 100만원
4. Q 2,000, TC 200만원

풀이 (1) Q = $\sqrt{2DS/H}$

Q^2 = (2 × 연간 수요량 × 1회 주문비용) ÷ 단위당 재고관리비용

= (2 × 5,000 × 100,000) ÷ 1,000 = 1,000,000 = $1,000^2$

===>   Q = 1,000

(2) TC = 연간주문비용 + 연간재고관리비용
- 연간주문비용 = (연간 수요량/Q) × 1회 주문비용

= (5,000/1,000) × 10만원 = 50만원
- 연간재고관리비용=(Q/2) × 단위당 재고관리비용

= (1,000/2) × 1,000 = 50만원

∴ TC = 50만원 + 50만원 = 100만원

(39) 재고자산을 담보로 제공하고 금융기관으로부터 필요한 대출을 받는 방법이라고 볼 수 없는 것은? ( )

1. 총괄담보대출   2.신탁금융   3.팩토링   4. 창고금융

(40) 재고자산금융에 대한 설명으로 부적절한 것은? (　　)
 1. 총괄담보대출의 경우 재고 변동이 발생하면 차입기업은 이를
    금융기관에 보고하여야 한다.
 2. 신탁금융의 경우 신탁증서에 명시된 재고자산만 따로 분리해 일정한
    장소에 보관하고, 재고 변동 시 신탁인이 금융기관에 보고하게 되어 있
    으므로 금융기관의 통제가 가능하나, 재고의 보관 주체는 차입기업이다.
 3. 창고금융은 재고자산의 보관 장소가 독립적인 창고회사의 창고이면
    공설창고금융, 차입기업의 창고이면 현지창고금융으로 구분되지만,
    재고자산의 보관 주체는 변함없이 차입기업이 된다.
 4. 재고자산은 시간 경과에 따라 가치 변동이 심하고 변제 불가 시 매각도
    쉽지 않아 금융기관에서는 담보인정비율을 낮게 반영하는 경향이 있다.

(41) 단기 유가증권에 관한 설명으로 적절하지 못한 것은? (　　)
 1. 단기 유가증권의 예로는 환매조건부채권(RP), 기업어음(CP), 양도성
    예금증서(CD) 등 단기금융상품과 1년 이내에 처분될 수 있는 채권이나
    주식 등이다.
 2. 유가증권을 선택할 때에는 제일 먼저 안정성 관리 차원에서 해당
    유가증권의 단기적 지급불능위험을 우선적으로 살펴보아야 한다.
 3. 단기 유가증권은 어차피 1년 이내에 처분될 자산이므로 보유기간이나
    만기는 그렇게 중요하지 않다.
 4. 단기 유가증권도 위험 감소가 필요하므로 분산투자가 바람직하다.

(42) 기업의 주된 영업활동과 관련된 유동부채로 보기 어려운 것은? (　　)
 1. 예수금   2. 매입채무   3. 단기차입금   4. 기업어음

(43) 기업어음(CP)의 발행에 대한 설명 중 맞지 않은 것은? (　　)
 1. 기업어음은 상거래와 관계없이 기업이 단기자금 조달을 위해 자기신용
    으로 일반투자자들에게 1년 이내의 만기로 발행하는 융통어음이다.
 2. 기업어음의 만기는 보통 3개월 또는 6개월이다.

3. 중개기관은 할인발행된 기업어음을 대량으로 매입하여 이를 다시 개인 투자자나 기관투자자에게 재판매하여 차익을 얻는다.
4. 판매가 안 된 기업어음은 발행기업이 만기까지 보유해야 한다.

(44) 기업어음에 대한 설명 중 적절하지 않은 것은? (   )
 1. 담보배서기업어음은 중개기관이 원리금에 대한 지급보증을 하면서 판매하는 경우이다.
 2. 기업어음은 일반투자자를 대상으로 대규모 단기자금을 조달하는 수단 이므로 신용도가 높고 규모가 큰 기업이 주로 발행한다.
 3. 기업어음의 액면금액은 10억 원 이하이다.
 4. 일반적으로 금융비용은 기업어음이 은행차입보다 저렴하다.

(45) 단기사채에 대한 설명으로 부적절한 것은? (   )
 1. 단기사채는 무담보부 단기자금조달 방법의 하나로 1년 미만의 만기로 발행된다.
 2. 단기사채는 10억 원 이상으로 발행되고, 전자등록기관을 통해 발행 하며, 유통과 권리 행사 등도 전자적으로 처리한다.
 3. 기존의 기업어음(CP) 거래의 부작용을 해소하고 단기자금시장을 활성화하려고 2013년부터 도입하였다.
 4. 단기사채는 전자증권이므로 거래 지역의 한계가 없고, 발행 사무를 간소화 하여 비용을 줄일 수 있고, 기업어음보다 거래가 쉬우며, 유통내역, 발행 내역, 발행가능잔액 등도 한국예탁원을 통해 조회할 수 있다.

정답 : (1~15) 4, 4, 1, 1, 4 / 1, 3, 4, 4, 4 // 3, 4, 2, 4, 3 /
    (16~30) 4, 2, 3, 1, 2 // 4, 2, 3, 3, 2 / 4, 4, 3, 2, 3 //
    (31~45) 1, 2, 2, 2, 3 / 4, 2, 1, 3, 3 // 3, 1, 4, 3, 2

제 11 장

배당의사결정

\<제 1 절\> 배당이란 무엇인가?

1. 배당의 개념

배당(dividend)이란 주식회사라는 법인이 영업활동을 통해 획득한 이익의 일부 또는 전부를 그 주주들에게 각각의 소유지분에 따라 자기자본 출자에 대한 보상의 성격으로 분배하는 것을 말하는데, 주주 입장에서는 투자수익이지만, 기업입장에서는 자기자본비용을 결정하는 중요한 요소가 된다. 배당은 보통 현금배당(cash dividend)을 의미하지만, 경우에 따라서는 주식 또는 현물로 지급되기도 한다. 기업은 세후 순이익 중 일부를 현금배당으로 지급하고 나머지는 재투자 등의 목적으로 사내에 유보하기도 하는데, 이를 유보이익(retained earnings)이라고 한다.

배당은 영업연도를 기준으로 실시되며 정기 주주총회에서 승인을 받은 후 1개월 이내에 지급되어야 한다. 기업의 배당 수준을 보여주는 척도로는 배당률, 배당수익률, 주당배당, 배당성향 등이 있는데, 자본시장에서는 배당률을 많이 사용하고 있다. 그러나 주주들에게는 배당수익률이 더 큰 의미를 갖는다. 배당률(dividend ratio)은 주식의 액면가에 대한 1주당 배당액의 비율이고, 배당수익률(dividend yield)은 주식의 가격에 대한 1주당 배당액의 비율이다.

$$배당률(\%) = \frac{1주당\ 배당금}{액면가} \times 100$$

$$배당수익률(\%) = \frac{1주당\ 배당금}{주가} \times 100$$

또 주당배당(DPS: Dividend Per Share)은 1주의 주식에 대한 현금배당액을 말하는데, 총배당액을 총발행주식수로 나누어 산출한다.

$$주당배당(원) = \frac{총배당액}{총발행주식수}$$

한편, 배당성향(dividend payout ratio)은 기업이 세후순이익 중 주주에게 배당하는 비중이 어느 정도인지 보여주는 지표인데, 총배당액을 세후순이익 또는 주당배당(DPS)을 주당순이익으로 나누어 산출한다. 배당성향과 유보율을 합치면 100%가 되므로, 배당성향은 (100%-유보율)로 측정할 수도 있다. 유보율은 사내 유보이익을 세후순이익으로 나눈 값이다.

$$배당성향(\%) = \frac{총배당액}{세후순이익} \times 100 = \frac{주당배당}{주당순이익} \times 100$$

$$유보율(\%) = \frac{사내 유보이익}{세후순이익} \times 100$$

현금배당(cash dividend)은 지급방식에 따라 정규현금배당, 추가현금배당, 특별현금배당 등으로 구분될 수 있다. 정규현금배당은 매년 정기 주주총회의 의결을 거쳐 정기적으로 지급되는 배당이고, 추가현금배당은 기업 실적이 일시적으로 좋을 때 정규현금배당 이외에 추가로 지급하는 현금배당이며, 특별현금배당은 특별보너스의 형태로 지급되는 현금배당으로 주주총회의 의결을 거쳐 1회성으로 지급하는 경우이다. 2020년 12월말 기준으로 삼성전자가 특별배당을 실시한 바 있다.

[예제 1] 주식회사 KK는 총 100만 주를 한국거래소 시장에 상장하였는데, 현재 주가는 10,000원이다. 올 연말 현재 이 기업의 주당순이익은 1,000원이고, 주당 500원의 현금배당을 주주총회 의결의 거친 후 지급할 예정이다. 주식회사 KK의 배당수익률과 배당성향을 구하라.

풀이 배당수익률과 배당성향은 각각 다음과 같이 구할 수 있다.

○ 배당수익률(%)=(1주당 배당금/주가)×100=(500/10,000)×100=5%

○ 배당성향(%)=(주당배당/주당순이익)×100=(500/1,000)×100=50%

2. 배당정책과 배당성향

배당정책(dividend policy)이란 주주에게 귀속되는 소득인 세후순이익 중 얼마를 배당금으로 지불하고 그 나머지를 사내 유보할 것인가, 즉 배당성향 또는 내부 유보율을 결정하는 경영정책이다.

기업 입장에서는 정상적인 기업활동과 재투자 또는 신규투자를 위해 가능한 한 내부 유보금을 늘리려고 하겠지만, 투자자인 주주 입장에서는 배당소득을 더 많이 받기를 원한다. 기업이 주주가 예상하는 배당 수준을 유지하지 못하면, 그 기업의 주식에 대한 수요는 감소하게 되고 요구수익률은 증가하게 된다. 요구수익률 증가는 곧 자본비용의 증가이기 때문에 기업가치 극대화를 추구하는 경영자 입장에서는 배당수준 결정에 신중을 기할 수밖에 없다. 따라서 주주와 기업, 양쪽의 상반된 이해관계가 잘 조화되고 기업가치도 극대화되는 방향으로 배당수준을 결정하는 것이 배당정책의 중요한 기능이다. 채권자에 대한 이자지급액은 채무계약 작성 시 이미 결정되었으므로 별도의 정책적 판단을 요구하지 않지만, 주주에 대한 배당수준은 미리 결정되지 않은 사항이기 때문에 해마다 경영성과와 재무상태에 근거한 경영의사결정이 필요하다.

일반적으로 정규현금배당은 기업의 일시적인 경영성과와 무관하게 일정한 수준으로 지급되는 경향이 있다. 이를 배당의 안정성(stability)이라고 하는데, 당기순이익이 일시적으로 증가하거나 감소하더라도 대개 기업들은 매년 일정한 배당금을 지급한다는 것이다. 이를 달리 표현하면, 경영자는 기업전망이 장기적으로 호전되어 배당의 부담이 가중되지 않을 것이라는 확신이 있기 전까지는 정규현금배당 금액을 섣불리 높이지 않고, 또 반대로 기업실적이 조금 부진하더라도 성급히 배당액을 낮추어 투자자들에게 불안감을 심어주는 상황을 꺼린다는 것이다. 그래서 대부분의 기업들은 매기의 배당률을 일정수준으로 유지하기 위하여 순이익이 많은 연도에는 이익잉여금 중 일부를 배당평균적립금으로 적립하고, 순이익이 저조한 연도에는 그 적립금을 이입하여 배당금으로 활용한다.

기업들이 배당의 안정성을 추구하는 이유는 크게 두 가지이다.

첫째는, 정규적인 배당수입을 원하는 투자자들에게 일정한 배당금을 지급함으로써 투자자의 신뢰성을 유지하기 위해서이다. 기업의 매출액은 경기상황에 따라 변동성이 심할 수도 있기 때문에 매출 실적이나 순이익 실적에 따라 배당금 수준을 매년 달리 정하게 되면 배당의 불안정성이 높아지게 되고 투자자인 주주의 신뢰성도 저하될 수밖에 없다.

둘째는, 투자자들의 위험성향이 대체로 위험회피적이기 때문에 배당이 증가할 때보다 배당이 감소할 때 더 민감하게 반응하게 되고, 이에 따라 배당증감으로 인한 가격조정이 비대칭적인 현상을 보일 가능성이 높아지게 되는데, 주가를 안정적인 수준으로 관리하기를 원하는 기업 입장에서는 들쑥날쑥한 배당보다는 평균적인 배당금을 해마다 동일하게 지급하는 편을 선호하게 되는 것이다. 어차피 수년간의 총배당액은 어떤 방법이든 비슷할 것이기 때문이다.

비대칭적인 가격조정에 대해 예를 들어 설명해 보자. 만일, 순이익이 10% 증가할 때 주가가 5% 오르는 주식이 있다면, 이는 이익이 증가할 때 그 주식의 주주들의 반응이 그러하다는 의미이다. 그렇지만 순이익이 10% 감소할 때 그 주주들은 어떻게 반응할까? 위험회피적인 투자자들이라면 10% 증가할 때보다 더 민감하게 반응할 것인데, 결국은 주가가 5% 이상 하락할 가능성이 크다. 동일한 5%이지만 위험회피적인 투자자들은 손실에 대해 더 민감하게 반응하기 때문이다.

한편, 대부분의 배당은 현금배당(cash dividend)으로 이루어지지만, 예외적으로 주식배당(stock dividend)도 있다. 주식배당은 현금이 기업 외부로 유출되는 경우가 아니라 현금 대신 주식을 발행하여 기존 주주들에게 지분에 비례하여 추가로 제공하는 것이기 때문에 주주의 부에는 전혀 영향을 미치지 않는다.

3. 배당지급절차

우리나라 상법에는 매 사업연도 종료일로부터 3개월 이내에 주주총회를 열어 배당에 관한 사항을 의결하도록 되어 있다. 기업이 배당을 지급받을 자격이 있는 주주를 확정하는 날인 배당기준일(dividend date)은 매 사업연도의 말일이지만, 주식거래 기준으로는 주주명부 폐쇄일 전날인 최종결제일(또는 최종거래일)을 의미하게 된다. 주식 매입 후 결제가 완료되려면 매입 당일을 포함해 3영업일이 소요되므로 배당을 받는 주주가 되기 위해서는 늦어도 배당기준일 전전날까지는 해당 기업의 주식을 매입해야 한다.

한편, 배당기준일 전전날까지는 주식을 보유하면 배당받을 권리가 취득되지만, 그다음 날, 즉 배당기준일 전날부터는 주식을 매입해도 그 사업연도의 배당금을 받을 권리는 취득되지 않기 때문에 배당으로 인한 현금유출만큼 주가가 떨어지는데, 이를 배당락(ex-dividend)이라고 한다. 현금배당의 실제 지급은 주주총회 승인일로부터 1개월 이내에 이루어지고, 배당금은 일반적으로 연 1회 지급되나 중간배당도 가능하다.

최근에는 중간배당을 실시하는 기업이 증가하는 추세이다. 중간배당은 당해 연도의 이익이 아니라 직전 결산기의 이익으로 지급하고 이사회의 결의만으로도 가능하나, 담당 이사가 이익잉여금처분계산서를 작성하여 이사회의 승인을 거쳐 연말 정기 주주총회에서 사후적으로 승인을 받아야 확정된다. 배당에 관한 의사결정 과정은 나라마다 조금씩 차이가 있다.

[예제 2] 한국거래소의 2022년 최종거래일이 12월 29일이었다. 그렇다면 배당락일은 언제인가? 그리고 주식회사 KK로부터 그해 배당을 받는 주주가 되기 위해서는 늦어도 언제까지 그 회사의 주식을 매입해야 하는가?

풀이 최종거래일인 12월 29일이 배당기준일이고, 이날까지 최종결제가 이루어져야 배당을 받을 권리가 부여되는데, 매입일포함 결제일까지 3영업일이 소요되므로 늦어도 12월 27일까지는 주식을 매입해야 한다. 배당락일은 배당기준일의 전영업일이므로 12월 28일이 된다.

\<제 2 절\> 배당이론

1. MM 이전의 배당이론

MM 이전에도 배당이 기업가치에 미치는 영향에 관한 연구와 논쟁이 진행되어 왔는데, 크게 두 가지 방향으로 요약할 수 있다.

첫째는, 배당이 기업가치에 영향을 미친다는 주장이다. 다시 말해, 주주들은 확실한 현재의 수입을 선호하므로 배당성향이 높은 기업의 주가가 배당성향이 낮은 기업의 주가보다 상대적으로 더 높게 형성된다는 것이다. 그라함과 도드(Graham & Dodd)는 실증적인 연구를 통해 미래 성장기회가 적고 비교적 안정된 기업에 적용할 수 있는 배당모형을 제시하였는데, 그들에 따르면 동일한 당기순이익을 달성한 기업이라 하더라도 배당성향이 더 높은 기업의 주가가 더 높게 형성된다. 결국, 배당을 증가시킬수록 기업의 가치가 더 높아진다는 주장이다. 성장률이 낮은 기업에서는 배당이 내부 유보보다 기업가치 상승에 더 도움이 되고 더 중요하다는 것이다.

둘째는, 배당은 기업가치에 영향을 미치지만, 미래의 성장가능성에 따라 그 영향이 달라질 수 있다는 것이다. 월터(Walter)는 자기자본비용과 미래 유보이익에 의한 재투자수익률과의 관계에서 적정배당성향이 결정된다는 모형을 제시하였다. 그는 기업은 영구히 존속되고, 미래의 투자소요자금을 외부에서 조달하지 않고 내부에 축적한 유보이익만을 활용하며, 자기자본비용(k_e)과 재투자수익률(r)은 미래에도 항상 일정하다는 가정을 전제로 다음과 같은 주장을 펼쳤다.

① $k_e > r$: 이 경우에는 이익의 배당이 내부유보보다 기업가치에 미치는 영향이 크므로 배당을 늘리면 기업가치는 커진다.

② $k_e = r$: 이 경우에는 이익의 배당이든 내부유보든 기업가치에는 전혀 영향을 미치지 않고, 다만 이익 자체의 크기에 따라 기업가치가 정해진다.

③ $k_e < r$: 이 경우에는 이익의 배당을 줄이고, 대신 내부유보이익을 증가시켜 재투자를 늘리면 기업가치가 커진다.

위 주장을 통해 우리는 배당이 기업가치에 미치는 영향은 재투자수익률 (r)에 달렸음을 알 수 있다. 결국, 월터 모형은 재투자를 통한 성장가능성을 고려하면서 배당정책이 결정되어야 함을 보여준다는 점에서는 의미가 있으나, 세 가지 가정이 비현실적이라는 문제점이 있다.

2. MM의 배당무관련이론

모딜리아니와 밀러(MM: Modigliani & Miller)는 세금, 거래비용 등이 없는 자본시장, 즉 완전자본시장과 영업현금흐름이 해마다 동일한 무성장 영구기업이라면 '배당정책은 기업가치에 영향을 미치지 않는다'는 배당무관련이론(irrelevance theory of dividend)을 제시하였다. 세후순이익은 결국 주주의 몫이므로 재투자를 위해 내부유보를 하든 주주들에게 배당으로 지급하든 주주의 부, 즉 기업가치에는 영향을 미치지 않는다는 것이다.

예를 들어, 현재 주가가 10만원인 ㈜K전자가 주당순이익 2만원 전액을 내부유보하여 차기 신사업에 재투자하기로 결정하였다면, 주가는 12만원으로 상승하게 된다. 11주를 보유한 주주라면 총 132만원(=12만원×11주)의 지분을 보유하게 되는 것이다. 반면, 주당순이익 2만원 중 1만원은 배당하고 1만원만 내부유보하기로 결정한다면, 주가는 11만원으로 상승하게 된다. 이 경우, 주주는 11만원의 배당금과 총 121만원의 지분을 보유하게 된다. 결국, 주주 입장에서는 배당소득과 매매차익을 합한 금액이 2만원으로 동일하게 되어 결국 배당정책의 차이가 기업가치에 영향을 미치지 않음을 알 수 있다. 또, 개별적으로 배당을 원하지 않는 주주라면, 배당금 11만원으로 주식을 1주 더 매수하면 거래비용이 없다는 가정으로 인해 총 132만원의 지분을 보유하는 전자의 경우와 동일해지는 것이다. 이런 방식을 자체배당조정(homemade dividends)이라고 하는데, 배당정책과 기업가치 간의 무관련성을 입증해준다.

또 배당의 고객효과(clientele effects)를 통해서도 배당무관련이론은 입증된다. 만약, 어떤 주식에 대해 배당소득을 원하는 고객이 많고 그 기업이 정기적으로 배당을 지급한다면 그 주가는 초과수요로 인해 상승하게 될 것이다. 그와는 달리 그 기업이 정기적으로 배당을 하지 않는다면 그 주가는 수요부족으로 하락하게 될 것이다. 따라서 그 기업은 투자자의 성향을 파악해 배당정책을 조정할 수밖에 없을 것이고, 그 결과 주가는 균형상태에 접근하게 될 것이며, 결과적으로 배당정책은 기업가치와 무관하게 된다.

최근 노후 또는 퇴직 후 생활자금으로 배당소득을 원하는 투자자가 증가하고 있는 추세인데, 이는 은행예금이나 채권투자보다는 수익률이 상대적으로 높기 때문이고, 비록 위험이 뒤따르는 투자이지만 어차피 배당소득을 목표로 하기 때문에 주가의 오르내림의 의미가 약화되기 때문이다.

1년 4회 배당지급이 일반화되고 있는 미국기업과는 달리 우리나라는 연 1회 내지 2회 배당을 지급하는 기업이 많다. 또 미국은 배당수익률 위주인데, 우리나라는 아직 액면가 기준으로 배당률이 결정되고 있으며 배당수익률로 환산하면 보잘 것 없는 경우도 많다. 그러므로 여유자금으로 정기적인 금융소득을 추구하는 투자자들을 주식시장으로 이끌기 위해서는 더 높은 수준의 배당수익률과 배당 횟수의 증가가 필요하다.

[예제 3] ㈜Y제과의 주식은 결산 직전 주당 6만원에 거래되고 있다. 결산 결과 주당순이익은 3천원이고, 이 중 1,500원을 주주총회를 거쳐 배당금으로 지급할 예정이다. MM의 배당무관련이론에 따르면 배당을 지급한 이후 주가는 얼마인가?

풀이 MM의 배당무관련이론에 따르면 배당으로 지급되지 않고 내부유보된 금액만큼 주가가 상승하게 된다. 주당순이익 3천원 중 1,500원은 배당금으로 지급되고, 나머지 1,500원은 내부유보된 경우이므로 1,500원만큼 주가가 오르게 된다. 따라서 배당 이후 주가는 61,500원이 된다. 주당순이익 3천원 전액을 내부유보했다면 주가가 63,000원으로 오르고, 전액을 배당으로 지급했다면 그대로 60,000원이겠지만, 기업가치인 주주의 부는 모두 63,000원으로 동일해진다. 주주 부의 증가분은 배당과 매매차익의 합이기 때문이다. 매매차익만 3천원인 경우와 배당금만 3천원인 경우, 그리고 매매차익 1,500원과 배당금 1,500원을 합쳐 3천원인 경우 모두 동일하다.

3. 고배당선호이론

MM의 가정과는 달리 현실의 자본시장은 불완전하기 때문에 배당정책은 기업가치에 영향을 미치게 된다. 기업가치에 저배당이 더 영향을 주는지 고배당이 더 영향을 주는지에 대해서는 논란이 많다. 고배당이 기업가치에 더 영향을 미친다고 보고 고배당을 선호하는 투자자들은 주로 다음과 같은 네 가지를 근거로 제시한다.

(1) 정보전달효과

기업에는 많은 정보가 존재한다. 기업가치를 좌우하는 이익의 창출능력과 같은 정보는 경영자와 투자자 사이에 비대칭적일 수 있다. 실적이 좋은 기업의 경영자는 신빙성 있는 정보를 자본시장에 보내면서 미래의 이익 상승에 대한 정보를 전달하려고 할 것이고, 실적이 부진한 기업의 경영자는 그런 정보를 가능한 한 숨기거나 우량기업인 척할 가능성이 높다.

다음과 같이 현금등가공식을 기록해 두고 살펴보면, 기업의 가치에 대한 정보가 배당에 담겨 있음을 알 수 있다.

$$\boxed{\text{이익} + \text{외부자금조달} = \text{투자} + \text{배당}} \qquad (12\text{-}1)$$

이익에 관한 정보는 비대칭적일 가능성이 높지만, 외부자금조달과 투자에 관한 정보는 비대칭성의 정도가 낮다. 왜냐하면, 투자는 대부분 장기계획에 의해 추진되고, 채권발행이나 유상증자 등의 자금조달도 자본시장에 미리 예고되기 때문이다. 따라서 좌변의 이익에 관한 비대칭성 극복은 우변의 배당 정보를 통해 가능해진다. 배당을 지급하거나 증가시킬 때 주식의 가격이 상승하는 것은 그 배당에 기업가치에 대한 정보가 담겨 있기 때문이다. 배당의 변화가 미래의 기업가치 전망을 반영하게 되면 배당정책의 변화는 주가의 변화를 가져오게 된다. 다시 말해, 기대 이상의 배당증가는 주가를 상승시키고, 예기치 못한 배당감소는 주가를 하락시키게 된다.

우량기업은 배당을 더 많이 지급함으로써 미래의 이익 달성에 관한 자신감도 전달할 수 있고, 기업의 재무건전성도 투자자들에게 알려주고 있는 것이다. 반면, 부진기업은 향후 이익이 감소될 것이므로 배당을 더 늘릴 여력이 없어지게 되고, 심지어 배당을 줄이게 되면, 이를 투자자들은 좋지 않은 정보로 인식하게 된다는 것이다. 결국, 어떤 기업이 배달성향 또는 배당금을 일정하게 유지하다가 이를 갑자기 변경할 경우 그것을 투자자들은 그 기업의 미래 수익성에 변화가 있을 것이라는 정보로 인식하게 된다. 이때 배당금을 늘리는 것은 기업이 미래에 더 큰 수익을 창출할 수 있을 뿐만 아니라 현금도 충분히 동원할 수 있음을 시사하는 정보로 받아들여지므로, 결국 배당금의 증가는 주가를 상승시키게 되고 그만큼 주주의 부는 증가하게 된다. 또 배당의 정보전달효과는 다음 (그림 12-1)과 같이 경영자의 보수에도 영향을 미칠 수 있다.

(그림 12-1) 배당의 정보전달효과

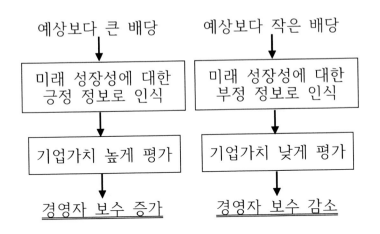

(2) 대리비용의 감소

투자자에게 지급되는 배당은 투자자가 임의로 처분할 수 있는 확실한 소득이지만, 그 가치가 주가에 반영된다고 보는 내부 유보이익은 투자자가 임의로 처분할 수 없고 오직 경영자에 의해 관리되기 때문에 투자자 입장에서는 불확실한 소득이다. 만일, 경영자가 자신의 이익만을 추구하는 방향으로 그 유보이익을 사용하게 된다면, 그것으로 인해 주가가 하락할 수 있고, 그로 인해 투자자들의 매매차익은 줄어들 수 있다. 다시 말해, 그 이익을 내부에 유보하지 않고 모두 배당으로 지급했을 때와 비교할 때 더 불리해질 수 있다는 것이다.

이처럼 배당정책에 따라 이익 추구의 방향이 다른 경영자와 주주 사이에 갈등이 일어날 여지가 있다. 이와 같은 갈등은 필연적으로 대리비용을 수반하게 된다. 경영자의 재량권은 유보이익으로부터 비롯된다고 할 수 있는데, 그것은 기업에 유보된 현금을 경영자가 임의로 사용할 수 있기 때문이다. 결국, 주주 입장에서는 배당금은 가능한 한 높이고, 경영자가 임의로 사용할 수 있는 유보이익은 가능한 한 줄이는 것이 유리해진다.

또한 경영자가 주주의 부를 극대화하는 의사결정을 하는지 그렇지 않은지, 자신의 의무를 잘 하고 있는지 게을리하고 있는지 등을 파악하고 살피는 감시비용을 줄이기 위해서도 가급적 배당을 증가시키는 것이 주주에게 유리하다. 기업이 배당을 늘리게 되면 그만큼 외부자금의 조달이 많아지게 되는데, 이때 채권자인 금융기관은 재정보증이나 신용평가 등을 엄격하게 요구하게 된다. 이는 오히려 주주가 부담해야 할 감시비용을 그만큼 줄여주는 결과가 된다.

(3) 불확실성의 제거

이익의 내부유보가 주주들의 이익으로 환원되기 위해서는 시간이 필요하다. 재투자를 통한 이익 창출과 그 이익의 배당, 그리고 주식의 매도를 통한 매매차익의 실현 등은 모두 미래의 일이다. 따라서 현재 시점에서 그런 일들은 주주들에게 불확실하다. 하지만 주주들은 미래의 불확실한 배당 또는 불확실한 자본이득보다는 현재의 확실한 소득인 배당을 선호한다는 것이다. 이익의 내부 유보가 주가에 반영된다고는 하지만, 미래의 주가는 기업 내·외적인 불확실한 요인으로 인해 예측하기 어렵다. 반면에, 현금배당은 특별한 사정이 없는 한 확실한 금액이 정해진 날에 투자자에게 지급되기 때문에 불확실성이 거의 없다. 이러한 미래의 불확실성 때문에 투자자들은 이익의 내부유보보다 배당을 선호한다는 것이다.

(4) 거래비용의 감소

갑자기 자금이 필요해진 투자자 입장에서 주기적으로 일정한 배당금을 수령할 수 없다면 보유 주식의 일부를 매도하여 필요한 자금을 마련해야 할 것이다. 이와 같은 주식거래에는 거래수수료와 증권거래세라는 거래비용이 수반된다. 그렇지만 주기적으로 일정한 배당금을 수령하는 경우라면, 그 배당금을 필요한 자금으로 충당할 수 있는데, 이 경우가 주주에게 더 유리하다. 그 이유는 배당금에는 거래비용이 없기 때문이다. 따라서 거래비용이 높으면 높을수록 정기적인 고배당이 기업가치에 더 긍정적인 영향을 미치게 된다.

4. 저배당선호이론

(1) 자본조달비용의 절감

성장성이 높은 기업은 지속적인 재투자를 통해 미래의 기업가치를 높이려고 노력하게 된다. 이때 소요되는 자금을 순이익의 내부유보를 통해 마련하면 자본조달비용을 절감할 수 있다. 현실의 자본시장에는 주식매매에 거래수수료, 세금 등이 부과된다. 기업이 현금배당을 많이 하면 할수록 그만큼 내부유보는 줄어들게 되는데, 그에 따라 투자에 필요한 자금이 부족하게 되면, 기업은 필요자금을 외부로부터 조달하여야 한다. 회사채를 발행하거나, 은행으로부터 차입을 하거나, 아니면 신주를 발행해야 하는데 어느 경우든 외부로부터의 자금조달에는 발행비용, 세금 등의 거래비용이 수반된다. 따라서 배당성향이 클수록 기업이 부담해야 하는 자본조달비용을 증가시켜 그만큼 기업가치에 악영향을 끼치므로 배당이 적을수록 유리하다는 견해가 있다.

(2) 배당소득세와 자본이득세의 세율 차이

최근까지 저배당선호이론에서 보다 더 중요한 근거로 들었던 것은 배당소득에 부과되는 세율이 매매차익에 부과되는 세율보다 높으므로 가능한 한 배당률을 낮추어야 기업가치를 높일 수 있다는 것이었다. 하지만, 우리나라도 2025년부터 주식의 매매차익이 5천만원을 초과할 경우에는 22% 이상의 세금을 납부하도록 관련 법률이 개정되었기 때문에 이제 이 주장은 일정한 경우에만 유효할 뿐이다. 예를 들어, 매매차익이 5천만원 이하여서 비과세되는 경우라든가, 법률이 개정되어 매매차익에 대한 세율이 배당소득의 세율보다 낮아지는 경우에만 유효하다. 우리나라의 경우 배당소득세가 14%이고 주민세까지 합산하면 15.4%가 되는데, 만일 매매차익에 대해 비과세되는 경우라면 저배당이 유리하다. 배당을 하지 않고 대신 미래 투자를 위해 내부 유보이익으로 남겨둔다면 그런 의사결정이 주가에 반영되어 주가가 오르고 그로 인해 매매차익이 발생한다고 하더라도 비과세되기 때문이다.

만일, 미국처럼 배당소득세와 매매차익에 대한 세율이 같고 배당이 주로 매 분기마다 이루어지며 주식을 최소 1년 이상 보유한 이후에 매도한다면 화폐의 시간가치로 인해 저배당이 기업가치 상승에 유리하다. 왜냐하면 배당소득세는 배당이 이루어지는 매 분기마다 납부하게 되지만 매매차익에 대한 세금은 매도 시점에 한 번만 납부하기 때문이다. 다시 말해, 세액은 동일하더라도 납부 시기가 더 빠른 배당소득세가 불리하므로 저배당을 선호하게 된다는 것이다.

<제 3 절> 기업의 배당정책

1. 배당의 결정요인

대부분의 경영자들은 자본시장이 불완전하기 때문에 배당정책이 기업가치에 영향을 미친다고 믿고 있으며, 그에 따라 기업가치에 가장 유리한 최적배당정책이 있을 수 있다고 믿고 있다. 무엇보다도 배당은 부채의 사용대가인 이자처럼 정해진 금액을 일정한 주기로 의무적으로 지급해야 하는 것이 아니라 기업의 배당정책에 따라 재량적으로 경영의사결정을 해야 하는 사항이다. 그러므로 경영자들은 주로 어떤 근거와 요인에 따라 배당 여부, 배당의 수준, 배당 방법 등을 결정하는지 살펴볼 필요가 있다.

(1) 당기순이익의 규모

순이익 중에서 배당이 이루어지기 때문에 당기순이익은 배당의 기초요 가장 중요한 근거라고 할 수 있다. 일반적으로 당기순이익이 커지면 배당 수준도 커지는 경향이 있다. 그럴 수밖에 없는 것이 주주들도 당기순이익의 규모가 커지면 그만큼 더 많은 배당을 기대하기 때문이고, 기업도 그러한 기대를 무시할 수 없기 때문이다.

(2) 당기순이익의 변동성

순이익의 규모뿐 아니라 그 변동성도 배당결정에 영향을 미친다. 매출이나 순이익의 변동성이 크다는 것은 그만큼 미래의 경영 불확실성이 커질 수 있다는 의미이다. 불확실성이 커지면 기업은 유사시를 대비해 현금을 보유할 필요성이 커지므로 현금배당을 줄이고 대신 이익의 내부유보를 늘리는 방향으로 의사결정을 할 가능성이 높다.

(3) 기업의 유동성

기업의 유동성은 일반적으로 단기 채무에 대한 변제 능력이라고 정의되지만 기업 내 화폐 수요에 대한 대응력을 의미하기도 한다. 기업이 해마다 이익의 일부를 내부에 유보한다고 할지라도 새로운 투자나 기존 투자의 운영에 계속 현금을 사용하므로 유동성은 변동하게 된다. 특별히 성장 가도를 달리는 기업이라면 자금의 수요가 많고, 그에 따라 유동성이 저하될 수 있다. 이런 경우에는 유동성 유지를 위해 가능한 한 이익의 현금배당을 줄이고 내부유보를 늘리는 것이 바람직하다.

(4) 성장가능성

성장가능성이 높은 기업은 더 많은 자금을 조달할 필요가 있으므로 가능한 한 이익의 현금배당을 줄이고 내부유보를 늘리려고 하는 경향이 있다. 또 기업에 새로운 투자기회가 생기게 되면 배당지급보다 투자에 필요한 자금을 먼저 고려하게 된다. 즉 투자기회가 많은 기업은 자연히 현금배당을 줄이고 내부유보를 늘리게 된다. 물론, 새로운 투자기회로부터 높은 수익률이 예상된다면 현금배당보다는 내부유보를 통한 투자금 마련이 더 우선시되어야 할 것이다. 왜냐하면, 기존 주주 입장에서도 현금배당을 받게 되면 당장은 배당소득을 얻게 되겠지만, 새로운 투자를 위한 자금은 채권이나 신주 발행을 통해 외부로부터 조달하게 될 것이다. 그렇게 되면 미래의 수익은 채권자나 새로운 주주들과 공유해야 한다. 결국, 성장가능성이 높은 기업이라면 미래의 재투자를 위해 현금배당보다는 내부유보를 늘리는 것이 바람직하다고 할 수 있다.

(5) 부채비율

부채비율이 높은 기업은 이자비용의 부담이 커질 수밖에 없고 원금상환 시기도 계속 도래할 가능성이 높다. 그러므로 기업 입장에서는 현금배당보다는 당장 해결해야 할 금융비용과 만기가 임박한 부채의 원금상환을 위해 가능한 한 이익을 내부에 유보하는 것이 유리하다.

(6) 기업지배구조

새로운 투자나 만기가 곧 도래하게 되는 부채의 상환을 위한 자금을 기업이 다음과 같이 두 가지 방법으로 마련한다고 가정해 보자. 우선, 이익의 현금배당을 대폭 줄이고 그 나머지를 모두 내부유보시켜 필요한 자금에 충당하는 방법이 있다. 다음으로, 이익의 일정 부분을 예년과 같이 일정 수준의 배당을 하고 그 나머지는 내부유보시켰으나 필요한 자금에 못 미쳐 부족액은 신주발행을 통해 조달하는 방법이 있다. 둘 다 필요한 자금은 충당하였을지라도, 후자의 경우에는 신주를 누가 얼마나 배정받았는가에 따라 지배구조가 달라질 수 있다. 소규모 기업일수록 그 영향은 클 것이다. 그러므로 배당 수준을 결정할 때에는 지배구조에 예민한 기업일수록 이익의 현금배당을 줄이고 내부유보를 늘리려는 경향이 강하다.

(7) 정부정책

배당정책은 기본적으로 기업의 의사결정 사항이지만 정부는 여러 가지 정책을 통해 간접적으로 현금배당을 장려하고 있다. 따라서 기업이 현금배당을 줄이고 내부유보를 늘릴 때는 정부 정책 측면에서의 불리함과 배당을 줄임으로써 얻게 되는 이득, 즉 외부자금 조달비용, 대리인 문제 등을 비교해 유리한 쪽으로 결정하게 된다.

(8) 기타 요인

한편, 기업은 배당 수준을 정할 때 산업 내 동종기업이나 경쟁기업의 배당정책과 배당수준도 고려해야 한다. 경쟁기업에 비해 너무 저조한 수준으로 현금배당을 하게 되면 현금배당을 선호하는 주주들은 경쟁기업으로 옮겨갈 가능성도 있기 때문이다. 투자자나 주주는 제한된 정보로 기업을 분석하지만 경쟁기업과 쉽게 비교하는 특징이 있다. 심지어 자본시장이 글로벌화됨에 따라 외국의 동종 기업과도 비교할 수 있게 되었다.

한편, 금융시장과 자본시장의 동향도 배당결정의 중요한 요인이 되고 있다. 현재뿐만 아니라 미래 경제환경의 전망까지 면밀히 분석한 결과를 바탕으로 배당에 관한 의사결정을 해야 하는 시대가 된 것이다. 향후 경제전망이 어둡다면 기업은 사전 대비책으로 내부유보금을 늘리는 선택을 할 가능성이 높다. 또 투자 기회가 많아질 것으로 전망되는 경우에도 역시 내부유보금을 늘려 재투자에 소요될 자금을 미리 준비하려고 할 것이다. 만일, 기업이 자본시장이나 금융시장으로부터 외부자금을 쉽게 조달할 수 있는 경우라면 그렇지 못한 기업보다 배당성향을 높일 여력이 있을 것이다. 그렇지만, 대개 외부자금조달에는 높은 조달비용이 수반되므로 배당을 늘리고 추가로 외부자금을 조달해야 한다면, 가능한 한 배당을 줄이고 외부자금을 조달하지 않는 방향으로 의사결정을 하게 될 것이다.

다른 한편, 법적 제한도 배당결정 시 중요한 고려사항이다. 주식회사의 배당가능이익은 법으로 한도가 규정되어 있다(상법 462조). 또 기업이 자본잠식인 경우에는 배당을 줄 수 없고, 이익잉여금을 초과해 배당을 줄 수 없으며, 자본금이나 자본잉여금으로도 배당을 줄 수 없다.

만일, 인플레이션이 심한 상황이라면, 감가상각을 통한 자금의 적립만으로는 나중에 동일한 성능을 지닌 새 자산을 구입할 수 없게 될 것인데, 이를 대비해 미리 내부유보를 늘리는 의사결정을 하는 기업도 있을 것이다. 이처럼 배당결정요인은 다양하고, 여기에서 언급하지 못한 요인들도 또한 많을 것이다.

2. 배당의 고객효과

자본시장에는 배당성향이 높은 주식도 거래되지만 배당성향이 낮거나 아예 배당이 없는 주식도 거래되고 있다. 배당에 관한 주주들의 선호도 역시 다양하고, 그 선호에 따라 주주들은 자신에게 맞는 주식을 선택하는 것이다. 예를 들어, 배당소득으로 일상생활을 영위해야 하는 투자자는 배당성향이 높은 주식을 선택하고, 주가상승으로 매매차익을 추구하는 투자자는 배당성향에 연연하지 않고 미래에 주가가 상승할 것인가만 고려하게 된다. 또 고소득자라 높은 한계세율을 부담해야 하는 투자자는 낮은 배당성향을 지닌 주식을 선호하고, 낮은 한계세율을 적용받는 투자자는 높은 배당성향을 지닌 주식을 선호하는 경향이 있는 것으로 여러 연구 결과가 보여주고 있다. 이처럼 투자자들이 각기 자신의 선호와 취향에 맞는 배당성향을 지닌 주식에 투자하는 것을 배당의 고객효과(clientele effect)라고 한다.

만일, 투자자의 40%가 고배당을 선호하지만 20%의 기업만 고배당을 지급한다면, 많은 투자자 수에 비해 고배당 주식의 공급이 부족하므로 주가는 오르게 된다. 반대로 저배당 기업들의 주가는 상대적으로 하락하게 된다. 따라서 저배당 기업들 중에는 배당성향을 상향 조정하려는 경향이 나타날 것이고, 결국 고배당 기업이 40% 수준까지 높아질 때 수요와 공급이 일치하게 되며, 비로소 배당금시장은 균형상태가 될 것이다. 이러한 균형 상태에서는 모든 고객들이 만족하고 있으므로 더 이상의 배당정책은 기업 입장에서도 의미가 없어지게 된다.

모딜리아니와 밀러(MM: Modigliani & Miller)는 비록 여러 가지 비현실 적인 가정이 전제되기는 했지만 배당성향이 기업가치에 영향을 줄 수 없다 는 것을 그들 나름대로 증명하였으며, 또 배당의 고객효과를 근거로 배당 과 기업가치는 무관하다는 이론을 역설하였다. 배당의 고객효과는 크게 두 가지 점에서 의미가 있다.

첫째로, 고객효과는 MM의 배당무관련이론, 즉 배당 수준과 기업가치는 관련이 없다는 이론을 뒷받침하는 근거가 될 수 있다. 주주들은 각기 자신 이 선호하는 배당성향을 가진 기업의 주식을 선택할 뿐이고, 기업가치는 해당 기업의 주식에 대한 수요와 공급에 의해 결정되기 때문이다. 다시 말 해, 고배당 성향의 주식이라고 높게 평가되는 것도 아니고, 저배당 성향의 주식이라고 낮게 평가되는 것도 아니라는 것이다.

둘째로, 고객효과는 기업의 배당정책이 쉽게 변경되지 못하도록 만든다. 즉, 어떤 투자자가 어떤 기업의 주식을 매수할 때에는 그 주식의 배당정책 도 중요하게 고려한다는 것이다. 그런데 기업이 배당정책을 변경하게 되면 그런 주주들은 주식을 매도할 수 있고, 그에 따라 기업의 안정적인 경영을 뒷받침하는 안정주주를 잃게 될 수 있기 때문이다.

3. 배당정책에 대한 실증결과

배당정책에 관한 실증연구는 자본시장이 일찍부터 발달했던 미국에서 주 로 많이 이루어졌는데, 배당정책 실무에서 실제로 가이드라인이 될 수 있 는 몇 가지 의미 있는 패턴들이 발견되었다.

첫째, 이익의 변화에 따른 배당성향의 변화에는 일정한 시차가 존재하였 다. 배당은 이익 중에서 지급하는 것이므로 이익과 배당 사이엔 밀접한 상 관관계가 존재할 수밖에 없지만, 그렇다고 이익이 증가하자마자 곧바로 배당을 증가시키는 기업은 거의 없다는 의미이다. 장기간의 이익 창출 추세를 보면서 평균적인 수준의 배당을 일정 기간 유지한다는 것이다.

둘째, 배당 수준을 자주 바꾸는 기업은 별로 없었다. 이는 이익이 증가하였다 할지라도 향후의 지속적인 배당 능력을 담보하기 위해, 역으로 이익이 감소하였다 할지라도 일정 수준의 배당을 주기적으로 지급받을 것이라고 믿고 있는 주주들의 기대를 저버리면 주가가 하락하고 기업가치도 떨어질 것이므로 배당 수준을 일정하게 유지하려는 경향이 있음을 의미한다.

셋째, 배당의 변동성이 이익의 변동성에 비해 훨씬 낮았다. 이는 이익의 변화에 따라 배당 수준을 변화시킨다 할지라도 그 폭이 상대적으로 작고 평탄한(smooth) 패턴이라는 것이다. 이 역시 배당성향이 평균배당을 지향하고 있음을 보여주는 것이다.

넷째, 기업의 배당정책은 그 기업의 수명주기(life cycle)에 따라 일정하게 변화하였다. 도입기와 성장기에는 이익이 발생하더라도 재투자를 위해 내부에 유보하는 경향이 커서 배당 수준이 낮거나 배당을 아예 하지 않는 경우가 많았고, 성숙기에는 투자기회는 줄고 배당 수준은 높아지는 특징을 보였다. 또 실증분석 결과에 따르면 기업의 성장률과 배당성향은 반비례 관계를 보였다.

<제 4 절> 배당의 종류

1. 현금배당

배당(dividend)이란 기업이 주식을 소유한 비율에 따라 주주들에게 기업의 이익을 나누는 것인데, 현금배당과 주식배당이 있다. 현금배당은 가장 주되고 일반적인 배당 방법인데, 1주당 배당금액이 결정된다. 각 주주는 1주당 배당금액에 보유 주식수를 곱하여 자신이 수령하게 될 총 배당금을 산출해낼 수 있다. 지금까지 앞 절에서 다룬 내용들은 모두 현금배당을 전제로 한 것이다. 현금배당을 나타내는 지표로는 배당률과 배당수익률이 있는데, 전자는 주당배당금을 액면가로 나눈 것이고 후자는 주당배당금을 주가로 나눈 값이다. 우리나라는 배당률을 기준으로 현금배당이 이루어지고 있으나, 2003년부터는 증권거래법 시행령을 개정하여 배당수익률 공시 및 신고 의무를 추가하였다.

배당결정은 이사회에서 하지만 주주총회에서 최종적으로 의결이 되어야 하고, 그 후 1개월 이내에 배당금이 지급되어야 한다. 현금배당은 현금이 기업 밖으로 유출된다는 점에서 기업의 현금흐름에는 부정적 영향을 끼치지만, 현금배당을 줄 만큼 기업실적이 좋고 자금 여력도 있음을 자본시장에 보여준다는 점은 경영전략상 긍정적인 부분이 될 수 있다. 배당소득을 목적으로 주식투자를 하는 투자자는 높은 현금배당을 주는 기업을 선호하고, 그에 따라 주식에 대한 수요가 증가하면 주가도 오르게 된다.

2. 주식배당

주식배당(stock dividends)은 현금배당의 부족분을 주식으로 보완해주는 기능도 하지만 현금배당 대신에 실시되는 경우도 있다. 주식배당은 '소유 주식 몇 주당 배당 주식 몇 주'와 같이 보유 주식수에 따라 배당 주식수가 결정된다. 만일, 7주당 1주의 신주를 배당받게 되는 주주가 총 10주를 보유하고 있다면, 새로운 주식은 1주를 받지만, 나머지 3주에 대해서는 현금으로 계산하여 받게 된다. 주식배당을 받은 주주는 주식수가 증가하기 때문에 미래현금배당의 증가를 기대할 수 있다. 하지만, 기대한 현금배당이 미래에도 지급되지 않을 경우 주가에 부정적인 영향을 미칠 수도 있다. 한편, 기업 입장에서는 주식배당으로 당장의 현금유출은 발생하지 않기 때문에 필요한 자금을 외부에서 조달하지 않아도 되고, 그에 따른 조달비용도 절감할 수 있다. 만일, 성장성이 있는 기업이고 실제로 중장기적으로 사업이 번창하여 실적을 내게 되면, 주가가 올라 기업가치도 상승되고 현금배당 여력도 증가하게 되는데, 이 경우 주식배당을 받았던 주주들은 큰 이득을 볼 수도 있다.

하지만 주식배당 그 자체만 놓고 보면, 기업의 자기자본은 변하지 않고 발행주식수만 증가하며, 기존 주주의 지분에도 변화가 없으므로 결국 주주의 부에도 전혀 변화가 없게 된다. 예를 들어 설명해 보자.

만일, ㈜K의 총발행주식수가 200만주이고, 순이익은 2,000만원이며, 주가는 20,000원이라고 하면, 주당순이익은 10원이고, 주가수익비율(PER)은 2,000(=20,000/10)이 된다. 이런 상황에서 20%의 주식배당을 실시한다면, 40만주(=200만주×0.2)를 추가로 발행하게 되고, 그 결과 총발행주식수는 240만주가 된다. 주식수가 240만주로 증가함에 따라 주당순이익은 10원에서 8.33원(=2,000만원/240만주)으로 하락하게 된다. 또 주식배당이 주가수익비율에 아무런 영향을 미치지 않는다면, 주식배당 후의 주가는 16,667원(=8.33원×2,000)으로 하락해야 한다. 만일, 당초 10주를 보유했던 소액주주라면 주식배당 이후에는 12주를 보유하게 되지만, 주가의 하락으로 보유주식의 가치는 200,000원(=16,667원×12주)으로 주식배당 이전의 보유주식가치 200,000원(=20,000원×10주)과 같게 된다. 따라서 주주의 부는 주식배당으로 변화하지 않음을 알 수 있다.

그렇지만 현실의 자본시장은 불완전하다. 주식배당은 경영자만 갖고 있던 기업내부 정보의 일부를 투자자에게 알리는 효과가 있다. 또 기업의 주당배당액은 주식배당 후에도 대개는 변하지 않는다. 따라서 주식배당은 그로 말미암아 늘어날 미래의 현금배당액을 기업이 감당할 수 있다는 신호로 해석될 여지가 있다. 일반적으로 주식배당은 성장이 빠른 기업이 현금유출을 억제하고 수익성 있는 사업에 재투자할 자금을 보유하기 위해 실시하는 경우가 많은데, 이런 기업의 주식배당은 기업의 성장 속도가 빠름을 알려주는 신호가 되므로 오히려 주식가치를 높게 평가받는 결과에 이를 수 있고, 그로 인해 주주의 부가 증가될 수 있다.

기업이 기존에 보유하고 있던 자기주식을 배당하는 경우는 상법상 현물배당에 해당하고, 주식배당이 아니다. 주식배당은 주식을 새로 발행해서 배당하는 것이기 때문에 자본시장에 물량증가의 부담을 안겨준다. 그래서 상법에서는 현금배당과 동일하게 전체 배당 가능액의 50%까지만 주식배당을 할 수 있도록 하고 있다. 다만, 한국거래소 상장기업은 자본시장법에 근거해 제한 없이 주식배당을 할 수 있다. 주식배당을 받은 주주는 주주총회가 종결한 때부터 신주의 주주가 된다.

[예제 4] ㈜TT산업이 현재까지 발행한 보통주는 총 10만주이고 액면가는 5,000원이며, 현재 자본시장에서 주당 18,000원에 거래되고 있다. 재무상태표상 자본계정의 내역은 다음과 같다.

	(단위: 만원)
보통주 자본금 (액면가 5,000원, 발행주식수 10만주)	50,000
자본잉여금	100,000
이익잉여금	40,000
총자기자본	190,000

㈜TT산업 이사회가 20%의 주식배당을 실시하기로 결의했다면 주식배당 후의 자본계정 내역을 작성하시오.

풀이 ㈜TT산업의 총시장가치는 현재 18억원(=18,000원×10만주)이고, 20%의 주식배당을 위해 새로 발행해야 하는 주식수는 2만주(=10만주×0.2)이며, 주식배당 후의 총발행주식수는 12만주로 증가하게 된다. 또 보통주 자본금은 6억(=5,000원×12만주)으로 증가하고, 자본잉여금도 시가와 액면가의 차이인 13,000원(=18,000-5,000)과 배당된 주식수(2만주)를 곱하여 산출한 260,000,000만큼 증가하게 된다. 주식배당을 해도 총자기자본은 불변이므로 이익잉여금은 360,000,000원(=18,000원×2만주)만큼 감소하게 된다. 따라서 ㈜TT산업의 주식배당 후 자본계정 내역은 다음과 같게 된다.

	(단위: 만원)
보통주 자본금 (액면가 5,000원, 발행주식수 12만주)	60,000
자본잉여금	126,000
이익잉여금	4,000
총자기자본	190,000

결과적으로, 주식배당은 주주의 부에 어떤 변화도 가져다주지 않음을 알

수 있다. 만일 어떤 투자자가 보유한 주식지분이 10%라면 주식배당 역시 10%를 받게 되므로 결국 보유지분에도 변함이 없게 된다. 이론상으로는 주가도 배당락이 이루어져 15,000원(=18억/12만주)에 거래될 것이다.

3. 주식분할

주식분할(stock split)은 자본의 증가 없이 발행주식의 총수를 늘리고, 이를 주주에게 그 지분에 따라 나누어주는 것이다. 쉽게 말해, 액면가를 낮추어 주식수를 늘리는 것으로 그 비율은 1:2, 1:5 등과 같이 정수배여야 하며, 그에 따라 시가도 조정된다. 주가가 지나치게 오르면 소액투자자들은 쉽게 매수하기 힘들게 되고, 거래도 둔화되어 시장성이 떨어질 수 있는데, 주식분할을 통해 주가를 투자자가 매입하기 쉬운 수준으로 낮추면 거래도 활성화되고 개인 주주도 늘어나기 때문이다. 또 실질적으로는 배당을 증가시키면서도 1주당 배당액은 낮출 때, 합병 시 합병 비율을 조절할 때 주식분할 방식을 활용하기도 한다. 주식의 분할은 주주 평등의 원칙에서 주식 전부에 대하여 동일한 비율로 하여야 한다.

주식배당과 주식분할은 발행주식수를 늘리고 현금유출을 수반하지 않기 때문에 기업가치에 아무런 영향을 끼칠 수 없다는 점에서는 동일하나, 주식분할은 주식의 액면가를 낮춘다는 점에서 주식배당과 다르며, 주식배당은 회계상 이익잉여금을 자본금과 자본잉여금으로 전입시키는 과정이라는 점에서 주식분할과 다르다.

주식분할을 하게 되면 주식의 수가 많아져 유동성이 개선되지만, 주주의 지분에는 아무런 변화도 없고, 주당순이익이나 주당배당액 등이 줄어들고 주가도 낮아지지만, 거래는 오히려 활성화된다. 또 주식배당처럼 주식분할은 외부로 현금이 유출되는 경우가 아니므로 미래의 재투자 자금이 필요한 기업에 유용한데, 특별히 투자안의 수익성이 높을 때는 기업에 대한 긍정적 정보 전달과 더불어 주식가격도 높일 수 있다.

[예제 5] 위 [예제 4]의 ㈜TT산업이 1:5의 주식분할을 실시하기로 했다

면, 주식분할 이후의 자본계정 내역은 어떻게 되겠는가?

풀이 1:5의 주식분할이 실시되면 발행주식수는 50만주로 증가하고, 액면가는 1,000원으로 바뀌게 되며, 결과적으로 주식분할 이후의 자본계정 내역은 다음과 같게 된다.

	(단위: 만원)
보통주 자본금 (액면가 1,000원, 발행주식수 50만주)	50,000
자본잉여금	100,000
이익잉여금	40,000
총자기자본	190,000

결국, 변한 것은 액면가와 발행주식수뿐. 그 외엔 아무런 변화가 없다.

4. 무상증자

증자(增資)란 말 그대로 자본금의 증가를 의미한다. 새로 주식을 발행하여 기존 주주들에게 돈을 받고 팔면 유상증자이고, 돈을 받지 않고 기존 주주들에게 주식을 제공하면 무상증자가 된다. 현금의 유입이 없는 무상증자는 잉여금이 자본금으로 옮겨가는 것일 뿐 전체 자본에는 변동이 없다.

무상증자의 이유는 여러 가지가 있으나, 무상증자를 통해 자사에게 유리한 내부정보를 시장에 전달하려는 목적이 가장 크다 하겠다. 우리나라처럼 액면가 기준으로 배당을 하게 되면, 무상증자로 인한 주식 수의 증가는 장래 현금배당의 증가를 의미할 수 있다. 왜냐하면, 기업들은 대체로 주당배당금을 기존 수준대로 계속 유지하려고 노력하기 때문이다. 따라서 무상증자는 미래에 현금배당이 증가될 수 있다는 기대감과 기업의 미래현금흐름이 개선될 것이라는 암시를 주게 된다. 또한, 무상증자로 인한 주식수의 증가는 유동성의 증가를 가져올 수 있다.

무상증자는 몇 가지 점에서 주식배당과 다르다. 우선 무상증자는 주식배당과 달리 이익잉여금뿐만 아니라 재평가적립금, 주식발행초과금 등의 자본잉여금을 재원으로 할 수 있다는 점이다. 또 무상증자는 요건이 충족되면 이사회의 결의로 언제든지 실시할 수 있지만, 주식배당의 경우에는 결산 시점 15일 전에 주식배당률이 사전에 공시되어야 한다.

5. 자사주매입

자사주매입(share repurchase)은 기업이 자기자금으로 자신의 회사 주식을 매수하는 것인데, 주로 주가가 저평가되었을 때 실시한다. 기업이 현금배당 대신 그만큼의 자사주를 매입하면 자본시장에서 유통되는 주식 물량이 줄어들어 주가가 상승하게 된다. 완전자본시장을 가정할 경우, 주가는 정확히 현금으로 배당되지 않은 금액만큼 상승하게 되고, 그에 따라 주주는 현금배당을 받은 것과 동일한 효과를 누리게 된다. 만일 배당소득세가 자본이득세보다 높은 상황이라면 주주들에게는 현금배당보다 자사주매입의 효과가 더 크게 된다. 이처럼 주가를 부양하여 안정화시키면서도 주주에게는 현금배당과 같은 효과를 얻게 하는 것이 자사주매입의 동기 중하나라고 할 수 있다. 자사주매입이 주주의 부에 미치는 효과를 다음과 같은 예를 통해 살펴보도록 하자.

㈜MM의 총발행주식 수는 100만주이고, 보유현금은 25억원이며, 10억원의 배당 여력, 즉 주당 1,000원의 배당금을 지급할 수 있다. 시가로 환산한 ㈜MM의 재무상태표는 다음과 같다.

재무상태표
(단위: 억원)

현 금	25	부 채	0
기타자산	85	자 본	110
기업가치	110	기업가치	110

따라서 ㈜MM 주식의 주당 가격은 11,000원(=110억원/100만주)이 된다.

만일, ㈜MM이 10억원의 현금배당을 하기로 결정했다면 재무상태표는 다음과 같이 변화하게 된다.

현금배당 후 재무상태표

(단위: 억원)

현 금	15	부 채	0
기타자산	85	자 본	100
기업가치	100	기업가치	100

10억원의 현금이 유출되었으므로 기업가치는 100억원으로 감소하였고, 주당 주식가격은 10,000원(=100억원/100만주)이 된다. 주주 입장에서는 주당 1,000원의 배당을 받은 대신 주가는 1,000원 하락했으므로 주주의 부에는 변함이 없다.

만일 ㈜MM이 현금배당 대신 10억원의 자사주매입을 했다고 하면 재무상태표는 다음과 같이 변화하게 된다.

자사주매입 후 재무상태표

(단위: 억원)

현 금	15	부 채	0
기타자산	85	자 본	100
기업가치	100	기업가치	100

현금배당의 경우와 마찬가지로 자사주 매입을 위해 10억원의 현금이 유출되었으므로 기업가치는 100억원으로 감소했지만 유통주식수는 909,091주로 감소하여 주당 주식가격은 여전히 11,000원(=100억원/909,091만주)이 유지된다. 따라서 주주 입장에서는 배당의 경우와 차이가 없게 된다. [10억원으로 자사주 90909주를 주당 11,000원에 매입하여 소각]

자사주매입은 경영진이 회사 주가가 매우 낮다고 평가한 것이고, 자사주를 매입할 정도로 보유현금도 부족하지 않음을, 즉 미래현금흐름에 대한 긍정적인 신호를 시장에 전달하는 효과를 갖는다. 따라서 자사주매입을 발표하면 주가가 오르는 경향이 있다.(주가안정화 동기) 경영자는 그 기업의 진정한 가치를 잘 알고 있기 때문에 시장의 평가가 저평가되었다고 판단되면 자사주매입을 통해 기존 주주를 보호하려고 할 것이며, 자사주매입이라는 경영의사결정은 결과적으로 현재 주가가 저평가 상태라는 정보로서 시장에 전달되는 것이다. 극히 드물지만, 매우 성장성 있다고 알려진 기업이 이익잉여금을 사내에 유보하지 않고 자사주매입에 사용한다면, 이 기업의 성장 가능성이 떨어졌다는 부정적인 정보를 시장에 전달하게 되어 주가가 떨어지는 경우도 있다.

자사주매입의 다른 동기로는 경영권 방어를 들 수 있다. 경영권에 관심을 가진 적대적인 대주주로부터 주식을 재매입(green mail)함으로써 경영권을 보호할 수 있다. 기업지배권 시장 활동이 활발하게 이루어졌던 선진국에서는 자사주매입이 오래전부터 허용되어왔으나, 우리나라는 1994년 5월에 처음으로 자사주매입을 허용하였고, 발행주식의 5%를 취득 한도로 하였다. 1996년 2월에는 매입 한도를 10%로, 1998년 5월에는 배당가능이익 한도 내에서 제한 없이 발행주식을 취득할 수 있도록 하였다. 자사주매입이 허용되었던 1994년 5월부터 IMF 외환위기 직전인 1997년 6월까지는 외국기업에 의한 적대적 인수 가능성이 매우 낮았기 때문에 자사주매입 동기가 주로 주가안정화 차원에서 이루어졌다. 그러나 1997년 후반부터 국내경기가 침체하면서 증권시장이 폭락하였고, 외국자본을 도입하려고 외자도입법 등 각종 법률도 외국기업의 국내투자가 유리해지도록 제·개정되었다. 이와 같이 경영환경이 갑자기 변화하면서 경영자들은 경영권 위기를 감지하기 시작하였고, 점차 자사주매입을 경영권 방어 목적으로 활용하기 시작한 것으로 보인다. 제도 도입 이후 지금까지 자사주매입 건수와 금액은 꾸준히 증가하는 추세를 보이고 있다. 또 처음에는 상장사만 가능하였으나 지금은 비상장사도 자사주매입이 가능해졌다.

<연습문제>

(1) 다음 중 올바르지 않은 것은? (   )

  1. 배당률(%) = $\dfrac{1주당\ 배당금}{액면가} \times 100$

  2. 주당배당(원) = $\dfrac{1주당\ 배당금}{총발행주식수}$

  3. 배당수익률(%) = $\dfrac{1주당\ 배당금}{주가} \times 100$

  4. 배당성향(%) = $\dfrac{총배당액}{세후순이익} \times 100 = \dfrac{주당배당}{주당순이익} \times 100$

(2) 1주당 배당금을 주가로 나눈 후 100을 곱하여 산출하는 것은? (   )
  1. 배당률   2. 유보율   3. 배당수익률   4. 배당성향

(3) 현금배당에 대한 설명 중 올바르지 않은 것은? (   )
  1. 배당은 보통 현금배당을 의미하며, 영업연도를 기준으로 실시된다.
  2. 현금배당은 지급방식에 따라 정규현금배당, 추가현금배당, 특별현금
    배당 등으로 구분될 수 있다.
  3. 정규현금배당은 매년 정기 주주총회의 의결을 거쳐 정기적으로 지급
    되는 배당이다.
  4. 특별현금배당은 기업 실적이 일시적으로 좋을 때 정규현금배당 이외에
    추가로 지급하는 현금배당이다.

(4) 주식회사 KK는 총 100만 주를 한국거래소 시장에 상장하였는데, 현재
    주가는 10,000원이다. 올 연말 현재 이 기업의 주당순이익은 1,000원
    이고, 주당 500원의 현금배당을 주주총회 의결을 거친 후 지급할 예정
    이다. 주식회사 KK의 배당수익률과 배당성향은? (   )
  1. 5%, 50%   2. 10%, 50%   3. 10%, 60%   4. 5%, 60%

풀이 배당수익률과 배당성향은 각각 다음과 같이 구할 수 있다.
  ○ 배당수익률(%)=(1주당 배당금/주가)×100=(500/10,000)×100=5%
  ○ 배당성향(%)=(주당배당/주당순이익)×100=(500/1,000)×100=50%

(5) 배당의 안정성에 대한 설명으로 맞는 것은? (   )
 1. 정규현금배당이 기업의 일시적인 경영성과와 무관하게 일정한 수준
   으로 지급되는 경향
 2. 당기순이익이 증가하면 배당액을 늘리고, 감소하면 배당액도 줄이는 것
 3. 배당을 매년 지급함으로써 투자자들의 경제생활 안정을 돕는 것
 4. 현금배당이 이익의 내부유보보다 기업을 안정적으로 경영하는데 도움이
   된다는 의미

(6) 기업들이 배당의 안정성을 추구하는 이유가 아닌 것은? (   )
 1. 정규적인 배당수입을 원하는 투자자들에게 일정한 배당금을 지급함
   으로써 투자자의 신뢰성을 유지하기 위해서이다.
 2. 투자자들의 위험성향이 대체로 위험회피적이고, 그들은 배당이 증가할
   때보다 배당이 감소할 때 더 민감하게 반응하기 때문이다.
 3. 기업들이 주가를 안정적인 수준으로 관리하기를 원하기 때문이다.
 4. 수년간의 총배당액을 비교해 보면, 기업실적에 따라 들쑥날쑥하는
   배당보다 안정적인 배당이 유리하기 때문이다.

(7) 한국거래소의 2022년 최종거래일이 12월 29일이었다. 그렇다면 배당락일
   은 언제인가? 그리고 주식회사 KK로부터 그해 배당을 받는 주주가 되기
   위해서는 늦어도 언제까지 그 회사의 주식을 매입해야 하는가? (   )
    1. 12월 28일, 12월 27일   2. 12월 27일, 12월 28일
    3. 12월 29일, 12월 27일   4. 12월 27일, 12월 29일

풀이 최종거래일인 12월 29일이 배당기준일이고, 이날까지 최종결제가 이루
   어져야 배당을 받을 권리가 부여되는데, 매입일 포함 결제일까지 3영업일
   이 소요되므로 늦어도 12월 27일까지는 주식을 매입해야 한다. 배당락일

은 배당기준일의 전영업일이므로 12월 28일이 된다.

(8) MM이전의 배당이론에 대한 설명으로 부적절한 것은? (　　)
 1. MM 이전에도 배당이 기업가치에 미치는 영향에 관한 연구와 논쟁이
    진행되어 왔다.
 2. 배당이 기업가치에 영향을 미친다는 주장이 있었으며, 그라함과 도드
    (Graham & Dodd)는 동일한 당기순이익을 달성한 기업이라 하더라도
    배당성향이 더 높은 기업의 주가가 더 높게 형성됨을 실증하였다.
 3. 배당은 기업가치에 영향을 미치지만, 미래의 성장가능성에 따라 그 영향
    이 달라질 수 있다는 주장도 있었는데, 월터(Walter)는 자기자본비용과
    미래 유보이익에 의한 재투자수익률과의 관계에서 적정배당성향이 결정
    된다는 모형을 제시하였다.
 4. 배당은 기업가치와 무관하다는 주장도 있었다.

(9) MM의 배당무관련이론에 대한 설명으로 맞지 않은 것은? (　　)
 1. 세금, 거래비용 등이 없는 자본시장, 즉 완전자본시장과 영업현금흐름
    이 해마다 동일한 무성장영구기업이라면, 배당정책은 기업가치에 영향
    을 미치지 않는다.
 2. 세후순이익은 결국 주주의 몫이므로 재투자를 위해 내부유보를 하든
    주주들에게 배당으로 지급하든 주주의 부, 즉 기업가치에는 영향을
    미치지 않는다는 것이다.
 3. 배당의 고객효과를 통해서는 배당무관련이론을 입증할 수 없다.
 4. 배당을 원하지 않는 주주가 배당을 받았다 할지라도 그 배당금으로
    거래비용 없이 주식을 추가 구매하는 자체배당조정을 통해서도 배당
    정책과 기업가치 간의 무관련성은 입증된다.

(10) ㈜Y제과의 주식은 결산 직전 주당 6만원에 거래되고 있다. 결산 결과
    주당순이익은 3천원이고, 이 중 1,500원을 주주총회를 거쳐 배당금으로
    지급할 예정이다. MM의 배당무관련이론에 따르면 배당을 지급한 이후
    주가는 얼마인가? (　　)

1. 61,500원   2. 60,000원   3. 63,000원   4. 58,500원

풀이 MM의 배당무관련이론에 따르면 배당으로 지급되지 않고 내부유보된 금액만큼 주가가 상승하게 된다. 주당순이익 3천원 중 1,500원은 배당금으로 지급되고, 나머지 1,500원은 내부유보되는 경우이므로 1,500원만큼 주가가 오르게 된다. 따라서 배당 이후 주가는 61,500원이 된다. 주당순이익 3천원 전액을 내부유보하였다면 주가가 63,000원으로 오르고, 전액을 배당으로 지급하였다면 그대로 60,000원이겠지만, 기업가치인 주주의 부는 모두 63,000원으로 동일해진다. 주주 부의 증가분은 배당과 매매차익의 합이기 때문이다. 매매차익만 3천원인 경우와 배당금만 3천원인 경우, 그리고 매매차익 1,500원과 배당금 1,500원을 합쳐 3천원인 경우로 모두 동일하다.

(11) 고배당선호이론의 근거라고 볼 수 없는 것은? (   )
 1. 정보전달효과   2. 대리비용 감소   3. 거래비용 증가   4. 불확실성 제거

(12) 배당의 정보전달효과에 대한 설명 중 적절하지 않은? (   )
 1. 배당을 지급하거나 증가시킬 때 주식의 가격이 상승하는 것은 그 배당에 기업가치에 대한 정보가 담겨 있기 때문이다.
 2. 우량기업은 배당을 더 많이 지급함으로써 미래의 이익 달성에 관한 좋은 전망과 기업의 재무건전성도 투자자들에게 알려줄 수 있고, 그로 인해 주가가 상승하게 되며, 그만큼 주주의 부도 증가하게 된다.
 3. 부진기업은 향후 이익이 감소될 것이므로 배당을 더 늘릴 여력이 없어지게 되고, 심지어 배당을 줄이게 되면, 이를 투자자들은 좋지 않은 정보로 인식함으로써 주가를 하락시킨다.
 4. 배당의 정보전달효과는 미래 성장성에 대한 긍정 정보로 인식되어 기업가치를 상승시키고 경영자의 보수는 감소시키게 된다.

(13) 배당의 대리비용 감소 효과에 대한 설명으로 맞지 않은 것은? (   )
 1. 경영자가 자신의 이익만을 위해 유보이익을 사용하면 주가가 하락할 수 있고, 그로 인해 투자자들의 매매차익은 줄어들 수 있다.

2. 현재의 확실한 소득인 배당금은 가능한 한 높이고, 경영자가 임의로 사용할 수 있는 유보이익은 가능한 한 줄이는 것이 주주에게 유리해진다.

3. 배당을 늘리고 내부유보를 줄이면 경영자는 주주에게 잘 보이려고 더 노력하게 되고, 좋은 실적으로 주가도 오르게 하므로 주주에게 유리하다.

4. 경영자가 주주의 이익을 위해 일을 잘하고 있는지 살피는 감시비용을 줄이기 위해서라도 가급적 배당을 증가시키는 것이 주주에게 유리하다.

(14) 고배당선호이론에 대한 다음 설명은 무엇에 관한 것인가? (　　)
   "내부 유보이익이 주주의 배당이익으로 환원되는 시점은 미래이고, 미래는 불확실한데, 주주들은 미래의 불확실한 배당 또는 불확실한 자본이득보다는 현재의 확실한 소득인 배당을 선호한다."
   1. 대리비용 감소　　　　2. 불확실성의 제거
   3. 정보전달 효과　　　　4. 거래비용 감소

(15) (　　　　)에 들어갈 알맞은 말은? (　　)
   A. (　　　)이 수반되는 주식의 일부 매도보다 배당금으로 필요한 자금을 충당하는 경우 주주에게 더 유리한데, 그것은 배당금에는 (　　)이 없기 때문이다.
   B. 주식의 (　　　)이 높으면 높을수록 정기적인 고배당이 기업가치에 더 긍정적인 영향을 미치게 된다.
   1. 정보전달　　2. 거래비용　　3. 대리비용　　4. 불확실성

(16) 고배당선호이론의 근거가 아닌 것은? (　　　)
   1. 대리비용의 감소　　　2. 불확실성의 제거
   3. 거래비용의 감소　　　4. 자본조달비용의 절감

(17) 저배당선호이론에 대한 설명 중 적절하지 않은 것은? (　　)
   1. 저배당선호이론의 근거는 자본조달비용의 절감, 배당소득세와 자본이득세의 세율 차이 등이다.
   2. 성장성이 높은 기업이라면 소요되는 자금을 순이익의 내부유보를

통해 마련하면 자본조달비용을 절감할 수 있다.

3. 회사채를 발행하거나, 은행으로부터 차입을 하거나, 아니면 신주를 발행하는 경우 발행비용, 세금 등의 거래비용이 수반되므로 배당성향을 낮추고 내부유보를 늘리면 그만큼 자본조달비용이 줄어들어 유리해진다.

4. 배당소득에 부과되는 세율이 매매차익에 부과되는 세율보다 낮다면 가능한 한 배당률을 낮추어야 기업가치를 높일 수 있다.

(18) 배당의 결정요인이라고 보기 어려운 것은? (　　)
 1. 당기순이익의 규모　　　　2. 기업의 유동성
 3. 환율의 변동성　　　　　　4. 부채비율

(19) 내부유보를 줄이고 현금배당을 높여야 하는 경우는? (　　)
 1. 당기순이익이 커진 기업　　　　2. 성장성이 큰 기업
 3. 소규모 기업　　　　　　　　　4. 지배구조에 예민한 기업

(20) 배당의 고객효과에 대한 설명 중 부적절한 것은? (　　)
 1. 투자자들이 각기 자신의 선호와 취향에 맞는 배당성향을 지닌 주식에 투자하는 것을 말한다.
 2. 고소득자라 높은 한계세율을 부담해야 하는 투자자는 낮은 배당성향을 지닌 주식을 선호하고, 낮은 한계세율을 적용받는 투자자는 높은 배당성향을 지닌 주식을 선호하는 경향이 있다.
 3. 배당의 고객효과는 MM의 배당무관련이론, 즉 배당 수준과 기업가치는 관련이 없다는 이론을 뒷받침하는 근거가 될 수 있다.
 4. 배당의 고객효과는 기업이 배당정책을 쉽게 변경할 수 있게 한다.

(21) 현금배당에 대한 설명 중 적절하지 않은 것은? (　　)
 1. 가장 주되고 일반적인 배당 방법인데, 1주당 배당금액이 결정된다.
 2. 현금배당을 나타내는 지표로는 배당률과 배당수익률이 있다.
 3. 현금배당은 비록 현금유출이지만, 이미 발생된 이익의 일부에 불과하므로 기업의 현금흐름에 부정적 영향을 거의 끼치지 않는다.

4. 현금배당을 줄 만큼 기업실적이 좋고 자금 여력도 있음을 자본시장에 보여준다는 점은 경영전략상 긍정적인 부분이 될 수 있다.

(22) 주식배당의 효과에 대한 설명으로 적절하지 않은 것은? (　　)
 1. 주식배당을 받은 주주는 주총 후 1개월이 지나면 신주의 주주가 된다.
 2. 불완전한 자본시장에서 주식배당은 경영자만 갖고 있던 기업내부 정보의 일부를 투자자에게 알리는 효과가 있다.
 3. 주당배당액은 주식배당 후에도 잘 변하지 않으므로 기업이 늘어날 미래의 현금배당액을 감당할 수 있다는 신호로 주식배당이 해석될 수 있다.
 4. 고성장 기업이 재투자 자금을 보유하려고 주식배당을 실시한다면, 고성장 기업임을 알려주는 신호가 되어 주가에 긍정적일 수 있다.

(23) 다음 괄호 안에 들어갈 말은? (　　)
 "기업이 기존에 보유하고 있던 자기주식을 배당하는 경우는 상법상
 (　　　　)에 해당한다."
 1. 현물배당　　2. 주식배당　　3. 현금배당　　4. 무상증자

(24) 주식분할에 대한 설명으로 적절하지 못한 것은? (　　)
 1. 주식분할은 자본의 증가 없이 발행주식의 총수를 늘리고, 이를 주주에게 그 지분에 따라 나누어주는 것으로 주가도 대개 그만큼 낮아진다.
 2. 주가가 너무 오르면 소액투자자들은 매수하기 어렵게 되는데, 주식분할로 주가를 낮추면 거래도 활성화되고 개인 주주도 증가하게 된다.
 3. 주식의 분할은 주주 평등의 원칙에서 주식 전부에 대하여 동일한 비율로 하여야 한다.
 4. 주식분할을 하면 주식 수의 증가로 주주의 지분도 그만큼 증가하게 된다.

(25) 무상증자에 대한 설명으로 맞지 않은 것은? (　　)
 1. 무상증자는 새로 주식을 발행해 기존 주주들에게 무상으로 제공하는 것이다.
 2. 무상증자는 회계상 자본금이 자본잉여금으로 옮겨가는 과정이다.

3. 무상증자는 자사에게 유리한 정보를 시장에 전달하고, 주식 수의 증가로 주주들은 장래 현금배당의 증가를 기대할 수 있다.
4. 무상증자는 요건 충족 시 이사회 결의로 언제든지 실시할 수 있다.

(26) 무상증자와 주식배당과 액면분할의 공통점은? (   )
 1. 발행주식수 증가   2. 이사회 결의로 언제든 가능
 3. 현금유출 수반   4. 주식 액면가 감소

(27) 자시주매입에 관한 설명으로 적절하지 않은 것은? (   )
 1. 완전자본시장을 가정할 경우, 자사주매입으로 줄어든 주식 수만큼, 즉 현금으로 배당되지 않은 금액만큼 주가가 상승하게 된다.
 2. 자사주매입은 주로 주가가 고평가되었을 때 주가안정화를 위해 실시한다.
 3. 배당소득세가 자본이득세보다 높은 상황이라면 주주들에게는 현금배당보다 자사주매입의 효과가 더 크게 된다.
 4. 자사주를 매입할 정도로 보유현금도 부족하지 않음을 시장에 전달하는 효과가 있다.

(28) 자사주매입 동기와 제한에 대한 설명으로 부적절한 것은? (   )
 1. 자사주매입 동기로는 주가안정화와 경영권 방어를 들 수 있다.
 2. 자사주매입은 경영진이 회사 주가가 매우 낮다고 평가한 것이므로, 자사주매입 발표 시 주가가 오르는 경향이 있다.
 3. 기업은 경영권에 관심을 가진 적대적인 대주주로부터 주식을 재매입(green mail)함으로써 경영권을 보호할 수 있다.
 4. 자사주매입의 법적 한도나 제한은 없다.

정답 : (1~15) 2, 3, 4, 1, 1 / 4, 1, 4, 3, 1 // 3, 4, 3, 2, 2 /
        (16~28) 4, 4, 3, 1, 4 // 3, 1, 1, 4, 2 / 1, 2, 4

제 12 장

국제재무관리

<제 1 절> 외환시장과 국제금융시장

　오늘날 금융환경의 주요한 변화 중 하나는 글로벌화라고 할 수 있다. 1944년 7월부터 출범한 브레튼우즈(Bretton Woods) 체제하에서는 각국 통화와 미국 달러화와의 교환비율이 정해져 있는 고정환율제도를 채택하고 있었다. 그에 따라 각국은 자유로운 통화정책을 펼칠 수 없었다. 각국의 경제 환경과 입장이 다르고 국제거래의 규모도 나라끼리 달라 고정환율제도를 계속 고집할 수 없었기 때문에, 알고 보면 브레튼우즈 체제는 처음부터 붕괴될 수밖에 없는 성격을 지닌 채 출범했다고 볼 수 있다.

　결국, 변동환율제도를 채택하게 되었고, 각 나라들도 자국 중심의 통화정책을 실시하게 되면서 환율의 변동성이 커지게 되었다. 뿐만 아니라, 미국이 1980년대부터 금리중심의 통화정책에서 통화량중심의 정책으로 전환하자 이자율의 변동성도 과거에 비해 커지게 된다. 변동성의 증대는 위험의 증가를 뜻하고, <하이 리스크 하이 리턴>이라는 말이 의미하듯이 큰 변동성을 이용하여 높은 투자수익을 얻으려는 투자자들이 국경을 넘나드는 투자전략을 펼치면서 금융시장의 글로벌화를 가속화시키게 되었다.

　이러한 글로벌화 추세에 따라 각국은 글로벌 경제환경에 적응하기 위하여 각종 규제를 완화하거나 철폐하고 금융자율화를 장려하는 방향으로 금융정책을 펼쳤으며, 자국 내 투자유치를 위해 국제자본가들에게 세제 혜택 등 각종 프리미엄을 제공하기도 하였는데, 그 결과 세계 금융시장은 급속도로 통합화(global integration)되어 서로 긴밀하게 영향을 주고받게 되었다. 또한, 기업들도 자국 내에서만 자금을 조달하거나 투자하지 않고 자본조달비용이 낮고 투자수익률이 높은 곳이면 어느 나라든지 진출하여 새로운 사업을 전개하게 되었다.

　특히나 정보통신기술의 발달, 그중에서도 빅데이터, 인공 지능(AI), 클라우드 컴퓨팅 등 지능정보기술의 등장이 새로운 산업 동력으로 작용하면서 각 산업뿐만 아니라 금융분야에서도 혁신을 일으키게 되었다. 금융거래의 시·공간적 범주에 제한이 없어졌고, 금융거래의 속도가 놀라울 정도로 빨라졌으며, 국제금융시장의 투자정보 획득도 훨씬 쉬워졌으며, 선택 가능한 금융상품의 폭은 증가하였으나 거래비용은 오히려 감소하게 되었다.

끝으로, 간접금융시장인 은행 경영의 건전성 확보를 위해 당국의 규제가 강화됨에 따라 은행의 기업대출도 까다로워지자 자연스럽게 기업들은 직접 증권을 발행해 필요한 자금을 국내외 투자자들로부터 조달하는 방법을 선호하게 되었는데, 이 또한 금융시장의 글로벌화에 기여했다고 볼 수 있다.

하지만 금융시장이 글로벌화되어 국제금융시장이라는 하나의 큰 틀 안에서 각국 금융시장이 연결되어 움직인다고 할지라도 국경을 넘나드는 거래는 반드시 외환시장을 거치게 된다. 더 나아가 외환시장도 외환차익이라는 투자수익을 안겨주기 때문에 국제금융시장의 일부로 여겨지기도 한다. 특별히 외환시장을 지급수단으로서의 기능이 강조되는 국제금융시장으로, 국제유가증권시장과 국제은행시장을 신용공여 기능이 강조되는 국제금융시장으로, 그리고 파생상품시장을 위험관리 기능이 강조되는 국제금융시장으로 구분하기도 한다. 또 국제유가증권시장은 국제단기금융시장과 국제장기금융시장으로 세분화된다. 하지만, 이하에서는 초보자를 위한 재무관리라는 집필의 목적상 외환시장과 국제장·단기금융시장에 대해서만 좀 더 구체적으로 살펴보기로 한다.

(그림 13-1) 국제금융시장

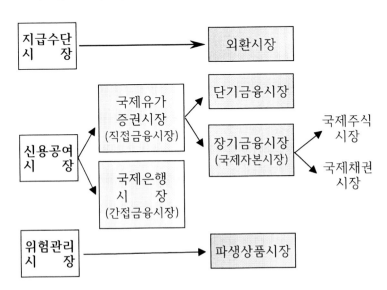

1. 외환시장

외환시장(foreign exchange market)은 한 국가의 화폐가 다른 국가의 화폐로 교환되는 시장, 즉 외환의 수요와 공급이 연결되는 장소를 말한다. 화폐의 교환 그 자체만으로는 외환시장을 금융시장이라고 할 수는 없지만, 국제금융시장의 거래는 필연적으로 국가 간 화폐의 교환을 수반하고 또 그 과정에서 환차익이 발생하기 때문에 외환시장은 광의의 국제금융시장에 포함되는 것으로 많은 사람들이 인식하고 있다.

외환시장은 세계 각국의 은행이나 외환 브로커들이 전화, 컴퓨터 등의 통신망을 이용해 세계 곳곳에서 거래를 하는 장외시장(over-the-counter market)이다. 개인, 기업 등 실수요자보다 세계 각국의 금융기관 간의 거래비중이 높고, 개인이나 기업은 이들 금융기관을 통하여 외화를 사거나 팔게 된다. 외환시장은 거래 단위당 규모가 큰 도매시장이고, 하루 종일 거래가 멈추지 않는 시장이며, 고도의 통신망에 의해 각국 은행이 연결됨으로써 전 세계의 외환시장이 하나로 통합되어 있다.

(1) 환율

환율(exchange rate)이란 '두 나라 사이의 화폐 교환 비율'이다. 따라서 우리나라 입장에서 보면, 환율은 '외화 1단위와 교환되는 원화의 양'이 된다. 다시 말해, '외화 1단위를 매입할 때 지급하게 되는 원화의 가격'을 의미하게 된다.

환율은 일반적으로 미국 달러를 기준으로 결정된다. 즉, 1달러를 매입하는 데 필요한 가격이 외국 화폐의 단위로 표시된다. 예를 들면, 'W1,100/$'는 1달러를 매입하는 데 원화 1,100원이 필요하다는 의미가 된다. '¥132/$'와 '€0.92/$'는 각각 1달러를 매입하는 데, 일본의 엔화는 132엔이 필요하고 EU의 유로화는 0.92유로가 필요함을 뜻한다. 이와 같은 환율 표시 방법을 직접표시(direct quotation)환율이라고 한다. 반대로 자국통화를 기준으로 타국통화의 가치를 표시하는 간접표시(indirect quotation)환

율이 있는데, '0.00087$/₩'와 같은 방법이다. 우리나라는 직접표시환율을
사용하기 때문에 '₩1,100/$'의 환율이 '₩1,000/$'의 환율로 변화하면, '환
율이 하락하였다'고 하는데, 이는 원화의 가치가 달러에 비해 상승되었음을
뜻한다. 또, 일반적으로 딜러가 매수하는 환율(고객이 현찰로 팔 때의 환율)
이 매도하는 환율(고객이 현찰로 살 때의 환율)보다 낮으며, 그 둘의 차이
를 스프레드(spread)라고 하는데, 이는 딜러의 수익에 해당된다.

각 은행에서는 거의 실시간으로 원화 대 외화의 환율을 고시하는데, 아
래 (표 13-1)은 2023년 5월 12일 20시 기준 원화와 다른 나라 통화 간의
환율고시표이다.

(표 13-1) 외국환율고시표

통화명	현찰 살 때	현찰 팔 때	송금 보낼 때	송금 받을 때	매매기준율	미화 환산율
미국 USD	1,358.87	1,312.13	1,348.50	1,322.50	1,335.50	1.0000
일본 JPY100	1,008.92	974.22	1,001.28	981.86	991.57	0.7425
유로 EUR	1,485.61	1,427.65	1,471.19	1,442.07	1,456.63	1.0907
영국 GBP	1,707.43	1,641.47	1,691.19	1,657.71	1,674.45	1.2538
스위스 CHF	1,524.29	1,465.41	1,509.79	1,479.91	1,494.85	1.1193
캐나다 CAD	1,009.42	970.42	999.81	980.03	989.92	0.7412
호주 AUD	910.77	875.59	902.11	884.25	893.18	0.6688
뉴질랜드 NZD	849.08	816.28	841.00	824.36	832.68	0.6235
홍콩 HKD	173.66	166.96	172.01	168.61	170.31	0.1275
싱가포르 SGD	1,021.08	981.24	1,011.17	991.15	1,001.16	0.7497
중국 CNY	201.45	182.27	193.77	189.95	191.86	0.1437

자료: 하나은행, 2023년 5월 12일 20시 기준

매매기준율은 한국은행이 전날 은행들 간의 외환거래에서 적용된 환율을
평균하여 발표하는 환율로, 각 은행들이 현찰매도율과 현찰매입률을 결정
할 때 기준으로 이용된다. '현찰 살 때'의 환율은 은행에서 일반 수요자에
게 외화를 파는 가격(일반 수요자가 은행에서 외화를 사는 가격)이며, '현
찰 팔 때'의 환율은 은행이 외화 소유자로부터 외화를 사는 가격(외화 소
유자가 은행에 외화를 파는 가격)이다. 현찰 매입·매도환율은 은행이 현찰
조달비용 등을 고려하여 자율적으로 결정하므로 은행 간 차이가 있다. 미
화 환산율은 각국 통화 한 단위가 얼마의 달러로 환산되느냐를 나타낸 것
으로, 예를 들어 셋째 줄의 1.0907은 1유로가 1.0907$임을 표시한다.

(2) 외환거래의 종류

외환거래는 현물환거래(spot exchange transaction), 선물환거래(forward exchange transaction), 통화선물거래, 통화옵션 등으로 구분할 수 있다.

현물환거래는 계약과 동시에 거래가 이루어지지만, 결제는 자금 이체 소요시간 및 거래통화 지역 간 시차 등으로 인하여 2영업일 이내에 이루어진다. 이때의 환율을 현물환율(spot exchange rate)이라고 하는데, 우리가 흔히 환율이라고 말하는 것이다. 오늘날 은행에서는 원화 대 외화의 현물환율을 전광판을 이용해 거의 실시간으로 보여준다.

선물환거래는 미리 정한 미래 특정시점의 외환거래를 현재시점에 특정환율로 계약을 체결한 뒤 만기일(미래 특정시점)에 결제를 진행하는 거래를 말한다. 이때의 환율을 선도환율(forward exchange rate) 또는 선물환율이라고 한다.

오늘날 현물환거래는 세계적으로 서로 연결되어 있으며, 정보통신기술의 발달로 저렴한 비용으로 필요한 정보가 교환되기 때문에 각국 간의 환율은 서로 밀접한 관계를 맺고 있다. 예를 들어 위 (표 13-1)에서 매매기준율을 보면 미국 달러화에 대한 우리나라 원화의 환율은 1:1,335.50이며, 유로화에 대한 원화의 환율이 1:1,456.63이므로 미국 달러화에 대한 유료화의 환율은 1:1,335.50/1,456.63이다. 즉, 1달러는 0.92유로(1유로화는 1.09달러)에 교환되어야 한다.

만일, 달러화와 유로화 사이에 이와 같은 균형환율로 거래가 이루어지지 않고, 1달러가 1.03유로에 거래된다고 하면 어떻게 될까? 우리나라 원화를 미국 달러화로 교환하여 이것으로 다시 유로화를 구입하고, 이 유로화를 원화로 바꿀 경우 차익을 얻을 수 있다. 이러한 거래를 외환차익거래(exchange arbitrage transaction)라고 한다. 현물환율들 사이에 불균형 상태가 발생하면 이와 같은 차익거래가 이루어지지만, 궁극적으로는 차익거래의 기회가 없도록 외화의 수요와 공급에 변화가 생기고 수요곡선과 공급곡선도 움직여서 외환시장이 균형환율을 이루게 된다.

현물환거래와 더불어 외화에 대한 선물환거래가 이루어지고 있는데, 선물환거래는 미래의 일정한 시점에서 일정한 환율로 일정한 금액을 서로 교환하겠다는 쌍방의 합의이다. 그러므로 실질적인 외환거래 자체는 1개월 또는 그 이후에 이루어지지만, 가격 즉 선물환율(또는 선도환율)은 현 시점에서 쌍방의 합의에 의하여 결정되는 것이다.

선도환율(또는 선물환율)은 미래의 환율변동에 대한 시장의 기대를 반영하고 있다. 앞으로 유로화의 가치가 달러화의 가치에 대해 상대적으로 상승하리라고 예상되는 경우에는 유로화의 선도환율이 현물환율보다 더 낮아지고, 유로화의 가치가 달러화의 가치에 대해 상대적으로 하락하리라고 예상되는 경우에는 선도환율이 현물환율보다 더 높아진다. 이때 가치가 상승할 것이 예상되는 통화를 강세통화(strong currency), 가치가 하락할 것이 예상되는 통화를 약세통화(weak currency)라고 부른다. 만일, 유로화의 선도환율이 현물환율보다 커서 약세통화라면, 유로화는 달러화에 대하여 할인(discount)되어 거래된다고 말한다. 반대로 강세통화인 달러화는 선물환거래에서 약세통화인 유로화에 대하여 할증(premium)되어 거래된다고 표현한다.

미래의 일정시점에 외환거래가 이루어진다는 점은 선물환거래와 같지만, 당사자들의 합의만 있으면 교환금액, 시기, 장소 등을 임의대로 정할 수 있는 선물환거래와는 달리 거래소라는 조직화된 시장에서 미리 표준화된 형태로 교환금액, 시기 등이 정해져 있는 통화선물거래(foreign currency futures transaction)라는 것이 있다. 통화선물은 시카고 상업거래소의 국제금융시장에서 주로 거래되며, 미국 달러화, 유로화, 캐나다 달러화, 영국 파운드화 등과 같이 세계 주요 통화만 거래 종목에 포함되어 있다.

통화옵션(foreign currency option)은 특정 외화를 미래의 일정시점에 미리 정해진 환율로 살 수 있는 권리(콜옵션; call option)와 팔 수 있는 권리(풋옵션; put option)를 말한다. 통화선물과 같이 거래소에서 표준화된 형태로 거래되지만, 성립된 계약을 반드시 실행하여야 하는 통화선물과는 달리 통화옵션은 권리이기 때문에 자신에게 유리할 때에만 옵션을 행사하게 된다.

한편, 양 당사자가 특정기간 동안 필요한 통화를 서로 교환하여 사용하는 외환스왑(foreign exchange swap)이 있다. 이는 거래 방향이 서로 반대되는 현물환거래와 선물환거래 또는 선물환거래와 현물환거래를 동시에 체결하는 경우이다. 현물환거래에서는 내가 보유한 통화를 담보로 제공하고 그 대신 내가 필요한 통화를 빌려서 사용한 후, 일정 기간이 지난 선물환거래 결제일에는 빌렸던 통화를 갚고, 담보로 제공했던 통화를 찾아오는 방식이다. 스왑기간 중 이자의 지급은 없으나 계약시 통화 간 이자율 차이가 반영되어 선물환율이 산정된다.

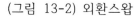

(그림 13-2) 외환스왑

2. 국제단기금융시장

국제단기금융시장(international short-term money market)은 만기 1년 미만의 금융상품이 국가 간에 거래되는 시장으로 유로커런시시장(Euro currency market: 유로통화시장)과 주요국의 단기금융시장으로 구분된다.

유로커런시란 어떤 나라의 통화가 그 나라(표시통화국) 밖에서 은행의 정기예금이나 대출의 형태로 거래되는 자금을 말한다. 미국의 달러가 유럽의 은행에 정기예금으로 예치되었다면 유로달러가 되고, 일본의 엔화가 미국의 은행에 정기예금으로 예치된다면 유로엔이 된다. 유로커런시의 경우 신용공여가 표시통화국 이외에서 발생하기 때문에 표시통화국의 규제를 피할 수 있는데, 이 점은 유로커런시시장의 급성장 이유 중 하나라고 할 수 있다. 다시 말해, 유로달러는 미국의 규제를 받지 않고 자유로운 신용공여 및 투자가 가능하며 지역적 이동 또한 자유롭다. 유로커런시의 금융업무를 수행하는 은행을 유로은행(Euro bank)이라고 하는데, 주로 세계 각국의 대형은행들이 이에 해당된다.

주요국의 단기금융시장에서 발생하는 국제단기금융거래는 무역금융거래, 양국 간 금리차를 이용한 차익거래, 현물 및 선물 환율의 변동에 따른 환투기 및 헤징을 위한 단기거래 등이라고 할 수 있다. 단기금융시장은 자금의 수급불균형 조정, 유휴현금(idle cash) 보유에 따른 기회비용 최소화, 금융자산의 위험관리 기회 제공 등의 기능을 수행하며, 각국 중앙은행의 통화정책을 수행하는 곳이기도 하다.

3. 국제장기금융시장

국제장기금융시장(international long-term money market)은 흔히 국제자본시장(international capital market)이라고 불리는데, 만기가 1년 이상인 장기자금의 조달이 이루어지는 시장으로 국제주식시장, 국제채권시장, 국제통화스왑시장으로 구분된다.

기업이 자기자본을 조달할 때 미국, 중국, 일본, 영국 등 규모가 큰 주식시장을 활용하게 되는데, 이와 같이 국경을 넘어 주식을 사고 팔 수 있도록 개방된 주식시장을 총칭하여 국제주식시장이라고 한다. 각국의 주식시장이 처음부터 국제적인 거래를 허용하지는 않지만, 규모가 커지고 국제화에 대한 규제나 장애도 점차 제거되면서 국경을 넘어선 매매를 허용하게 되고, 그에 따라 자연스럽게 국제주식시장에 편입되게 된다.

국제채권시장은 기업, 정부기관 등이 해외에서 채권을 발행하여 필요한 장기자본을 조달하거나 발행된 채권이 유통되는 시장을 일컫는데, 유로채시장(Euro-bond market)과 외국채시장(foreign bond market)이 있다. 유로채란 어떤 나라의 차입자가 다른 나라에서 자국통화 표시로 발행하는 채권을 말하고, 그와 달리 다른 나라에서 그 나라 통화 표시로 발행하는 채권은 외국채라고 한다. 예를 들어, 미국의 어떤 차입기업이 일본에서 달러표시 채권을 발행하면 유로채가 되고, 엔화표시 채권을 발행하여 자본을 조달하면 외국채가 된다.

한편, 스왑(swaps)은 파생금융상품의 하나로서 사전적 의미는 '바꾸기', '교환' 등인데, 기초자산에 따라 통화스왑, 이자율스왑 등으로 구분된다.

통화스왑(foreign currency swaps)은 '통화'라는 기초자산을 스왑(교환)하는 계약을 맺고 두 나라 간 통화를 맞교환하는 거래를 말한다. 가장 대표적인 것은 미국의 연방준비제도(FRB)가 각국 중앙은행과 맺고 있는 연방은행 스왑협정이다. 미국과 상대방 국가는 이 협정으로 획득한 외화로 환시장에 개입해 자국의 환시세 안정을 도모한다. 우리나라도 2008년 10월 30일 국제금융위기의 여파로 금융시장이 불안해지자 신흥국으로서는 처음으로 미국과 300억달러 규모의 통화스왑협정을 체결한 바 있다.

국제통화스왑시장에서 거래되는 통화스왑은 특정 통화의 이자 및 원금을 다른 통화의 이자 및 원금과 상호 교환하는 거래를 의미한다. 거래 당사자인 두 기업은 각자 상대적으로 이점이 있는 통화를 차입한 후 차입에 따른 의무를 교환함으로써 차입비용 절감이 가능하다. 예를 들어, (그림 13-3)에서 보듯이 미국에서 달러화를 차입하려고 하는 한국 기업 A와 한국에서 원화를 차입하려고 하는 미국 기업 B가 있다고 가정하자. A 기업은 미국 금융시장에 잘 알려지지 않아 상대적으로 높은 이자율로 차입하여야 하고, B 기업은 한국 금융시장에 잘 알려지지 않아 상대적으로 높은 이자율로 차입하여야 한다. 하지만, A는 상대적으로 유리한 한국 금융시장에서 낮은 비용으로 원화를 조달하고, B는 상대적으로 유리한 미국 금융시장에서 낮은 비용으로 달러화를 조달하여 서로 맞교환하면 A와 B 모두 저리로 필요한 자금을 조달할 수 있다.

(그림 13-3) 통화스왑

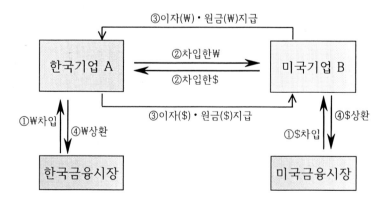

<제 2 절> 환율의 결정과 환위험

1. 환율에 대한 시장균형이론

이론적으로 보면 각 나라의 환율은 그 나라의 인플레이션율(실물시장)과 이자율(금융시장)의 상호작용에 의하여 결정된다. 외환시장, 실물시장, 금융시장 등은 별개의 시장으로 존재하지만, 환율, 인플레이션율, 이자율 등을 매개로 끊임없이 상호작용을 한다. 그 결과 외환시장은 국제적 차익거래를 발생시키기도 하지만 그런 과정을 거치며 균형환율을 이루게 된다. 실제로 어떤 메커니즘을 통해 시장에서 환율이 균형을 이루는지 살펴보도록 하자.

(1) 구매력평가설

구매력평가설(purchasing power parity theory)은 각국 통화의 구매력이 변화할 때 환율이 어떻게 변화하는지를 설명하는 이론으로 스웨덴의 경제학자 칼 구스타프 카셀(Karl Gustav Cassel)이 최초로 주장하였으며, 환율에 대한 시장균형이론으로서 가장 널리 알려져 있다. 구매력평가설에 따르면, 두 나라 통화 간의 현물환율은 두 나라의 실질구매력이 동일한 수준에서 결정된다. 즉 한국의 기대 인플레이션율이 20%, 미국의 기대 인플레이션율이 10%라면, 한국 원화의 구매력은 20%, 미국 달러화의 구매력은 10%가 떨어지게 되므로 한국의 원화는 현물시장에서 미국 달러화에 대하여 10% 가치가 떨어져서 환율이 결정된다는 것이다.

따라서, 구매력평가설 하에서는 기대 인플레이션율의 차이와 현물환율의 기대변동률이 항상 일치하게 된다. 이는 구매력평가설이 일물일가의 법칙에 근거하기 때문이다. 관세, 운반비용 등이 존재하지 않는다면, 어떤 제품의 실질 가격은 어떤 나라에서든 같다는 것이다. 앞에서 예를 든 달러화와 원화의 관계를 식으로 나타내면 다음과 같다.

$$E(S_1) = S_0 \left(\frac{1+i_W}{1+i_\$} \right) \qquad (13\text{-}1)$$

$E(S_1)$: 원화와 달러화 간의 1기 후 현물환율(₩/$)의 기대치
S_0: 원화와 달러화 간의 0시점의 현물환율
i_W: 한국의 기대 인플레이션율
$i_\$$: 미국의 기대 인플레이션율

식 (13-1)은 현물환율에 두 나라의 향후의 인플레이션율의 차이가 반영되어 미래 현물환율의 기대치가 결정됨을 나타낸다.

[예제 1] 원화와 달러화의 현물환율이 ₩1,100/$. 향후 1년간의 한국의 기대 인플레이션율이 15%이고 미국의 기대 인플레이션율은 10%. 이 경우 1년 후의 원화와 달러화의 현물환율의 기대치는?

풀이 두 화폐의 구매력을 같게 만드는 위 식 (13-1)을 이용하면 1년 후 현물환율에 대한 기대치는 다음과 같이 산출할 수 있다.

$$E(S_1) = S_0[(1+i_W)/(1+i_\$)] = 1,100(1.15/1.1) = 1,150원$$

(2) 피셔효과

피셔효과(Fisher effect)는 미국의 경제학자 어빙 피셔(Irving Fisher)가 1920년대에 제안한 개념으로 각 나라의 인플레이션율은 그 나라의 명목이자율에 영향을 미친다는 이론이다. 이를 식으로 나타내면 다음과 같다.

$$R_A = r_A + i_A \qquad (13\text{-}2)$$

R_A : A국의 명목이자율
r_A : A국의 실질이자율
i_A : A국의 인플레이션율

위 식에서 보는 것과 같이 한 나라의 명목이자율은 그 나라의 실질이자율에 인플레이션율을 합한 것과 같다. 예를 들어, 한국과 일본의 실질이자율이 같고 한국의 인플레이션율이 일본의 인플레이션율보다 10% 높을 것으로 예상된다면, 한국의 명목이자율은 일본의 그것보다 10% 높아진다는 것이다. 다시 말해, 국제금융시장이 균형상태가 되면, 세계 어느 나라에서나 실질이자율은 같게 되지만, 명목이자율은 각 나라의 기대 인플레이션율의 차이만큼 달라지게 된다는 것이다. 결국, 피셔효과는 이자율을 결정할 때 인플레이션율을 고려해야 함을 보여준다.

(3) 국제피셔효과

앞에서 차례로 다룬 구매력평가설과 피셔효과를 결합하면 국제피셔효과 (international Fisher effect)가 성립된다. 실질구매력이 같은 두 나라의 인플레이션율의 차이는 환율의 변동에 영향을 미치고, 각 나라의 인플레이션율은 명목이자율의 변화에 영향을 미친다. 따라서 두 나라 사이의 현물환율은 두 나라 사이의 명목이자율의 차이가 조정되어 결정된다는 이론이다. 즉 미국과 한국의 실질이자율이 동일하고 원화의 명목이자율이 미국 달러화의 명목이자율보다 10% 높게 예상되면, 원화가 미국 달러화에 대하여 10% 평가절하된다는 것이다. 국제피셔효과는 다음과 같은 식으로 나타낼 수 있다.

$$E(S_1) = S_0 \left(\frac{1+R_W}{1+R_\$} \right) \qquad (13-3)$$

S_0 : 우리나라의 현재 환율
R_W : 원화의 명목이자율
$R_\$$: 달러화의 명목이자율

결국, 1기 후의 현물환율의 기대치는 현재 환율에 두 나라의 명목이자율의 차이가 반영된 결과가 된다.

[예제 2] 원화와 달러화의 현물환율이 ₩1,100/$이고, 향후 1년간의 한

국의 명목이자율이 10%, 미국의 명목이자율이 5%일 때, 1기 후의 현물환율의 기대치는?

풀이 위 식 (13-3)을 활용해 풀어보면, 1기 후 현물환율의 기대치는 다음과 같이 산출된다.

$$E(S_1) = S_0[(1+R_W)/(1+R_\$)] = 1{,}100(1.1/1.05) = 1{,}152.38원$$

(4) 이자율평가이론

이자율과 선물환율의 관계를 설명하는 이론으로 이자율평가이론(interest rate parity theory)이 있다. 이 이론에 따르면, 두 나라 명목이자율의 상대적 차이는 현물환율에 영향을 미칠 뿐만 아니라 선물환율에도 영향을 미치는데, 명목이자율의 차이만큼 선물환이 할증 또는 할인된다는 것이다. 예를 들어, 표시 통화는 다르지만 리스크와 만기가 같은 두 금융상품이 있을 때, 이 가운데 한 금융상품에 투자한 수익률과 다른 화폐로 표시되는 다른 금융상품에 투자하면서 일정기간의 선물환계약도 병행하는 방법으로 환헷지(Foreign Exchange Hedge)를 하는 경우의 수익률이 같아야 한다는 것이다.

선물환계약은 미래의 환율을 미리 현재 시점에서 확정지어 놓는 계약이므로, 결국 선물환계약을 체결하면 현재 시점에서 미래의 환율을 고정시켜 놓는 것과 같다. 그렇지만 선물환 할증(또는 할인)이 두 나라 간의 명목이자율 차이를 반영하지 못한다면 즉각적으로 차익거래가 발생하고 만다. 예를 들어, 현재 달러화에 대한 원화의 환율이 1,100원이고, 미국과 한국의 명목이자율은 각각 10%, 15%이며, 달러화에 대한 원화의 1년 선물환율이 999원이라고 할 때 ① 10,000달러를 미국에서 투자하는 경우와 ② 10,000달러를 원화로 바꾸어 한국에서 투자함과 동시에 1년 선물환계약을 체결하여 1년 후에 다시 달러화로 바꾸는 경우를 비교해 보자. 우선 미국에서 달러화로 투자하는 경우 1년 후 수익은 다음과 같다.

$$\$10{,}000 \times (1+0.1) = \$11{,}000$$

한편, 한국에서 투자하는 경우 1년 후 수익은 다음과 같다.

$$\$10,000 \times 1,100 \times [(1+0.15)/999] = \$12,663$$

상기 두 투자안 사이의 수익 차이는 1,663달러이다. 이런 경우라면, 투자자가 미국에서 10,000달러를 차입해 이를 한국에 투자하여 12,663달러를 받은 후 차입금 11,000달러를 갚으면 아무런 리스크 부담 없이 1,663달러의 차익거래이익을 거둘 수 있다.

만일, 시장이 효율적이라면 차익거래이익은 발생할 수 없으므로 위 두 투자안의 현금흐름은 같아야 한다. 다시 말해, 미국 달러화로 미국에 투자한 것과 원화로 바꾸어 한국에 투자한 것에 차이가 없어야 한다. 따라서 1년 선물환계약이라면 다음과 같은 관계식이 성립하게 된다.

$$F_0^1 = S_0 \left(\frac{1+R_{\text{₩}}}{1+R_{\$}} \right) \tag{13-4}$$

F_0^1 : 0시점에서 결정된 1년 만기의 선물환율(₩/$)

위 식은 선물환율이 현물환율에 두 나라의 명목이자율의 차이가 조정되어 결정됨을 보여준다.

[예제 3] 현재 달러화에 대한 원화의 환율이 1,100원이고, 미국과 한국의 명목이자율이 각각 10%, 15%일 경우, 차익거래의 기회가 없도록 하는 1년 만기의 균형선물환율은?

풀이 위 식 (13-4)를 활용해 구해 보면, 균현선물환율은 다음과 같다.

$$F_0^1 = S_0 \left(\frac{1+R_{\text{₩}}}{1+R_{\$}} \right) = 1,100 \left(\frac{1.15}{1.1} \right) = 1,150원$$

(5) 환율의 기대가설

환율의 기대가설(expectations theory of exchange rates) 또는 선물환평가설(forward exchange parity theory)은 현재의 선물환율은 미래의 현물환율에 대한 현재의 기댓값, 즉 불편추정치(Unbiased Estimator)와 같다는 내용이다. 그래서 불편추정치가설(不偏推定値假設: Unbiased Estimator Hypothesis) 또는 불편선물환율이론(unbiased forward exchange rate theory)이라고도 한다. 또 외환시장의 균형, 즉 효율적 외환시장 가설을 기초로 하기 때문에 효율적 시장가설(efficient market hypothesis)이라고도 불린다. 이처럼 다양한 명칭으로 불리는 이 이론은 외환시장이 효율적이라면 환율결정과 관련된 모든 정보가 완전히 시장에 반영된다고 본다.

예를 들어 설명하여 보자. 현재 달러화에 대한 원화의 3개월 선물환율이 850원이라고 하자. 만약 선물환거래자가 3개월 후의 달러화에 대한 원화의 현물환율이 870원이 될 것이라고 예상한다면, 이 사람은 지금 선물환시장에서 싸게 형성되어 있는 원화를 선물환계약을 통해서 1달러당 850원에 사고 3개월 후 현물시장에서 870원에 판다면 20원의 이익이 생긴다. 따라서, 선물환시장에 참가하고 있는 모든 사람이 3개월 후 현물환율이 870원이 될 것으로 예상한다면 선물환거래에 대한 수요가 증가하여 선물환율이 870원으로 상승하게 될 것이다. 즉 선물환율이 미래 현물환율의 기대감과 같을 때 선물환시장은 균형상태에 놓이게 된다. 이것을 식으로 나타내면 다음과 같다.

$$F_0^t = E(S_t) \qquad\qquad (13\text{-}5)$$

F_0^t : 0시점에서 결정한 t시점의 선물환율
$E(S_t)$: t시점의 기대현물환율

위 식은 국제피셔효과와 이자율평가이론을 종합한 결과와도 같다.

지금까지 살펴본 다섯 가지 환율에 대한 시장균형이론을 하나의 그림으로 정리해 보면, 각각의 관계를 더욱 분명하게 이해할 수 있다.

(그림 13-4) 금융시장의 균형

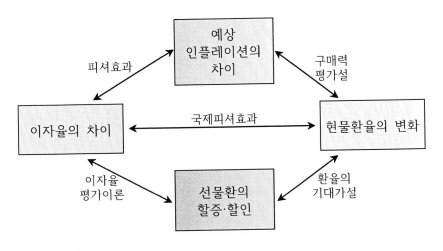

2. 환위험

(1) 환위험의 의의와 종류

환위험이란 환율의 변동으로 인하여 기업이 직면하게 되는 손실의 가능성을 말한다. 외화로 표시된 자산이나 부채, 그리고 손익거래에서 발생하는 현금흐름의 자국통화가치는 환율에 따라 변화하게 된다. 각 나라의 환율이 고정되어 있다면 외화를 이용한 거래에서 환위험은 발생하지 않는다. 하지만, 다른 통화에 대한 환율은 거의 매일 변동하므로, 국제기업활동에서 환위험을 피하기는 어렵다

환위험에 노출된 정도를 환노출(foreign exchange exposure)이라고 하는데, 쉽게 표현하면 환위험을 계량화한 것이라고 할 수 있다. 환노출은 크게 3 가지로 구분할 수 있는데, 곧 환위험의 종류라고도 할 수 있다.

첫째는 환산 환노출(translation exposure)인데, 이미 거래가 완료되어 재무제표상에 숫자로 기록된 외화 표시 자산, 부채, 자본, 수익, 비용 등의 재무제표 항목을 자국통화로 환산할 때 발생하는 환위험으로 회계적 환노출(accounting exposure)이라고도 한다.

예를 들어, 달러화에 대한 원화의 환율이 1,100원일 때 미국에서 영업활동을 하는 한국기업 ㈜K사의 미국 자회사 ㈜T가 미국의 ㈜M사에 자동차 부품 $10,000를 매출하고, 현금으로 $10,000를 받으면서 재무상태표상에 현금 $10,000를 기록하였다고 하자. 그렇지만 기말에 환율이 1,000₩/$로 변화하였다면, 결산을 위해 한국 본사에서 미국 자회사 ㈜T의 재무제표를 원화로 환산 재기입할 때는 ₩10,000,000으로 기입하여야 한다. 결국 ㈜T는 재무제표 재기입시 ₩1,000,000(=$10,000×1,100-$10,000×1,000)의 영업손실을 초래하는 환위험에 노출된 것이다.

둘째는 거래적 환노출(transaction exposure)인데, 일반적으로 외화로 표시되는 무역거래나 금융거래에서 계약의 체결시점 환율과 결제시점 환율이 다르기 때문에 발생한다.

예를 들어, 3개월 후에 미국에 TV 100대를 $1,000,000에 수출하기로 계약을 맺은 우리나라의 ㈜K전자가 그 대금을 지금 받지 않고 3개월 후에 받는 경우를 가정해 볼 수 있다. 현재 원화와 달러화 간의 환율이 1,100₩/$이고, TV의 생산원가는 10억원인데, 만일 ㈜K전자가 수출대금을 현재 시점에서 받는다면 1억원(=$1,000,000×1,100-10억)의 이익을 남길 수 있다. 하지만 ㈜K전자는 3개월 후에 수출대금 $1,000,000를 받기로 하였으므로, 이 대금의 원화가치는 3개월 후의 현물환율에 따라 달라지게 된다. 환율이 1,000₩/$를 넘어야 원화로 환산해도 이익이 생기지만, 1,000₩/$에 못미치면 손실이 발생하게 된다. 만일, 3개월 후 환율이 900₩/$로 하락하였다면, 이 회사는 환율 변화로 인하여 1억원(=$1,000,000×900-10억)의 손실을 보게 된다. 이와 같이 환율의 변화에 따라 ㈜K전자가 수출대금으로 받는 대금의 가치가 변하게 되는 환위험에 노출된다.

(그림 13-5) 거래적 환노출

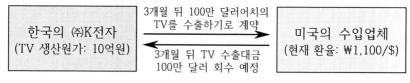

- 3개월 뒤 환율이 900원이 될 경우 -> 수취금액: 9억원
- 3개월 뒤 환율이 1,200원이 될 경우 -> 수취금액: 12억원

마지막으로, 경제적 환노출(economic exposure)이라는 것이 있는데, 이는 기대하지 못한 환율의 변동으로 인하여 발생하는 기업의 거래활동 자체와 관련된 환노출이다. 환산 환노출과 거래적 환노출은 이미 이루어진 영업활동과 관련된 환노출이지만, 경제적 환노출은 환율변동이 미래의 매출액, 수요, 가격 등에 영향을 미쳐 현금흐름에 예기치 않은 변화가 초래되는 경우로서 간접적으로 추정되는 손실이기 때문에 뚜렷하게 숫자로 표시하기도 곤란하다.

예를 들어, 어떤 상품을 미국의 수입업체에 팔고 있는 한국 기업은 환율이 1,000₩/$일 때보다 900₩/$일 때 원화절상이라는 경제적 변수로 인해 매출량 감소, $표시 가격의 상승, 판매비용의 증가 등 미래영업활동에 변화가 생기게 되는데, 환율의 변동으로 말미암아 이와 같이 불리한 영업환경이 조성되고 그로 인해 영업실적이 하락하는 결과로 이어질 수 있는 환위험을 경제적 환노출이라고 한다.

(2) 환위험의 헤징

글로벌 환경에서 경영활동을 하는 기업들은 더욱 복잡해지고 불확실성도 증가한 여러 가지 리스크에 노출되게 되는데, 환위험도 그중 하나이다. 환율 변동의 영향은 국제적인 거래를 하는 기업뿐만 아니라 국내에서만 거래하는 기업에게도 간접적으로 영향을 미치는 상황이 되었다. 예를 들어, 수출기업이나 수입기업은 수출입 시점의 환율과 결제 시점의 환율에 차이가 생길 경우 현금흐름에 변동이 생기게 된다. 또한, 국내에서만 경영활동을 하는 기업도 유류비 인상이나 다른 원자재 가격의 상승으로 결국 원가상승의 부담을 떠안게 되고, 그에 따라 판매하는 제품의 가격도 연쇄적으로 상승하게 되면, 매출감소 등의 리스크를 부담하게 된다.

환율변동이 심해지고 환위험이 커지게 되면, 결국 기업들은 이러한 환위험을 헤징하려고 노력하게 된다. 환위험의 헤징이란 환율변동에 따른 기업 현금흐름의 변동가능성을 없애는 것을 말한다. 앞의 ㈜K전자의 예를 들어 설명해 보자. ㈜K전자가 환율변동으로 인한 미래 현금흐름의 불확실성을 제거할 수 있는 방법에는 다음과 같은 것들이 있다.

첫 번째는 선물환시장을 이용하는 방법이다. 원화에 대한 3개월 만기 선물환율이 1,100원일 경우, ㈜K전자는 수출계약과 동시에 선물환시장에서 달러화 100만 달러를 1달러당 선물환율 1,100원에 파는 선물환계약을 한다. 3개월 후 ㈜K전자가 미국의 기업으로부터 100만 달러를 받으면 선물환거래에 따라 100만 달러를 1달러당 1,100원에 팔 수 있으므로 11억원을 받게 된다. 선물환율은 현재 시점에서 이미 결정되어 있으므로 ㈜K전자가 3개월 후에 받게 될 금액은 미래의 현물환율 변동과 상관없이 항상 11억원으로 정해진다. 따라서 ㈜K전자는 현재 시점에서 이 수출계약으로부터 1억원의 순이익이 발생된다는 사실을 알고 거래를 할 수 있다.

(그림 13-6) 선물환시장을 이용한 환위험의 헤징

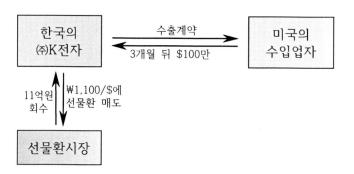

두 번째는 외환시장을 이용하는 방법이다. 다시 말해, 수출계약과 동시에 외환시장에서 3개월 후에 받게 되는 수출대금 100만 달러의 현재가치분(=100만 달러를 달러화 이자율로 3개월간 할인한 금액)을 달러화로 빌린 후 이를 현물환율 ₩1,100/$에 원화로 바꾸어 국내은행에 3개월간 예치하는 방법이다. ㈜K전자는 3개월 후 미국 무역업자로부터 받는 100만 달러로 달러화 차입액의 원리금 100만 달러를 상환하면 된다. 원화예금에 대한 이자율과 달러화 차입에 대한 이자율은 이미 결정되어 있으므로 이자율에 대한 불확실성은 없다. 따라서 ㈜K전자는 3개월 후에 원화예금에 대한 원리금을 확실하게 확보할 수 있다.

예를 들어, 달러화의 연이자율이 10%이고, 원화의 연이자율은 15%라고

하면, ㈜K전자는 현재 시점에서 976,454달러[=100만/(1+0.1)$^{1/4}$]를 차입한 뒤 현재 환율 ₩1,100/$에 원화로 바꾸면 10억7,410만원(=976,454×1,100)이 되는데, 이 금액을 연이자율 15%로 3개월간 예금할 수 있다. 3개월 후에 갚아야 할 달러 차입액은 정확히 100만 달러[=$976,454×(1+0.1)$^{1/4}$]이므로 수출대금 회수액으로 갚을 수 있다. 결국, ㈜K전자는 환율변동과 관계없이 원화예금의 원리금 11억1,229만원[=10억7,410만원×(1+0.15)$^{1/4}$]을 얻을 수 있다.

(그림 13-7) 외환시장을 이용한 환위험의 헤징

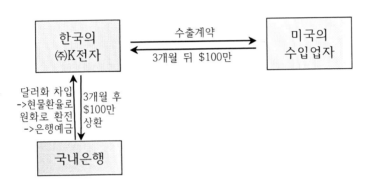

세 번째는 통화옵션시장을 이용하는 방법이다. 통화옵션 역시 계약은 현재 시점에 이루어지나 그 이행은 미래 시점에 이루어지는 파생상품이다. 외화채무의 환위험 헤징을 위해서는 외환에 대한 콜옵션(살 권리)을 매입하고, 외화채권의 환위험 헤징을 위해서는 외환에 대한 풋옵션(팔 권리)을 매입하는 방법이다. 선물환계약은 반드시 계약을 이행해야 하는 의무이지만, 옵션은 권리이기 때문에 유리할 때만 사용해도 된다.

네 번째는 자금이전시기를 조절하는 방법이다. 수출기업은 환율이 유리한 시점에 외화를 자국 화폐로 환전함으로써 환위험을 줄일 수 있고, 수입기업은 필요 자금을 해외에서 직접 조달하여 사용하고 나중에 환율이 유리해진 시점에 차입 자금을 상환함으로써 환위험을 줄일 수 있다. 단순히 외화의 지급 시기를 인위적인 노력으로 앞당기거나(리딩: leading) 인위적인 노력으로 지연시키는(래깅: lagging) 방법도 있으나, 이런 방법에는 한계가 있으므로 환전시기를 조절하거나 필요한 자금을 해외에서 직접 조달하는 방법이 더 선호되고 있다.

　이상과 같은 여러 가지 방법들을 유용하게 활용하면 외환거래에서 환위험에 노출되는 것을 피하거나 줄일 수 있다.

<제 3 절> 국제자본예산

1. 국제자본예산의 개념

　자본예산이란 투자수익이 최소 1년 이상 장기적으로 실현될 투자안에 대한 투자의사결정과 관련된 일련의 계획수립 과정, 다시 말해, 한정된 기업자원의 제약, 기대수익과 비용, 리스크 등을 종합적으로 고려하여 기업가치를 최대화하는 방향으로 투자안을 평가하고 선택하는 과정이라고 할 수 있다. 이에 더하여 환위험, 정치적 위험, 타국의 인플레이션 위험 등의 해외투자위험과 국내 모회사와 해외 자회사 간의 현금흐름, 보조금 및 세제상의 혜택 등 좀 더 복잡하고 많은 요인들을 고려해야 하는 것이 국제자본예산이다. 따라서 국제자본예산은 주로 여러 나라에서 경영활동을 하는 다국적기업의 의사결정과정의 하나라고 할 수 있다.

　다국적기업의 투자안 평가 역시 국내에서의 투자의사결정과 동일하게 투자안의 순현재가치(NPV)가 0보다 크면 그 투자안을 채택하고 0보다 작으면 기각한다.

　하지만, 해외투자결정에는 여러 가지 국제적 요인에 대한 세심한 고려가 수반되어야 한다. 그중에서도 환율변동에 따른 환위험은 반드시 고려해야 한다. 왜냐하면, 해외투자의 경우 현금흐름을 자국의 통화로 환산하여 투자의 수익성을 판단해야 하기 때문이다. 또 경영활동이 경제적·정치적·사회적·문화적 특성이 다른 타국에서 실행되므로 그 나라의 국가위험(country risk)도 잊지 말아야 한다. 해외투자보험 같은 것에 가입한다든지 하여 투자상대국의 수용, 전쟁 등의 비상위험에 미리 대비할 수 있는지도 살펴보아야 한다. 결국, 국제자본예산에서는 국내 본사로 회수가능한 실제의 현금흐름을 추정하고, 해외투자안의 위험을 적절히 반영한 할인율을 사용해 투자안을 평가하여야 한다.

환위험과 국가위험 같은 추가적인 위험요소로 인해 해외투자에 대한 자본비용은 자국투자에 대한 자본비용보다 높을 수 있지만, 한편으로는 투자대상이 해외로까지 확대되는 효과, 즉 국제분산투자효과로 인해 해외투자안의 자본비용 증가가 어느 정도 상쇄되기도 한다.

2. 해외투자안의 평가

해외투자안을 평가하는 절차는 국내투자안의 평가절차와 같으나, 다만, 환위험, 국가위험 등을 추가로 고려해야 한다. 해외투자안을 평가하는 절차는 다음과 같다.

(1) 해외투자안의 현금흐름을 그 나라 통화로 측정한다.
(2) 타국 통화를 원화로 환산한다. 이때 사용되는 예상환율은 국제피셔효과로 구할 수 있고, 선물환율은 이자율평가이론으로 구할 수 있다.
(3) 환위험, 국가위험 등이 반영된 국내의 적정 자본비용으로 할인하여 해외투자안의 순현재가치(NPV)를 산출한다.

위 절차를 구체적인 사례로 설명해 보자. 전기자동차 수출기업 ㈜K자동차는 미국에 전기자동차용 배터리 생산공장을 세우려고 한다. 이 일에 소요되는 예상 자금은 총 2,300만 달러이고, 향후 4년간 매년 700만 달러의 순현금흐름이 있을 것으로 예상된다. ㈜K자동차의 미국 투자에 대한 할인율은 환위험과 분산투자효과 등을 고려해 10%로 추정된다. ㈜K자동차는 이 투자안에 대해 순현재가치법으로 경제성을 평가한 후 최종적으로 투자의사결정을 하기로 했다.

㈜K자동차는 다음과 같이, 먼저 해외투자안을 통해 예상되는 모든 현금흐름을 미국의 달러화로 계산한 후, 그것을 미래의 예상현물환율을 이용하

여 원화로 환산하였으며, 마지막으로 적정 할인율로 할인하여 순현재가치(NPV)를 산출하였다.

(표 13-2) ㈜K자동차의 현금흐름

(단위: 백만 달러, 억 원)

항 목	2023	2024	2025	2026	2027
현금흐름(달러)	-23	7	7	7	7
예상현물환율(원/달러)	1110	1142	1174	1196	1219
현금흐름(원)	-255	79.94	82.18	83.72	85.33
적정 할인율(10%)		$\div 1.1$	$\div 1.1^2$	$\div 1.1^3$	$\div 1.1^4$
순현재가치	-255	72.67	67.92	62.90	58.28

(표 13-2)에서 미래의 예상현물환율 계산이 중요한데, 이는 앞에서 설명한 환율에 대한 시장균형이론을 이용해 계산하면 된다.

예를 들어, 예상현물환율을 한국과 미국의 명목이자율 차이를 이용하여 국제피셔효과의 관계식으로부터 계산해 보면 다음과 같이 산출된다. 아래 식은 국제피셔효과를 나타내는 관계식이다.

$$E(S_1) = S_0 \left(\frac{1+R_\text{₩}}{1+R_\$} \right)$$

(표 13-3) 예상현금흐름

항 목	2023	2024	2025	2026	2027
한국의 명목이자율(%)		8	9	7	6
미국의 명목이자율(%)		5	6	5	4
예상현물환율(원/달러)	1110	1142	1174	1196	1219

(표 13-3)의 예상현물환율은 국제피셔효과를 이용하여 구한 것이다. 2023년 현재의 환율이 1110원이고, 2024년 한국과 미국의 명목이자율은 각각 8%와 5%가 될 것으로 예상되었고, 이를 국제피셔효과 관계식에 대입하여 2024년 예상현물환율을 계산하면 다음과 같이 1142원이 된다.

$$E(S_1) = 1110 \left(\frac{1.08}{1.05} \right) = 1142(원)$$

이와 같은 방법으로 2025년, 2026년, 2027년의 예상현물환율을 계산하면 각각 1174원, 1196원, 1219원이 된다.

(표 13-2)에 표시된 ㈜K자동차의 미국 현지 공장 설립안의 연도별 순현재가치는 다음과 같이 산출되었으며, 해외투자안의 최종 순현재가치 역시 다음 식으로 산출 가능하다.

$$NPV = \left[\frac{79.94}{(1+0.1)} + \frac{82.18}{(1+0.1)^2} + \frac{83.72}{(1+0.1)^3} + \frac{85.33}{(1+0.1)^4} \right] - 255$$

$$= 72.67 + 67.92 + 62.90 + 58.28 - 255 = 6.77(억원)$$

㈜K자동차의 미국 투자안은 순현가가 6.77억원으로 0보다 크므로 채택되어야 한다. 만일 ㈜K자동차가 원화로 환산하여 현금흐름을 계산할 필요가 없는 미국 내의 기업이었다면 (표 13-2)의 달러 현금흐름을 그대로 이용하여 순현가를 구하게 되는데, 이 경우의 NPV는 다음과 같이 -0.81만 달러로 산출되고, 그 결과 이 투자안을 기각하게 된다. 이와 같이 환위험이 반영될 때와 그렇지 않을 경우의 투자의사결정이 다를 수 있다.

$$NPV = \left[\frac{7}{(1+0.1)} + \frac{7}{(1+0.1)^2} + \frac{7}{(1+0.1)^3} + \frac{7}{(1+0.1)^4} \right] - 23$$

$$= 6.36 + 5.79 + 5.26 + 4.78 - 23 = -0.81(백만 달러)$$

<연습문제>

(1) 오늘날 글로벌 금융환경에 대한 설명으로 맞지 않은 것은? (　　)
 1. 브레튼우즈 체제의 고정환율제도가 붕괴되고 오늘날은 변동환율제도가 보편화되면서 환율의 변동성이 커지게 되었다.
 2. 1980년대부터 미국이 통화량중심의 통화정책에서 금리중심의 정책으로 전환하면서 이자율의 변동성도 과거에 비해 커지게 되었다.
 3. 변동성, 곧 위험의 증가를 이용해 고수익을 얻으려고 국경을 넘나드는 투자자들이 많아짐에 따라 금융시장의 글로벌화도 가속화되었다.
 4. 기업도 자국에서만 자금을 조달하거나 투자하지 않고 자본조달비용이 낮고 투자수익률이 높은 곳이면 어느 나라든지 진출하게 되었다.

(2) 다음 중 연결이 잘못된 것은? (　　)
 1. 외환시장~지급수단시장　　　 2. 국제유가증권시장~신용공여시장
 3. 국제은행시장~가치저장시장　 4. 파생상품시장~위험관리시장

(3) 여러 종류의 환율에 관한 설명 중 맞지 않은 것은? (　　)
 1. 일반적으로 딜러가 매수하는 환율(고객이 현찰로 팔 때의 환율)이 매도하는 환율(고객이 현찰로 살 때의 환율)보다 낮으며, 그 둘의 차이를 스프레드(spread)라고 하는데, 이는 딜러의 수익에 해당된다.
 2. 매매기준율은 한국은행이 전날 은행들 간의 외환거래에서 적용된 환율을 평균하여 발표하는 환율로, 각 은행들이 현찰매도율과 현찰매입률을 결정할 때 기준으로 이용된다.
 3. '현찰 살 때'의 환율은 은행에서 일반 수요자에게 외화를 사는 가격이며, '현찰 팔 때'의 환율은 은행이 외화 소유자로부터 외화를 파는 가격이다.
 4. 현찰 매입·매도환율은 은행이 현찰조달비용 등을 고려하여 자율적으로 결정하므로 은행 간 차이가 있다.

(4) 현물환율에 관한 설명 중 맞지 않은 것은? (　　)
 1. 현물환거래의 결제 시 적용되는 환율이다.

2. 일반적으로 환율이라고 하면 현물환율을 의미한다.

3. 오늘날 은행에서는 원화 대 외화의 현물환율을 전광판을 이용해 거의 실시간으로 보여준다.

4. 통화옵션의 약정환율로 많이 이용된다.

(5) 선도환율에 대한 설명으로 맞지 않은 것은? (   )

1. 선물환율이라고도 한다.

2. 해외여행을 앞두고 은행에서 외화를 구입할 때 적용하는 환율이다.

3. 선물환거래에서 결제 시 적용되는 환율이다.

4. 선도환율은 미래의 환율변동에 대한 시장의 기대를 반영하고 있다.

(6) 현물환율들 사이에 불균형상태가 해소되고, 외환시장에서 더 이상 차익 거래가 불가능해지게 되는 상태의 환율은? (   )

 1. 균형환율   2. 현물환율   3. 선도환율   4. 기준환율

(7) 외환스왑에 대한 설명이 아닌 것은? (   )

 1. 내가 보유한 통화를 담보로 제공하고 그 대신 내가 필요한 통화를 빌려서 사용한 후, 일정 기간이 지난 후 빌렸던 통화를 갚고, 담보로 제공했던 통화를 찾아오는 방식이다.

 2. 거래 방향이 서로 반대되는 현물환거래와 선물환거래 또는 선물환거래와 현물환거래를 동시에 체결하는 경우이다.

 3. 특정 통화의 이자 및 원금을 다른 통화의 이자 및 원금과 상호 교환하는 거래를 의미한다.

 4. 스왑기간 중 이자의 지급은 없으나 계약시 통화간 이자율차가 반영되어 선물환율이 산정된다.

풀이 3번은 통화스왑에 관한 설명이다.

(8) 국제단기금융시장에 대한 설명으로 부적절한 것은? (   )

 1. 만기 1년 미만의 금융상품이 국가 간에 거래되는 시장이다.

 2. 유로커런시시장(유로통화시장)과 주요국의 단기금융시장으로 구분된다.

3. 유로커런시란 어떤 나라의 통화가 그 나라(표시통화국) 밖에서 은행의 정기예금이나 대출의 형태로 거래되는 자금을 말한다.

4. 유로커런시의 경우 신용공여는 표시통화국 이외에서 발생하지만 거래에 대한 규제는 표시통화국 중심으로 이루어진다.

(9) 유로커런시시장에 대한 설명으로 맞지 않은 것은? (   )
 1. 유로커런시시장에 대한 규제는 전혀 없다.
 2. 유로달러는 미국의 규제를 받지 않고 자유로운 신용공여 및 투자가 가능하며 지역적 이동 또한 자유롭다.
 3. 유로커런시의 금융업무를 수행하는 은행을 유로은행이라고 한다.
 4. 주로 세계 각국의 대형은행들이 유로은행 역할을 수행한다.

(10) 국제단기금융거래에 대한 설명으로 적절하지 않은 것은? (   )
 1. 무역금융거래, 양국 간 금리차를 이용한 차익거래, 현물 및 선물 환율의 변동에 따른 환투기 및 헤징을 위한 단기거래 등이 있다.
 2. 단기금융시장은 자금의 수급불균형 조정, 유휴현금 보유에 따른 기회비용 최소화, 금융자산의 위험관리 기회 제공 등의 기능을 수행한다.
 3. 주로 국제자본시장에서 발생하는 거래이다.
 4. 각국 중앙은행의 통화정책을 수행하는 곳이기도 하다.

(11) 국제장기금융시장에 속하지 않는 것은? (   )
 1. 국제주식시장 2. 국제채권시장 3. 국제통화스왑시장 4. 유로엔시장

(12) 국제채권시장에 관한 설명으로 적절하지 않은 것은? (   )
 1. 유로채시장과 외국채시장으로 구분된다.
 2. 유로채란 어떤 나라의 차입자가 다른 나라에서 자국통화 표시로 발행하는 채권을 말한다.
 3. 외국채는 다른 나라에서 그 나라 통화 표시로 발행하는 채권을 말한다.
 4. 미국의 어떤 차입기업이 일본에서 달러표시 채권을 발행하면 외국채가 되고, 엔화표시 채권을 발행하여 자본을 조달하면 유로채가 된다.

(13) 스왑(swaps)에 대한 설명으로 적절하지 않은 것은? (   )

 1. 파생금융상품의 하나로서 사전적 의미는 '바꾸기', '교환' 등이다.

 2. 기초자산에 따라 통화스왑, 이자율스왑 등으로 구분된다.

 3. 통화스왑은 '통화'라는 기초자산을 스왑(교환)하는 계약을 맺고 두
    나라 간 통화를 맞교환하는 거래를 말한다.

 4. 국제통화스왑시장에서 거래되는 통화스왑은 특정 통화의 원금을 다른
    통화의 원금과 상호 교환하는 거래로서 이자는 고려하지 않는다.

(14) 환율에 대한 시장균형이론이라고 보기 어려운 것은? (   )

 1. 래퍼효과   2. 피셔효과   3. 구매력평가설   4. 이자율평가이론

(15) 환율에 대한 시장균형이론 중 다음 내용이 설명하는 것은? (   )
    "두 나라 통화 간의 현물환율은 두 나라의 실질구매력이 동일한
    수준에서 결정된다."

 1. 피셔효과   2. 구매력평가설   3. 환율의 기대가설   4. 국제피셔효과

(16) 원화와 달러화의 현물환율이 ₩1,100/$. 향후 1년간의 한국의 기대
    인플레이션율이 15%이고 미국의 기대 인플레이션율은 10%. 이 경우
    1년 후의 원화와 달러화의 현물환율의 기대치는? (   )

    1. 1,265   2. 1,100   3. 1,150   4. 1,210

풀이 두 화폐의 구매력을 같게 만드는 다음 식을 이용하면 1년 후
    현물환율에 대한 기대치는 다음과 같이 산출할 수 있다.

$$E(S_1) = S_0[(1+i_W)/(1+i_\$)] = 1,100(1.15/1.1) = 1,150원$$

(17) 피셔효과에 대한 설명으로 맞지 않은 것은? (   )

 1. 미국의 경제학자 어빙 피셔(Irving Fisher)가 1920년대에 제안하였다.

 2. 각국의 인플레이션율은 그 나라의 명목이자율에 영향을 미친다는 이론

 3. 식으로 나타내면, [명목이자율=실질이자율+인플레이션율]이 된다.

 4. 국제피셔효과로도 불린다.

(18) 원화와 달러화의 현물환율이 ₩1,100/$이고, 향후 1년간의 한국의
명목이자율이 10%, 미국의 명목이자율이 5%일 때, 1기 후의 현물환율
기대치에 가장 가까운 것은? (   )

　　1. 1,152　　　　2. 1,210　　　　3. 1,155　　　　4. 1,050

풀이 국제피셔효과를 산출하는 식으로 풀어보면, 1기 후 현물환율의
기대치는 다음과 같이 산출된다.

$$E(S_1) = S_0[(1+R_W)/(1+R_\$)] = 1,100(1.1/1.05) = 1,152.38원$$

(19) 이자율평가이론에 대한 설명으로 적절하지 못한 것은? (   )

1. 두 나라 명목이자율의 상대적 차이는 현물환율에 영향을 미칠 뿐만
아니라 선물환율에도 영향을 미치는데, 명목이자율의 차이만큼 선물환이
할증 또는 할인된다는 것이다.
2. 선물환계약은 미래의 환율을 미리 현재 시점에서 확정짓는 계약이지만,
명목이자율이 변동하기 때문에 미래의 환율이 고정되는 것은 아니다.
3. 선물환 할증(또는 할인)이 두 나라 간의 명목이자율 차이를 반영하지
못한다면 즉각적으로 차익거래가 발생하고 만다.
4. 시장이 효율적이라면 차익거래는 불가하므로, 미국 달러화로 미국에
투자한 것과 원화로 바꾸어 한국에 투자한 것에 차이가 없어야 한다.

(20) 현재 달러화에 대한 원화의 환율이 1,100원이고, 미국과 한국의 명목
이자율이 각각 10%, 15%일 경우, 차익거래의 기회가 없도록 하는 1년
만기의 균형선물환율은? (   )

　　1. 1,052　　　　2. 1,265　　　　3. 1,150　　　　4. 1,210

풀이 선물환 할증(또는 할인)이 두 나라 간의 명목이자율 차이를 반영하는
식을 활용해 구해 보면, 균형선물환율은 다음과 같다.

$$F_0^1 = S_0\left(\frac{1+R_W}{1+R_\$}\right) = 1,100\left(\frac{1.15}{1.1}\right) = 1,150원$$

(21) 환율의 기대가설에 대한 설명으로 부적절한 것은? (   )
  1. 환율의 기대가설은 외환시장의 불균형, 즉 비효율적 외환시장을 가정
    하고 이론을 전개한다.
  2. 현재의 선물환율은 미래의 현물환율에 대한 현재의 기댓값, 즉
    불편추정치와 같다는 내용이다.
  3. 환율의 기대가설은 선물환평가설, 불편추정치가설, 불편선물환율이론
    등으로도 불린다.
  4. 환율의 기대가설에서는 외환시장이 효율적이라면 환율결정과 관련된
    모든 정보가 완전히 시장에 반영된다고 본다.

(22) 환위험의 종류라고 볼 수 없는 것은? (   )
  1. 회계적 환노출   2. 거래적 환노출   3. 경제적 환노출   4. 정치적 환노출

(23) 환노출에 대한 설명이 올바르지 않은 것은? (   )
  1. 환산 환노출은 이미 거래가 완료되어 재무제표상에 숫자로 기록된
    외화 표시 자산, 부채, 자본, 수익, 비용을 자국통화로 환산할 때 발생
    하는 환위험으로 회계적 환노출이라고도 한다.
  2. 거래적 환노출은 일반적으로 외화 표시 거래에서 계약의 체결시점
    환율과 결제시점 환율이 다르기 때문에 발생한다.
  3. 경제적 환노출은 기대하지 못한 환율의 변동으로 인하여 발생하는
    기업의 거래활동 자체와 관련된 환노출이다.
  4. 경제적 환노출은 미래의 매출액, 수요, 가격 등에 영향을 미쳐 현금
    흐름에 예기치 않은 변화가 초래되는 경우로서 직접적으로 추정되는
    손실이므로 뚜렷하게 숫자로 표시할 수 있다.

(24) 환위험의 헤징 방법이 아닌 것은? (   )
  1. 선물환시장을 이용하는 방법   2. 외환시장을 이용하는 방법
  3. 통화옵션시장을 이용하는 방법   4. 현물환시장을 이용하는 방법

(25) 다음은 어떤 환위험 헤징 방법에 대한 설명인가? (   )

"수출기업은 환율이 유리할 때 외화를 자국 화폐로 환전함으로 환위험을 줄일 수 있고, 수입기업은 필요 자금을 해외에서 직접 조달해 사용한 후 환율이 유리해질 때 차입 자금을 상환함으로 환위험을 줄일 수 있다."

   1. 자금이전 시기를 조절하는 방법   2. 외환시장을 이용하는 방법
   3. 통화옵션시장을 이용하는 방법   4. 선물환시장을 이용하는 방법

(26) ㈜ABC는 수출계약과 동시에 외환시장에서 3개월 후에 받게 되는 수출대금 100만 달러의 현재가치분(=100만 달러를 달러화 이자율로 3개월간 할인한 금액)을 달러화로 빌린 후 이를 현물환율 ₩1,100/$에 원화로 바꾸어 국내은행에 3개월간 예치하였는데, 차입금 100만 달러에 대한 원리금은 3개월 후 수령하는 수출대금으로 상환할 예정이다. ㈜ABC는 어떤 방법으로 환위험을 헤징하려고 하는 것인가? (   )

   1. 자금이전 시기를 조절하는 방법   2. 외환시장을 이용하는 방법
   3. 통화옵션시장을 이용하는 방법   4. 선물환시장을 이용하는 방법

(27) 다음 설명 중 적절하지 않은 것은? (   )

 1. 환위험과 국가위험 같은 추가적인 위험요소로 인해 해외투자의 자본비용은 높아질 수 있다.

 2. 해외투자는 투자대상이 해외로까지 확대되는 효과, 즉 국제분산투자효과로 추가위험으로 인한 자본비용 증가가 어느 정도 상쇄되기도 한다.

 3. 해외투자안의 평가는 ① 그 나라 통화로 현금흐름 측정, ② 환위험, 국가위험 등이 반영된 적정 자본비용으로 할인, ③ 타국 통화를 원화로 환산하여 순현가 산출의 순서로 진행된다.

 4. 해외투자 위험에 대비하기 위해 해외투자보험에 가입하기도 한다.

정답 : (1~15) 2, 1, 3, 4, 2 / 1, 3, 4, 1, 3 // 4, 4, 4, 1, 2 /
      (16~27) 3, 4, 1, 2, 3 // 1, 4, 4, 4, 1 / 2, 3

<참고문헌>

감형규, 신용재, 김영규. 『에센스 재무관리』. 서울: 유원북스, 2023.

김종길. 『재무관리』. 서울: 상경사, 2013.

김종선, 김종오. 『금융시장의 이해』. 파주: 학현사, 2014.

김종오, 이우백, 김종선. 『활용중심의 경영분석』. 서울: 한국방송통신
　　대학교출판문화원, 2023.

박정식, 박종원, 조재호. 『현대재무관리』. 서울: 다산출판사, 2015.

변진호, 신정순, 이관영(역). 『Ross의 기업재무관리』. 서울: McGraw-Hill
　　Korea, 2021.

송교직. 『재무관리의 이해』. 파주: 신영사, 2023.

이해영. 『기업재무의 이해』. 서울: 청람, 2015.

조용대. 『재무관리론』. 서울: 박영사, 2011.

지청, 장하성. 『재무관리』. 서울: 법경사, 1996.

최혁, 김종오, 이우백, 정재만. 『금융투자의 이해』. 서울: 한국방송통신
　　대학교출판문화원, 2018.

\<찾아보기\>

저 자 소 개

○ 대학에서 신학, 영문학, 경영학, 법학, 경제학 등을 전공하며, 통섭의 시대가 요구하는 다양한 분야의 학문적 기초 지식을 쌓았다.

○ ㈜kt에 입사해 장기간 회계실무에 종사했으며, 늦은 나이에 대학원에 진학하여 지천명에 이르러 회계학 전공으로 박사학위를 취득하였다.

○ 그 후 한국방송통신대학교 튜터, 출석수업강사, 숭실대학교 초빙교수, ㈜에듀윌 원격평생교육원 운영교수로 학생들에게 회계학, 재무관리 등을 강의하였다.

○ 지금은 안산대학교 겸임교수로 재무관리, 원가회계, 재무분석 등을 강의하며, 어떻게 하면 회계학과 재무학을 처음 접하는 분들이 더 쉽게 관련지식을 이해하고 습득하도록 도울 수 있을까, 그리고 회계학이나 재무학이 더 대중에게 활용도 있게 다가가고 응용될 수 있을까 연구하며 관련 서적 집필에 열중하고 있다.

○ 주요 저서로는 <처음부터 기출문제로 공부하는 회계원리(상)>, <처음부터 기출문제로 공부하는 회계원리(하)>, <관리회계에서 배우는 투자비법>, <딱 3시간만에 손에 잡히는 회계> 등이 있다.

초판 1쇄 인쇄 2024년 02월 06일
초판 1쇄 발행 2024년 02월 19일

저자 조용생
펴낸곳 비티타임즈
발행자번호 959406
주소 전북 전주시 서신동 780-2   3층
대표전화 063 277 3557
팩스 063 277 3558
이메일 bpj3558@naver.com
ISBN   979-11-6345-501-1(13320)

이 도서의 국립중앙도서관 출판예정도서목록(CIP)은 서지정보유통지원시스
템홈페이지(http://seoji.nl.go.kr)와국가자료공동목록시스템
(http://www.nl.go.kr/kolisnet)에서 이용하실 수 있습니다.